Collection
Ressources Informatiques

MySQL 5.6

Administration et optimisation

ISBN : 978-2-7460-7864-2
Imprimé en France

Editions ENI
ZAC du Moulin Neuf
Rue Benjamin Franklin
44800 St HERBLAIN

Tél. 02.51.80.15.15
Fax 02.51.80.15.16

e-mail : editions@ediENI.com
http://www.editions-eni.com

Auteurs : Stéphane COMBAUDON, Olivier DASINI,
Cyril SCETBON
Collection **Ressources Informatiques** dirigée par Joëlle MUSSET

Les éléments à télécharger sont disponibles à l'adresse suivante :
http://www.editions-eni.fr
Saisissez la référence ENI de l'ouvrage **RI56MYSA** dans la zone de recherche et validez. Cliquez sur le titre du livre puis sur le bouton de téléchargement.

Avant-propos

Chapitre 1
Installation du serveur

Chapitre 2
Architecture

Chapitre 3
Configuration du serveur

Chapitre 4
Sécurité et gestion des utilisateurs

Chapitre 5
Sauvegarde et restauration

Chapitre 6
Maintenance des tables

Chapitre 7
Optimisation

Chapitre 9
Routine stockée/déclencheur/événement

Chapitre 10
Réplication

Chapitre 11
Outils de surveillance

Avant-propos

1. MySQL en quelques mots

MySQL est le système de gestion de bases de données Open Source le plus populaire au monde et est réputé pour sa performance et sa fiabilité. Après une phase de diffusion au début des années 2000 où MySQL se cantonnait principalement à des applications personnelles ou professionnelles bas de gamme, les dernières années ont été marquées par l'adhésion des grands acteurs du Web aux caractéristiques de MySQL. Ainsi aujourd'hui, la très grande majorité des sites à très fort trafic, comme les réseaux sociaux ou de nombreux portails communautaires, ont atteint leur niveau de performance grâce à l'utilisation intensive de MySQL.

Les rachats successifs de MySQL AB, société éditrice de MySQL, par Sun en 2008, et de Sun par Oracle en 2009, confirment l'intérêt de plus en plus fort de l'industrie pour le produit. La très importante communauté d'utilisateurs est également très vigilante quant aux directions qui sont données dans le développement de MySQL et participe activement à l'amélioration du serveur.

2. Objectifs du livre

Ce livre s'adresse à toutes les personnes qui souhaitent améliorer leurs connaissances sur MySQL ou qui ont besoin de retours d'expérience pour exploiter au mieux les capacités de leur base de données.

Les administrateurs de bases de données habitués à d'autres SGBD et débutant sur MySQL trouveront toutes les informations leur permettant d'assurer l'exploitation quotidienne de leurs instances. Les administrateurs plus expérimentés seront également intéressés par la lecture de ce livre, puisque les connaissances théoriques sur le fonctionnement de MySQL sont complétées par des recommandations sur les techniques à utiliser ou à éviter.

Enfin, les développeurs Web qui sont amenés à travailler avec MySQL trouveront de nombreuses informations leur permettant d'optimiser leur code et d'éviter des pièges classiques afin d'obtenir des applications rapides et sûres.

Le lecteur tirera un maximum de bénéfices de ce livre s'il connaît déjà bien le rôle d'un système de gestion de bases de données. Une connaissance préalable de MySQL est recommandée mais pas indispensable. Pour un lecteur n'ayant jamais manipulé MySQL, nous conseillons de commencer par installer le serveur comme nous l'expliquons dans le premier chapitre afin de pouvoir exécuter les exemples de code qui se trouvent tout au long de cet ouvrage.

Pour les utilisateurs UNIX/Linux, quelques connaissances de base sur le shell permettront au lecteur de bien comprendre la description de certaines manipulations.

3. Description

Le parti pris de cet ouvrage est de ne pas revenir sur la syntaxe du langage SQL, pour lequel il existe de nombreuses références, mais de s'attarder sur deux aspects de l'utilisation de MySQL : l'administration du serveur et son optimisation.

Le lecteur se verra d'abord rappeler les notions essentielles qui lui permettront de bien connaître MySQL et d'acquérir de l'aisance dans les manipulations. De nombreux exemples pratiques viendront appuyer le discours théorique de certaines parties. Puis le livre abordera des aspects avancés liés à l'optimisation et à la mise en place de fonctionnalités intéressantes en cas de volumes de données importants ou de fort trafic.

À l'issue de la lecture de ce livre, le lecteur devrait être pleinement opérationnel dans l'exploitation quotidienne de MySQL, posséder toutes les connaissances requises pour résoudre les problèmes classiques et connaître les possibilités et techniques permettant de faire face aux situations où le serveur se trouve confronté à des pics de charge.

Dans chaque chapitre, le lecteur trouvera des exemples illustrant les concepts décrits.

Lorsque les manipulations font appel à des commandes dépendant du système d'exploitation, nous avons privilégié les commandes compatibles UNIX/Linux, afin de refléter le fait que les systèmes UNIX/Linux sont majoritaires dans le monde du Web et de MySQL.

Les nouveautés apparues jusqu'à la version 5.6 sont abordées, comme par exemple la réplication semi-synchrone ou les améliorations sur l'exécution des requêtes.

La première partie du livre présente les bases nécessaires à une bonne compréhension du fonctionnement du serveur :

- Le chapitre Installation du serveur décrit les procédures d'installation possibles pour les environnements UNIX/Linux et Windows. La mise en place de plusieurs instances sur le même serveur hôte fait aussi partie des sujets abordés ainsi que la manière de mettre à jour le serveur lorsque de nouvelles versions sont disponibles.
- Le chapitre Architecture explique quelle est l'architecture générale du serveur MySQL, en particulier comment le disque et la mémoire sont utilisés. Ce chapitre fait aussi le point sur la notion de moteur de stockage ainsi que sur les différents journaux générés par le serveur.
- Le chapitre Configuration du serveur propose une vue synthétique des possibilités de configuration du serveur, afin de savoir quels sont les paramètres principaux à ajuster et comment les transmettre à une instance.

La seconde partie concerne les points principaux de l'administration quotidienne du serveur :

- Le chapitre Sécurité et gestion des utilisateurs donne les clés pour sécuriser les installations : gestion des droits, SSL... Les bonnes pratiques de gestion des utilisateurs sont également décrites ici, afin de créer des comptes sans droits superflus.
- Le chapitre Sauvegarde et restauration expose les méthodes de sauvegarde applicables avec MySQL et explique quels en sont les avantages et les inconvénients. Vous apprendrez donc non seulement quelles sont les commandes à lancer pour sauvegarder et restaurer vos bases, mais également comment choisir entre les méthodes disponibles.
- Le chapitre Maintenance des tables décrit les actions de maintenance que tout administrateur de bases de données est amené à exécuter périodiquement. Les particularités liées aux moteurs de stockage font l'objet de paragraphes spécifiques.

La dernière partie se focalise sur les aspects avancés de l'administration MySQL :

- Le chapitre Optimisation propose un long aperçu des techniques d'optimisation permettant de gagner en performance : choix du matériel, pose d'index, normalisation, réécriture des requêtes, paramétrage du serveur.

- Le chapitre Partitionnement fait le point sur cette fonctionnalité susceptible d'accélérer considérablement les traitements sur les tables volumineuses tout en facilitant la maintenance.
- Le chapitre Routine stockée/déclencheur/événement livre les bonnes pratiques et les points essentiels à connaître sur les fonctionnalités prisées que sont les routines stockées, les déclencheurs, les vues et le planificateur d'événements.
- Le chapitre Réplication a pour objectif de vous apprendre à utiliser le mécanisme de réplication pour construire une architecture applicative solide et performante. Différentes configurations sont décrites dans ce chapitre (maître-esclaves, maître-maître) avec leurs points forts et points faibles, ainsi que les moyens vous permettant de vérifier le bon fonctionnement de la réplication.
- Le chapitre Outils de surveillance est centré sur les outils permettant de surveiller vos instances et d'obtenir des informations sur leur fonctionnement.

Chapitre 1
Installation du serveur

1. Généralités

1.1 Stabilité des versions

Seules les versions qualifiées de GA (*Generally Available*) sont considérées comme stables et peuvent être installées sans risque sur des environnements de production.

Sauf pour une raison particulière, vous devriez éviter les anciennes versions stables, qui ne bénéficient au mieux que de correctifs de sécurité, mais pas d'ajouts de fonctionnalités.

Les versions RC (*Release Candidate*) sont des versions candidates au titre de versions stables et sont donc généralement de bonne qualité. Mais là encore, sauf cas exceptionnel, elles ne sont pas conseillées pour un usage en production.

Quant aux versions alpha ou bêta, elles sont parfaites pour découvrir les toutes dernières fonctionnalités sur un environnement de test ou de développement, mais elles ne peuvent pas convenir à un environnement de production en raison de leur manque de maturité.

1.2 Version communautaire et version Enterprise

La version communautaire est disponible sous licence GNU GPL v2.

La version Enterprise, sous licence commerciale, est fournie avec du support de la part d'Oracle ainsi que des outils d'aide à l'administration : l'Enterprise Monitor, pour la surveillance des instances, le Query Analyzer, pour la détection et l'analyse des requêtes peu performantes ou l'outil de backup MySQL Enterprise Backup.

Pour une version donnée, le serveur MySQL est identique que vous utilisiez la version communautaire ou la version Enterprise. Cette précision est importante car ce ne fut pas toujours le cas, et vous pourrez trouver sur Internet de vieilles pages laissant penser le contraire.

Tous les exemples de ce livre se basent sur des versions communautaires.

1.3 Cycle de développement

Depuis qu'Oracle mène le développement de MySQL, il est plus difficile de savoir quelle direction le produit va prendre et Oracle ne tient apparemment pas particulièrement à communiquer sur le sujet.

Néanmoins, si on en juge par le développement de la version 5.6, qui est la première version entièrement développée par Oracle, le rythme est rapide et la qualité élevée (de nombreux bogues, certains parfois anciens, sont ainsi corrigés). Des versions intermédiaires de développement sont régulièrement proposées au téléchargement, permettant de tester les dernières fonctionnalités.

Toujours en considérant que ce qui a été fait pour la version 5.6 sera renouvelé pour les autres versions, Oracle a commencé par mettre à disposition des versions bêta appelées DMR (*Development Milestone Release*) pour que chacun puisse tester les nouvelles fonctionnalités qui seront proposées dans la prochaine version stable. Lorsque la version arrive à maturité, une ou plusieurs RC deviennent disponibles : l'ensemble des fonctionnalités de la future version stable sont incluses, mais la stabilité n'est évidemment pas garantie. Lorsque la qualité est suffisante, la version est changée en GA et devient la version officielle.

Au moment de l'écriture de ce livre, les anciennes versions stables 5.1 et 5.5 reçoivent toujours des mises à jour de sécurité régulières.

1.4 32 ou 64 bits ?

Sur la page de téléchargement du site www.mysql.com, vous trouverez à la fois des versions 32 et 64 bits. Quel est le meilleur choix ?

Si votre système d'exploitation est de type 32 bits, alors vous serez limité aux versions 32 bits du serveur MySQL. Dans ce cas, votre instance MySQL ne pourra pas utiliser plus de deux ou trois Go de mémoire (le chiffre exact dépend du système d'exploitation).

Si au contraire vous possédez un système d'exploitation 64 bits, votre choix peut porter sur l'une ou l'autre des versions. La version 64 bits reste recommandée pour lever les contraintes sur la quantité de mémoire disponible sur les systèmes 32 bits. Dans le cas d'un serveur de production, attention donc de ne pas télécharger par mégarde la version 32 bits qui montrera très vite des limitations !

Remarque

Il est bien question dans le paragraphe précédent de système d'exploitation 64 bits et pas de processeur 64 bits, dans la mesure où il est possible d'installer un système 32 bits sur un processeur 64 bits. Mais dans ce dernier cas, les différents logiciels ne peuvent pas exploiter les fonctionnalités 64 bits du processeur (entiers 64 bits, registres supplémentaires, espace mémoire virtuel plus grand).

1.5 Choix du type d'installation

Sans entrer dans les détails qui sont l'objet des paragraphes suivants, vous aurez le choix pour vos installations entre la compilation des sources et l'utilisation d'un binaire pré-compilé.

La compilation, pour être menée correctement, demande des compétences qui dépassent le cadre de ce livre et reste réservée à des usages spécifiques (hébergeur par exemple). Par conséquent, les sections suivantes décriront seulement les méthodes d'installation à partir des binaires.

2. Installation sous UNIX et dérivés

2.1 Installation par gestionnaire de paquets

Il s'agit de la manière la plus simple d'installer le serveur MySQL. Il vous suffit de connaître le nom du paquet, qui sera le plus souvent `mysql-server` ou `mysql-server-`*`version`* puis d'invoquer notre gestionnaire de paquets.

Exemple sous Ubuntu en ligne de commande

```
sudo aptitude install mysql-server-5.6
```

Le processus d'installation se déroule automatiquement. Le système vous demande au cours de l'installation le mot de passe pour le compte `root` :

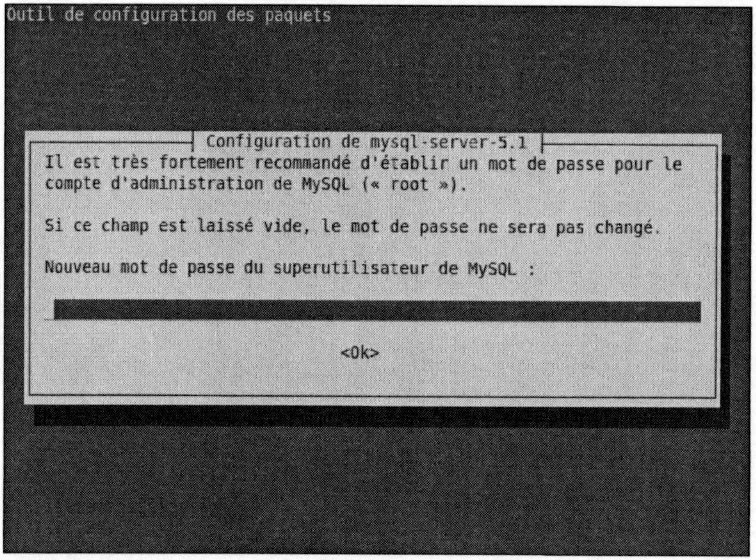

Puis une confirmation de ce mot de passe :

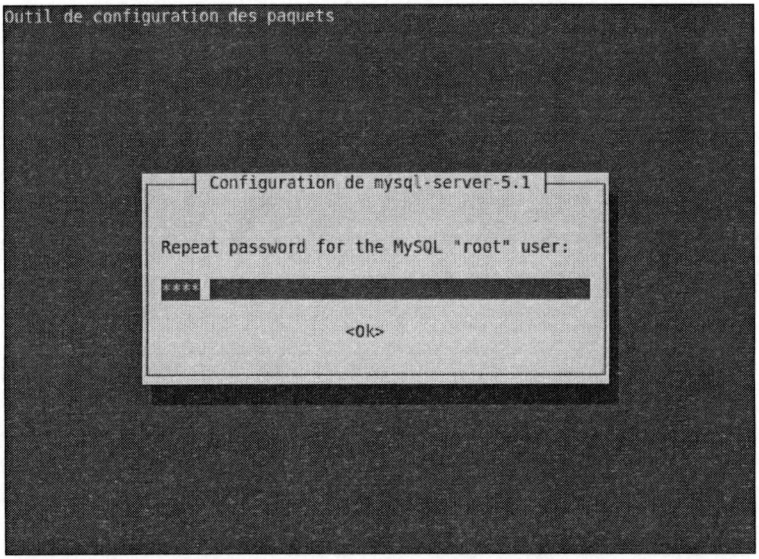

Éventuellement, l'installeur vous demande la configuration à suivre pour permettre l'envoi de mail (par défaut, vous choisirez **Pas de configuration**).

Remarque

Certaines distributions fournissent une version officielle modifiée. Par exemple pour Debian et ses dérivées comme Ubuntu, le fichier principal de configuration se trouve dans `/etc/mysql/` *et non dans* `/etc/` *comme on le voit souvent dans la documentation officielle. Ces modifications peuvent être sources de confusion.*

2.2 Installation avec les binaires pré-compilés

Pourquoi ne pas utiliser votre gestionnaire de paquets alors qu'il s'agit apparemment de la manière la plus simple d'installer le serveur ? Plusieurs raisons peuvent vous amener à préférer les binaires pré-compilés :

- Si vous souhaitez faire tourner plusieurs instances de MySQL sur le même serveur, votre gestionnaire de paquets ne vous le permettra pas.

– Si vous souhaitez utiliser une version qui n'est pas encore disponible dans votre gestionnaire de paquets, les binaires pré-compilés sont la seule solution.

– Si vous ne souhaitez pas que votre gestionnaire de paquets mette à jour automatiquement MySQL (il est cependant bien sûr possible d'indiquer au gestionnaire de paquets qu'il ne faut pas mettre à jour MySQL).

Sur le site www.mysql.com, des binaires pré-compilés sont disponibles sur la page de téléchargement sous la dénomination « Linux (non RPM packages) » et se présentent sous forme d'archives au format `tar.gz`.

Commencez par télécharger et décompresser l'archive dans le répertoire de votre choix. Si vous choisissez la ligne de commande, vous aurez à saisir les commandes suivantes :

```
wget fichier.tar.gz

tar zxf fichier.tar.gz
```

en remplaçant *`fichier`* par le nom de l'archive téléchargée.

L'installation proprement dite consiste à régler les droits des fichiers puis à exécuter le script `mysql_install_db` qui va créer les tables système.

L'ensemble des manipulations s'effectue avec le compte `root` dans le répertoire racine de l'archive téléchargée. Voici les opérations à effectuer :

– Création de l'utilisateur et du groupe `mysql` :

```
groupadd mysql
useradd -g mysql mysql
```

– Positionnement des droits :

```
chown -R mysql .
chgrp -R mysql .
```

– Exécution du script `mysql_install_db` :

```
./scripts/mysql_install_db --user=mysql
```

Si vous avez déjà un serveur MySQL fonctionnant sur la même machine, il est préférable de constituer un fichier `my.cnf` et de le passer en paramètre au script `mysql_install_db` :

```
./scripts/mysql_install_db --defaults-file=/chemin/vers/my.cnf
--user=mysql
```

Remarque

*`--defaults-file` doit **toujours** être la première option passée à `mysql_install_db`.*

– Positionnement final des droits :

```
chown -R root .
chown -R mysql data
```

Le serveur est maintenant prêt à être démarré, mais n'est pas encore sécurisé. La sécurisation à l'installation sera abordée dans la suite du chapitre.

2.3 Démarrage du serveur

Toutes les méthodes décrites pour lancer le serveur MySQL nécessitent d'être connecté en tant que `root`.

2.3.1 Script mysql.server

Lorsque MySQL est installé en tant que service, ce qui est le cas si vous utilisez votre gestionnaire de paquets, vous démarrerez le serveur avec l'action `start` du script `mysql.server`. Si vous avez installé manuellement MySQL, ce script se trouve dans le répertoire `support-files/` alors que si vous avez utilisé votre gestionnaire de paquets, le script aura été renommé simplement `mysql` lors de l'inscription de l'instance en tant que service.

Selon les distributions, l'appel à ce script va varier légèrement. Sous Ubuntu par exemple, vous utiliserez la commande suivante :

```
$ sudo /etc/init.d/mysql start
```

Remarque

Le script `mysql.server` n'est pas prévu pour accepter d'autre paramètre qu'une action comme `start` ou `stop`. Dans le cas où vous auriez installé plusieurs instances MySQL sur le même hôte, il est donc difficile d'utiliser ce script pour démarrer plusieurs instances. La seule possibilité consiste alors à le modifier à la main.

2.3.2 Script mysqld_safe

`mysqld_safe` lance `mysqld` et crée automatiquement un journal d'erreur. Il s'agit de la méthode qui est recommandée dans la documentation officielle pour lancer le serveur. `mysqld_safe` a la particularité de redémarrer automatiquement `mysqld` si celui-ci se termine de façon anormale.

Remarque

Le script `mysql.server` fait appel à `mysqld_safe`.

Si, suite à une installation avec les binaires, `mysqld_safe` ne parvient pas à retrouver l'emplacement du serveur, vous pouvez indiquer au script le chemin vers mysqld (option `--ledir` décrite plus en détail dans la partie sur `mysqld_multi`) et le chemin vers le fichier de configuration `my.cnf` (option `--defaults-file`).

2.3.3 Invocation directe de mysqld

Dernière possibilité, appeler directement `mysqld` :

```
/chemin/vers/mysqld --defaults-file=/chemin/vers/my.cnf
--user=mysql &
```

Les messages d'erreur ou d'avertissement apparaissent directement dans la console sauf si vous précisez l'option `--log-error` dans la ligne de commande. Vous n'aurez en général à employer cette méthode que pour le débogage, lorsque vous devrez comprendre pourquoi le serveur ne démarre pas correctement.

Remarque

Pour être pris en compte, le paramètre `--defaults-file` doit impérativement être placé en première position dans la liste des options.

2.4 Arrêt du serveur

2.4.1 Script mysql.server

Si MySQL est installé en tant que service, vous l'arrêterez en appelant la commande `stop` du script `mysql.server`, par exemple sous Ubuntu :

```
$ sudo /etc/init.d/mysql stop
```

2.4.2 mysqladmin

Dans tous les cas, `mysqladmin` peut arrêter le serveur. Vous devrez fournir à `mysqladmin` le login et le mot de passe d'un utilisateur ayant le droit `SHUTDOWN` :

```
$ mysqladmin -uroot -p shutdown
```

Remarque

Attention, `mysqladmin stop` n'arrête pas le serveur mais seulement les processus de réplication si le serveur est un esclave.

Remarque

Avec l'option `-u`, vous pouvez accoler le nom d'utilisateur à l'option (`-uroot`) ou laisser un espace (`-u root`). Mais si vous précisez le mot de passe dans la ligne de commande, vous ne devez pas laisser d'espace après l'option `-p` (`-pxxx`).

Remarque

L'option `--defaults-file` est disponible pour `mysqladmin`. Sous Debian/ Ubuntu, vous pouvez par exemple faire appel au fichier `debian.cnf` qui est créé par défaut et utiliser la commande suivante pour arrêter le serveur :

```
shell> mysqladmin --defaults-file=/etc/mysql/debian.cnf shutdown
```

2.4.3 Commande kill

Exceptionnellement, en cas de gros problème, aucune des méthodes décrites ci-dessus ne fonctionnera. Il ne reste plus alors qu'à tuer de façon brutale le processus `mysqld`. Attention, cette manière de procéder risque d'entraîner des corruptions de données, en particulier pour les tables `MyISAM` (cf. chapitre Architecture - Les moteurs de stockage), ou des erreurs de réplication. `kill` n'est donc à utiliser qu'en dernier recours, si les autres moyens ont échoué.

Remarque

Si MySQL a été démarré avec `mysqld_safe`, vous devrez d'abord tuer `mysqld_safe` avant de tuer `mysqld` pour éviter que `mysqld_safe` ne redémarre automatiquement `mysqld` !

2.5 Résolution de problèmes d'installation courants

En cas de problème, les deux premiers réflexes sont d'aller examiner le journal d'erreur, se trouvant par défaut dans le répertoire de données et portant une extension `.err`, et de vérifier les droits sur les binaires et le répertoire de données.

Remarque

Pour déterminer l'emplacement du répertoire de données, vous pouvez chercher la variable `datadir` dans le fichier de configuration `my.cnf`.

2.5.1 Échec de l'exécution de mysql_install_db

`mysql_install_db` produit toujours un affichage verbeux et il est fréquent de manquer les erreurs, qui se trouvent systématiquement au début de l'affichage.

Voici des exemples de ce qui peut se produire :

```
Installing MySQL system tables...
091210 16:56:29 [Warning] Can't create test file
/var/lib/mysql/cilaos.lower-test
091210 16:56:29 [Warning] Can't create test file
/var/lib/mysql/cilaos.lower-test
/usr/sbin/mysqld: File '/var/log/mysql/mysql-bin.000177' not found
```

```
(Errcode: 13)
091210 16:56:29 [ERROR] Could not use /var/log/mysql/mysql-bin for
logging (error 13). Turning logging off for the whole duration of
the MySQL server process. To turn it on again: fix the cause,
shutdown the MySQL server and restart it.
091210 16:56:29 [ERROR] Aborting

091210 16:56:29 [Warning] Forcing shutdown of 2 plugins
091210 16:56:29 [Note] /usr/sbin/mysqld: Shutdown complete


Installation of system tables failed!  Examine the logs in
/var/lib/mysql for more information.
```

Ou :

```
Fatal error: Can't open privilege tables: Table 'mysql.host'
doesn't exist
```

Il faut alors vérifier les points suivants :

- Le script est-il lancé avec l'utilisateur UNIX `root` ?
- Un fichier `my.cnf` correctement paramétré est-il donné en argument à l'option `--defaults-file` ?
- L'option `--defaults-file` se trouve-t-elle avant l'option `--user` ?

2.5.2 Erreurs InnoDB

`InnoDB` est le moteur transactionnel le plus répandu dans l'univers MySQL. Les données sont sauvées temporairement dans des journaux spéciaux avant d'être transférées vers un espace de stockage appelé tablespace.

`InnoDB` est extrêmement strict avec les journaux et les fichiers de son tablespace. Tout problème risque alors d'empêcher le démarrage du serveur. Dans ce cas, comme en principe au moment de l'installation aucune donnée n'est encore présente, le plus simple est de supprimer tous les fichiers `InnoDB` (par défaut, `ibdata1` pour les données, `ib_logfile0` et `ib_logfile1` pour les logs) qui se trouvent à la racine du répertoire de données. Au prochain lancement du serveur, les fichiers seront recréés automatiquement.

Remarque

Dans les anciennes versions, en cas de problème `InnoDB`, le serveur refusait de démarrer. Dans les versions récentes, le serveur démarre mais `InnoDB` est désactivé : une erreur peut passer inaperçue jusqu'à ce qu'un utilisateur cherche à utiliser `InnoDB`.

Il peut arriver aussi qu'au lancement d'un serveur ayant déjà fonctionné correctement, vous obteniez une suite d'erreurs ressemblant à celle-ci :

```
InnoDB: Unable to lock ./ibdata1, error: 11
InnoDB: Check that you do not already have another mysqld process
InnoDB: using the same InnoDB data or log files.
```

Ces messages indiquent que l'instance essaie d'utiliser le tablespace d'une autre instance en cours de fonctionnement.

Dans ce cas, en général, soit il manque l'option `--defaults-file` dans la ligne de commande démarrant le serveur, soit le fichier `my.cnf` fourni est incorrect.

2.5.3 Fichier errmsg.sys introuvable

Pour certaines versions anciennes de la branche 5.0, après une installation avec les binaires, MySQL peut refuser de démarrer en affichant l'erreur suivante :

```
[ERROR] Can't find messagefile '...share/english/errmsg.sys'
```

Pourtant le fichier incriminé se trouve bien à l'emplacement voulu...

Il s'agit d'un problème connu de certaines versions et pour le résoudre, il faut ajouter dans le fichier `my.cnf` l'option `language` avec le chemin vers le fichier `errmsg.sys`.

2.6 Sécurisation de l'installation

La sécurisation d'un serveur MySQL consiste essentiellement à s'assurer que les droits sur les fichiers et les répertoires sont positionnés correctement (en particulier sur les fichiers de données et les journaux), que les comptes ont un mot de passe et n'offrent pas de droits inutiles et que le serveur est lancé avec un utilisateur différent du **superutilisateur**.

Quel que soit le mode d'installation, le script `mysql_secure_installation`, livré avec toutes les distributions, peut vous aider en réalisant quelques vérifications basiques.

Ce script :

- vérifie que l'utilisateur `root` a un mot de passe.
- propose de supprimer les utilisateurs anonymes.
- supprime le compte `root` distant.
- supprime la base `test`.
- propose de recharger les privilèges.

Ce script reste simple et limité mais permet de pointer les erreurs les plus grossières au niveau de la sécurité.

Remarque

Les questions liées à la sécurité de MySQL seront abordées de manière plus systématique dans le chapitre Sécurité et gestion des utilisateurs.

2.7 Installation de plusieurs instances

2.7.1 Précautions à prendre

À chaque nouvelle installation sur une machine hébergeant déjà une ou plusieurs instances, il vous faut absolument configurer un certain nombre de paramètres de manière à isoler complètement votre nouvelle instance.

Ces paramètres sont les suivants :

- `port` et `socket` pour les connexions des clients.
- Répertoire de données (`data-dir`).
- Répertoire de journaux.
- Tablespace pour `InnoDB` (le tablespace se trouve par défaut dans le répertoire de données, le choix d'un répertoire de données est donc normalement suffisant).

– `server-id` (ce paramètre peut échapper car il ne devient crucial qu'avec la réplication, voir pour plus de détails le chapitre Réplication).

Remarque

Il est conseillé d'arrêter toutes les autres instances tournant sur la même machine pour éviter des effets de bord étranges en cas de mauvaise manipulation.

2.7.2 Installation de versions différentes

Imaginez que vous ayez déjà installé une instance MySQL de façon standard avec votre gestionnaire de paquets. Vous souhaitez maintenant installer en parallèle la dernière version stable sortie à des fins de test.

Le gestionnaire de paquets ne permettant pas d'installer une seconde instance, vous devez avoir recours à une installation avec les binaires comme décrite précédemment.

2.7.3 Utilisation du même binaire qu'une autre instance

Commencez par créer de nouveaux répertoires pour les données, les journaux et les fichiers de configuration :

```
$ mkdir /var/lib/mysql2
$ chown -R mysql.mysql /var/lib/mysql2/

$ mkdir /var/log/mysql2
$ chown -R mysql.mysql /var/log/mysql2

$ cp /chemin/vers/ancien/my.cnf /chemin/vers/nouveau/my.cnf
$ chown root.root /chemin/vers/nouveau/my.cnf
```

Puis éditez le fichier `my.cnf` de l'instance qui sera utilisé pour lancer l'instance avec les bons paramètres :

```
port = 3307
socket = /var/run/mysqld/mysqld2.sock
pid-file = /var/run/mysqld/mysqld2.pid
datadir = /var/lib/mysql2
server-id = 11
```

Pensez également à vérifier que, s'ils sont présents, les chemins vers les différents journaux pointent bien vers des destinations spécifiques à votre instance.

Lancez ensuite le script d'installation en passant en paramètre le chemin du fichier de configuration que vous avez choisi pour cette instance :

```
$ mysql_install_db --defaults-file=/chemin/vers/nouveau/my.cnf
--user=mysql
```

Remarque

Attention aux fichiers `my.cnf` des instances installées par un gestionnaire de paquets ! Les distributions font souvent quelques modifications par rapport à la version standard téléchargeable sur www.mysql.com, ce qui peut se traduire par des configurations supplémentaires dans le fichier `my.cnf`, qu'il faudra modifier pour la seconde instance.

Vous pouvez maintenant démarrer l'instance par l'une des méthodes décrites précédemment, en ayant soin de lancer les scripts correspondant à cette instance.

2.7.4 Démarrage et arrêt des instances avec mysqld_multi

`mysqld_multi` est un script Perl qui permet de démarrer, arrêter ou connaître l'état de plusieurs instances résidant sur une même machine. Il suffit de créer un fichier de configuration contenant les bonnes informations pour être en mesure d'utiliser ce script, mais il existe de nombreuses subtilités que vous devez connaître.

Vous avez d'abord besoin de créer un utilisateur MySQL pour arrêter les instances. En effet, `mysqld_multi` fait appel à `mysqladmin` pour l'arrêt, il faut donc que `mysqld_multi` connaisse un utilisateur ayant le droit `SHUTDOWN` pour chacune des instances. Le compte `root` n'est pas nécessairement utilisable (le mot de passe n'est pas toujours identique sur l'ensemble des instances et va apparaître en clair dans le fichier de configuration de `mysqld_multi`), créez donc un utilisateur nommé par exemple `multi_admin` sur chaque instance gérée par `mysqld_multi` :

```
mysql> GRANT SHUTDOWN ON *.* TO 'multi_admin'@'localhost'
IDENTIFIED BY 'mon_mdp';
```

Le fichier de configuration de mysqld_multi a un format qui ressemble à celui du fichier my.cnf classique puisqu'il est découpé en section, chaque section comportant une ou plusieurs options. Saisissez d'abord une section [mysqld_multi] qui contiendra à la fois les informations à passer à mysqld_multi et les options par défaut de l'ensemble des instances.

Exemple d'une telle section

```
[mysqld_multi]
mysqladmin = /usr/bin/mysqladmin
user       = multi_admin
password   = mon_mdp
```

La première ligne de la section donne le chemin vers mysqladmin. Ce n'est pas nécessaire si mysqladmin est installé à un emplacement standard (ce qui sera le cas si vous avez installé MySQL par votre gestionnaire de paquets).

Les deuxième et troisième lignes de la section donnent l'utilisateur à qui mysqladmin fera appel pour arrêter l'instance. Remarquez que le mot de passe est stocké en clair.

Après cette section [mysqld_multi], écrivez autant de sections [mysqldN] qu'il existe d'instances à gérer. Chaque section devra porter l'ensemble des informations désignant les ressources spécifiques à chaque instance et préciser les binaires ou scripts à utiliser.

Exemple de sections [mysqldN]

```
[mysqld1]
socket     = /var/run/mysqld/mysqld.sock
port       = 3306
pid-file   = /var/run/mysqld/mysqld.pid
datadir    = /var/lib/mysql

[mysqld2]
defaults-file = /home/stephane/mysql5139/my.cnf
mysqld     = /home/stephane/mysql5139/bin/mysqld_safe
ledir      = /home/stephane/mysql5139/bin
socket     = /tmp/mysql5139.sock
port       = 3307
pid-file   = /var/run/mysqld/mysqld5139.pid
datadir    = /home/stephane/mysql5139/data
language   = /home/stephane/mysql5139/share/english
```

La première section donne ici les informations pointant vers une instance installée par le gestionnaire de paquets. Vous n'avez pas besoin de préciser les chemins vers `mysqld` ou `mysqld_safe` car ce sont les chemins par défaut.

La seconde section permet de configurer l'instance d'une version différente dont tous les fichiers se trouvent dans `/home/stephane/mysql5139`. En première option figure le chemin vers le fichier `my.cnf`. **Il est essentiel que cette option soit la première de la section !** Si ce n'est pas le cas, l'option ne sera tout simplement pas prise en compte et aura pour effet de lancer une autre instance, ou l'instance voulue mais avec de mauvais paramètres.

Ensuite, l'option `mysqld` permet de donner le chemin vers `mysqld`. Mais si vous souhaitez démarrer l'instance avec `mysqld_safe`, comme c'est le cas ici, vous indiquerez le chemin vers `mysqld_safe` dans cette option et le chemin vers `mysqld` dans l'option `ledir` (`ledir` comme *library execution directory*).

Remarque

Attention, remarquez bien les options pour lesquelles il faut indiquer un répertoire et celles pour lesquelles il faut indiquer un nom de fichier.

Les options étant écrites dans le fichier, quel nom lui donner et où le sauvegarder ? Il n'existe pas de limitation, mais simplement des précautions à prendre. En effet, `mysqld_multi` s'attend à ce que le fichier de configuration s'appelle `my.cnf` et se trouve dans un répertoire standard (`/etc/`, `/etc/mysql/`, `./` par exemple). Si ce n'est pas le cas, il faut passer le chemin du fichier à `mysqld_multi` :

```
$ mysqld_multi --defaults-file=/etc/my.cnf.multi report
```

`mysqld_multi` reconnaît trois actions :

- `start` : démarre une ou plusieurs instances.
- `stop` : arrête une ou plusieurs instances.
- `report` : donne l'état (démarré ou arrêté) d'une ou plusieurs instances.

Pour chacune des actions, vous pouvez éventuellement préciser des numéros pour indiquer à `mysqld_multi` sur quelle(s) instance(s) l'action s'applique. Le numéro correspond toujours au numéro de l'instance dans le fichier de configuration de `mysqld_multi` (par exemple, l'instance 2 est celle dont le paramétrage est écrit dans la section `[mysqld2]`). Si vous voulez appliquer une action à plusieurs instances, vous pouvez lister les numéros en les séparant par des virgules, donner des plages de valeur ou mélanger les deux types de notation.

Si aucun numéro n'est précisé, l'action s'applique sur l'ensemble des instances.

Exemples :

La commande `$ mysqld_multi start 1-3,6` démarre les instances 1, 2, 3 et 6.

La commande `$ mysqld_multi stop 1,3` arrête les instances 1 et 3.

La commande `$ mysqld_multi report` donne l'état de toutes les instances gérées par `mysqld_multi`.

Remarque

Un exemple complet et commenté de fichier de configuration se trouve dans l'archive en complément de ce livre disponible sur le site des Éditions ENI.

Remarque

Un exécutable appelé MySQL Instance Manager a fait son apparition avec MySQL 5.0. Son but était d'être une alternative à `mysqld_multi` dans un premier temps, puis de le remplacer. Il est aujourd'hui complètement abandonné.

2.8 MySQL Sandbox

2.8.1 Présentation de MySQL Sandbox

Giuseppe Maxia, ancien employé de MySQL AB, a écrit MySQL Sandbox, un outil qui permet de créer des installations jetables très utiles lorsqu'on doit monter rapidement un environnement pour faire des tests.

À partir de quelques lignes de commandes et des distributions en `.tar.gz` des versions qui vous intéressent, il est possible de créer une instance de MySQL ainsi qu'un ensemble de scripts permettant de démarrer/arrêter l'instance, de se connecter pour exécuter des requêtes et de supprimer proprement l'ensemble des fichiers quand l'instance ne sera plus utile.

Il est à noter que les dernières versions permettent d'installer MariaDB ou Percona Server (variantes de MySQL, voir la section correspondante à la fin de ce chapitre), ce qui n'était pas possible avant sans modifier le code source de MySQL Sandbox.

2.8.2 Installation

Commencez par télécharger l'archive de la dernière version de MySQL Sandbox sur le site du projet (https://launchpad.net/mysql-sandbox). Puis, en tant que `root` dans le répertoire racine de l'archive décompressée, il suffit de quelques lignes de commande pour effectuer l'installation :

```
# perl Makefile.PL
# make
# make install
```

2.8.3 Création d'une instance

Imaginez que nous souhaitons tester la version 5.6 la plus récente.

Commencez par récupérer la distribution binaire, par exemple dans le répertoire `/opt/`.

Puis lancez la commande `make_sandbox`, avec votre compte utilisateur habituel (non `root`), en précisant le chemin des binaires MySQL récupérés :

```
$ make_sandbox /opt/mysql-5.6.6-m9-linux2.6-i686.tar.gz
```

Remarque

Si vous lancez la commande `make_sandbox` en tant que `root`, il vous faudra surcharger la variable `SANDBOX_AS_ROOT`.

Après quelques messages informatifs, le script demande confirmation d'un certain nombre de paramètres qu'il va appliquer à l'installation. En principe, les paramètres proposés devraient convenir.

L'installation se termine alors :

```
...
no_run                          = 0
no_show                         = 0
do you agree? ([Y],n) Y
loading grants
.. sandbox server started
Your sandbox server was installed in $HOME/sandboxes/msb_5_6_6
```

Pour utiliser votre nouveau serveur MySQL, rendez-vous dans le répertoire indiqué à la fin de l'installation (ici `$HOME/sandboxes/msb_5_6_6`). Ce répertoire contient des scripts permettant de démarrer, d'arrêter, de sauvegarder ou de se connecter à l'instance sans avoir à saisir de ligne de commande complexe. C'est aussi à cet emplacement que sont stockés les données et le fichier de configuration de l'instance (`my.sandbox.cnf`).

Par exemple, pour se connecter :

```
$ ./use
Welcome to the MySQL monitor.  Commands end with ; or \g.
Your MySQL connection id is 2
Server version: 5.6.6 MySQL Community Server (GPL)

Type 'help;' or '\h' for help. Type '\c' to clear the current
input statement.

mysql [localhost] {msandbox} ((none)) >
```

Remarque

Remarquez que le prompt est modifié automatiquement pour les instances installées avec MySQL Sandbox, ce qui permet de les repérer facilement.

Pour arrêter le serveur, il faut utiliser la commande suivante :

```
$ ./stop
```

et pour le redémarrer, celle-ci :

```
$ ./start
```

2.8.4 Création de deux instances indépendantes

Imaginez maintenant que vous souhaitez créer une instance en version 5.5 et une instance en version 5.6.

Comme pour l'installation d'une unique instance, commencez par récupérer les deux distributions binaires qui vous intéressent.

Puis il suffit d'une seule ligne de commande pour lancer les deux installations :

```
$ make_multiple_custom_sandbox /opt/mysql-5.5.25a-linux2.6-i686.tar.gz
/opt/mysql-5.6.6-m9-linux2.6-i686.tar.gz
```

Après quelques messages, vous avez confirmation de la bonne installation :

```
group directory installed in $HOME/sandboxes/multi_cmsb_5_5_25-5_6_6
```

Et en vous rendant dans le répertoire indiqué, vous allez trouver une structure de fichiers similaire à celle reproduite ci-dessous :

```
$ ls -1F
clear_all*
n1*
n2*
node1/
node2/
restart_all*
send_kill_all*
start_all*
stop_all*
use_all*
```

Les deux répertoires node1 et node2 correspondent aux deux instances installées. Chaque répertoire contient l'ensemble des scripts de gestion de l'instance, les données ainsi que le fichier `my.cnf` comme vous l'avez vu au paragraphe précédent.

La différence par rapport à l'installation d'une seule instance est que vous disposez ici en plus de scripts permettant de gérer toutes les instances installées en une seule opération. Ainsi, le script `start_all` permet de démarrer les deux instances, économisant ainsi les appels à `node1/start` et `node2/start`.

De même, il est possible de se connecter à l'une ou l'autre des instances grâce aux scripts `n1` et `n2`, qui sont équivalents à `node1/use` et `node2/use`.

2.8.5 Autres possibilités

MySQL Sandbox offre beaucoup d'options pour créer la configuration qui vous intéresse. Vous pourrez ainsi mettre en place facilement les configurations suivantes :

- La réplication classique (1 maître, N esclaves).
- La réplication circulaire avec N nœuds.
- La réplication pyramidale (1 maître, N esclaves, chaque esclave étant lui-même maître de X esclaves).
- La construction d'une instance à partir des sources.

Notez que le script est suffisamment robuste pour détecter d'éventuels ports ou d'éventuelles sockets déjà en cours d'utilisation par d'autres serveurs MySQL, installés ou non avec MySQL Sandbox.

MySQL Sandbox embarque aussi `sbtool`, un outil simplifiant certaines opérations sur des instances déjà installées, comme la suppression ou le déplacement.

La documentation du projet est disponible à l'adresse http://www.mysql-sandbox.net et donne tous les détails sur l'ensemble des nombreuses possibilités d'utilisation de MySQL Sandbox.

3. Installation sous Windows

3.1 Utilisation de l'installeur

L'installeur Windows a été revu pour la version 5.5 : il est maintenant beaucoup plus complet et permet par exemple d'installer des produits complémentaires ou des mises à jour, et même de supprimer d'anciennes versions.

Si vous avez déjà une version de MySQL installée, le premier écran vous proposera d'effectuer de telles mises à jour ou suppressions :

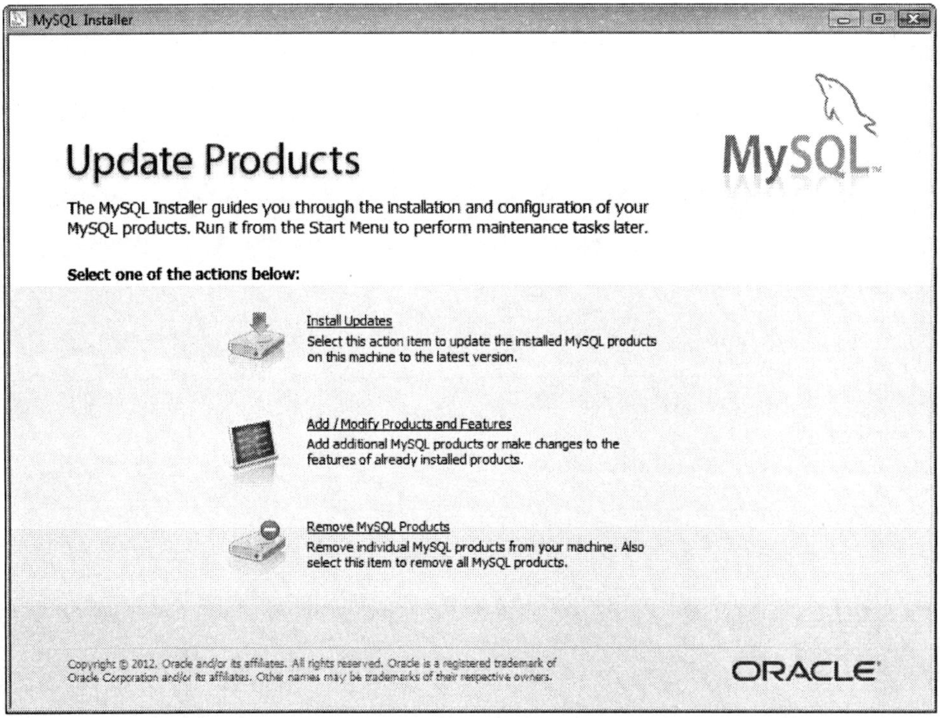

Sinon, vous aurez principalement la possibilité d'installer MySQL :

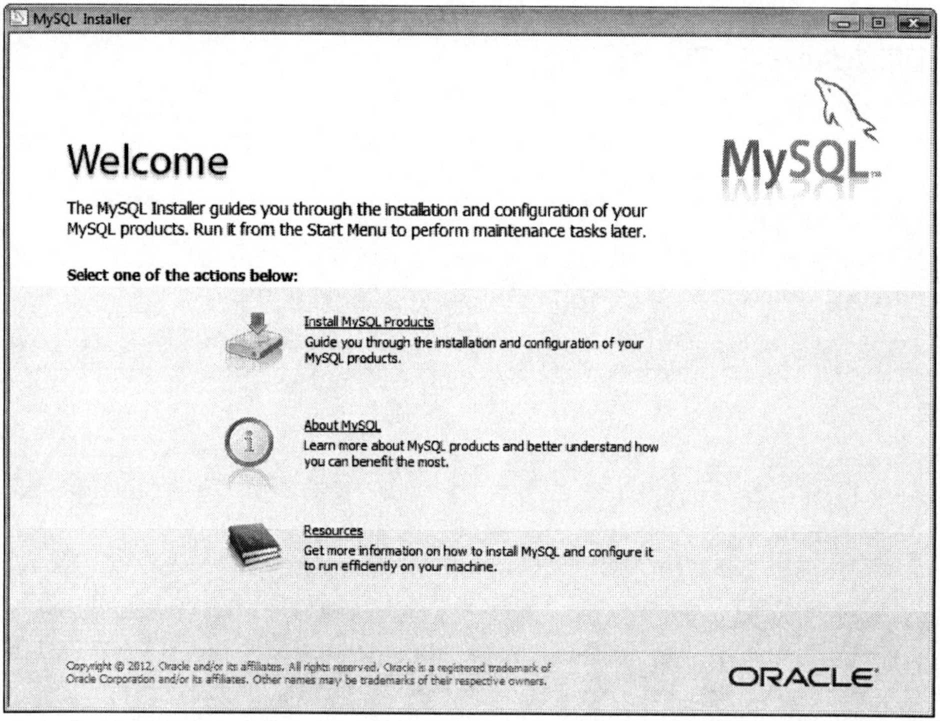

Après avoir cliqué sur **Install MySQL Products**, l'installeur vous demandera les logiciels qui vous intéressent :

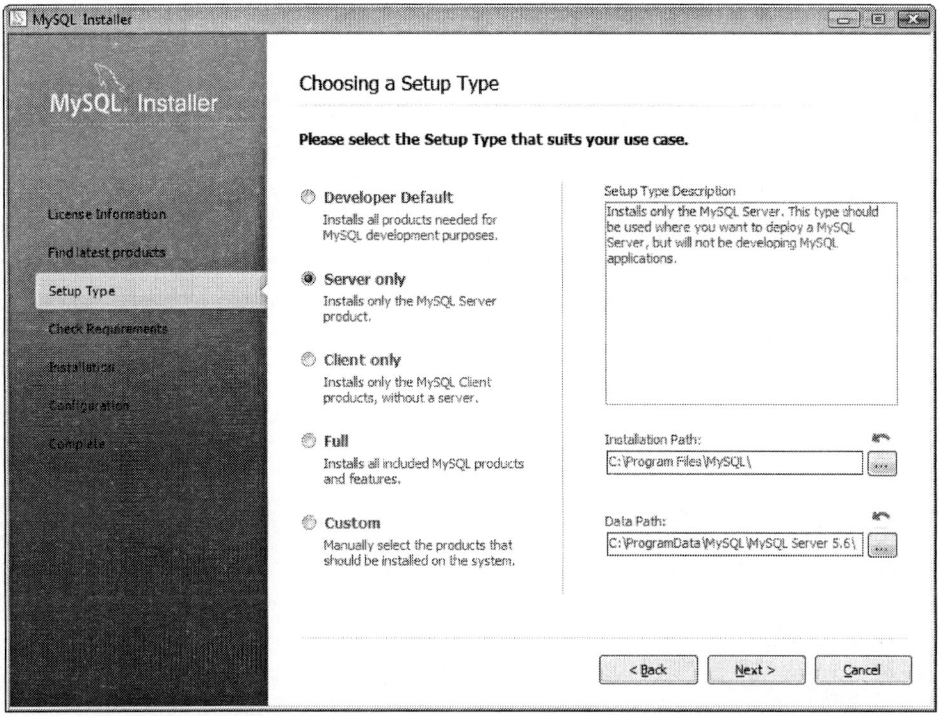

Si vous êtes intéressé seulement par le serveur, sélectionnez **Server only**, modifiez les chemins d'installation si nécessaire puis cliquez sur **Next**. L'installation va se dérouler et une fois terminée, vous verrez un message vous indiquant que l'opération est terminée :

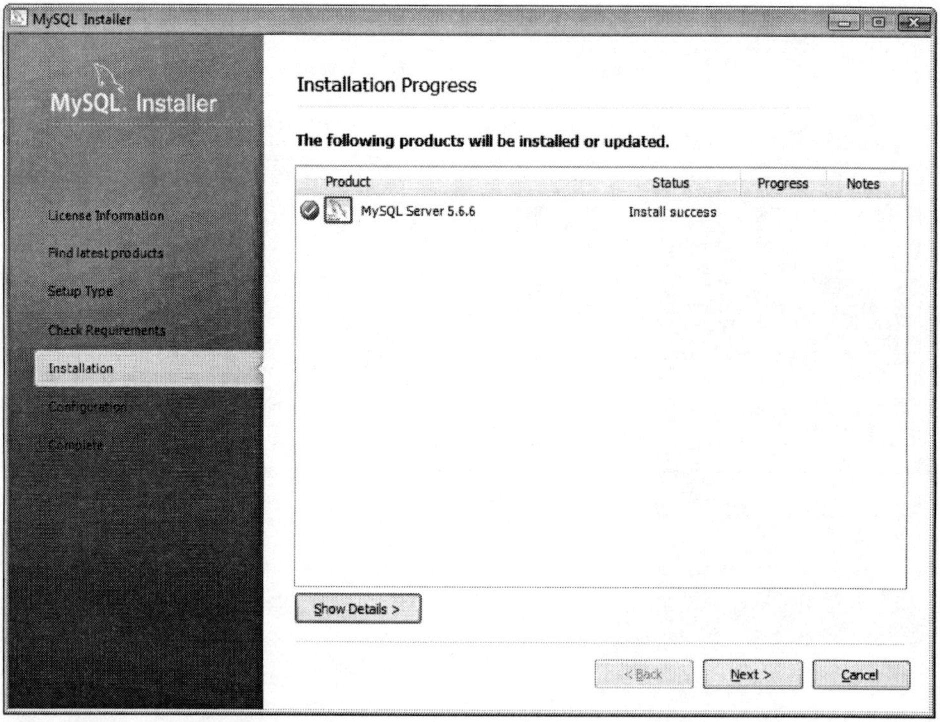

Vous pourrez ensuite choisir si vous le désirez certains paramètres de configuration. Si vous n'êtes pas certain de vos choix, sachez qu'il sera ensuite possible de modifier n'importe quel paramètre dans le fichier de configuration `my.ini` :

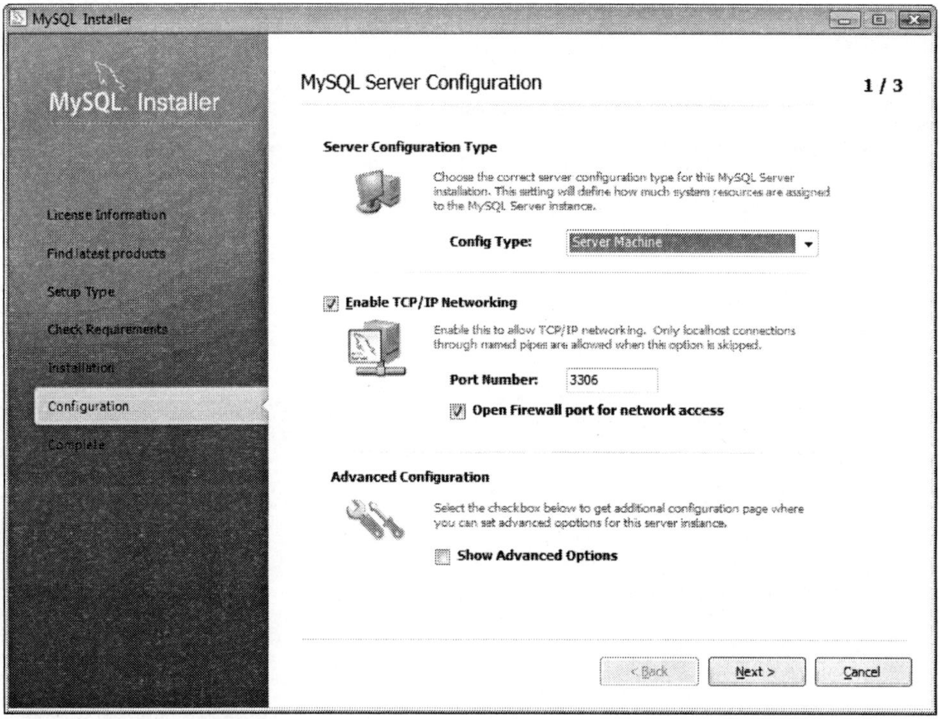

L'étape suivante consiste à donner un mot de passe à l'utilisateur `root` si vous le désirez (ceci est bien sûr fortement recommandé) puis éventuellement à créer d'autres utilisateurs :

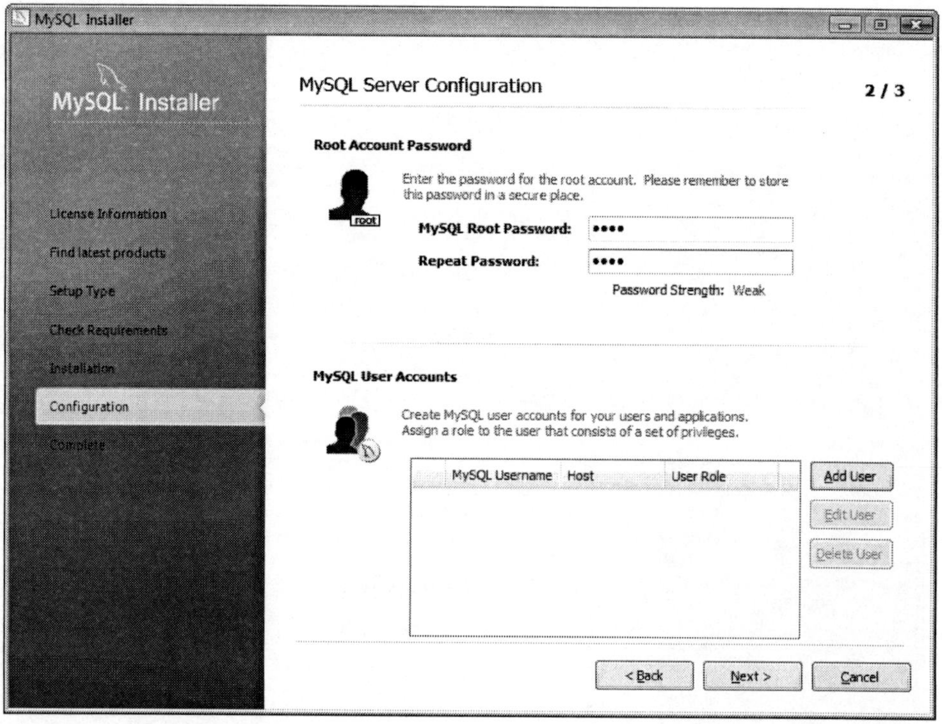

La dernière étape consiste à choisir si vous souhaitez installer MySQL en tant que service, et s'il faut démarrer automatiquement le service au démarrage du serveur :

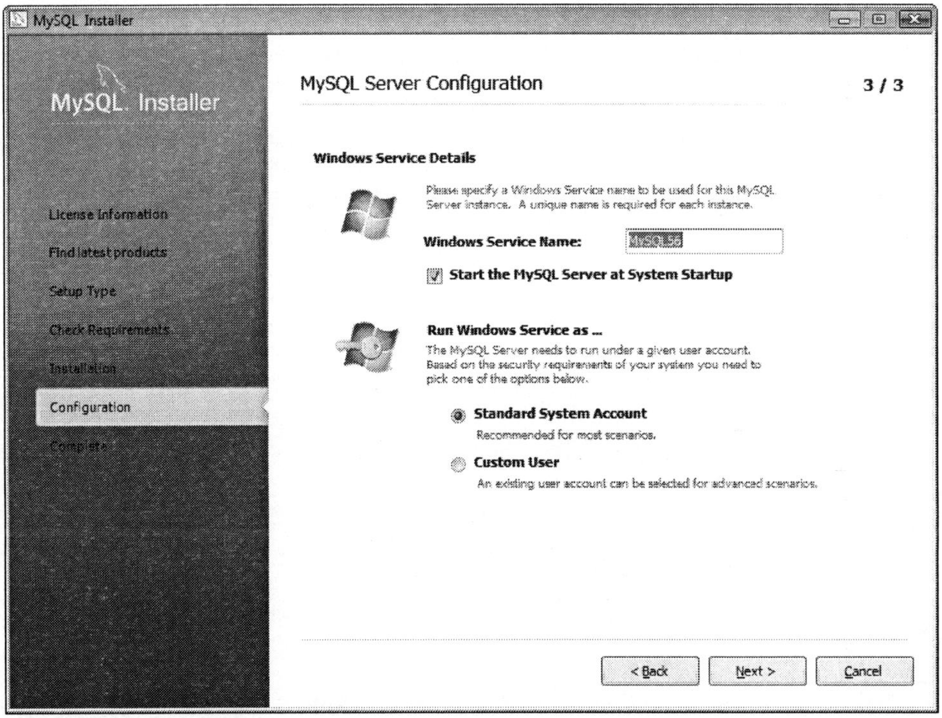

3.2 Installation avec les binaires

Sur le site www.mysql.com, des binaires sont disponibles sur la page de téléchargement dans les catégories Windows et Windows x64 sous forme d'un fichier `.zip`.

Après avoir téléchargé et décompressé l'archive `.zip` dans le répertoire que vous avez choisi, il ne reste plus qu'à créer un fichier de configuration, traditionnellement appelé sous Windows `my.ini` plutôt que `my.cnf`. Le plus simple est de copier-coller l'un des fichiers exemples présents à la racine du répertoire décompressé et de modifier certains paramètres.

Ainsi il faut penser à :

– Changer le numéro du port dans la section `[client]` et la section `[mysqld]` si un autre serveur écoute déjà sur le port 3306.
– Renseigner le paramètre `basedir` dans la section `[mysqld]` avec le chemin du répertoire dans lequel vous avez décompressé l'archive.
– Changer le paramètre `server-id` dans la section `[mysqld]` si un autre serveur possède déjà ce `server-id`.

Voici à quoi peuvent ressembler ces paramètres :

```
[client]
port      = 3307
[mysqld]
port      = 3307
basedir   = C:/mysql5141
server-id = 11
```

Le serveur peut alors être démarré par l'une des méthodes présentées dans le paragraphe suivant.

3.3 Démarrage du serveur

3.3.1 Service

Si le serveur est installé en tant que service, l'instance peut être démarrée par le panneau de gestion des services ou par la commande `net start XXX` (où `XXX` représente le nom du service).

Si ce n'est pas le cas, il faut commencer par installer MySQL en tant que service en utilisant l'option `--install` de `mysqld` :

```
C:\>chemin/vers/mysqld --install MySQL51 --defaults-
file=chemin/vers/my.ini
```

Le nom choisi pour le service est quelconque mais ne doit pas déjà exister.

Remarque

Pour supprimer le service associé à une instance MySQL, utilisez l'option `--remove` *:*

```
C:\>chemin/vers/mysqld --remove MySQL51
```

3.3.2 Invocation directe de mysqld

Il est également possible d'appeler `mysqld` pour lancer le serveur :

```
C:\>chemin/vers/mysqld --defaults-file=chemin/vers/my.ini
```

Notez qu'il existe l'option `--console` qui provoque l'affichage des messages d'erreur dans la console plutôt que dans un journal. Cette option est surtout appréciable dans les cas de débogage.

3.4 Arrêt du serveur

3.4.1 Service

Si le serveur est installé en tant que service, l'instance peut être arrêtée par le panneau de gestion des services ou par la commande `net stop XXX`.

3.4.2 mysqladmin

Quelle que soit la manière dont le serveur a été démarré, `mysqladmin` dispose de la commande `shutdown` pour arrêter l'instance :

```
C:\>mysqladmin -uroot -p shutdown
```

L'utilisateur passé à `mysqladmin` doit avoir le privilège `SHUTDOWN`.

Remarque

Comme il a été dit dans la partie sur l'installation UNIX, `mysqladmin stop` *n'arrête pas le serveur mais seulement les processus de réplication si le serveur est un esclave.*

Remarque

Comme il a été expliqué dans la section sur l'installation UNIX, vous pouvez laisser ou pas un espace entre l'option `-u` et le nom d'utilisateur (`-uroot` ou `-u root`), mais vous ne devez pas laisser d'espace après l'option `-p` si vous choisissez de saisir le mot de passe sur la ligne de commande (`-pxxx`).

3.4.3 Gestionnaire des tâches

Quand aucune des méthodes ci-dessus ne fonctionne, il est parfois nécessaire d'arrêter brutalement le serveur en tuant le processus correspondant à partir du **Gestionnaire des tâches**.

Il s'agit d'une méthode à éviter autant que possible car un arrêt brusque du serveur peut provoquer des pertes ou des corruptions de données.

3.5 Résolution des problèmes d'installation

3.5.1 Droits insuffisants

Pour installer MySQL en tant que service, vous devez avoir un compte ayant les droits d'administrateur. Si ce n'est pas le cas, Windows affichera un message d'erreur et le service ne pourra pas être installé.

3.5.2 Conflit avec une installation existante

Comme pour les installations de type UNIX, un certain nombre de ressources ne peuvent pas être partagées entre plusieurs instances (port, répertoire de données, répertoire de journaux, tablespace `InnoDB`, server-id).

Si un conflit se présente, il faut d'abord vérifier que les paramètres sont correctement renseignés dans le fichier `my.ini`. Puis il faut vérifier que ce fichier est bien appelé en s'assurant que le serveur MySQL est démarré avec l'option `--defaults-file`.

Remarque

Attention, lorsqu'on passe plusieurs options à `mysqld` pour démarrer le serveur, `--defaults-file` doit toujours être la première option.

3.5.3 Problèmes dans les chemins

Selon la version de Windows et la version de MySQL, il peut y avoir des problèmes avec le séparateur / ou les noms de répertoires avec des espaces lors de l'écriture des chemins vers des fichiers ou répertoires. Dans ce cas, mieux vaut toujours utiliser le séparateur \ et encadrer chaque chemin par des " (guillemets doubles).

3.6 Sécuriser l'installation

Les principes de sécurisation sont exactement les mêmes que ceux qui ont été décrits précédemment dans le paragraphe sur la sécurité d'une installation sous UNIX et dérivés.

Le script `mysql_secure_installation` n'existe pas sous Windows, mais il reste tout à fait possible (et même conseillé) d'appliquer manuellement les mêmes étapes qui, pour mémoire, sont :

- La vérification que l'utilisateur `root` dispose d'un mot de passe.
- La suppression des utilisateurs anonymes.
- La suppression du compte `root` distant.
- La suppression de la base `test`.

Remarque

Les questions liées à la sécurité de MySQL seront abordées plus en détail dans le chapitre Sécurité et gestion des utilisateurs.

3.7 Installation de plusieurs instances

3.7.1 Précautions à prendre

Comme il a été indiqué dans la partie équivalente pour les systèmes UNIX, installer plusieurs instances sur une même machine est possible à partir du moment où vous prenez soin d'isoler les ressources critiques que sont le numéro de port, le répertoire de données, les journaux, le tablespace `InnoDB` et le server-id.

3.7.2 Versions différentes

L'installeur ne permettra pas d'isoler complètement deux instances, vous devrez donc obligatoirement passer par une installation à partir des binaires pour la seconde instance.

3.7.3 Utilisation du même binaire

Il est également possible de se servir du même binaire pour plusieurs instances. Dans ce cas, vous devrez :

- Créer un nouveau répertoire de données.
- Copier-coller la base système `mysql` (c'est-à-dire le répertoire `mysql/`) de l'ancien répertoire de données vers le nouveau.
- Créer un nouveau fichier `my.ini` avec les paramètres `port`, `basedir`, `datadir` et `server-id` modifiés.
- Lancer `mysqlld` avec l'option `--defaults-file` pointant vers le nouveau fichier `my.ini`.

Remarque

Les journaux et les fichiers du tablespace `InnoDB` sont créés automatiquement au premier lancement du serveur.

Remarque

Si vous le souhaitez, vous pouvez installer cette nouvelle instance en tant que service, toujours avec la commande `mysqld --install nom_service`.

4. Mettre à jour MySQL

4.1 Précautions à prendre avant la mise à jour

4.1.1 Sauts de version

Si vous souhaitez changer de version mineure, il n'est pas nécessaire de passer par toutes les versions mineures intermédiaires. Par exemple, vous pouvez passer directement sans grand risque d'une version 5.0.32 à une version 5.0.88.

Au contraire, quand il s'agit de versions majeures, il est conseillé de passer par toutes les versions majeures intermédiaires.

4.1.2 Changements apportés par une version

Il est conseillé de toujours lire les changements apportés par la version vers laquelle vous souhaitez migrer (ainsi que les changements de toutes les versions intermédiaires si vous prévoyez de sauter des versions). En effet, bien qu'il semble logique qu'une version plus récente ne contienne que des améliorations, il arrive de temps en temps que la correction d'un problème entraîne un autre problème, ou encore qu'une fonctionnalité soit supprimée.

Remarque

À titre d'exemple, la commande SQL `RENAME DATABASE` *a été ajoutée dans la version 5.1.7 et supprimée dans la version 5.1.23.*

4.1.3 Sauvegarde des données

Une mise à jour de version n'est pas une opération anodine, par conséquent effectuez toujours une sauvegarde de l'ensemble des données avant le début de l'opération de mise à jour.

Remarque

Les différentes techniques de sauvegarde (physiques et logiques) sont décrites dans le chapitre Sauvegarde et restauration.

Remarque

Parfois des changements dans le format des données d'un moteur de stockage vont rendre impossible l'utilisation des fichiers de données de l'ancienne version et obliger à recharger une sauvegarde logique. C'est le cas par exemple pour `MyISAM` entre les versions 4.1 et 5.1.

4.2 Processus de mise à jour

4.2.1 Mise à jour des binaires

Après avoir arrêté le serveur, remplacez les anciens binaires par les nouveaux. Il peut être intéressant de mettre en place des liens symboliques afin de pouvoir facilement revenir aux anciens binaires si la mise à jour se passe mal.

Le serveur peut ensuite être redémarré.

4.2.2 Vérification des tables

Une fois le serveur de nouveau en route, lancez `mysql_upgrade`. Cet exécutable va vérifier l'ensemble des tables de toutes les bases et tenter de les réparer en cas de problème, puis va appliquer les modifications à la base système `mysql` si nécessaire (ajouts ou modifications de privilèges par exemple).

Remarque

Avec certaines distributions Linux, `mysql_upgrade` est lancé automatiquement dans les scripts de post-installation.

Remarque

`mysql_upgrade` remplace le script `mysql_fix_privilege` que la documentation officielle déconseille maintenant d'utiliser.

Remarque

Les opérations de vérification et éventuellement de réparation des tables (`CHECK TABLE` et `REPAIR TABLE`) peuvent être longues si les tables sont très volumineuses (voir le chapitre Maintenance des tables pour plus d'informations sur le sujet).

5. Variantes de MySQL

5.1 MariaDB

MariaDB a été lancée en 2009 par le créateur de MySQL Monty Widenius à travers sa société Monty Program, en vue d'offrir une alternative 100 % libre à la version officielle développée par Oracle.

MariaDB intègre des améliorations venant de la communauté (moteur XtraDB de Percona ou user statistics de Google) ainsi que de nombreuses fonctionnalités développées directement par Monty Program. On peut citer par exemple :

- Le moteur Aria, qui vise à être un remplaçant de `MyISAM` dont le développement est arrêté.
- Des changements dans l'optimiseur de requêtes pour améliorer certains types de jointures ou certaines sous-requêtes mal optimisées dans la version officielle de MySQL.
- La possibilité de définir des colonnes virtuelles ou dynamiques.

MariaDB a pour but d'être 100 % compatible avec la version MySQL d'Oracle, mais on peut noter qu'il devient de plus en plus difficile d'identifier la version qui sert de socle à MariaDB. Cela est dû principalement au fait qu'Oracle et MariaDB développent parfois des algorithmes différents pour résoudre le même problème. Monty Program a d'ailleurs décidé de ne pas nommer sa dernière version MariaDB 5.6 mais MariaDB 10.0.

Pour plus d'informations, vous pouvez consulter la page du projet :
http://www.mariadb.org

5.2 Percona Server

Percona a développé des correctifs pour ses clients depuis 2007, et petit à petit ces correctifs ont été rassemblés pour former une version dérivée de MySQL qui a été nommée Percona Server.

Percona Server est une version améliorée de MySQL 100 % compatible avec la version fournie par Oracle (certains paramètres cassent cette compatibilité mais ils sont désactivés par défaut) et offrant les fonctionnalités supplémentaires suivantes :

- Meilleure performance et meilleure scalabilité avec XtraDB, qui est une version améliorée d'`InnoDB`.
- Meilleure instrumentation, avec un journal des requêtes lentes améliorées et des tables supplémentaires dans la base `information_schema`.
- Plus grande flexibilité, avec des options simplifiant considérablement le travail des administrateurs.

Les versions de Percona Server suivent les versions officielles provenant d'Oracle avec environ un mois de décalage. Plus d'informations sont disponibles sur la page du projet :
http://www.percona.com/software/percona-server

5.3 Facebook/Twitter

Facebook et Twitter font partie des plus gros utilisateurs de MySQL. Pour répondre à leurs besoins extrêmement spécifiques et pointus, ils développent eux-mêmes de nouvelles fonctionnalités ou des correctifs et mettent leur code source à disposition.

Il est fortement recommandé de ne pas utiliser ces versions en production, car elles ne font pas l'objet de tests aussi poussés que ceux que peuvent effectuer Oracle, Monty Program ou Percona. Les fonctionnalités les plus intéressantes sont reprises progressivement par MySQL, MariaDB et Percona Server ; c'est déjà le cas pour certaines additions de la part de Facebook, et cela ne tardera sans doute pas pour les nouvelles fonctionnalités développées par Twitter.

5.4 Drizzle

Drizzle est un projet qui a vu le jour en 2008 sous l'impulsion de plusieurs développeurs de MySQL, frustrés par la voie que prenait alors MySQL.

Contrairement aux autres variantes, Drizzle n'a pas pour but d'être 100 % compatible avec MySQL - ce n'est d'ailleurs pas le cas. L'objectif est plutôt de créer un SGBD relationnel au code le plus léger possible. Drizzle est construit autour d'un micro-noyau fournissant les services essentiels (interprétation du code SQL, réplication...) et peut être étendu par des plugins. Cette architecture simplifiée a permis de résoudre des problèmes qui sont restés en suspens pendant des années avec MySQL.

Drizzle est disponible en version stable depuis mars 2011, néanmoins il est très difficile de savoir qui exactement l'utilise. Pour cette raison, il n'est pas évident de défendre Drizzle comme alternative à MySQL dans de nombreux projets.

Plus d'informations sont disponibles sur http://www.drizzle.org

6. Installation des bases exemples

Beaucoup d'exemples de ce livre reposent sur deux bases exemples téléchargeables sur le site www.mysql.com. Il vous sera très profitable d'installer ces bases pour pouvoir reproduire directement les manipulations décrites sur une instance que vous aurez installée sur votre ordinateur habituel.

6.1 Installation de la base world

Vous trouverez une archive compressée de la base `world` à l'adresse suivante : http://dev.mysql.com/doc/index-other.html. Après avoir téléchargé et décompressé l'archive, vous obtiendrez un fichier `world.sql` qui vous permettra de reconstituer les données après avoir créé la base `world` :

```
mysql> CREATE DATABASE world;

shell> mysql -uroot -p world < world.sql
```

Si tout s'est bien passé, vous trouverez trois tables dans la base `world` :

```
mysql> USE world;

mysql> SHOW TABLES;
+-----------------+
| Tables_in_world |
+-----------------+
| City            |
| Country         |
| CountryLanguage |
+-----------------+
```

6.2 Installation de la base sakila

La procédure est similaire à celle décrite pour la base `world` : après avoir téléchargé et décompressé l'archive disponible à la même page http://dev.mysql.com/doc/index-other.html, vous obtiendrez un répertoire `sakila-db` qui contient trois fichiers :

- `sakila-data.sql` contient les données de la base.
- `sakila-schema.sql` contient le schéma de la base.
- `sakila.mwb` contient une représentation graphique du modèle physique de la base, lisible dans le logiciel MySQL Workbench (http://www.mysql.com/products/workbench).

Pour reconstituer la base, il vous suffit d'injecter les fichiers `sakila-schema.sql` puis `sakila-data.sql` :

```
shell> mysql -uroot -p < sakila-schema.sql

shell> mysql -uroot -p < sakila-data.sql
```

7. Installation du Percona Toolkit

Percona Toolkit est un ensemble de scripts facilitant le travail des administrateurs en rendant simples des tâches normalement fastidieuses. Ces scripts vont par exemple permettre :

- D'identifier facilement les index redondants.
- D'analyser un journal de requêtes afin d'en extraire les requêtes les plus coûteuses.
- De vérifier la cohérence des données entre un serveur maître et un serveur esclave.
- D'exécuter des commandes `ALTER TABLE` de manière non bloquante.

Nous aurons l'occasion d'examiner l'utilisation de plusieurs de ces outils tout au long de cet ouvrage.

Il existe plusieurs méthodes pour installer Percona Toolkit :

- Utiliser votre gestionnaire de paquets. Il s'agit de la méthode la plus simple, mais vous aurez de fortes chances de vous retrouver avec une version ancienne. La commande à saisir sous Ubuntu est :

```
shell> sudo aptitude install percona-toolkit
```

- Télécharger une distribution en `tar.gz` :

```
shell> wget http://www.percona.com/get/percona-toolkit.tar.gz
```

- Télécharger individuellement les outils qui vous intéressent. Chaque outil étant autonome, il est parfaitement possible de ne pas tous les installer :

```
shell> wget http://www.percona.com/get/OUTIL
```

où `OUTIL` est le nom de l'outil que vous souhaitez installer (par exemple pt-query-digest).

Vous pouvez consulter la documentation des outils à la page :
http://www.percona.com/software/percona-toolkit

Remarque

Notez que les outils ont été développés au départ pour fonctionner sous UNIX/Linux et qu'ils ne sont pas encore tous compatibles avec Windows.

Remarque

Même si la documentation est très complète, sachez que certains outils sont difficiles à prendre en main. Sachez également que certains outils se contentent de lire des données et ne risquent pas de provoquer de dégâts s'ils sont mal utilisés, mais que d'autres font des changements. Soyez donc vigilant et étudiez bien le comportement des différents scripts dans un environnement de test.

Chapitre 2
Architecture

1. Introduction

L'architecture de MySQL est à la fois proche et très éloignée de celle des principaux autres systèmes de gestion de base de données, et il vous faut la comprendre pour pouvoir administrer au mieux le serveur. Vous retrouverez dans ce chapitre des notions qui vous sont sans doute familières telles que clients/serveur ou protocoles de communication (TCP/IP, UNIX socket...). Vous verrez également comment le serveur assure la persistance des éléments suivants : les données, les index, les métadonnées ainsi que les informations nécessaires à la supervision à l'aide de ses schémas et de ses journaux. Sans oublier l'utilisation mémoire basée sur les différents caches mémoires et tampons (*buffers*). Enfin, la partie moteur de stockage, vous aidera à appréhender l'une des principales originalités de MySQL, qui lui confère son remarquable niveau de flexibilité, mais qui lui ajoute une légère touche de complexité.

2. Vue d'ensemble

2.1 Le serveur

Une installation classique de MySQL (avec les binaires pré-compilés) fournit plusieurs types de programmes. Le premier d'entre eux, et sans doute le plus important, est le serveur MySQL, qui se nomme `mysqld`. Multi-threadé, il est notamment chargé de gérer :

- Les protocoles de communication avec les clients (TCP/IP, socket, SSL...).
- Les droits d'accès aux différentes ressources disponibles (voir chapitre Sécurité et gestion des utilisateurs).
- Les *buffers* et les *caches*, afin de minimiser les accès disque.
- Les différents types de journaux serveurs (binaire, requêtes lentes...).
- Les processus d'analyse, d'optimisation et d'exécution des requêtes.

2.2 Les clients

Les clients communiquent avec le serveur qui leur permet d'accéder aux données, comme c'est le cas pour le client texte `mysql`. Avec ce dernier vous pouvez par exemple lire et modifier les données ou la configuration du serveur, mais vous ne pouvez pas démarrer ou arrêter le serveur. Un autre client vous donne cette possibilité : c'est `mysqladmin`. Il permet d'effectuer d'autres tâches d'administration comme créer ou supprimer des schémas, arrêter des threads, « pinger » le serveur MySQL (c'est-à-dire tester la disponibilité du service), changer le mot de passe d'un compte utilisateur, arrêter/démarrer la réplication... Beaucoup de clients sont très spécialisés comme `mysqldump` (sauvegardes logiques) ou `mysqlcheck` (vérification des tables). Vous retrouverez la liste exhaustive dans la documentation (http://dev.mysql.com/doc/refman/5.6/en/programs-client.html).

Les applications et autres outils tiers communiquent avec le serveur MySQL à l'aide des connecteurs fournis par Oracle (C, C++, Java, .NET, ODBC, PHP, Python) ou par la communauté (Ruby, DBI pour Perl...).

2.3 Les programmes non clients

L'écosystème de MySQL comporte également des programmes non clients comme `myisampack` ou `myisamchk` qui permettent respectivement de compresser et de vérifier des tables `MyISAM`. Ces programmes n'interagissant pas avec le serveur MySQL (`mysqld`), il est en général plus prudent de s'assurer que ce dernier soit éteint avant de les utiliser (une alternative consiste à verrouiller les tables en lecture).

`mysql_config_editor` est un nouvel outil qui apparaît avec la version 5.6. Il permet de stocker les informations d'authentification dans un fichier crypté (plus de détails dans le chapitre Sécurité et gestion des utilisateurs).

D'autres outils donnent la possibilité de gérer les journaux, comme c'est le cas de `mysqldumpslow` qui permet de formater le contenu du journal des requêtes lentes (voir l'exemple à la section La journalisation).

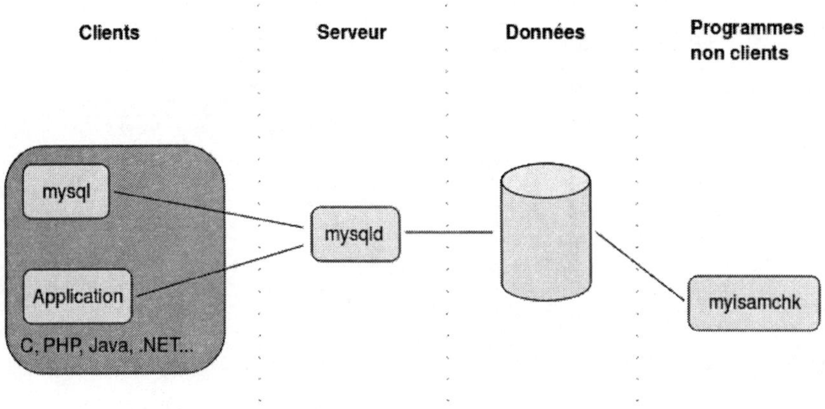

Vue d'ensemble

2.4 Les protocoles de communication

MySQL propose différents protocoles de communication entre le client et le serveur. Sous UNIX, le protocole par défaut pour une communication en local est `Unix socket`. Vous pouvez cependant utiliser le protocole `TCP/IP` en local. Ce dernier est le seul disponible pour un client distant. Si vous êtes dans un environnement MS Windows, en local vous avez le choix entre `TCP/IP` qui est le protocole par défaut, `shared memory` (une zone de mémoire est partagée entre le client et le serveur) ou `named pipes` (un fichier permettant aux processus sans liens de parenté de communiquer). Pour une connexion distante, vous ne pouvez utiliser que le protocole `TCP/IP`.

Les protocoles de communication

Protocole	Connexion	Système d'exploitation
TCP/IP	Local, distant	Tous
Socket UNIX	Seulement local	UNIX
Shared memory	Seulement local	Windows
Named pipes	Seulement local	Windows

3. Architecture générale

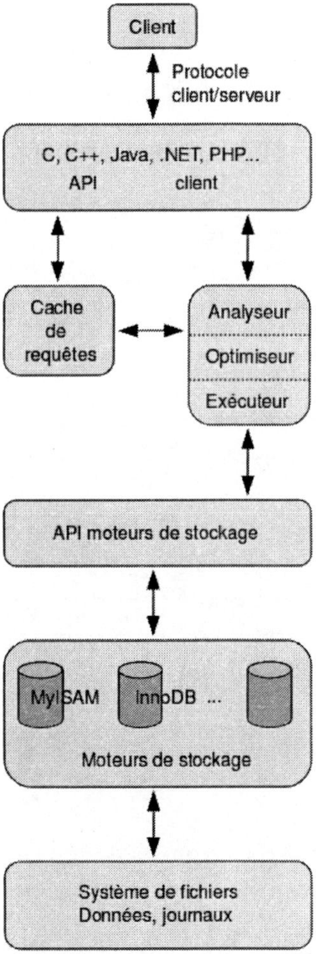

Architecture du serveur

Le serveur reçoit la requête envoyée par le client, il regarde si elle est dans le cache de requêtes, à condition que ce dernier soit activé. Si c'est le cas, le résultat de la requête qui est stocké dans le cache est renvoyé au client. Sinon, la requête est analysée (vérification entre autres de la syntaxe), optimisée (réécriture de la requête et recherche du plan d'exécution optimal) et exécutée par le moteur d'exécution des requêtes (nommé Exécuteur sur le schéma) qui interroge le(s) moteur(s) de stockage qui implémente(nt) tout ou partie de l'API moteurs de stockage. Le résultat est ensuite envoyé au client, après avoir été mis dans le cache de requêtes (sous réserve que la requête soit éligible, pour plus d'information veuillez consulter le paragraphe cache de requêtes du chapitre Optimisation).

4. L'utilisation du disque

Les informations que contient le SGBD sont en générales stockées sur un disque afin d'assurer leur persistance. Sur votre serveur MySQL vous retrouverez ainsi :

- Les schémas (ou bases de données) qui sont représentés sur le disque par des répertoires du même nom. Ainsi, le schéma `world` a également pour nom de répertoire `world`.
- Des fichiers qui ont comme extension `.frm`. Ils contiennent la structure des tables (`frm` pour format). D'un point de vue SQL, une table appartient à un schéma, ce qui sur le disque se traduit par au moins un fichier (celui qui contient la structure de la table), dans un répertoire. Par exemple, la table `City` qui appartient au schéma `world` est représentée sur le disque par le fichier `City.frm` localisé dans le répertoire `world`. Les données et les index se retrouvent dans un ou plusieurs fichiers ou uniquement en mémoire, tout dépend du moteur de stockage. Cette partie de l'architecture est détaillée dans la section Les moteurs de stockage.
- Les journaux du serveur (journal binaire, journal des erreurs...), ceux des moteurs de stockage (`ib_logfile0` pour `InnoDB` par exemple), de la réplication, le fichier de configuration...
- Les déclencheurs (triggers) (les déclencheurs sont vus au chapitre Routine stockée/déclencheur/événement.

Ces informations sont par défaut toutes stockées dans le répertoire de données (`datadir`), répertoire qui se nomme `data`. Son emplacement, que vous pouvez visualiser avec la commande `SHOW VARIABLES LIKE 'datadir'`, peut être modifié avec l'option `datadir`.

Modifier l'emplacement du répertoire de données peut être utile pour :

- Répartir la charge sur plusieurs disques, ce qui permet d'augmenter le débit car les disques travaillent en parallèle mais aussi de minimiser les pannes en répartissant les accès disques. Une architecture multidisque pourrait alors être composée :
  - d'un disque pour le système.
  - d'un disque pour les binaires.
  - d'un disque pour les fichiers temporaires (option `tmpdir`).
  - d'un disque dédié pour les données et les journaux.
- Isoler les tables les plus accédées sur des disques plus rapides.
- Déplacer les tables les plus volumineuses sur une partition de plus grande capacité.
- Placer certaines données sur une autre technologie de stockage (SSD, Flash...).
- Faciliter la mise à jour du serveur si les données sont situées ailleurs que dans le répertoire d'installation.
- L'exécution de plusieurs instances MySQL sur le même serveur où chacune d'entre elles pourrait bénéficier de son propre répertoire de données.

Remarque

Attention à la casse : une erreur courante des utilisateurs de systèmes d'exploitation non sensibles à la casse comme MS Windows est d'écrire le nom des schémas et des tables sans se soucier de leur casse. En effet, sur un tel système, les requêtes `SELECT * FROM ma_table` *et* `SELECT * FROM Ma_Table` *sont équivalentes. Par contre, si votre système d'exploitation est sensible à la casse comme la plupart des UNIX (ce qui n'est pas le cas de Mac OS X), le serveur cherchera à accéder respectivement aux fichiers qui commencent par* `ma_table` *et* `Ma_Table`*, qui ne sont donc pas les mêmes. Au mieux vous aurez une erreur si l'une des deux tables n'existe pas, au pire vous n'exécuterez pas la requête souhaitée. Pour éviter ce genre d'erreurs, fixez-vous une norme et tenez-vous-y !*

Une alternative consiste à paramétrer l'option `lower_case_table_names` *à* `1`*, ce qui aura pour conséquence de forcer le serveur à écrire les noms des schémas et des tables en minuscule sur le disque.*

Stocker les données sur disque est nécessaire pour assurer la persistance des données, cependant l'accès disque est très coûteux surtout si on le compare à l'accès mémoire. L'un des défis de l'administrateur de base de données est d'optimiser cette utilisation du disque. À ce sujet, n'hésitez pas à lire le chapitre Optimisation. Pour minimiser les E/S (Entrées/Sorties), le serveur va essayer d'effectuer un maximum de traitements en mémoire. Le rôle du DBA est alors de lui simplifier le travail en paramétrant de façon optimale les *buffers* et les *caches*.

5. L'utilisation de la mémoire

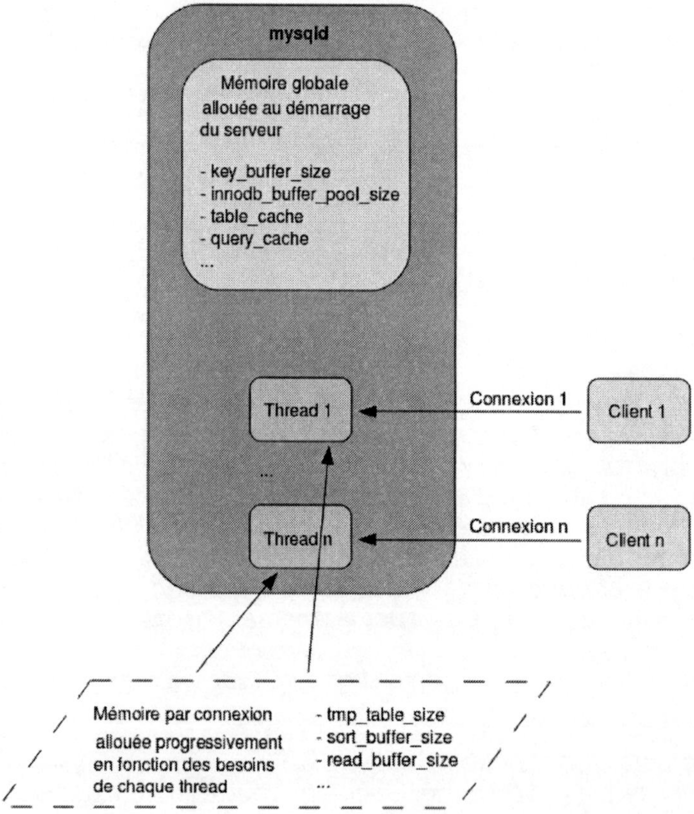

Structure de la mémoire

L'allocation mémoire du serveur peut être décomposée en deux catégories. La première est l'allocation par instance, qui est la mémoire allouée en une seule fois par le serveur au démarrage. Elle est partagée par le processus serveur `mysqld` et les threads, c'est-à-dire les connexions clientes. Elle comprend entre autres l'espace mémoire utilisé par le cache d'index des tables MyISAM (`key_buffer_size`), l'espace mémoire du cache de données d'InnoDB (`innodb_buffer_pool_size`), l'espace mémoire du cache de tables (`table_definition_cache` et `table_open_cache`), l'espace mémoire du cache de requêtes (`query_cache`).

Remarque

Bien que faisant partie de la mémoire par instance qui est allouée en une seule fois, le `key_buffer_size` n'est alloué qu'en fonction des besoins du serveur et non dans sa totalité au démarrage du serveur.

La deuxième catégorie est l'allocation par threads. C'est de la mémoire qui est allouée et désallouée dynamiquement en fonction des besoins de chaque client. Elle est composée notamment de l'espace mémoire occupé par les données contenues dans les buffers utilisés par les clients tels que le `sort_buffer_size` ou le `read_buffer_size`. On y retrouve aussi l'espace mémoire des tables temporaires (`tmp_table_size`), l'espace mémoire des tables `Memory` (`max_heap_table_size`), etc.

6. Les moteurs de stockage

L'une des originalités de MySQL est son *Architecture pluggable storage engine* ou le concept de moteurs de stockage à la carte. L'idée principale est que toutes les données ne se valent pas, il n'est donc pas toujours pertinent de les traiter et de les stocker de la même façon. Par exemple, si votre application génère beaucoup de requêtes d'écritures et exige un niveau de cohérence des données élevées, utiliser un moteur transactionnel semble être une nécessité. En revanche, pour une application qui n'effectue que des lectures et de surcroît de façon intensive, la pertinence d'un moteur transactionnel avec sa sécurité mais aussi toute sa lourdeur peut être discutée. C'est cette liberté de choix qu'offre le concept de moteur de stockage de MySQL. Vous pouvez donc « brancher » le moteur de stockage optimal eu égard à ses fonctionnalités et aux types de traitements souhaités.

Il y a cependant quelques inconvénients à cette architecture. Tout d'abord, le choix du moteur peut être primordial pour les performances, la stabilité et la sécurité des données. Ce choix, même s'il est réversible, doit être fait en connaissance de cause. Autre souci potentiel, l'optimiseur étant décorrélé du moteur de stockage, un plan d'exécution donné ne sera pas forcément optimal avec tous les moteurs. Il se peut aussi qu'aucun moteur ne corresponde totalement à votre besoin, vous devez alors soit trouver celui qui vous offre le meilleur compromis ou alors développer le vôtre.

Le choix du moteur se fait à la création de la table, dans l'ordre SQL `CREATE TABLE` en renseignant la clause `ENGINE`.

```
mysql> CREATE TABLE ma_table (i INT) ENGINE=InnoDB;
Query OK, 0 rows affected (0,24 sec)

mysql> SHOW CREATE TABLE ma_table \G
*************************** 1. row ***************************
Table: ma_table
Create Table: CREATE TABLE `ma_table` (
`i` int(11) DEFAULT NULL
  ) ENGINE=InnoDB;
1 row in set (0,00 sec)
```

Le choix du moteur est réversible, il peut être changé avec une requête `ALTER TABLE` :

```
mysql> ALTER TABLE ma_table ENGINE = MyISAM;
Query OK, 0 rows affected (0,24 sec)
Records: 0 Duplicates: 0 Warnings: 0

mysql> SHOW CREATE TABLE ma_table \G
*************************** 1. row ***************************
Table: ma_table
Create Table: CREATE TABLE `ma_table` (
`i` int(11) DEFAULT NULL
  ) ENGINE=MyISAM
1 row in set (0,00 sec)
```

6.1 Utiliser plusieurs moteurs de stockage

Le serveur MySQL donne la possibilité d'avoir des tables avec des moteurs de stockage différents. Un exemple d'architecture pourrait être le suivant :

- Les tables qui contiennent des données critiques ou dynamiques utiliseraient un moteur `InnoDB`.
- Les tables qui contiennent des données (quasi) statiques ou des tables de travail (tables temporaires et/ou d'agrégation de données dans le cadre d'un script par exemple) utiliseraient un moteur `MyISAM`.
- Les tables qui contiennent des données temporaires dont la persistance n'est pas impérative utiliseraient un moteur `Memory`.
- Les tables qui contiennent des données à archiver (accès en lecture séquentielle et en insertion uniquement) utiliseraient un moteur `Archive`.

Toutefois, bien que MySQL le permette, en pratique mélanger les moteurs est plutôt déconseillé car cela :

- Complexifie l'architecture de la base de données de l'application et par incidence aussi le travail du DBA.
- Rend la tâche de l'optimiseur plus complexe, car un plan d'exécution optimal pour un moteur ne l'est pas forcément pour un autre.
- Complique le code de l'application. Une transaction sur deux tables avec deux moteurs différents dont l'un n'est pas transactionnel peut mettre votre base dans un état incohérent.
- Laisse moins de mémoire disponible pour les moteurs parce que chaque moteur possède ses propres buffers et caches.

Pour résumer, une architecture qui mélange les moteurs doit plutôt être de l'ordre de l'exception. Elle doit être utilisée si le moteur principal choisi ne possède pas toutes les fonctionnalités nécessaires à l'application. En d'autres termes, l'architecture doit rester aussi simple que possible.

6.2 Les commandes utiles

La liste des moteurs de stockage disponibles dans votre serveur MySQL est accessible avec la commande `SHOW ENGINES` ou la requête `SELECT * FROM information_schema.ENGINES`. Pour visualiser le moteur d'une table, là encore plusieurs commandes sont à votre disposition : `SHOW CREATE TABLE`, `SHOW TABLE STATUS [LIKE]` ou avec une requête sur la table `TABLES` du schéma `information_schema` : `SELECT TABLE_NAME, ENGINE FROM INFORMATION_SCHEMA.TABLES WHERE TABLE_NAME = 'nom_table' AND TABLE_SCHEMA = 'nom_schéma'`.

```
mysql> SELECT TABLE_NAME, ENGINE FROM INFORMATION_SCHEMA.TABLES
WHERE TABLE_NAME = 'actor' AND TABLE_SCHEMA = 'sakila';
+------------+--------+
| TABLE_NAME | ENGINE |
+------------+--------+
| actor      | InnoDB |
+------------+--------+
```

6.3 Choisir son moteur

Le choix du moteur est important, il doit être adapté aux besoins de votre application. Chaque moteur à ses propres caractéristiques, avantages et inconvénients, vous devez donc les connaître pour faire le choix optimal. Les éléments qui dépendent du moteur sont :

- La façon de stocker les données.
- Les types de verrous.
- Les stratégies de sauvegarde et de restauration.
- Le support des transactions.
- Les algorithmes d'index.
- La persistance des données.
- L'optimisation du moteur (avec parfois des incidences niveau schéma ou requêtes).
- Les fonctionnalités et caractéristiques (l'index plain text, les clés étrangères, la haute disponibilité, les journaux...).

Parmi les éléments indépendants du moteur, on retrouve :

- Le SQL (DML, DDL, DCL). Toutefois certaines clauses dépendent du moteur comme `CREATE FULLTEXT INDEX` par exemple.
- La réplication.
- Les procédures et fonctions stockées.
- Les journaux serveurs.

Les moteurs de stockage incontournables sont `InnoDB`, `MyISAM` et `Memory`. Stables, performants et répondant aux besoins de la plupart des applications, ils sont logiquement les plus utilisés. MySQL fournit également des moteurs beaucoup plus spécialisés comme `Archive`, `CSV` ou `FEDERATED`, ils répondent à des problématiques bien particulières comme l'économie de l'espace disque (`Archive`), stocker les données dans un format portable (`csv`) ou l'accès à des données distantes (`federated`). Enfin, d'autres moteurs méritent également d'être découverts tel le très populaire `XtraDB` de Percona qui remplace `InnoDB` dans Percona Server ou `Aria` (anciennement connu sous le nom de `Maria`) de Monty Program présent dans `MariaDB`.

Voici un condensé des caractéristiques majeures des moteurs les plus communs.

6.4 Le moteur InnoDB

6.4.1 Description

Le moteur `InnoDB` est le moteur de stockage par défaut de MySQL. De type transactionnel ACID (Atomicité, Cohérence, Isolation, Durabilité), il implémente le MVCC (*Multi Version Concurrency Control*), qui permet d'avoir des lectures qui ne bloquent pas les écritures et inversement, et un verrou au niveau des enregistrements. Cela lui permet d'être performant dans des environnements avec beaucoup d'écritures. L'intégrité des données peut être assurée grâce aux clés étrangères.

Un mécanisme de restauration automatique après un crash, basé sur les journaux de transactions (`ib_logfile0` et `ib_logfile1` par défaut), permet de maintenir la cohérence des données après un arrêt inattendu. Avec `InnoDB` vous pouvez effectuer des sauvegardes à chaud, aussi bien logiques avec mysqldump et l'option --single-transaction que physiques avec Percona XtraBackup ou son pendant propriétaire InnoDB Hot Backup (voir chapitre Sauvegarde et restauration).

Comme tous les moteurs de stockage, une table InnoDB est représentée sur le disque dur, dans le répertoire qui correspond au schéma de la table, par un fichier avec l'extension .frm.

Ce fichier qui a pour préfixe le nom de la table contient sa structure. Depuis MySQL 5.6.6 l'option innodb_file_per_table est activée par défaut. Contrairement aux versions précédentes, où les données et les index de toutes les tables InnoDB du serveur étaient stockées dans le tablespace (ibdata1 par défaut), les données et les index sont maintenant stockés dans un fichier qui a pour extension .ibd, dans le même répertoire que le fichier .frm. Le tablespace contient le dictionnaire de données et les undo logs qui sont chargés d'annuler les transactions non validées.

Remarque

Pour transférer les données d'une table InnoDB du tablespace commun dans son fichier .ibd, faites une sauvegarde logique de la table, supprimez-la, activez l'option innodb_file_per_table, redémarrez le serveur et rejouez votre sauvegarde.

Remarque

Dans la version 5.6, avec l'option innodb_file_per_table activée, le fichier de données de la table (ibd) peut désormais être placé sur un autre espace de stockage physique. Cela offre, par exemple, la possibilité de mettre des tables où la performance est sensible sur des supports de stockage SSD ou Flash.

```
mysql> CREATE TABLE freshdaz.t1(i int) DATA DIRECTORY='/data/hot/';
Query OK, 0 rows affected (0,30 sec)

$ ls -l /data/hot/
total 4
drwxrwx--- 2 daz daz 4096 oct. 20 22:05 freshdaz

$ ls -l /data/hot/freshdaz/
total 96
-rw-rw---- 1 daz daz 98304 oct. 20 22:05 t1.ibd
```

Voici une vue d'ensemble (et simplifiée) des principaux mécanismes internes d'InnoDB.

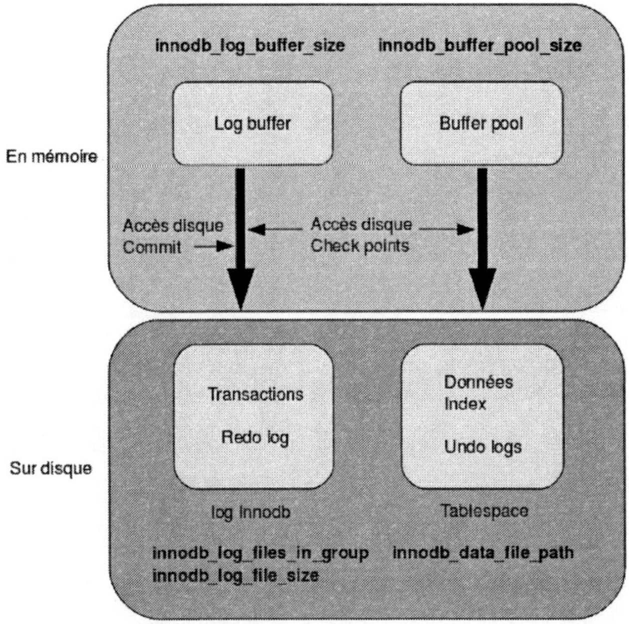

Mécanismes internes d'InnoDB

Les transactions en cours sont stockées en mémoire dans le buffer des journaux des transactions (**log buffer**) paramétré avec l'option `innodb_log_buffer_size`. Parallèlement une partie des données et des index est aussi en mémoire dans leur buffer, le **buffer pool**, dont la taille est gérée avec l'option `innodb_buffer_pool_size`. Les informations contenues dans ces deux buffers sont écrites sur le disque une fois par seconde environ, lors du checkpoint, dans l'un des deux journaux des transactions (`ib_logfile0` ou `ib_logfile1`) pour le **log buffer** et dans le tablespace pour ce qui est du **buffer pool**. Le **log buffer** est en plus écrit sur le disque à chaque validation (**commit**) de transactions. Ce mécanisme est cependant paramétrable avec l'option `innodb_flush_log_at_trx_commit` où vous pouvez choisir entre ce comportement et seulement une écriture lors des checkpoints. Le nombre de journaux de transactions est géré avec l'option `innodb_log_files_in_group` (deux est la valeur par défaut et celle conseillée par MySQL), leur taille avec l'option `innodb_log_file_size` et en ce qui concerne le tablespace, sa localisation, sa taille et son nom avec l'option `innodb_data_file_path`.

Remarque

*Taille des journaux d'InnoDB : en MySQL 5.6, la taille totale maximale des journaux InnoDB (`ib_logfile*`) appelés aussi **redo log**, est de 512 Go.*

La version 5.6 apporte un grand nombre d'améliorations pour le moteur de stockage `InnoDB`. En voici quelques-unes détaillées dans les prochaines sections.

6.4.2 Index plain text (fulltext index)

À l'instar de `MyISAM`, `InnoDB` supporte les index de type plain text et la syntaxe `MATCH() ... AGAINST`.

Création d'une table avec l'index plain text `FTtitleDescription` sur les colonnes (`title` et `description`) :

```
mysql>  CREATE TABLE film (
  film_id smallint(5) unsigned NOT NULL AUTO_INCREMENT,
  title varchar(255) NOT NULL,
  description text,
  PRIMARY KEY (film_id),
  FULLTEXT KEY FTtitleDescription (title,description)
) ENGINE=InnoDB
Query OK, 0 rows affected (1,06 sec)
```

Recherche du mot Manhattan dans les colonnes `title` et `description`. L'EXPLAIN montrer que l'index plain text est bien utilisé :

```
mysql> EXPLAIN SELECT * FROM film WHERE MATCH (title,description)
AGAINST ('Manhattan' IN NATURAL LANGUAGE MODE)\G
*************************** 1. row ***************************
           id: 1
  select_type: SIMPLE
        table: film
         type: fulltext
possible_keys: FttitleDescription
          key: FttitleDescription
      key_len: 0
          ref: NULL
         rows: 1
```

```
        Extra: Using where
```

6.4.3 Sauvegarde et restauration du buffer pool

Cette fonctionnalité est particulièrement utile pour les configurations avec de larges buffer pools. En effet, lors du démarrage de la base de données, les buffers et les caches sont vides. Le serveur est alors contraint d'aller chercher les pages de données sur le disque, ce qui a pour conséquence d'augmenter de façon très sensible les accès disque et a donc un impact négatif sur les performances.

Les variables permettant de sauvegarder et de restaurer les buffer pools sont celles qui commencent par `innodb_buffer_pool_load_` et `innodb_buffer_pool_dump_`. Ces variables sont détaillées au chapitre Configuration du serveur dans la section Les principales options.

Remarque

Fonctionnalité équivalente dans XrtaDB : cette fonctionnalité est équivalente à celle existante dans XtraDB, le fork d'InnoDB créé par Percona qui est embarqué dans Percona Server et MariaDB. Les commandes sont :

- `innodb_buffer_pool_restore_at_startup` : *restauration automatique du buffer pool au démarrage du serveur.*
- `SELECT * FROM information_schema.XTRADB_ADMIN_COMMAND /*!XTRA_LRU_DUMP*/;` : *lance la sauvegarde des pages du buffer pool.*
- `SELECT * FROM information_schema.XTRADB_ADMIN_COMMAND /*!XTRA_LRU_RESTORE*/;` : *restaure la sauvegarde des pages du buffer pool.*

6.4.4 Modifications de table non bloquantes

Un plus grand nombre d'opérations d'`ALTER TABLE` ne nécessitent pas la création d'une table temporaire. Cela a pour principale conséquence de ne pas bloquer les requêtes de type `INSERT`, `UPDATE` ou `DELETE`.

Voici une liste de ces opérations :

- Les commandes CREATE INDEX et DROP INDEX effectuées sur les index secondaires (c'est-à-dire non clé primaire) ne bloquent pas l'exécution des requêtes INSERT / UPDATE / DELETE. Cela ne concerne pas la clé primaire et les index plain text.
- Le changement de la valeur de la variable AUTO_INCREMENT : ALTER TABLE *table* AUTO_INCREMENT=*nombre*.
- L'ajout ou la suppression de clés étrangères, si l'option foreign_key_checks est désactivée. Dans le cas contraire, seule la suppression est non bloquante.
- Le renommage d'une colonne, à condition de garder la même définition.
- L'ajout ou la suppression de la valeur NULL.
- L'ajout, la suppression ou la réorganisation de colonnes.

6.4.5 Modification de la taille des pages

La taille des pages des tables InnoDB est de 16 Ko. Il est maintenant possible de passer cette taille à 8 Ko ou 4 Ko en modifiant la variable innodb_page_size. Cette modification ne peut se faire qu'à la création de l'instance MySQL, car tous les tablespaces InnoDB doivent avoir la même taille. En d'autres termes, sur une instance MySQL avec des données, vous devez réaliser une sauvegarde logique, supprimer tous les fichiers d'InnoDB, démarrer avec le nouveau paramétrage et restaurer votre sauvegarde logique.

Certains supports de stockage, comme les disques SSD, tirent avantage d'une taille de pages plus petites.

6.4.6 Déplacement des « undo logs »

Le tablespace contient également le dictionnaire de données et les undo logs utilisés lors de l'annulation (*rollback*) des transactions non validées. MySQL 5.6 donne la possibilité de séparer les undo logs du tablespace système, pour les placer dans un tablespace dédié. En effet, étant générateur d'accès disque aléatoires il peut être intéressant de les placer sur un système de disque à technologie rapide tel que SSD ou Flash.

Trois nouvelles variables permettent de gérer les undo logs :

- `innodb_undo_directory` : répertoire où se trouve le tablespace des undo logs.
- `innodb_undo_logs` : nombre de rollback segments du tablespace. Les rollback segments contiennent les images des données avant qu'elles ne soient modifiées.
- `innodb_undo_tablespaces` : nombre de tablespace contenant des undo logs.

Les principales caractéristiques du moteur `InnoDB` sont :

- Support de transactions ACID avec implémentation du MVCC.
- Implémentation d'un mécanisme de restauration automatique après un crash (*crash recovery*).
- Verrou au niveau enregistrement.
- Support des clés étrangères.
- Possibilité de faire des sauvegardes à chaud.
- Support des index plain text (fulltext index).

6.5 Le moteur MyISAM

C'est le moteur de stockage historique du serveur MySQL. Sur le disque dur, une table `MyISAM` est représentée par trois fichiers :

- *`nom_table`*`.frm` qui contient la structure de la table.
- *`nom_table`*`.MYD` qui contient les données.
- *`nom_table`*`.MYI` qui contient les index.

Comparé à `InnoDB`, son architecture est plus simple et ses empreintes disque et mémoire sont peu importantes. Il implémente un verrou niveau table ce qui peut poser des problèmes de performances avec des applications qui génèrent beaucoup de requêtes d'écritures concurrentes. Le moteur de stockage `MyISAM` n'est pas transactionnel et n'implémente pas de système de recouvrement de données automatique après un crash (*crash recovery*). Il est donc surtout indiqué pour du scripting ou des applications avec essentiellement des lectures ou peu de concurrence d'accès et où la cohérence des données n'est pas la première des priorités.

Une table MyISAM à trois types de format possible, statique (FIXED), dynamique (DYNAMIC) ou compressé (COMPRESSED).

6.5.1 Table MyISAM statique

Une table MyISAM statique est une table qui ne contient aucun champ de type dynamique, c'est-à-dire pas de VARCHAR, VARBINARY, TEXT ou BLOB. Tous les enregistrements sont de la même taille, ce qui rend ces tables plus rapides et plus robustes en cas de crash que les tables MyISAM dynamiques. La contrepartie est qu'elles prennent plus d'espace disque. Une autre manière de rendre sa table MyISAM statique est de mettre la valeur FIXED à la clause ROW_FORMAT. Cependant si votre table contient au moins un champ TEXT ou BLOB la clause sera ignorée et la table restera dynamique.

Table MyISAM statique

```
mysql> SHOW TABLE STATUS LIKE 'actor_fixed' \G
Name: actor_fixed
Engine: MyISAM
Version: 10
Row_format: Fixed
Rows: 200
Avg_row_length: 279
Data_length: 55800
Max_data_length: 78531518502273023
Index_length: 7168
Data_free: 0
Auto_increment: 201
Create_time: 2010-03-18 17:02:19
Update_time: 2010-03-18 17:02:19
Check_time: 2010-03-18 17:02:19
Collation: utf8_general_ci
Checksum: NULL
Create_options: row_format=FIXED
Comment :
```

6.5.2 Table MyISAM dynamique

Une table MyISAM dynamique est une table MyISAM qui contient au moins un champ de type dynamique (VARCHAR, VARBINARY, TEXT ou BLOB) ou dont la clause ROW_FORMAT vaut DYNAMIC. Contrairement aux tables statiques, les données des tables dynamiques peuvent être fragmentées. La commande OPTIMIZE TABLE et l'outil myisamchk devront être utilisés pour les défragmenter.
Autres inconvénients, elles sont plus complexes à restaurer en cas de crash et un peu moins performantes que les tables statiques. Par contre elles sont en général moins coûteuses en espace disque.

Table MyISAM dynamique

```
mysql> SHOW TABLE STATUS LIKE 'actor_dynamic' \G
Name: actor_dynamic
Engine: MyISAM
Version: 10
Row_format: Dynamic
Rows: 200
Avg_row_length: 25
Data_length: 5016
Max_data_length: 281474976710655
Index_length: 7168
Data_free: 0
Auto_increment: 201
Create_time: 2010-03-18 17:02:05
Update_time: 2010-03-18 17:02:05
Check_time: 2010-03-18 17:02:05
Collation: utf8_general_ci
Checksum: NULL
Create_options: row_format=DYNAMIC
Comment:
```

6.5.3 Table MyISAM compressée

La compression des tables MyISAM s'obtient avec l'utilitaire myisampack. Il permet, en compressant les données et les index, de diminuer l'empreinte disque de la table d'environ 70 % (au maximum). Une fois la table compressée, il n'est pas impossible de modifier les données avec des requêtes UPDATE, DELETE ou INSERT sans la décompresser au préalable avec l'outil myisamchk.

Par contre, exécuter des opérations DDL (`DROP, TRUNCATE`...) reste possible. Compresser vos tables `MyISAM` est tout indiqué pour stocker vos tables sur des supports lents et/ou non modifiables (CD ou DVD-ROM par exemple).

Remarque

Après l'utilisation de `myisampack` vous devez exécuter `myisamchk -rq` pour mettre à jour les index.

Compression de la table `MyISAM actor` :

```
$ myisampack actor.MYI
Compressing actor.MYD: (200 records)
- Calculating statistics
- Compressing file
48.29%
Remember to run myisamchk -rq on compressed tables
```

Mise à jour des index :

```
$ myisamchk -rq actor.MYI
- check record delete-chain
- recovering (with sort) MyISAM-table 'actor.MYI'
Data records: 200
- Fixing index 1
- Fixing index 2
```

Visualisation de la table avec le client texte en utilisant la commande `SHOW TABLE STATUS` :

```
mysql> SHOW TABLE STATUS LIKE 'actor'\G
*************************** 1. row ***************************
Name: actor
Engine: MyISAM
Version: 10
Row_format: Compressed
Rows: 200
Avg_row_length: 12
Data_length: 2594
Max_data_length: 281474976710655
Index_length: 7168
Data_free: 0
Auto_increment: 201
Create_time: 2010-03-20 14:17:46
```

```
Update_time: 2010-03-20 14:17:51
Check_time: 2010-03-20 14:18:35
Collation: utf8_general_ci
Checksum: 820198934
Create_options:
Comment:
```

Décompresser la table :

```
$ myisamchk --unpack actor.MYI
- recovering (with sort) MyISAM-table 'actor.MYI'
Data records: 200
- Fixing index 1
- Fixing index 2
```

La table a repris son format original :

```
mysql> SHOW TABLE STATUS LIKE 'actor'\G
*************************** 1. row ***************************
Name: actor
Engine: MyISAM
Version: 10
Row_format: Dynamic
Rows: 200
Avg_row_length: 25
Data_length: 5016
Max_data_length: 281474976710655
Index_length: 7168
Data_free: 0
Auto_increment: 201
Create_time: 2010-03-20 14:17:46
Update_time: 2010-03-20 14:21:58
Check_time: 2010-03-20 14:21:58
Collation: utf8_general_ci
Checksum: NULL
Create_options:
Comment:
```

Remarque

Il est préférable d'arrêter le serveur lors de l'utilisation des outils `myisamchk` et `myisampack`.

L'architecture de MyISAM en fait un moteur particulièrement portable. En copiant les fichiers .frm, .MYD et .MYI vous obtenez une sauvegarde physique de votre table. Quelques précautions sont toutefois à prendre, pour plus d'information lisez le chapitre Sauvegarde et restauration.

Compter le nombre d'enregistrements d'une table MyISAM avec une requête SELECT count(*) sans clause WHERE est très rapide, car le nombre d'enregistrements est stocké dans la table. Le moteur n'a donc pas à les compter.

Les tables MyISAM offrent la possibilité de désactiver les index non uniques avec la commande ALTER TABLE *ma_table* DISABLE KEYS. La réactivation se fait avec ALTER TABLE *ma_table* ENABLE KEYS. Cette fonctionnalité est recommandée pour le chargement massif *(bulk)*. Désactiver les index, charger les données et réactiver les index, permet d'augmenter sensiblement les performances de l'import d'un gros volume de données dans la table.

Avec MyISAM, il est possible d'avoir des INSERT et des SELECT simultanés sur une même table. Ce comportement se règle avec l'option concurrent_insert.

L'option concurrent_insert prend trois valeurs :

0 : les requêtes INSERT sont considérées comme les autres requêtes d'écritures et sont donc verrouillées par les requêtes SELECT.

1 : c'est la valeur par défaut. Les requêtes INSERT ne sont pas bloquées par les requêtes SELECT seulement s'il n'y a pas de « trous » dans la table, c'est-à-dire que des données n'ont pas été effacées ou alors que l'espace laissé par les données effacées a été comblé par d'autres données insérées (la commande SHOW TABLE STATUS affiche Data_free = 0).

2 : les requêtes INSERT ne sont jamais verrouillées par les requêtes SELECT.

Les principales caractéristiques du moteur MyISAM sont :

– La rapidité de lecture.
– La possibilité de compresser les données (avec myisampack).
– Le support des types d'index plain text (fulltext) et spatiaux (GIS).
– La possibilité d'avoir plusieurs caches d'index.
– Le verrou au niveau de la table.

- Le fonctionnement non transactionnel, pas de crash recovery.
- L'absence de sauvegardes à chaud.
- L'absence de support des clés étrangères.
- L'abscence de cache de données (seulement pour les index).

6.6 Le moteur Memory

Le moteur de stockage `Memory` permet de stocker les données et les index de la table uniquement en mémoire. En cas d'arrêt et de redémarrage, ces informations sont donc perdues. Par contre, la structure de la table est persistante car elle est contenue dans un fichier au format *`nom_table`*`.frm` qui est généré à la création de la table. Les enregistrements sont de longueur fixe, en d'autres termes, les colonnes de type `VARCHAR` sont stockées et traitées comme des colonnes de type `CHAR`. Avec vos tables `Memory` vous devez prendre garde à ne pas consommer toute la mémoire. Pour ce faire, MySQL fournit deux options : `MAX_ROWS`, qui permet de fixer une limite maximale locale à chacune des tables, et `max_heap_table_size`, option du serveur qui permet de fixer la limite maximale pour toutes les tables `Memory` du serveur.

Une autre particularité de ce moteur est d'implémenter par défaut un algorithme de hachage pour les index. Le hachage est très performant pour les recherches d'égalités (`WHERE colonne_avec_idx = 10`) surtout sur des colonnes sans doublon. Il est donc particulièrement adapté aux clés primaires et index uniques. Par contre pour les recherches d'inégalités (<, <=, >...) ou s'il y a beaucoup de redondance, l'algorithme BTREE devra alors être préféré.

Index sur une table Memory

La commande `SHOW INDEX FROM` permet d'avoir des informations sur les index d'une table.

```
mysql> CREATE TABLE memoire (id int PRIMARY KEY)ENGINE=Memory;
Query OK, 0 rows affected (0,09 sec)

mysql> SHOW INDEX FROM memoire \G
*************************** 1. row ***************************
Table: memoire
```

```
Non_unique: 0
Key_name: PRIMARY
Seq_in_index: 1
Column_name: id
Collation: NULL
Cardinality: 0
Sub_part: NULL
Packed: NULL
Null:
Index_type: HASH
Comment:
1 row in set (0,00 sec)

mysql> CREATE UNIQUE INDEX idx_id_btree USING BTREE ON memoire (id);
Query OK, 0 rows affected (0,07 sec)
Records: 0 Duplicates: 0 Warnings: 0

mysql> SHOW INDEX FROM memoire\G
*************************** 1. row ***************************
Table: memoire
Non_unique: 0
Key_name: PRIMARY
Seq_in_index: 1
Column_name: id
Collation: NULL
Cardinality: 0
Sub_part: NULL
Packed: NULL
Null:
Index_type: HASH
Comment:
*************************** 2. row ***************************
Table: memoire
Non_unique: 0
Key_name: idx_id_btree
Seq_in_index: 1
Column_name: id
Collation: A
Cardinality: NULL
Sub_part: NULL
Packed: NULL
Null:
Index_type: BTREE
Comment:
2 rows in set (0,00 sec)
```

Les principales caractéristiques du moteur `Memory` sont :

- La rapidité de lecture et d'écriture car les données sont en mémoire.
- L'implémentation des algorithmes d'index b-tree et hash.
- Le verrou au niveau de la table.
- L'absence de persistance des données et des index.
- Le refus des types `BLOB` et `TEXT`.
- Le fonctionnement non transactionnel, l'absence de crash recovery.
- L'absence de sauvegardes à chaud.
- L'absence de support des clés étrangères.

Remarque

Au démarrage du serveur, les tables `MEMORY` sont vides. Il est possible de les remplir automatiquement au démarrage du serveur MySQL avec l'option `init-file` qui référence un fichier contenant des ordres SQL de type `LOAD DATA INFILE` ou `INSERT INTO...SELECT`.

6.7 Le moteur Archive

Le moteur `Archive` compresse les données en les stockant. Le gain de place par rapport à une table `MyISAM` peut atteindre 70 %. Le moteur ne permet que les requêtes `INSERT` et les `SELECT`.

Ses principales caractéristiques sont :

- Le stockage des données en les compressant.
- Le refus d'index.
- Le verrou au niveau enregistrement.
- Le fonctionnement non transactionnel, l'absence de crash recovery.
- L'absence de sauvegardes à chaud.
- L'absence de support des clés étrangères.

6.8 Le moteur CSV

Comme son nom l'indique, ce moteur stocke les données au format CSV (*Comma Separated Values*) qui est un format texte où les données sont stockées dans un fichier, en étant séparées par un point-virgule « ; ». Une table créée avec le moteur de stockage `CSV` est représentée sur le disque par un fichier contenant la structure au format *`nom_table`*`.frm`, un fichier qui contient les données CSV au format *`nom_table`*`.CSV` et enfin un fichier au format *`nom_table`*`.CSM` qui contient l'état de la table et son nombre d'enregistrements. Le fichier CSV généré par MySQL peut être manipulé directement par un éditeur de texte. Les tables système `general_log` et `slow_log` sont au format CSV.

Ses principales caractéristiques sont :

- Le stockage des données au format CSV.
- La possibilité de lire et de modifier le fichier *`nom_table`*`.CSV` par un éditeur de texte.
- Le refus d'index.
- Le verrou au niveau de la table.
- Le fonctionnement non transactionnel, l'absence de crash recovery.
- L'absence de sauvegardes à chaud.
- L'absence de support des clés étrangères.

6.9 Le moteur FEDERATED

Le moteur FEDERATED permet d'accéder à partir d'un serveur MySQL à des données localisées sur un autre serveur. Seule une copie de la définition de la table est stockée sur le serveur local.

Ses principales caractéristiques sont :

- L'obligation que le serveur distant soit un serveur MySQL.
- Le support des requêtes : `SELECT` / `INSERT` / `UPDATE` / `DELETE` / `TRUNCATE` et `DROP TABLE`.
- Le refus d'index.
- Le fonctionnement non transactionnel, l'absence de crash recovery.
- L'absence de sauvegardes à chaud.
- L'absence de support des clés étrangères.
- L'absence de fonctionnement avec le cache de requêtes.

6.10 Le moteur NDB Cluster

C'est le moteur de la solution haute disponibilité `MySQL Cluster`. Ce moteur est transactionnel, implémente un verrou au niveau de l'enregistrement et permet d'avoir une architecture qui permet le dimensionnement en lecture et en écriture. À noter que ce moteur n'est plus disponible dans la version classique de MySQL. Vous devez télécharger la distribution `MySQL Cluster` à l'adresse : http://www.mysql.com/downloads/cluster/

Ses principales caractéristiques sont :

- Le support des transactions ACID.
- Le verrou au niveau de l'enregistrement.
- La réplication synchrone des données.
- Le basculement automatique sur un autre nœud en cas de panne.
- La synchronisation automatique du nœud à son redémarrage.
- La multitude de tâches pouvant être effectuées à chaud (sauvegarde, mise à jour...).
- Le dimensionnement des requêtes de lecture et d'écriture.
- L'architecture *shared nothing*, c'est-à-dire que les nœuds ne se partagent pas un disque de données.
- L'absence de points individuels de défaillance ou SPOF (*Single Point Of Failure*).

6.11 XtraDB : le fork d'InnoDB de Percona

http://www.percona.com/software/percona-xtradb

`XtraDB` est un moteur créé par la société Percona. Il est basé sur `InnoDB` et a pour but d'être plus performant et d'avoir une plus grande faculté à tenir la charge sur les architectures multicœurs. Ce moteur est entièrement compatible avec `InnoDB` et peut le remplacer sans toucher à l'application.

Ses principales caractéristiques sont :

- Le support des transactions ACID avec implémentation du MVCC.
- L'implémentation du mécanisme de restauration automatique après un crash (*crash recovery*).
- Le verrou au niveau de l'enregistrement.
- Le support des clés étrangères.
- L'algorithme d'index B+tree et le hash adaptive.
- La possibilité de faire des sauvegardes à chaud.

6.12 Aria : la version MyISAM « crash safe » de MariaDB

https://kb.askmonty.org/en/aria-formerly-known-as-maria/

Le moteur `Aria` (anciennement appelé `Maria`) est développé depuis 2007 par Michael Widenius aka Monty, le créateur de MySQL et de MariaDB. `Aria` a été créé afin d'être une alternative crash safe, c'est-à-dire tolérante aux pannes, et transactionnelle à MyISAM.

Ses principales caractéristiques sont :

- L'implémentation du mécanisme de restauration automatique après un crash (*crash recovery*).
- Le verrou au niveau de l'enregistrement.
- Le support des transactions ACID (prévu pour la version 2.0).

Caractéristiques principales des moteurs de stockage

Moteur	Type de verrous	Transactionnel	Données stockées sur disque	Sauvegarde à chaud
InnoDB	Ligne	Oui	Oui	Oui
MyISAM	Table	Non	Oui	Non
Memory	Table	Non	Non	Non
Archive	Ligne	Non	Oui	Non
CSV	Table	Non	Oui	Non
Federated	Table	Non	Oui	Non
NDB Cluster	Ligne	Oui	Oui (au choix)	Oui
Aria	Ligne	Non (en version 2.0)	Oui	Non
XtraDB	Ligne	Oui	Oui	Oui

7. La journalisation

Le serveur MySQL utilise quatre types de journaux, qui ont chacun leurs spécialisations. Le journal binaire (*binary log*), le journal des requêtes lentes (*slow query log*), le journal général (*general query log*) et le journal des erreurs (*error log*), le seul des quatre à être activé par défaut.

Remarque

Le relay-log, un autre type de journal, est créé par le serveur lors de la réplication. Il est abordé au chapitre Réplication.

7.1 Le journal binaire

Le journal binaire ou binlog est chargé de stocker, sous un format binaire, toutes les requêtes qui modifient les objets de la base de données (`INSERT`, `UPDATE`, `DELETE`, `DROP`, `CREATE`, `ALTER`...). C'est l'élément central de la réplication MySQL (voir chapitre Réplication). Il est également très utile à la restauration des données (voir chapitre Sauvegarde et restauration). Pour activer la journalisation binaire utilisez l'option `log-bin`, et pour définir son fichier d'index il faut paramétrer l'option `log-bin-index`. Ce fichier, qui contient la liste de tous les journaux binaires depuis la dernière purge, permet au serveur de connaître le nom du fichier courant qui est obtenu avec la commande `SHOW MASTER STATUS`, mais aussi d'afficher la liste de tous les journaux binaires présents sur le serveur avec `SHOW BINARY LOGS`. La journalisation binaire peut être désactivée à chaud, mais seulement pour la session d'un client, avec l'option `SQL_LOG_BIN`.

Le journal binaire est un journal incrémental dont l'incrément est géré par le serveur. Son pas est de un. Le premier fichier binaire créé est de la forme *nom_fichier*.000001, le suivant *nom_fichier*.000002 et ainsi de suite. Le passage au suivant se fait à la fermeture du fichier en cours. Ce passage de témoin peut se réaliser de trois manières différentes :

- En cas de redémarrage du serveur.
- Si la taille maximale du fichier, spécifiée avec l'option `max_binlog_size`, est atteinte.
- En cas d'exécution de la commande `FLUSH LOGS`.

Attention toutefois, les anciens fichiers ne sont pas purgés par défaut. Vous avez alors plusieurs possibilités :

- Une suppression automatique par le serveur MySQL des journaux vieux de N jours avec l'option `expire_logs_days = N`.
- Une suppression manuelle :
  - Soit par rapport à un intervalle de temps : `PURGE BINARY LOGS BEFORE`.
  - Soit par rapport à un numéro de journal : `PURGE BINARY LOGS TO`.
  - Soit tout supprimer et repartir sur le fichier `.000001` : `RESET MASTER`.

L'intégrité des données répliquées en cas de crash est améliorée avec MySQL 5.6 par le calcul de la somme de contrôle (*checksum*) des événements du journal binaire, en affectant la valeur CRC32 (valeur par défaut) à la variable binlog_checksum. Ce calcul peut être désactivé avec la valeur NONE. Le serveur vérifie alors simplement que l'événement est complètement écrit dans le journal.

```
mysql> SHOW VARIABLES LIKE 'binlog_checksum';
+-----------------+-------+
|  Variable_name  | Value |
+-----------------+-------+
| binlog_checksum | CRC32 |
+-----------------+-------+

# at 201
#121020 13:18:55 server id 1 end_log_pos 340 CRC32 0x424b4f4c
Query   thread_id=2    exec_time=0    error_code=0
use world/*!*/;
SET TIMESTAMP=1350731935/*!*/;
INSERT INTO `CountryLanguage` VALUES ('BLZ','Spanish','F',31.6)
/*!*/;
```

Une autre amélioration ajoutée dans la version 5.6 concerne la réplication RBR (*row based*). Il devient envisageable de limiter le volume de données à répliquer en paramétrant la variable binlog_row_image. En effet, par défaut les informations de toutes les colonnes des enregistrements à répliquer sont journalisées, même celles qui ne changent pas (binlog_row_image=full). Il est donc maintenant possible d'économiser de l'espace disque, de l'espace mémoire et des ressources réseau, avec le paramétrage binlog_row_image=minimal, qui force le serveur à ne journaliser que les informations pertinentes. Une alternative est le paramétrage binlog_row_image=noblob, qui évite de journaliser les colonnes de type BLOB et TEXT si cela n'est pas strictement nécessaire.

```
mysql> SHOW VARIABLES LIKE 'binlog_row_image';
+------------------+-------+
|  Variable_name   | Value |
+------------------+-------+
| binlog_row_image | FULL  |
+------------------+-------+
```

Les informations du journal binaire peuvent être visualisées dans le client texte mysql avec la commande SHOW BINLOG EVENTS, ou bien dans un shell avec l'utilitaire mysqlbinlog. Les données binaires sont alors converties au format texte dans l'un des trois modes de journalisation, définie avec l'option binlog_format : STATEMENT (par défaut), ROW ou MIXED.

Voici un exemple de configuration, avec dans le fichier my.cnf (ou my.ini) l'activation du journal dans le répertoire /usr/local/mysql/logs/ et qui a comme préfixe mysql-logbin. L'index des journaux binaires est dans le même répertoire et se nomme mysql-logbin.index. Les journaux de plus de 10 jours sont automatiquement effacés par le serveur (expire_logs_days=10).

Exemple de configuration du journal binaire

```
[mysqld]
log-bin = /usr/local/mysql/logs/mysql-logbin
log-bin-index = /usr/local/mysql/logs/mysql-logbin.index
expire_logs_days = 10
```

La commande SHOW MASTER STATUS permet d'avoir des informations sur le journal binaire courant, son nom (File), sa taille (qui vaut 120 octets) c'est-à-dire la position du dernier caractère dans le fichier (Position). Binlog_Do_DB et Binlog_Ignore_DB donnent respectivement la liste des schémas dont les tables sont les uniques objets répliqués et la liste des schémas dont les tables ne sont pas répliquées.

```
mysql> SHOW MASTER STATUS \G
*************************** 1. row ***************************
File: mysql-logbin.000001
Position: 120
Binlog_Do_DB:
Binlog_Ignore_DB:
Executed_Gtid_Set:
1 row in set (0,00 sec)
```

Les requêtes d'écritures font grossir le journal binaire. Sa taille est passée de 120 à 424 octets.

```
mysql> CREATE TABLE test(i int);
Query OK, 0 rows affected (0,11 sec)
```

```
mysql> INSERT test VALUES (1);
Query OK, 1 row affected (0,00 sec)

mysql> SELECT * FROM test;
+------+
| i    |
+------+
| 1    |
+------+
1 row in set (0,00 sec)
mysql> SHOW MASTER STATUS \G
*************************** 1. row ***************************
File: mysql-logbin.000001
Position: 424
Binlog_Do_DB:
Binlog_Ignore_DB:
Executed_Gtid_Set:
1 row in set (0,00 sec)
```

La commande SHOW BINLOG EVENTS permet de voir que les deux requêtes d'écriture sont bien présentes dans le journal, alors que le SELECT n'y est évidemment pas. À noter que les 120 premiers octets sont des informations ajoutées par le serveur à la création du fichier.

```
mysql> SHOW BINLOG EVENTS IN 'mysql-logbin.000001' \G
*************************** 1. row ***************************
Log_name: mysql-logbin.000001
Pos: 4
Event_type: Format_desc
Server_id: 1
End_log_pos: 120
Info: Server ver: 5.6.7-rc-log, Binlog ver: 4
*************************** 2. row ***************************
Log_name: mysql-logbin.000001
Pos: 120
Event_type: Query
Server_id: 1
End_log_pos: 218
Info: use `test`; CREATE TABLE test(i int)
*************************** 3. row ***************************
Log_name: mysql-logbin.000001
Pos: 218
Event_type: Query
Server_id: 1
```

```
End_log_pos: 297
Info: BEGIN
*************************** 4. row ***************************
Log_name: mysql-logbin.000001
Pos: 297
Event_type: Query
Server_id: 1
End_log_pos: 393
Info: use `test`; INSERT test VALUES (1)
*************************** 5. row ***************************
Log_name: mysql-logbin.000001
Pos: 393
Event_type: Xid
Server_id: 1
End_log_pos: 424
Info: COMMIT /* xid=16 */
5 rows in set (0,00 sec)
```

Le journal `mysql-logbin.000001` a été fermé et `mysql-logbin.000002` a été créé lors de l'exécution de la commande `FLUSH LOGS`.

```
mysql> FLUSH LOGS;
Query OK, 0 rows affected (0,16 sec)
mysql> SHOW BINARY LOGS ;
+---------------------+-----------+
| Log_name            | File_size |
+---------------------+-----------+
| mysql-logbin.000001 | 468       |
| mysql-logbin.000002 | 120       |
+---------------------+-----------+
2 rows in set (0,00 sec)
```

Le journal binaire actif est maintenant `mysql-logbin.000002`.

```
mysql> SHOW MASTER STATUS \G
*************************** 1. row ***************************
File: mysql-logbin.000002
Position: 120
Binlog_Do_DB:
Binlog_Ignore_DB:
Executed_Gtid_Set:
1 row in set (0,00 sec)
```

7.2 Le journal des requêtes lentes

Le journal des requêtes lentes (*slow query log*) a pour principal rôle d'aider l'administrateur de base de données à identifier les requêtes dont la durée d'exécution pose problème. Son activation se réalise à chaud ou à froid avec l'option `slow_query_log`, et toutes les requêtes dont le temps d'exécution dépasse la valeur de l'option `long_query_time` (en secondes) seront journalisées. Il est aussi possible de récupérer les requêtes qui n'utilisent pas d'index avec l'option `log_queries_not_using_indexes`, quel que soit leur temps d'exécution. À partir de MySQL 5.1.6, vous avez la possibilité de choisir où ces informations seront stockées, soit comme auparavant dans un fichier, il faut alors renseigner l'option `slow_query_log_file`, soit dans une table dédiée qui se nomme `slow_log` et qui appartient au schéma `mysql`. La sélection du mode de journalisation, qui peut se faire dynamiquement, est permise grâce à l'option `log_output` qui peut prendre soit :

- La valeur `FILE`, qui permet de stocker les requêtes lentes dans un fichier.
- La valeur `TABLE`, qui permet de stocker les requêtes lentes dans la table système `mysql.slow_log`.
- La valeur `FILE,TABLE`, qui permet de stocker les requêtes lentes dans un fichier et dans la table.
- La valeur `NONE`, qui permet de ne pas journaliser.

Exemple de configuration du journal des requêtes lentes

```
[mysqld]
slow_query_log
slow_query_log_file = /usr/local/mysql/logs/mysql-slow.log
long-query-time = 1
```

Les structures de la table et du fichier sont très proches, vous y retrouverez entre autres le moment et l'heure de l'exécution de la requête, l'utilisateur qui l'a lancée, son temps d'exécution, la durée des verrous (non comptabilisé dans la durée de la requête), les nombres d'enregistrements renvoyés et analysés et bien sûr la requête candidate à l'optimisation. Vous ne pouvez accéder aux données de la table `mysql.slow_log` en lecture qu'avec une requête `SELECT` pour la visualiser et en écriture qu'avec `TRUNCATE TABLE` pour la vider.

MySQL propose un outil pour analyser le journal des requêtes lentes, `mysqldumpslow`. D'autres outils libres existent comme l'excellent outil de Percona, `pt-query-digest` :
http://www.percona.com/doc/percona-toolkit/2.1/pt-query-digest.html

Exemple de résultat de l'analyse d'un journal des requêtes lentes avec pt-query-digest

```
$ pt-query-digest mysql-slow.log

# 7.1s user time, 130ms system time, 43.98M rss, 94.10M vsz
# Current date: Sun Oct 21 15:09:19 2012
# Hostname: daz-laptop
# Files: mysql-slow.log
# Overall: 18.21k total, 370 unique, 0.21 QPS, 1.86x concurrency ____
# Time range: 2012-03-18 23:00:33 to 2012-03-19 23:00:06
#   Attribute     total    min     max     avg     95%  stddev  median
# ============ ======= ====== ======= ======= ======= ======= =======
# Exec time    160299s     2s    973s      9s     33s     15s      4s
# Lock time     60505s      0     80s      3s     27s      8s   131us
# Rows sent     21.85M      0 104.76k   1.23k  652.75  10.30k       0
# Rows examine  44.56G      0 110.33M   2.51M   4.70M   2.64M   4.70M
# Query size   158.47M     15 1019.91k  8.91k   2.89k  86.28k   97.36

# Profile
# Rank Query ID Response time Calls R/Call  Apdx  V/M Item
# ==== ================ ================  ====  === ==== ==== =====
# 1 0x35DAB102D033BD62 80311.6033 50.1% 8904 9.0197 0.21 10.08 UPDATE Ad
# 2 0xE2AD95AF609FA5F3 6583.1649  4.1%  1403 4.6922 0.31 2.50 SELECT Action
# 3 0xB9B4C1C7C97C63BE 6048.6816  3.8%  272  22.2378 0.07 12.87 INSERT
BoxTracking
# 4 0x4324BBEED1087B9F 3785.9781 2.4% 1073 3.5284 0.40 1.24 SELECT
BoxHiddenMembres
# 5 0xED27FC1184AA41B6 3049.8670 1.9% 152 20.0649 0.04 12.98 SELECT Posts
Forums Company

...

# Query 2: 0.02 QPS, 0.08x concurrency, ID 0xE2AD95AF609FA5F3 at byte
151263395
# This item is included in the report because it matches --limit.
# Scores: Apdex = 0.31 [1.0], V/M = 2.50
# Query_time sparkline: | ^_|
# Time range: 2012-03-18 23:03:57 to 2012-03-19 23:00:06
# Attribute    pct  total     min     max     avg     95%  stddev median
# ============ === ====== ======= ======= ======= ======= ======= ======
# Count          7   1403
# Exec time      4  6583s      2s     26s      5s     11s      3s     3s
# Lock time      0  498ms    29us    50ms   354us   103us     3ms   54us
```

```
# Rows sent     2 583.89k      0   9.08k  426.16   1.04k  649.51 271.23
# Rows examine  0 589.68k      0   9.12k  430.38   1.04k  658.77 271.23
# Query size    0 169.82k    121     125  123.95  124.25       2 118.34
# String:
# Hosts
# Users daz
# Query_time distribution
# 1us
# 10us
# 100us
# 1ms
# 10ms
# 100ms
# 1s ################################################################
# 10s+ #####
# Tables
# SHOW TABLE STATUS LIKE 'Action'\G
# SHOW CREATE TABLE `Action`\G
# EXPLAIN /*!50100 PARTITIONS*/
SELECT IdAction FROM Action WHERE IdType <> 15 AND Statut >= 0 AND
BoxID=45985632 AND Visible=1 AND ActionID > 41235000\G

...
```

Exemple de résultat de l'analyse d'un journal des requêtes lentes avec mysqldumpslow

```
$ mysqldumpslow mysql-slow.log

Reading mysql slow query log from mysql-slow.log


Count: 1 Time=0.00s (0s) Lock=0.00s (0s) Rows=0.0 (0), daz[daz]@[30.2.4.26]
SELECT Nom, COUNT(*) as nbContacts FROM Membre WHERE MembreId IN (N,,
{repeated 1920 times}N) GROUP BY Nom Having nbContacts >=N

Count: 2 Time=0.00s (0s) Lock=0.00s (0s) Rows=0.0 (0), daz[daz]@2hosts
INSERT INTO Membres (`ID`, `MembreID`, `Statut`, `Message`, `DateDebut`,
`DateFin`, `Settings`, `AcceptPublicList`, `RegistrationDate`, `NextDate`,
`SubscriptionDate`, `NotificationStatus`, `PostOffset`, `MembreTimestamp`,
`EventOffset`) VALUES (N, N, N, null, null, null, N, N, 'S', 'S', null, N,
N, null, N)

Count: 1 Time=0.00s (0s) Lock=0.00s (0s) Rows=0.0 (0), daz[daz]@[30.2.4.4]
SELECT MembreID, count(*) as nbCC FROM Contact WHERE KnownMembreId IN
(N,,{repeated 132 times}N) AND MembreID <> N GROUP BY N HAVING NbCC > N

Count: 16 Time=0.00s (0s) Lock=0.00s (0s) Rows=0.0 (0), daz[daz]@14hosts
SELECT MembreId1, count(*) as nb FROM BoxHiddenMembres where MembreId0 IN
```

```
(N,N,N,N,N,N,N,N,N,N,N,N,N,N,N,N,N,N,N,N,N,N,N,N,N,N) AND MembreId1 NOT
IN (N,N,N,N,N,N,N,N,N,N,N,N,N,N,N,N,N,N,N,N,N,N,N,N,N,N) AND TYPE <> 'S'
GROUP BY MembreId1 HAVING NB >= N

Count: 1 Time=0.00s (0s) Lock=0.00s (0s) Rows=0.0 (0), daz[daz]@[30.2.4.2]
SELECT Nom, COUNT(*) as nbContacts FROM Membre WHERE MembreId IN (N,,
{repeated 693 times}N) GROUP BY Nom Having nbContacts >=N
...
```

7.3 Le journal des erreurs

Le journal des erreurs (*error log*) est le seul des quatre journaux qui est activé par défaut. Il se reconnaît grâce à son extension en `.err`, le préfixe étant par défaut le nom de la machine. Son emplacement s'obtient avec la commande `SHOW GLOBAL VARIABLES LIKE 'log_error'`. Il peut être changé, ainsi que le nom du fichier en paramétrant l'option `log-error`. En cas de panne ou de comportement bizarre, c'est l'outil privilégié du DBA en cours d'investigation. Ce journal contient les informations relatives aux avertissements et erreurs du serveur MySQL. Vous y trouverez aussi les messages liés aux moteurs de stockage, ou aux fonctionnalités avancées comme la réplication ou le programmateur d'événements (*event scheduler*).

Utilisation du journal des erreurs

Choix de l'emplacement du journal des erreurs dans le fichier de configuration :

```
[mysqld]
log-error = /usr/local/mysql/logs/mysql-error.err
```

Visualisation du contenu d'un journal des erreurs :

```
$ tail mysql-error.err
121021 00:04:25 mysqld_safe Starting mysqld daemon with databases
from /home/daz/MySQL-5_6_7/data
121021 0:04:25 [Warning] TIMESTAMP with implicit DEFAULT value is
deprecated. Please use --explicit_defaults_for_timestamp server
option (see documentation for more details).
121021 0:04:25 [Note] Plugin 'FEDERATED' is disabled.
121021 0:04:25 InnoDB: The InnoDB memory heap is disabled
121021 0:04:25 InnoDB: Mutexes and rw_locks use GCC atomic builtins
121021 0:04:25 InnoDB: Compressed tables use zlib 1.2.3
121021 0:04:25 InnoDB: Using Linux native AIO
```

```
121021 0:04:25 InnoDB: CPU supports crc32 instructions
121021 0:04:25 InnoDB: Initializing buffer pool, size = 128.0M
121021 0:04:25 InnoDB: Completed initialization of buffer pool
121021 0:04:25 InnoDB: highest supported file format is Barracuda.
121021 0:04:25 InnoDB: 128 rollback segment(s) are active.
121021 0:04:25 InnoDB: Waiting for the background threads to start
121021 0:04:25 InnoDB: 1.2.7 started; log sequence number 10525020
121021 0:04:25 [Note] Server hostname (bind-address): '*'; port:
5605
121021 0:04:25 [Note] IPv6 is available.
121021 0:04:25 [Note] - '::' resolves to '::';
121021 0:04:25 [Note] Server socket created on IP: '::'.
121021 0:04:26 [Note] Event Scheduler: Loaded 0 events
121021 0:04:26 [Note] /home/daz/MySQL/bin/5.6.7/bin/mysqld: ready
for
connections.
```

7.4 Le journal général

Le journal général (*general log*) enregistre les événements reçus par mysqld, c'est-à-dire les requêtes valides ou non envoyées par les clients et les informations de connexion/déconnexion des clients. À l'instar du journal des requêtes lentes, vous pouvez l'activer et le désactiver à chaud ou à froid avec l'option general_log. À partir de MySQL 5.1.6, vous avez la possibilité de choisir où ces informations seront stockées, soit comme auparavant dans un fichier, il faut alors renseigner l'option general_log_file, soit dans une table dédiée qui se nomme general_log et qui appartient au schéma mysql. La sélection, qui peut se faire dynamiquement, est permise grâce à l'option log_output qui peut prendre soit :

- La valeur FILE, qui permet de stocker les informations dans un fichier.
- La valeur TABLE, qui permet de stocker les informations dans la table système mysql.general_log.
- La valeur FILE,TABLE, qui permet de stocker les informations dans un fichier et dans la table.
- La valeur NONE, qui permet de ne pas journaliser.

Activation dynamique du journal général

```
mysql> SET GLOBAL general_log = 'ON';

mysql> SHOW GLOBAL VARIABLES LIKE 'general_log%';
+------------------+---------------------------------------+
| Variable_name    | Value                                 |
+------------------+---------------------------------------+
| general_log      | ON                                    |
| general_log_file | /usr/local/mysql/logs/mysql_general.log |
+------------------+---------------------------------------+
2 rows in set (0,00 sec)

mysql> SET GLOBAL general_log = 'OFF';
```

Ce journal ne doit pas être activé en utilisation normale, car il représente une surcharge importante, essentiellement au niveau des E/S, pour la machine. Il est donc en général utilisé dans les phases d'audit, d'optimisation ou encore de débogage, de façon ponctuelle (de quelques heures à quelques jours), à la recherche d'éventuels problèmes ou de pistes d'optimisation.

Exemple d'activation à la volée, avec écriture en base, du journal général

```
mysql> SET GLOBAL general_log='ON';
Query OK, 0 rows affected (0,00 sec)

mysql> SET GLOBAL log_output='TABLE';
Query OK, 0 rows affected (0,00 sec)

mysql> use world
Reading table information for completion of table and column names
You can turn off this feature to get a quicker startup with -A

Database changed


mysql> SELECT * FROM city;
ERROR 1146 (42S02): Table 'world.city' doesn't exist

mysql> SELECT * FROM mysql.general_log;
+---------------------+---------------+---------+--------+--
-----------+-----------------------------+
| event_time | user_host | thread_id | server_id | command_type |
argument |
```

```
+-------------------+---------------+---------+--------+--
-----------+------------------------------+
| 2012-10-21 17:02:47 | daz[daz] @ localhost [] | 1 | 1 | Query |
SET
GLOBAL log_output='TABLE' |
| 2012-10-21 17:03:10 | daz[daz] @ localhost [] | 1 | 1 | Query |
SELECT
DATABASE() |
| 2012-10-21 17:03:10 | daz[daz] @ localhost [] | 1 | 1 | Init DB
| world |
| 2012-10-21 17:03:10 | daz[daz] @ localhost [] | 1 | 1 | Query |
show
databases |
| 2012-10-21 17:03:10 | daz[daz] @ localhost [] | 1 | 1 | Query |
show
tables |
| 2012-10-21 17:03:10 | daz[daz] @ localhost [] | 1 | 1 | Field
List |
City |
| 2012-10-21 17:03:10 | daz[daz] @ localhost [] | 1 | 1 | Field
List |
Country |
| 2012-10-21 17:03:10 | daz[daz] @ localhost [] | 1 | 1 | Field
List |
CountryLanguage |
| 2012-10-21 17:03:21 | daz[daz] @ localhost [] | 1 | 1 | Query |
SELECT *
FROM city |
| 2012-10-21 17:03:36 | daz[daz] @ localhost [] | 1 | 1 | Query |
SELECT *
FROM mysql.general_log |
+-------------------+---------------+---------+--------+--
-----------+------------------------------+
10 rows in set (0,00 sec)
```

7.5 Bonnes pratiques

7.5.1 Configuration

Avec une utilisation classique de MySQL, la configuration standard consiste à :

- Activer la journalisation binaire. Elle est nécessaire pour restaurer les données modifiées depuis la dernière sauvegarde. De plus, elle est obligatoire pour la réplication.
- Activer le journal des requêtes lentes. Vous y trouverez les requêtes candidates à l'optimisation. Ne mettez pas la clause `log_queries_not_using_indexes` car elle polluera votre journal avec des requêtes qui ne posent pas forcément problème.
- Ne pas activer le journal général sauf besoins spécifiques (audit par exemple).

7.5.2 Surveiller l'utilisation du disque

Mettez en place des procédures pour surveiller les espaces de stockage. En fonction de l'activité de votre serveur, la volumétrie et la charge, certains fichiers peuvent grossir rapidement. C'est notamment le cas du journal général.

7.5.3 Impact sur les performances

L'activation des journaux a un impact négatif sur les performances. Pas forcément évident à évaluer, il est fortement dépendant de votre application et des journaux que vous activez. C'est à vous de trouver le bon compromis entre ce qu'ils vous apportent et les performances qui vous sont nécessaires. Attention toutefois à la journalisation dans les tables systèmes (journal général et journal des requêtes lentes) car elle est beaucoup plus coûteuse que la journalisation dans les fichiers.

Chapitre 3
Configuration du serveur

1. Introduction

La configuration du serveur MySQL est une étape importante que se doit de maîtriser l'administrateur de base de données. Bien configuré, le serveur peut exploiter pleinement toutes les ressources qui lui sont affectées. Cela permet ainsi d'économiser de l'argent en achat de matériels supplémentaires mais également de mieux appréhender les éventuels problèmes de performance.

Une erreur courante est d'utiliser MySQL avec ses options par défaut. Ainsi paramétré, le serveur va pouvoir s'exécuter dans des environnements avec peu de ressources. Il est donc par exemple possible d'installer une instance de MySQL sur un (vieux) PC qui contient un processeur de 466 MHz et 64 Mo de RAM. Par contre, avec ces mêmes paramètres sur un serveur avec huit processeurs et 256 Go de RAM, le fonctionnement du serveur sera loin d'être optimal, voire pas performant du tout. Enfin, gardez dans un coin de votre esprit qu'il n'existe pas de configuration parfaite, la valeur des options doit être adaptée au contexte de production. Vous trouverez au chapitre Optimisation toutes les informations utiles.

2. Comment configurer le serveur ?

Les options peuvent être définies à différents niveaux :

- Lors de la compilation des sources en exécutant le script `configure`.
- Dans le fichier de configuration `my.cnf` (`my.ini` sous Microsoft Windows).
- En tant que paramètres du programme `mysqld`.
- Dynamiquement, c'est-à-dire durant l'exécution du serveur (à chaud), avec la commande `SET`.

Si une option est redéfinie sur plusieurs niveaux, c'est sa valeur sur le niveau le plus bas de cette liste qui sera prise en compte. Par exemple, si dans votre fichier de configuration l'option `long-query-time` vaut 10 et qu'elle vaut 2 en la passant à l'exécutable `mysqld`, sa valeur pour le serveur sera donc 2.

La méthode la plus pratique, la plus sûre et qui est donc recommandée pour paramétrer le serveur est d'utiliser le fichier de configuration. Cependant la modification dynamique des options s'impose parfois.

2.1 Paramétrer le serveur lors de la compilation

Une des manières d'installer le serveur MySQL consiste à compiler ses sources. Sous Linux, lors du lancement du script `configure`, il est alors possible de personnaliser votre installation en lui passant les options adéquates. Cette solution est souvent utilisée dans les grands comptes pour faire correspondre l'installation du serveur à la norme en vigueur dans l'entreprise ou encore pour des raisons de performance. Les directives ainsi spécifiées constitueront le paramétrage par défaut, sauf si les valeurs sont changées à l'un des autres niveaux de configuration.

La compilation de MySQL sur les différentes plates-formes est détaillée dans la documentation MySQL :
http://dev.mysql.com/doc/refman/5.6/en/source-installation.html

2.2 Paramétrer le serveur dans le fichier de configuration

2.2.1 Sa localisation

Le fichier `my.cnf` (ou `my.ini` sous MS Windows) est le fichier de configuration du serveur MySQL. Les programmes fournis par MySQL (`mysqld`, `mysql`, `mysqldump`, `myisamchk`...) viennent y chercher leurs directives. Sous UNIX, ils recherchent automatiquement le fichier `my.cnf` dans les répertoires suivants : `/etc/`, `/etc/mysql/`, `SYSCONFDIR/`, `$MYSQL_HOME/` et `~/`. `SYSCONFDIR` étant le répertoire spécifié par l'option `syscondir` du lancement du script `configure` (`etc` par défaut) et `$MYSQL_HOME` est la variable d'environnement du chemin du répertoire contenant le fichier `my.cnf`. Cette variable a en général pour valeur le chemin du répertoire de données ou le chemin du répertoire d'installation défini lors du lancement du script `configure`. Si plusieurs fichiers `my.cnf` existent, les options qu'ils contiennent seront lues dans cet ordre et aussi, toutes prises en compte. En cas de redéfinition d'une option, c'est la dernière occurrence qui l'emporte. Par exemple, si dans `/etc/my.cnf` l'option `long-query-time` vaut 10 et qu'elle vaut 2 dans `/usr/local/mysql/etc/my.cnf`, sa valeur au démarrage du serveur sera donc 2. Vous pouvez visualiser la liste des répertoires dans lesquels le serveur cherchera le fichier `my.cnf` avec la commande `mysqld --help --verbose`.

```
$ mysqld --help --verbose | less
...
Default options are read from the following files in the given order:
/etc/my.cnf /etc/mysql/my.cnf /usr/local/mysql/etc/my.cnf ~/.my.cnf
```

Sous MS Windows le principe est similaire. Le serveur va chercher le fichier `my.ini` dans les répertoires suivants : `WINDIR\my.ini`, `WINDIR\my.cnf`, `C:\my.ini`, `C:\my.cnf`, `INSTALLDIR\my.ini` et `INSTALLDIR\my.cnf`. `WINDIR` étant le répertoire Windows (en général `C:\WINDOWS`) et `INSTALLDIR` le répertoire dans lequel MySQL est installé.

Remarque

Si vous remarquez des options bizarres dans votre serveur MySQL qui ne correspondent pas à votre fichier de configuration, vérifiez qu'un autre fichier `my.cnf` (ou `my.ini`) n'est pas pris en compte par votre serveur.

Si votre fichier ne se trouve pas dans l'un de ces répertoires ou s'il ne se nomme pas `my.cnf` vous devrez alors indiquer aux programmes (`mysqld`, `mysql`, `myisamchk`...) son emplacement en le plaçant en paramètre lors de l'appel du programme. Utilisez l'option `defaults-file` qui permet d'indiquer au programme l'emplacement du fichier de configuration. Elle doit toujours être indiquée en première position. L'option `defaults-extra-file` permet de lire un fichier de configuration secondaire après avoir lu le principal.

```
$ mysql --defaults-file=/usr2/mysql/conf/mysql_client.cnf ...
$ mysqld --defaults-file=/usr2/mysql/conf/mysql_server.cnf ...
```

2.2.2 Sa structure

Le fichier de configuration est organisé en sections (ou groupes). Une section est composée d'un nom (en général le nom du programme référencé) placé entre deux crochets, d'options et elle se termine par le début d'une autre section ou la fin du fichier. Ainsi, le nom de la section du serveur MySQL est `[mysqld]`. Toutefois, il est possible d'utiliser `[server]`. Le nom de la section du client en texte par défaut est `[mysql]` (à ne pas confondre avec `[mysqld]`). Suivant le même principe, vous pouvez utiliser la section `[mysqldump]` qui permet de paramétrer le client texte permettant de faire des sauvegardes `mysqldump`. Il existe aussi la section `[client]` qui permet de mutualiser les informations de configurations de tous les clients (`mysql`, `mysqldump`, `mysqladmin`...).

La syntaxe des options est de la forme *`nom_option=valeur`*. Les options composées de plusieurs mots peuvent indifféremment être séparées par un tiret « - » ou un tiret bas « _ ». Certaines options sont binaires, la fonctionnalité est alors activée simplement en inscrivant le nom de l'option. Par exemple l'option `enable-federated` permet d'activer le moteur `FEDERATED`. Il est en outre possible de mettre des commentaires dans le fichier de configuration, il suffit de préfixer les lignes par le caractère dièse « # » ou un point-virgule « ; ».

Vérifiez bien la syntaxe des options écrites dans votre fichier de configuration, car le serveur refusera de démarrer s'il ne comprend pas une option de la section `[mysqld]`. Il générera une erreur qui sera écrite dans le journal des erreurs.

Exemple de fichier de configuration

```
$ cat /etc/mysql/my.cnf

# Section globale à tous les clients MySQL
[client]
socket = /tmp/mysql.sock # les clients se connectent avec ce socket

# Section du client texte mysql
[mysql]
prompt = \R:\m \u$\d> # L'invite de commande du client texte mysql
est de la forme : HH:mm user$schema>

# Section du serveur MySQL
[mysqld]
slow_query_log # activation du journal des requêtes lentes
slow_query_log_file = mysql-slow.log # nom du journal des requêtes
lentes
long-query-time = 2 # Les requêtes dont la durée est supérieure à
2 secondes sont journalisées
enable-federated # Active le moteur FEDERATED
```

La configuration du serveur peut être éclatée dans plusieurs fichiers. L'instruction `!include` permet d'inclure le contenu d'un fichier dans un autre et l'instruction `!includedir` permet d'analyser un répertoire dans lequel le ou les fichiers de configuration qui ont pour extension `.cnf` sous UNIX (`.ini` et `.cnf` sous MS Windows) seront lus. Vous pouvez par exemple vous en servir pour créer un fichier par groupes fonctionnels (`replication.cnf`, `log.cnf`, `innodb.cnf`...). Attention toutefois, vous n'avez pas la possibilité de garantir l'ordre de lecture des fichiers avec `!includedir`.

La configuration du serveur MySQL a un impact sur ses performances et sa stabilité. Savoir quelle valeur prend tel ou tel paramètre n'est pas chose aisée. Pour vous guider dans cette jungle de près de 300 options, vous retrouverez à la fin de ce chapitre un descriptif des principales options et le chapitre Optimisation vous donnera les informations nécessaires pour trouver les valeurs optimales. Une bonne base de départ peut être trouvée dans les fichiers de configuration exemples. Ils sont situés en général sous Linux dans le répertoire `support-files` et vous les trouverez sous les noms de fichiers `my-small.cnf`, `my-medium.cnf`, `my-large.cnf`, `my-huge.cnf` et `my-innodb-heavy-4G.cnf` (ou avec l'extension `.ini` sous MS Windows). Les paramètres sont calculés à partir de la RAM installée sur le serveur qui héberge la base de données. Par exemple le fichier `my-huge.cnf` concerne les serveurs avec 2 Go de RAM. La configuration proposée par le fichier `my-innodb-heavy-4G.cnf` est orientée application avec des requêtes complexes sur des tables InnoDB. Le serveur doit posséder 4 Go de RAM. Les autres fichiers sont plutôt pour des postes de travail ou de petite configuration. La configuration qu'ils proposent n'est donc, a priori, pas du tout adaptée aux serveurs de production actuels.

```
$ cat ./support-files/my-huge.cnf
# Example MySQL config file for very large systems.
#
# This is for a large system with memory of 1G-2G where the system
runs mainly
# MySQL.
#
# You can copy this file to
# /etc/my.cnf to set global options,
# mysql-data-dir/my.cnf to set server-specific options (in this
# installation this directory is /usr/local/mysql/data) or
# ~/.my.cnf to set user-specific options
...
# The MySQL server
[mysqld]
port = 3306
socket = /tmp/mysql.sock
skip-locking
key_buffer_size = 384M
...
```

Pour visualiser le contenu des sections de votre fichier de configuration, vous pouvez utiliser le programme `my_print_default` en lui passant en paramètre la ou les sections concernées et éventuellement le fichier de configuration s'il n'est pas standard.

```
$ my_print_defaults client mysql
--prompt=\R:\m \u$\d>
--user=daz
--port=3306
--socket=/tmp/mysql.sock

$ my_print_defaults --defaults-file /etc/mysql/conf/my.cnf mysqld
--port=3306
--socket=/tmp/mysql.sock
```

```
--basedir=/usr/local/mysql
--datadir=/usr/local/mysql/data
...
```

2.3 Paramétrer le serveur au lancement de mysqld

Il est possible de configurer le serveur en lui passant les options en paramètre lors du lancement du programme `mysqld`. Ces dernières sont les mêmes que celles mises dans le fichier de configuration mais précédées de deux tirets « -- ».

```
$ ./mysqld --defaults-file=/home/daz/mysql/my.cnf
--basedir=/usr/local/mysql/ --datadir=/home/daz/mysql/data
--log-error=/home/daz/mysql/data/mysql.err
--pid-file=/home/daz/mysql/data/mysql.pid
--socket=/tmp/mysql.sock --port=3306 --console &

[1] 28871
$ 121102 22:20:57 [Warning] TIMESTAMP with implicit DEFAULT value
is deprecated. Please use --explicit_defaults_for_timestamp server
option (see documentation for more details).
```

Pour connaître la liste exhaustive des options que peut prendre le serveur, il faut lancer le programme `mysqld` avec les options `--help` et `--verbose`.

```
$ mysqld --help -verbose
...
Starts the MySQL database server

Usage: mysqld [OPTIONS]

Default options are read from the following files in the given
order:
/etc/my.cnf /etc/mysql/my.cnf /usr/local/mysql/etc/my.cnf
~/.my.cnf
```

D'une manière générale, pour connaître les options des binaires fournis par MySQL, lancez-les avec l'option `--help` ; l'option `--verbose` n'est nécessaire qu'au programme `mysqld`.

```
$ mysql -help
...
Usage: mysql [OPTIONS] [database]
-?, --help Display this help and exit.
```

```
-I, --help Synonym for -?
...
```

2.4 Paramétrer le serveur dynamiquement

Certaines options peuvent être changées dynamiquement (à chaud) grâce à la commande SET à condition toutefois que l'utilisateur possède le droit SUPER (voir chapitre Sécurité et gestion des utilisateurs). C'est particulièrement pratique pour affiner la configuration du serveur MySQL en cas d'urgence notamment. Le changement peut se faire de deux manières, soit au niveau local à la connexion, c'est-à-dire seulement pour la session cliente en cours grâce à la clause SESSION ou alors de façon globale au serveur, à l'aide de la clause GLOBAL. La plupart des options ont une portée session et globale (comme l'option sql_mode qui est vue plus loin dans ce chapitre), mais ce n'est pas le cas de toutes. Par exemple l'option sql_log_bin, qui permet de désactiver la journalisation binaire, n'a qu'une portée session alors que l'option query_cache_size qui permet de définir la taille du cache de requêtes n'a qu'une portée globale.

2.4.1 Changement pour la session

En utilisant la commande SET SESSION *paramètre_session=valeur*, la valeur du paramètre va alors changer seulement pour la session du client dans lequel la commande a été effectuée.

Changement pour la session d'une variable à portée session et globale

```
mysql> SHOW GLOBAL VARIABLES LIKE 'sort_buffer_size';
+------------------+---------+
| Variable_name    | Value   |
+------------------+---------+
| sort_buffer_size | 2097144 |
+------------------+---------+
1 row in set (0,00 sec)

mysql> SHOW SESSION VARIABLES LIKE 'sort_buffer_size';
+------------------+---------+
| Variable_name    | Value   |
+------------------+---------+
```

```
| sort_buffer_size | 2097144 |
+------------------+---------+
1 row in set (0,00 sec)

mysql> SET SESSION sort_buffer_size=1048576;
Query OK, 0 rows affected (0,00 sec)

mysql> SHOW GLOBAL VARIABLES LIKE 'sort_buffer_size';
+------------------+---------+
| Variable_name    | Value   |
+------------------+---------+
| sort_buffer_size | 2097144 |
+------------------+---------+
1 row in set (0,00 sec)

mysql> SHOW SESSION VARIABLES LIKE 'sort_buffer_size';
+------------------+---------+
| Variable_name    | Value   |
+------------------+---------+
| sort_buffer_size | 1048576 |
+------------------+---------+
1 row in set (0,00 sec)
```

2.4.2 Changement global

Avec la commande `SET GLOBAL` *`paramètre_global=valeur`*, le changement a lieu pour tous les clients qui se connectent au serveur après l'exécution de la commande. Cependant cette nouvelle valeur n'est pas prise en compte pour les sessions des clients connectés avant le changement (sessions en cours), ils gardent donc la valeur initiale du paramètre. C'est également le cas pour la session du client dans lequel la commande a été effectuée.

Une exception à cette règle concerne les paramètres qui n'ont qu'une portée globale. La mise à jour a lieu également dans la session du client qui effectue la commande `SET GLOBAL`.

Changement global d'une variable à portée session et globale

```
mysql> SHOW GLOBAL VARIABLES LIKE 'sort_buffer_size';
+------------------+---------+
| Variable_name    | Value   |
+------------------+---------+
| sort_buffer_size | 2097144 |
+------------------+---------+
1 row in set (0,00 sec)

mysql> SHOW SESSION VARIABLES LIKE 'sort_buffer_size';
+------------------+---------+
| Variable_name    | Value   |
+------------------+---------+
| sort_buffer_size | 1048576 |
+------------------+---------+
1 row in set (0,00 sec)

mysql> SET GLOBAL sort_buffer_size=5242880;
Query OK, 0 rows affected (0,00 sec)

mysql> SHOW GLOBAL VARIABLES LIKE 'sort_buffer_size';
+------------------+---------+
| Variable_name    | Value   |
+------------------+---------+
| sort_buffer_size | 5242880 |
+------------------+---------+
1 row in set (0,00 sec)

mysql> SHOW SESSION VARIABLES LIKE 'sort_buffer_size';
+------------------+---------+
| Variable_name    | Value   |
+------------------+---------+
| sort_buffer_size | 1048576 |
+------------------+---------+
1 row in set (0,00 sec)
```

Changement global d'une variable à portée globale uniquement

```
mysql> SHOW VARIABLES LIKE 'query_cache_size';
+------------------+-------+
| Variable_name    | Value |
+------------------+-------+
| query_cache_size | 0     |
+------------------+-------+

mysql> SET SESSION query_cache_size=122880;
ERROR 1229 (HY000): Variable 'query_cache_size' is a GLOBAL
variable and should be set with SET GLOBAL
$ SET GLOBAL query_cache_size=122880;
Query OK, 0 rows affected (0,00 sec)

mysql> SHOW VARIABLES LIKE 'query_cache_size';
+------------------+--------+
| Variable_name    | Value  |
+------------------+--------+
| query_cache_size | 122880 |
+------------------+--------+
```

Il est très important de garder à l'esprit que ces changements à chaud ne sont pas persistants. Ils sont stockés dans l'espace mémoire utilisé par le serveur MySQL et ne survivent donc pas à un redémarrage du serveur. Les changements effectués avec la commande `SET SESSION` ne survivent pas également à un redémarrage du client car cela initie une nouvelle session. Si vous voulez rendre vos changements globaux persistants vous devez les mettre dans le fichier de configuration (ou éventuellement les passer en tant que paramètres à `mysqld`).

3. Visualiser la configuration

L'administrateur a plusieurs possibilités pour visualiser la configuration du serveur MySQL. La manière la plus évidente est de passer par le fichier de configuration. Toutefois, il est possible que certaines des options qu'il contient soient redéfinies en étant passées en paramètre de `mysqld`. Il faut alors aussi penser à regarder l'état du processus `mysqld`, par exemple avec la commande `ps -ef | grep mysqld` sous Linux.

Mais ces deux premières méthodes ont quelques limites. Sur un serveur mal administré, vous pouvez trouver plusieurs fichiers de configuration qui ne sont pas forcément tous utilisés par le serveur et il n'y a aucune obligation qu'ils se nomment `my.cnf` (ou `my.ini`). De plus, dans le fichier de configuration tous les paramètres n'y sont en général pas et ceux qui y sont peuvent, comme pour ceux passés en paramètre de `mysqld`, être redéfinis à chaud. Pour être certain de visualiser la configuration actuelle du serveur, vous devez donc utiliser soit la commande `SHOW GLOBAL VARIABLES`, soit les tables `GLOBAL_VARIABLES` du schéma virtuel `INFORMATION_SCHEMA` ou la commande `SELECT @@global.`*`nom_variable`*.

```
mysql> SELECT * FROM INFORMATION_SCHEMA.GLOBAL_VARIABLES WHERE
VARIABLE_NAME = 'datadir';
+---------------+-----------------------+
| VARIABLE_NAME | VARIABLE_VALUE        |
+---------------+-----------------------+
| DATADIR       | /home/daz/mysql/data/ |
+---------------+-----------------------+

mysql> SHOW GLOBAL VARIABLES LIKE 'datadir';
+---------------+-----------------------+
| Variable_name | Value                 |
+---------------+-----------------------+
| datadir       | /home/daz/mysql/data/ |
+---------------+-----------------------+

mysql> SELECT @@global.datadir;
+-----------------------+
| @@global.datadir      |
+-----------------------+
| /home/daz/mysql/data/ |
+-----------------------+
```

Une erreur courante est d'exécuter la commande `SHOW VARIABLES` au lieu de `SHOW GLOBAL VARIABLES`. Si vous omettez la clause `GLOBAL`, la commande s'exécute implicitement avec la clause `SESSION`. Ce qui a pour effet d'afficher l'état des variables pour la session du client dans laquelle la commande est lancée. Dans `INFORMATION_SCHEMA` les options de configuration relatives à la session en cours sont dans la table `SESSION_VARIABLES`.

```
mysql> SHOW GLOBAL VARIABLES LIKE 'character_set_connection';
+--------------------------+-------+
| Variable_name            | Value |
+--------------------------+-------+
| character_set_connection | utf8  |
+--------------------------+-------+

mysql> SELECT * FROM INFORMATION_SCHEMA.GLOBAL_VARIABLES WHERE
VARIABLE_NAME LIKE 'character_set_connection';
+--------------------------+----------------+
| VARIABLE_NAME            | VARIABLE_VALUE |
+--------------------------+----------------+
| CHARACTER_SET_CONNECTION | utf8           |
+--------------------------+----------------+

mysql> SHOW VARIABLES LIKE 'character_set_connection';
+--------------------------+-------+
| Variable_name            | Value |
+--------------------------+-------+
| character_set_connection | utf8  |
+--------------------------+-------+

mysql> SHOW SESSION VARIABLES LIKE 'character_set_connection';
+--------------------------+-------+
| Variable_name            | Value |
+--------------------------+-------+
| character_set_connection | utf8  |
+--------------------------+-------+

mysql> SELECT * FROM INFORMATION_SCHEMA.SESSION_VARIABLES WHERE
VARIABLE_NAME LIKE 'character_set_connection';
+--------------------------+----------------+
| VARIABLE_NAME            | VARIABLE_VALUE |
+--------------------------+----------------+
| CHARACTER_SET_CONNECTION | utf8           |
+--------------------------+----------------+
```

Une autre commande peut vous être utile, c'est `STATUS`. Elle fournit entre autres des informations sur l'état du serveur dont les informations sur les jeux de caractères utilisés :

```
mysql> STATUS
--------------
mysql  Ver 14.14 Distrib 5.6.7-rc, for linux2.6 (x86_64) using
EditLine wrapper
...
SSL: Not in use
Current pager: stdout
Using outfile: ''
Using delimiter: ;
...
Server version:             5.6.7-rc MySQL Community Server (GPL)
Protocol version:        10
Connection: Localhost via UNIX socket
Server characterset: utf8
Db characterset: utf8
Client characterset: utf8
Conn. characterset: utf8
UNIX socket: /tmp/mysql.sock
...
```

4. Le mode SQL

Le comportement par défaut du serveur MySQL est assez permissif notamment en ce qui concerne la cohérence des données. Le postulat est en quelque sorte : « Les données reçues sont cohérentes, les vérifier est donc superflu », ce qui dans la réalité n'est pas toujours le cas. Si votre application vérifie toutes les données, cela a un sens de dispenser le serveur de ces vérifications qui peuvent être coûteuses pour les performances. Par contre si ce n'est pas le cas ou si les données peuvent être accédées par d'autres biais que l'application vous devrez faire les vérifications au niveau du serveur. Par exemple, si une chaîne de caractères est trop longue pour être insérée dans une colonne, le serveur exécutera quand même l'insertion en tronquant la chaîne de caractères et en renvoyant un avertissement (*warning*) au client lui disant que les données ont été tronquées pour que l'insertion réussisse. Cela pose deux problèmes majeurs pour la plupart des applications. Premièrement la donnée stockée dans la table n'est pas celle envoyée par le client, la cohérence des données n'est donc pas assurée. Deuxièmement, notre expérience nous a montré que très peu de développeurs traitent les avertissements renvoyés par le serveur, ce qui veut finalement dire qu'une donnée non conforme est insérée en base et que personne n'est au courant. L'option `sql_mode` qui est apparue dans la version 4.1 permet, entre autres, de régler ce genre de problème. Cette option peut changer le comportement du serveur :

- en renforçant la cohérence en empêchant l'insertion implicite de données invalides.
- en rendant le code SQL portable.
- en assurant un comportement du serveur proche de celui d'autres SGBD.

4.1 Les modes usuels

Sous MySQL 5.6, la valeur de la variable `sql_mode` est `NO_ENGINE_SUBSTITUTION` par défaut (le comportement de ce mode est expliqué un peu plus bas).

```
mysql> SHOW SESSION VARIABLES LIKE 'sql_mode';
+---------------+------------------------+
| Variable_name | Value                  |
+---------------+------------------------+
| sql_mode      | NO_ENGINE_SUBSTITUTION |
+---------------+------------------------+
```

La table `char3tinyint` contient deux colonnes : `c` en `CHAR(3)`, chaîne contenant trois caractères maximum, et `i` en `TINYINT`, qui n'accepte que les nombres entier de -128 à 127.

```
mysql> SHOW CREATE TABLE char3tinyint \G
*************************** 1. row ***************************
Table: char3tinyint
Create Table:  CREATE TABLE `char3tinyint` (
  `c` char(3) DEFAULT NULL,
  `i` tinyint(4) DEFAULT NULL
);


mysql> INSERT INTO char3tinyint VALUES('abc',127);
Query OK, 1 row affected (0,00 sec)
```

```
mysql> SELECT * FROM char3tinyint;
+------+------+
| c    | i    |
+------+------+
| abc  | 127  |
+------+------+
1 row in set (0,04 sec)
```

La chaîne de caractères LeMUG est trop longue pour être stockée entièrement dans une colonne de type CHAR(3), le mode SQL par défaut étant permissif, le serveur va stocker ce qu'il peut, c'est-à-dire les trois premiers caractères et ignorer les deux suivants. Il tronque donc la chaîne de caractères. Dans la deuxième colonne, l'entier 2008 dépasse la borne maximale du type TINYINT qui vaut 127. Étant au-dessus de cette borne, c'est la valeur maximale, c'est-à-dire 127, qui va être stockée (si le nombre était inférieur à -128, c'est ce dernier nombre qui aurait été stocké). Pour chacune de ces colonnes, le serveur renvoie un avertissement qui décrit l'opération qu'il a implicitement réalisée.

```
mysql> INSERT INTO char3tinyint VALUES('LeMUG',2008);
Query OK, 1 row affected, 2 warnings (0,00 sec)

mysql> SHOW WARNINGS;
+---------+------+---------------------------------------------+
| Level   | Code | Message                                     |
+---------+------+---------------------------------------------+
| Warning | 1265 | Data truncated for column 'c' at row 1      |
| Warning | 1264 | Out of range value for column 'i' at row 1  |
+---------+------+---------------------------------------------+
2 rows in set (0,00 sec)

mysql> SELECT * FROM char3tinyint;
+------+------+
| c    | i    |
+------+------+
| abc  | 127  |
| LeM  | 127  |
+------+------+
2 rows in set (0,00 sec)
```

Le mode SQL devient strict pour la session grâce à la valeur STRICT_ALL_TABLES. Les données invalides sont rejetées, et une erreur est renvoyée car l'insertion ne se fait pas.

```
mysql> SET SESSION
sql_mode=CONCAT(@@sql_mode,',','STRICT_ALL_TABLES');
Query OK, 0 rows affected (0,00 sec)

mysql [localhost] {msandbox} (test) > SHOW SESSION VARIABLES LIKE
'sql_mode';
+---------------+-------------------------------------------+
| Variable_name | Value                                     |
+---------------+-------------------------------------------+
| sql_mode      | STRICT_ALL_TABLES,NO_ENGINE_SUBSTITUTION |
+---------------+-------------------------------------------+
1 row in set (0,00 sec)

mysql> INSERT char3tinyint VALUES('LeMUG',2008);
ERROR 1406 (22001): Data too long for column 'c' at row 1

mysql> SELECT * FROM char3tinyint;
+------+------+
| c    | i    |
+------+------+
| abc  |  127 |
| LeM  |  127 |
+------+------+
2 rows in set (0,00 sec)
```

Parmi les variables qui permettent de renforcer la cohérence des données, on trouve aussi :

- NO_ENGINE_SUBSTITUTION : lors d'une commande CREATE TABLE ou ALTER TABLE, si le moteur de stockage demandé lors de la création ou de la modification d'une table n'existe pas, le serveur renvoie une erreur et n'exécute donc pas la commande. Dans le cas contraire, un avertissement est renvoyé (*warning*) et la table est tout de même créée ou modifiée avec le moteur de stockage par défaut.

  Dans l'exemple suivant, le moteur ARIA est inconnu sur ce serveur. En supprimant le mode SQL NO_ENGINE_SUBSTITUTION, le serveur crée donc la table avec le moteur par défaut, InnoDB.

```
mysql> SET SESSION sql_mode='';
Query OK, 0 rows affected (0,00 sec)

mysql> SHOW SESSION VARIABLES LIKE 'sql_mode';
+---------------+-------+
| Variable_name | Value |
+---------------+-------+
| sql_mode      |       |
+---------------+-------+

mysql> CREATE TABLE t_ARIA(i int)ENGINE = ARIA;
Query OK, 0 rows affected, 2 warnings (0,06 sec)

mysql> SHOW WARNINGS;
+---------+------+------------------------------------------------+
| Level   | Code | Message                                        |
+---------+------+------------------------------------------------+
| Warning | 1286 | Unknown table engine 'ARIA'                    |
| Warning | 1266 | Using storage engine InnoDB for table 't_ARIA'|
+---------+------+------------------------------------------------+

mysql> SHOW CREATE TABLE t_ARIA \G
*************************** 1. row ***************************
Table: t_ARIA
Create Table: CREATE TABLE `t_ARIA` (
`i` int(11) DEFAULT NULL
) ENGINE=InnoDB;

mysql> SET SESSION sql_mode='NO_ENGINE_SUBSTITUTION';
Query OK, 0 rows affected (0,00 sec)

mysql> CREATE TABLE t_ARIA2(i int)ENGINE = ARIA;
ERROR 1286 (42000): Unknown table engine 'ARIA'
```

- `STRICT_ALL_TABLES` et `STRICT_TRANS_TABLES` : si le mode SQL contient l'un de ces deux paramètres, le mode est dit strict. Les données invalides sont rejetées et une erreur est renvoyée car la modification ne se fait pas. Avec l'une ou l'autre des options, le comportement du serveur est identique sur des tables qui utilisent un moteur de stockage transactionnel comme c'est le cas avec `InnoDB`. Sur des tables qui ont un moteur non transactionnel (`MyISAM` par exemple), leur comportement diffère lors d'insertions multiples, c'est-à-dire en cas d'insertion de plusieurs enregistrements dans une seule requête `INSERT`.

Avec le mode STRICT_ALL_TABLES, le serveur renvoie une erreur à la première donnée invalide. Le moteur n'étant pas transactionnel, les données déjà insérées restent, ce qui peut entraîner des problèmes de cohérences. La solution pour ne pas se retrouver dans un tel cas est d'écrire vos requêtes INSERT avec seulement un enregistrement à la fois. Alors que, dans le même contexte, avec le mode STRICT_TRANS_TABLES, les données invalides sont insérées en étant converties en la valeur valide la plus proche. Le serveur génère néanmoins un avertissement.

À noter que si les deux modes sont activés, c'est le comportement du mode STRICT_ALL_TABLES qui prend le dessus.

```
mysql> SET SESSION sql_mode='STRICT_ALL_TABLES';
Query OK, 0 rows affected (0,00 sec)

mysql> INSERT INTO t_myisam VALUES ('a',100),('ab',200);
ERROR 1264 (22003): Out of range value for column 'i' at row 2

mysql> SELECT * FROM t_myisam;
+------+------+
| c    | i    |
+------+------+
| a    | 100  |
+------+------+
1 row in set (0,00 sec)

mysql> SET SESSION sql_mode='STRICT_TRANS_TABLES';
Query OK, 0 rows affected (0,00 sec)

mysql> INSERT INTO t_myisam VALUES ('b',111),('ab',200);
Query OK, 2 rows affected, 1 warning (0,00 sec)
Records: 2 Duplicates: 0 Warnings: 1

mysql> SHOW WARNINGS;
+---------+------+---------------------------------------------+
| Level   | Code | Message                                     |
+---------+------+---------------------------------------------+
| Warning | 1264 | Out of range value for column 'i' at row 2 |
+---------+------+---------------------------------------------+
1 row in set (0,00 sec)

mysql> SELECT * FROM t_myisam;
```

```
+----+-----+
| c  | i   |
+----+-----+
| a  | 100 |
| b  | 111 |
| ab | 127 |
+----+-----+
3 rows in set (0,00 sec)

mysql> SET SESSION sql_mode='STRICT_TRANS_TABLES,
STRICT_ALL_TABLES';
Query OK, 0 rows affected (0,00 sec)

mysql> INSERT INTO t_myisam VALUES ('abc',1),('abcdef',50);
ERROR 1406 (22001): Data too long for column 'c' at row 2

mysql> SELECT * FROM t_myisam;
+------+------+
| c    | i    |
+------+------+
| a    | 100  |
| b    | 111  |
| ab   | 127  |
| abc  | 1    |
+------+------+
4 row in set (0,00 sec)
```

- ERROR_FOR_DIVISION_BY_ZERO : renvoie un avertissement en cas de mise à jour d'un champ avec le résultat d'une division par zéro ou de modulo par 0.

```
mysql> SET SESSION sql_mode='ERROR_FOR_DIVISION_BY_ZERO';
Query OK, 0 rows affected (0,00 sec)

mysql> INSERT ma_table VALUES (1/0);
Query OK, 1 row affected, 1 warning (0,00 sec)

mysql> SHOW WARNINGS;
+-------+------+---------------+
| Level | Code | Message       |
+-------+------+---------------+
| Error | 1365 | Division by 0 |
+-------+------+---------------+
```

- NO_ZERO_DATE : renvoie un avertissement si la date écrite dans la table est zéro ('0000-00-00', '0000/00/00'...). Combiné avec les modes STRICT_TRANS_TABLES ou STRICT_ALL_TABLES, la donnée modifiée (INSERT ou UPDATE) n'est pas mise à jour et une erreur est renvoyée.

```
mysql> SET SESSION sql_mode='NO_ZERO_DATE,STRICT_TRANS_TABLES';
Query OK, 0 rows affected (0,00 sec)

mysql> INSERT INTO ma_table values('0000-00-00 00:00:00');
ERROR 1292 (22007): Incorrect datetime value: '0000-00-00
00:00:00' for column 'd' at row 1
```

- NO_ZERO_IN_DATE : renvoie un avertissement si l'année, le mois ou le jour sont à zéro. Combiné avec les modes STRICT_TRANS_TABLES ou STRICT_ALL_TABLES, la donnée modifiée (INSERT ou UPDATE) n'est pas mise à jour et une erreur est renvoyée. À noter que la valeur zéro ('0000-00-00', '0000/00/00'...) est acceptée.

```
mysql> SET SESSION sql_mode ='STRICT_ALL_TABLES,NO_ZERO_IN_DATE';
Query OK, 0 rows affected (0,00 sec)

mysql> INSERT INTO t1 VALUES ('0000-00-00');
Query OK, 1 row affected (0,00 sec)

mysql> INSERT INTO t1 VALUES ('0000-00-01');
ERROR 1292 (22007): Incorrect datetime value: '0000-00-01' for
column 'd' at row 1

mysql> INSERT INTO t1 VALUES ('0000-01-00');
ERROR 1292 (22007): Incorrect datetime value: '0000-01-00' for
column 'd' at row 1

mysql> INSERT INTO t1 VALUES ('0001-00-00');
ERROR 1292 (22007): Incorrect datetime value: '0001-00-00' for
column 'd' at row 1

mysql> INSERT INTO t1 VALUES ('1974-11-12');
Query OK, 1 row affected (0,00 sec)
```

- NO_AUTO_CREATE_USER : interdit la création de comptes utilisateurs sans mots de passe avec la commande GRANT. Il est cependant possible de créer un utilisateur sans mot de passe, avec la commande CREATE USER.

```
mysql> GRANT USAGE ON *.* TO 'IT';
ERROR 1133 (42000): Can't find any matching row in the user table

mysql> GRANT USAGE ON *.* TO 'IT' IDENTIFIED BY 'mot2pass3';
Query OK, 0 rows affected (0,00 sec)

mysql> CREATE USER 'viadeo';
Query OK, 0 rows affected (0,00 sec)
```

Remarque

`INSERT IGNORE` / `UPDATE IGNORE` : les requêtes `INSERT IGNORE` et `UPDATE IGNORE` permettent de contourner les modes SQL qui renforcent la cohérence des données, dont le mode strict. La modification des données sera donc possible, cependant le serveur renverra un avertissement. En d'autres termes, avec la clause `IGNORE` le fonctionnement du serveur est similaire à `mode_sql=''`.

4.2 Les combinaisons de mode

Vous pouvez combiner plusieurs modes SQL, il suffit de les mettre à la suite, séparés par une virgule et sans espaces, le tout en une seule commande. Cette manipulation peut se faire à chaud, pour la session ou de manière globale. Cependant comme pour les autres options, il est préférable de la définir dans le fichier de configuration.

```
[mysqld]
sql_mode=STRICT_TRANS_TABLES,STRICT_ALL_TABLES,NO_ZERO_IN_DATE,
NO_ZERO_DATE, NO_ENGINE_SUBSTITUTION
```

L'option `sql_mode` peut aussi prendre comme valeur des combinaisons de modes prédéfinis. Pour avoir un comportement strict du serveur, utilisez le mode SQL `TRADITIONAL`. Il est équivalent aux modes `'STRICT_TRANS_TABLES, STRICT_ALL_TABLES, NO_ZERO_IN_DATE, NO_ZERO_DATE, ERROR_FOR_DIVISION_BY_ZERO, NO_AUTO_CREATE_USER, NO_ENGINE_SUBSTITUTION'`. Pour avoir un code le plus proche possible du standard SQL ANSI, utilisez la valeur `ANSI` équivalente à `'REAL_AS_FLOAT, PIPES_AS_CONCAT, ANSI_QUOTES, IGNORE_SPACE'`.

D'autres modes SQL permettent d'avoir un comportement du serveur proche d'anciennes versions de MySQL (`MYSQL323` et `MYSQL40`) et même d'autres SGBD (`MSSQL / DB2 / ORACLE / MAXDB / POSTGRESQL`). À noter que la compatibilité n'est pas sûre à 100 %.

Vous retrouverez la liste exhaustive des valeurs de l'option `sql_mode` dans la documentation MySQL :
http://dev.mysql.com/doc/refman/5.6/en/server-sql-mode.html

```
mysql> SET SESSION sql_mode='TRADITIONAL';
Query OK, 0 rows affected (0,00 sec)

mysqlt> SHOW VARIABLES LIKE 'sql_mode'\G
*************************** 1. row ***************************
Variable_name: sql_mode
Value:
STRICT_TRANS_TABLES,STRICT_ALL_TABLES,NO_ZERO_IN_DATE,NO_ZERO_DATE,
ERROR_FOR_DIVISION_BY_ZERO,TRADITIONAL,NO_AUTO_CREATE_USER,NO_ENGINE
_SUBSTITUTION
1 row in set (0,00 sec)
```

Remarque

Mode SQL et partitionnement : une fois vos partitions créées, il n'est pas recommandé de changer la valeur de l'option `sql_mode` car vous risquez de corrompre ou de perdre les données des tables partitionnées. Si de plus vous répliquez ces tables, le serveur maître et le serveur esclave doivent avoir le même mode SQL.

5. Les principales options

Dans cette section, vous retrouverez quelques-unes des nombreuses options de MySQL. Nous avons pris le parti de ne pas nous substituer à la documentation officielle, mais de vous présenter les principales familles d'option. Vous retrouverez certaines d'entre elles dans le chapitre Optimisation, cependant nous vous conseillons de consulter la liste exhaustive et à jour sur le site de MySQL.

Le serveur MySQL offre une très grande latitude à l'administrateur de base de données pour le paramétrer. Ce qui vous confère beaucoup de pouvoirs mais aussi une grande responsabilité « *With great power, comes great responsibility* », parce que le bon fonctionnement du serveur repose en partie sur ses différents réglages. Dans sa version 5.6, MySQL possède près de 400 options de configuration (361 pour être exact) et la grande majorité concerne le paramétrage des caches et des buffers. En effet, une grande partie des performances d'un SGBD repose sur sa faculté à utiliser au mieux la mémoire pour limiter les accès disques car un accès disque est beaucoup plus coûteux qu'un accès mémoire.

Parmi les options qui agissent sur la consommation mémoire du serveur vous avez :

`max_heap_table_size` : taille maximale des tables qui ont pour moteur de stockage `Memory` (anciennement `Heap`). Sa taille doit être la même que celle de l'option `tmp_table_size`.

`tmp_table_size` : taille maximale en mémoire des tables temporaires internes au serveur (elles ont pour moteur de stockage `Memory`). Si cette limite est dépassée, les tables sont alors écrites sur disque. Notez que si `tmp_table_size` est supérieur à `max_heap_table_size`, la limite est alors la valeur de cette dernière option. En d'autres termes, ces deux options doivent avoir la même valeur.

`thread_cache_size` : nombre de threads stockés dans le cache de threads.

`table_open_cache` : nombre de descripteurs de fichiers simultanés maintenu dans le cache.

`table_definition_cache` : nombre de structures de tables (les fichiers `.frm`) simultanées maintenu dans le cache.

`max_connections` : nombre de connexions simultanées maximales au serveur. Une connexion supplémentaire est réservée pour un utilisateur qui dispose du droit `SUPER`.

Le nom des options du cache de requêtes commence par `query_cache_`. Il est vu au chapitre Optimisation.

Certaines options sont spécifiques à un moteur de stockage. Pour InnoDB elles commencent par innodb_ :

innodb_buffer_pool_size : taille du cache qui contient les données et les index des tables InnoDB du serveur.

innodb_buffer_pool_instances : nombre d'instances du cache d'InnoDB. Avoir plus d'une instance permet une meilleure montée en charge et d'avoir en général de meilleures performances.

innodb_buffer_pool_dump_at_shutdown : permet de sauvegarder les pages du buffer pool à l'arrêt du serveur.

innodb_buffer_pool_dump_now : lance la sauvegarde des pages du buffer pool.

innodb_buffer_pool_load_at_startup : permet de restaurer les pages du buffer pool au démarrage du serveur.

innodb_buffer_pool_load_now : restaure la sauvegarde des pages du buffer pool.

innodb_buffer_pool_filename : nom du fichier qui contient la sauvegarde du buffer pool (ib_buffer_pool par défaut).

innodb_log_files_in_group : permet de définir le nombre de journaux d'InnoDB (ib_logfile0 et ib_logfile1). La valeur par défaut et recommandée est 2.

innodb_log_file_size : la taille de chacun des journaux d'InnoDB. La taille totale des journaux doit être inférieure à 4 Go.

innodb_log_buffer_size : taille du cache des journaux d'InnoDB.

innodb_flush_log_at_trx_commit : permet d'agir sur la fréquence d'écriture sur le disque (flush) des données du cache d'InnoDB.

innodb_file_per_table : cette option est désactivée par défaut. Les données et les index des tables InnoDB sont alors centralisés dans le tablespace. En activant l'option, InnoDB crée un fichier par table, avec pour extension .ibd, qui contient les données et les index de la table associée.

En ce qui concerne le moteur MyISAM, certaines de ses options commencent par myisam_. Cependant, parmi les plus importantes on retrouve le cache d'index key_buffer_size, qui ne contient que les index des tables MyISAM. La mise en cache des données n'est pas gérée par le serveur mais par le système d'exploitation.

concurrent_insert : permet d'exécuter des requêtes INSERT et SELECT en parallèle sur les tables MyISAM.

Le serveur doit savoir où trouver ses fichiers binaires, ses données, ses journaux... et de quelle manière écouter les connexions clientes :

socket : socket UNIX à utiliser pour les connexions locales.

port : numéro de port d'écoute des connexions TCP/IP.

basedir : répertoire d'installation de MySQL.

datadir : répertoire de données.

tmpdir : répertoire utilisé par le serveur pour stocker ses objets temporaires.

default_storage_engine : moteur de stockage par défaut du serveur. Les tables créées sans le mot clé ENGINE auront ce moteur de stockage (InnoDB par défaut).

Les options liées aux journaux :

log_output : permet de choisir le type de journalisation (table, fichier ou aucun) pour le journal des requêtes lentes (slow query log) et pour le journal général (general log).

slow_query_log_file : emplacement du fichier de journalisation des requêtes lentes.

slow_query_log : permet d'activer le journal des requêtes lentes.

long_query_time : permet de journaliser les requêtes dont la durée d'exécution est supérieure.

log-bin : active et définit le nom et l'emplacement du journal binaire.

Chapitre 4
Sécurité et gestion des utilisateurs

1. Introduction

La sécurité des données du système informatique de l'entreprise n'est pas seulement l'affaire du RSSI (Responsable de la Sécurité des Systèmes d'Information). Les techniques et les bonnes pratiques nécessaires pour se protéger doivent être connues et appliquées, par tout un chacun. Les éléments de la chaîne applicative étant interdépendants, la robustesse de cette chaîne va dépendre de la solidité de son maillon le plus faible. Un test non effectué par l'application, un compte utilisateur qui a trop de droits sur la base de données, une mise à jour de sécurité non effectuée ou tout simplement une maladresse sur le serveur de production peuvent être à l'origine du vol ou de l'altération des numéros de cartes bancaires de vos clients par exemple. Les conséquences peuvent alors être désastreuses tant financièrement qu'en terme d'image pour la société. Certes la sécurité absolue n'existe pas, mais nous allons dans ce chapitre essayer de vous donner toutes les pratiques nécessaires pour minimiser les risques.

2. Sécuriser le serveur MySQL

Les questions liées à la sécurité doivent être posées dès l'installation du serveur de base de données. Dans la philosophie de MySQL l'utilisateur doit pouvoir télécharger, installer et utiliser le SGBDR (Système de Gestion des Bases de Données Relationnelles) sans aucune difficulté. Cette simplicité est l'un des points forts de MySQL, car d'une part cela a permis de démocratiser l'utilisation d'une base de données en rendant accessible cet univers (beaucoup de développeurs ont connu les bases de données grâce à MySQL) et d'autre part, cela donne la possibilité de tester très simplement son application. L'inconvénient majeur est que l'installation par défaut est très permissive, notamment en matière de sécurité...

2.1 Sécuriser l'installation

Le but de ce paragraphe n'est pas de revenir sur l'installation du serveur qui est détaillée au chapitre Installation du serveur, mais simplement de rappeler quelques points cruciaux concernant la sécurité. Vous devrez certainement les adapter en fonction de votre type d'installation et de votre système d'exploitation.

2.1.1 Contrôler les droits

Vous devez créer un groupe et un utilisateur dédié pour lancer l'instance `mysqld` :

```
$ groupadd mysql
$ useradd -g mysql mysql
```

Le répertoire de données contient les informations sensibles, il doit donc être préservé d'actes de malveillances ou de la visualisation par des personnes non autorisées :

```
$ cd /usr/local/mysql/
$ chown -R root .
$ chown -R mysql data
$ chgrp -R mysql .
```

mysqld ne doit en aucun cas être exécuté avec l'administrateur système root sous UNIX (ou administrateur sous MS Windows). Un utilisateur avec par exemple le droit FILE pourrait créer des fichiers en tant que root.

2.1.2 Mettre un mot de passe au compte utilisateur root

C'est le superutilisateur de MySQL (à ne pas confondre avec l'administrateur système root sous UNIX) ; il a donc tous les droits sur le serveur ; il doit être protégé par un mot de passe. Ceci est valable quel que soit le système d'exploitation.

```
$ mysql -u root # connexion au serveur avec l'utilisateur root sans
mot de passe
mysql> SET PASSWORD FOR root@localhost = password('m0T2p4ss3'); /*
la commande set password permet de mettre un mot de passe à un compte
utilisateur */
```

Comme vous allez le voir un peu plus loin, un utilisateur MySQL est composé d'un nom « user » et du nom de la machine à partir de laquelle l'utilisateur se connecte « host ». Vous pouvez donc avoir un compte 'root'@'localhost' qui permet de se connecter au serveur avec l'utilisateur root à condition que le client soit sur la même machine que le serveur MySQL (en local) et par exemple un compte 'root'@'123.45.67.89' qui lui, ne permet de se connecter en root qu'à partir de la machine qui a comme adresse IP 123.45.67.89. Ce sont bien deux comptes différents, qui peuvent avoir des droits et des mots de passe différents. Cette possibilité offerte par le serveur peut permettre une gestion des droits très fine. Cependant, par expérience, nous vous conseillons de n'avoir qu'une seule occurrence par utilisateur, par souci de simplification de la gestion des droits et donc pour diminuer les risques d'erreurs. En d'autres termes, ne gardez que l'utilisateur 'root'@'localhost'. Si vous avez besoin d'administrer votre serveur à distance, au lieu d'avoir 'root'@'%' (qui permet de se connecter avec l'utilisateur root depuis n'importe quelle machine), utilisez le protocole de communication sécurisée SSH ou un équivalent.

```
mysql> SELECT user, host, password FROM mysql.user WHERE user = 'root' \G
*************************** 1. row ***************************
user: root
host: localhost
password: *228F5395471FEFD9B0BB291954D2189384329691
*************************** 2. row ***************************
```

```
user: root
host: 123.456.78.9
password: *63D85DCA15EAFFC58C908FD2FAE50CCBC60C4EA2
2 row in set (0,00 sec)

mysql> DROP USER 'root'@'123.456.78.9' ;

mysql> SELECT user, host, password FROM mysql.user WHERE user = 'root' \G
*************************** 1. row ***************************
user: root
host: localhost
password: *228F5395471FEFD9B0BB291954D2189384329691
1 row in set (0,00 sec)
```

Remarque

Renommer le compte administrateur : vous pouvez renommer votre compte administrateur pour qu'il soit plus difficile à trouver par une personne malveillante : `RENAME USER 'root'@'localhost' TO 'leader'@'localhost';`

2.1.3 Supprimer les comptes anonymes

Dans le but de faciliter la prise en main du logiciel, un compte anonyme, c'est-à-dire un compte qui a le champ `user` à vide, peut être présent lors de l'installation de votre serveur. Il permet de se connecter au serveur avec n'importe quel utilisateur, en local et sans mot de passe. Il n'est guère besoin d'argumenter plus pour comprendre que sur un serveur de production un tel utilisateur n'est pas à sa place, il faut donc le supprimer. Ce principe doit être étendu à tous les comptes inutilisés, car c'est autant de problèmes potentiels d'éliminés.

```
mysql> SELECT user, host, password FROM mysql.user WHERE user = '' \G
*************************** 1. row ***************************
user:
host: localhost
password:
1 row in set (0,00 sec)

mysql> DROP USER ''@localhost;

mysql> SELECT user, host, password FROM mysql.user WHERE user = '' \G
Empty set (0,00 sec)
```

2.1.4 Supprimer le schéma test

Le schéma `test` est créé par MySQL lors de l'installation et tous les utilisateurs ont le droit d'y accéder en lecture comme en écriture sans qu'il soit nécessaire de spécifier explicitement les droits adéquats. Un utilisateur mal intentionné pourrait alors remplir de données votre disque dur et ainsi empêcher le bon fonctionnement de votre application.

```
mysql> SHOW SCHEMAS;
+--------------------+
| Database           |
+--------------------+
| information_schema |
| mysql              |
| test               |
+--------------------+
3 rows in set (0,00 sec)

mysql> DROP SCHEMA test;
Query OK, 0 rows affected (0,12 sec)

mysql> SHOW SCHEMAS;
+--------------------+
| Database           |
+--------------------+
| information_schema |
| mysql              |
+--------------------+
2 rows in set (0,00 sec)
```

À noter que cette recommandation s'applique également à tout schéma `test` qui serait créé par la suite, mais également à tout schéma qui commencerait par le mot `test_`.

Sécuriser votre installation avec l'outil mysql_secure_installation

La mise en œuvre de ces différentes recommandations peut être effectuée avec l'outil `mysql_secure_installation`. Cet outil n'est pas disponible sous MS Windows, cependant l'installeur graphique propose également de sécuriser l'installation.

```
$ mysql_secure_installation
NOTE: RUNNING ALL PARTS OF THIS SCRIPT IS RECOMMENDED FOR ALL
MySQL SERVERS IN PRODUCTION USE! PLEASE READ EACH STEP CAREFULLY!

In order to log into MySQL to secure it, we'll need the current
password for the root user. If you've just installed MySQL, and
you haven't set the root password yet, the password will be blank,
so you should just press enter here.

Enter current password for root (enter for none):
```

3. Gestion des utilisateurs et des mots de passe

La gestion des utilisateurs de MySQL se fait entièrement grâce à des tables dédiées qui appartiennent au schéma système `mysql` : `user`, `db`, `tables_priv`, `columns_priv`, `procs_priv`.

La table `user` contient la liste des comptes utilisateurs. Ils sont décrits avec, entre autres, les colonnes `host` (le nom d'hôte) et `user` (le nom). Ces deux colonnes représentent la clé primaire de la table. On y trouve également la colonne `password` (le mot de passe du compte) qui est stockée sous une forme hachée (grâce à la fonction de hachage MySQL `password()`), ainsi que les droits globaux de l'utilisateur, comme le droit de faire des insertions (`INSERT`), des lectures (`SELECT`)...

La table `db` contient les droits spécifiques à une base de données (ou schémas) de chaque utilisateur.

La table `tables_priv` contient les droits spécifiques à une table ou à une vue.

La table `columns_priv` contient les droits spécifiques à une colonne.

La table `procs_priv` contient les droits pour les routines stockées, c'est-à-dire les procédures et les fonctions stockées.

3.1 Connexion aux comptes utilisateurs

Au lancement du serveur, les tables système sont chargées en mémoire. La table user voit alors ses données triées en fonction de la colonne host, du plus spécifique (localhost, adresse IP) jusqu'au moins spécifique (%). Pour deux valeurs de host identiques, un tri supplémentaire est effectué sur la colonne user, toujours du plus spécifique (un nom de compte utilisateur) au moins spécifique, c'est-à-dire le compte utilisateur anonyme (''). Lorsque le client se connecte, le compte utilisateur qui est choisi est le premier qui correspond à l'hôte (host) de la table user triée, puis à l'utilisateur (user) avec le bon mot de passe (password).

Le serveur possède deux utilisateurs, 'daz'@'%' et 'daz'@'localhost' :

```
mysql_root> SELECT user, host FROM mysql.user WHERE user ='daz';
+------+-----------+
| user | host      |
+------+-----------+
| daz  | %         |
| daz  | localhost |
+------+-----------+
2 rows in set (0,00 sec)
```

En se connectant avec l'utilisateur daz depuis le client local (localhost), la connexion se fait avec le compte daz@localhost car il est le plus spécifique des deux :

```
mysql_daz_local> SELECT USER(), CURRENT_USER();
+---------------+----------------+
| USER()        | CURRENT_USER() |
+---------------+----------------+
| daz@localhost | daz@localhost  |
+---------------+----------------+
1 row in set (0,00 sec)
```

Par contre, en se connectant depuis un client distant (dasini.net) avec l'utilisateur daz, seul le compte 'daz'@'%' correspond :

```
mysql_daz_distant> SELECT USER(), CURRENT_USER();
+----------------+----------------+
| USER()         | CURRENT_USER() |
+----------------+----------------+
| daz@dasini.net | daz@%          |
```

```
+---------------+---------------+
1 row in set (0,00 sec)
```

Dans les anciennes versions de MySQL (3.23, 4.0) il fallait gérer les droits en modifiant directement ces tables. Cette façon de faire est obsolète et n'est plus recommandée. Les commandes nécessaires à la gestion des droits sont les suivantes :

- `CREATE USER` : permet de créer un compte utilisateur et de lui donner un mot de passe.
- `GRANT` : permet de donner des droits, de fournir un mot de passe, de spécifier des limites d'utilisation des ressources (comme de limiter le nombre de connexions par heure) et de paramétrer les options SSL (ce point est vu plus loin). Elle peut également jouer le rôle de la commande `CREATE USER`.
- `REVOKE` : cette commande est le pendant de `GRANT`. Elle permet de supprimer les droits d'un compte utilisateur mais pas de supprimer le compte.
- `DROP USER` : permet de supprimer un compte utilisateur (et par incidences, tous ses droits).
- `SHOW GRANTS` : permet de visualiser les droits.

Perte du mot de passe administrateur

Perdre le mot de passe administrateur est une situation assez embarrassante, qui de plus vous interdit de gérer le serveur. Comme il est stocké haché, vous ne pourrez pas le récupérer, cependant une solution s'offre à vous.

Vous devez d'abord arrêter votre serveur.

Ensuite redémarrez-le avec l'option `skip-grant-tables`. Cette option empêche le serveur d'utiliser les tables qui gèrent les droits des utilisateurs. Vous pourrez alors vous connecter au serveur, avec n'importe quel utilisateur existant ou non et sans rentrer de mot de passe.

Cependant, vous devez être conscient qu'à ce moment précis votre serveur est vulnérable car n'importe qui peut s'y connecter et en prendre le contrôle. Assurez-vous qu'aucun autre client (application de batch par exemple) que vous n'accède au serveur, pour ce faire, démarrez le serveur avec un socket (ou un port) non standard. L'option `skip-networking` vous sera utile, elle est vue à la section Les options pour renforcer la sécurité.

L'option `console` est également facultative, elle permet d'afficher les messages d'erreur à l'écran.

```
$ mysqld --skip-grant-tables --skip-networking --console
--socket=/tmp/maintenance.sock &
```

Connectez-vous au serveur avec le client texte `mysql` et replacez le verrou en exécutant la commande `FLUSH PRIVILEGES`. Elle va forcer le serveur à vérifier de nouveau les noms des utilisateurs (`user`), les noms d'hôtes (`host`) et les mots de passe (`password`) des éventuels clients qui chercheraient à se connecter.

```
$ mysql -socket=/tmp/maintenance.sock
mysql> FLUSH PRIVILEGES;
```

Générez un nouveau mot de passe. L'ancien ne peut pas être récupéré car il est haché donc irréversible.

```
mysql> SET PASSWORD FOR 'root'@'localhost' = PASSWORD('N0uye#u_pwd');
```

Arrêtez le serveur MySQL et redémarrez-le normalement, votre erreur est réparée !

(Une alternative est disponible dans la documentation de MySQL :
http://dev.mysql.com/doc/refman/5.6/en/resetting-permissions.html)

3.2 Gérer les comptes utilisateurs

La syntaxe pour créer un compte utilisateur est la suivante :
`CREATE USER 'utilisateur'@'hôte' IDENTIFIED BY 'mot_de_passe'`

Le compte utilisateur à créer (`'utilisateur'@'machine'`) est composé d'un nom d'utilisateur et d'un nom d'hôte (l'adresse IP ou le nom de la machine) entourés de guillemets (") ou d'apostrophes (') et séparés par un arobase (@). Si vous ne spécifiez pas un nom d'hôte, votre compte utilisateur sera créé avec l'hôte `%` qui signifie *client qui se connecte de n'importe quel hôte.*
Une erreur courante est d'ouvrir les apostrophes avant le nom de l'utilisateur et de les refermer après le nom d'hôte. Par exemple, `'utilisateur@hôte'` va créer le compte utilisateur `'utilisateur@hôte'@'%'`, qui n'est donc pas le même compte utilisateur que `'utilisateur'@'%'`.

Le mot de passe, bien que facultatif, est fortement conseillé, notamment sur un serveur en production. C'est une chaîne de caractères à mettre là aussi entre guillemets ou apostrophes.

```
mysql> CREATE USER 'olivier'@'localhost' IDENTIFIED BY
'Pa55w0rD';
mysql> CREATE USER 'olivier' IDENTIFIED BY 'autre_Pa55w0rD';
```

Remarque

Attention : jusqu'à MySQL 5.6.2 inclus, le mot de passe est en clair dans la commande `CREATE USER`, il peut par conséquent être visible dans les journaux de MySQL (comme le journal général ou general log) ou les journaux système (comme `~/.mysql_history`). Ces fichiers doivent donc être protégés de l'accès par des personnes non autorisées.

À partir de MySQL 5.6.3, cela n'est plus le cas. Les mots de passe en clair, passés dans les commandes `CREATE USER`, `GRANT` et `SET PASSWORD`, ne sont plus visibles dans les fichiers de journalisation générale, de requêtes lentes et binaires. Il reste cependant possible d'avoir l'ancien comportement en démarrant le serveur avec l'option `log-raw`. Bien évidemment, cela n'est pas conseillé.

```
$ tail -f mysql-general.log
/mysqld, Version: 5.6.7-rc (MySQL Community Server (GPL)). started with:
Tcp port: 5605  Unix socket: /tmp/mysql_5605.sock
Time                 Id Command    Argument
121030 20:32:28       9 Query      SET PASSWORD FOR `olivier`=<secret>
121030 20:33:55          2 Query       CREATE USER 'daz'@'localhost'
IDENTIFIED BY PASSWORD '*F02F5BFE01D376A3C4D9AD9E930D25C9D0CED644'
121030 20:35:12          2 Query       GRANT SELECT ON `world`.* TO
'olivier'@'localhost' IDENTIFIED BY PASSWORD
'*7D85CAE80F5E385051CCEB3035293498ED08715A'
```

Ces deux commandes ont permis la création de deux comptes utilisateurs distincts. On peut le vérifier en regardant la table `user` du schéma `mysql` :

```
mysql> SELECT user, host, password FROM mysql.user WHERE user = 'olivier';
+---------+-----------+-------------------------------------------+
| user    | host      | password                                  |
+---------+-----------+-------------------------------------------+
| olivier | localhost | *DEDC92F45B664030BBF191A8A7732A52044B5EBF |
| olivier | %         | *C0F5BEAC30750E7A522360CAD46A7AFD450CDA12 |
+---------+-----------+-------------------------------------------+
```

L'utilisateur `olivier@localhost` ne sera utilisé qu'en cas de connexion depuis un client local, c'est-à-dire un client qui est sur la même machine que le serveur MySQL et en passant par la boucle locale (`localhost` ou `127.0.0.1`). Dans tous les autres cas, c'est l'utilisateur `olivier@'%'` qui sera utilisé.

On peut constater également que le mot de passe est stocké haché dans la table `mysql.user`, grâce à la fonction MySQL `password()`.

Remarque

Astuce : Avoir plusieurs comptes avec le même mot de passe peut être dangereux, car en cas de compromission, plusieurs comptes pourraient être touchés. Un moyen simple de savoir si vous avez plusieurs occurrences du même mot de passe est d'exécuter la requête suivante :

```
SELECT count(*), password FROM mysql.user GROUP BY password HAVING
count(user)>1;
```

Le caractère `%` peut également être utilisé comme joker dans le nom d'hôte :

`CREATE USER 'fresh'@'%.dasini.net'` permet de créer un compte utilisateur pour se connecter à partir des machines dont le nom se termine par `.dasini.net`.

`CREATE USER 'emma'@'192.168.%'` permet de créer un compte utilisateur pour se connecter à partir des machines dont l'adresse IP commence par `192.168`.

`CREATE USER 'kams'@'192.168.10.1_'` permet de créer un compte utilisateur pour se connecter à partir des machines dont l'adresse IP est comprise entre `192.168.10.10` et `192.168.10.19`.

Ceci étant dit, n'abusez pas des jokers dans le nom d'hôte si vous avez la possibilité de verrouiller le compte utilisateur sur une adresse IP (voir un nom d'hôte). Pour récupérer la liste des comptes avec '%' exécutez la requête suivante :

```
SELECT user, host FROM mysql.user WHERE host LIKE '%\%%';
```

■ Remarque

Sécurité : Une bonne pratique consiste à limiter les interférences entre différentes applications qui utilisent la même instance de MySQL, en créant un compte utilisateur pour chacune d'entre elles. Par exemple :

`'webmail'@'222.33%'` *pour l'application webmail qui a une plage d'adresses qui commençant par* `222.33`.

`'forum'@'222.33.4.55'` *pour le forum qui est à l'adresse* `222.33.4.55`.

`'compta'@'localhost'` *pour l'application de comptabilité qui est en local.*

Comme nous l'avons vu précédemment, le mot de passe est haché avant d'être stocké. Une fonction de hachage est une fonction qui prend une chaîne de caractères en entrée et qui renvoie une autre chaîne de caractères en sortie. La chaîne de caractères résultante a toujours la même longueur, et est strictement identique pour une même entrée. Contrairement au cryptage, le hachage ne permet pas de retrouver la chaîne de caractères source, car il est irréversible. Parmi les algorithmes les plus connus, on peut citer le MD5 (*Message Digest 5*) ou encore le SHA1 (*Secure Hash Algorithm*). La fonction MySQL `password()` qui hache les mots de passe est un bon compromis entre performances (durée de hachage de la chaîne de caractères) et sécurité (taille de la chaîne résultante). Il n'est cependant pas conseillé de l'utiliser dans votre code, parce que son algorithme peut changer en fonction de la version de MySQL. Ce fut le cas, dans le but d'améliorer la sécurité du hachage, lors du passage à la version MySQL 4.1.1. Cet ancien algorithme est depuis disponible avec la fonction `old_password()`. Vous trouverez un article sur les différentes fonctions de hachage de MySQL et leurs performances respectives sur dasini.net (http://dasini.net/blog/2008/11/11/hash-securite-mysql/).

```
mysql> SELECT password('Nat&Mat');
+-------------------------------------------+
| password('Nat&Mat')                       |
+-------------------------------------------+
| *6CB1A82BF5B9D12B253F7E0BF3EDFAE4314F79C7 |
+-------------------------------------------+

mysql> SELECT old_password('Nat&Mat');
+-------------------------+
| old_password('Nat&Mat') |
+-------------------------+
| 05ebcf1969421b4f        |
+-------------------------+
```

L'option serveur `secure-auth` permet d'interdire l'identification aux comptes dont le mot de passe est haché avec l'ancien algorithme.

Remarque

Sous MySQL 5.6, le client `mysql_upgrade` émet un avertissement s'il trouve un compte utilisateur avec un mot de passe haché avec l'ancien l'algorithme de hachage de MySQL (versions égales ou antérieures à MySQL 4.0). Il est dès lors fortement conseillé de mettre à jour le mot de passe avec l'algorithme actuel, beaucoup plus sécurisé.

Avec MySQL 5.6, une troisième valeur est permise pour la variable `old_password`. En plus des valeurs `0` (OFF) : désactiver l'ancienne méthode de hachage, `1` (ON) : activer l'ancienne méthode de hachage, la fonction peut prendre la valeur `2` qui permet d'utiliser l'algorithme de hachage SHA-256. La fonction `PASSWORD()` est impactée par la valeur de la variable `old_password`, car elle utilise l'algorithme défini par cette dernière :

Valeur de hachage par défaut :

```
mysql> SET SESSION old_passwords=0;

mysql> SHOW SESSION VARIABLES LIKE 'old_passwords';
+---------------+-------+
| Variable_name | Value |
+---------------+-------+
| old_passwords | 0     |
+---------------+-------+
```

```
mysql> SELECT PASSWORD('freshdaz');
+-------------------------------------------+
| PASSWORD('freshdaz')                      |
+-------------------------------------------+
| *1E18977CC59048E063BB2355DE4A002BCCE0A220 |
+-------------------------------------------+

mysql> SELECT OLD_PASSWORD('freshdaz');
+--------------------------+
| OLD_PASSWORD('freshdaz') |
+--------------------------+
| 139638993a07a3ee         |
+--------------------------+
```

Valeur de hachage antérieure à MySQL 4.1.1 :

```
mysql> SET SESSION old_passwords=1;

mysql> SHOW SESSION VARIABLES LIKE 'old_passwords';
+---------------+-------+
| Variable_name | Value |
+---------------+-------+
| old_passwords | 1     |
+---------------+-------+

mysql> SELECT PASSWORD('freshdaz');
+----------------------+
| PASSWORD('freshdaz') |
+----------------------+
| 139638993a07a3ee     |
+----------------------+

mysql> SELECT OLD_PASSWORD('freshdaz');
+--------------------------+
| OLD_PASSWORD('freshdaz') |
+--------------------------+
| 139638993a07a3ee         |
+--------------------------+
```

Nouvel hachage (SHA-256) disponible en MySQL 5.6 :

```
mysql> SET SESSION old_passwords=2;

mysql> SHOW SESSION VARIABLES LIKE 'old_passwords';
+--------------+-------+
| Variable_name | Value |
+--------------+-------+
| old_passwords | 2     |
+--------------+-------+

mysql> SELECT PASSWORD('freshdaz');
+------------------------------------------------------------------+
| PASSWORD('freshdaz')                                             |
+------------------------------------------------------------------+
| $5$K:^# ^#~_!m##g?hy$ClGpSNUzq/oNi38cZOpGvXcD/avF1tiFr0zUWWwIKZ5 |
+------------------------------------------------------------------+

mysql> SELECT OLD_PASSWORD('freshdaz');
+--------------------------+
| OLD_PASSWORD('freshdaz') |
+--------------------------+
| 139638993a07a3ee         |
+--------------------------+
```

Remarque

Le mot de passe peut être saisi directement sous sa forme hachée lors de la création de l'utilisateur. Il faut alors préciser à MySQL la fonction de hachage utilisée.

```
mysql> SELECT password('m3r3gran')
+-------------------------------------------+
| password('m3r3gran')                      |
+-------------------------------------------+
| *862EB6CE84D1AADF7F10BE749DD8C44A2053842B |
+-------------------------------------------+

mysql> CREATE USER 'valerie'@'localhost' IDENTIFIED BY PASSWORD
'*862EB6CE84D1AADF7F10BE749DD8C44A2053842B';

mysql> SELECT user, host, password FROM mysql.user WHERE user =
'valerie';
+---------+-----------+-------------------------------------------+
| user    | host      | password                                  |
+---------+-----------+-------------------------------------------+
```

```
| valerie | localhost | *862EB6CE84D1AADF7F10BE749DD8C44A2053842B |
+---------+-----------+-------------------------------------------+
```

Un compte utilisateur peut être renommé avec RENAME USER et supprimé avec DROP USER. Ces deux commandes sont suivies du nom du compte utilisateur.

```
mysql> SELECT user, host FROM mysql.user WHERE user='olivier';
+---------+------------+
| user    | host       |
+---------+------------+
| olivier | %          |
| olivier | localhost  |
+---------+------------+

mysql> RENAME USER 'olivier'@'%' TO 'olivier'@'dasini.net';

mysql> SELECT user, host FROM mysql.user WHERE user='olivier';
+---------+------------+
| user    | host       |
+---------+------------+
| olivier | dasini.net |
| olivier | localhost  |
+---------+------------+

mysql> DROP USER 'olivier'@'dasini.net';

mysql> SELECT user, host FROM mysql.user WHERE user='olivier';
+---------+-----------+
| user    | host      |
+---------+-----------+
| olivier | localhost |
+---------+-----------+
```

À la création d'un compte utilisateur, les droits des utilisateurs utilisant ce compte sont particulièrement réduits. Ils n'ont en fait que le droit USAGE qui permet seulement de se connecter au serveur MySQL.

Nous pouvons le vérifier avec la commande SHOW GRANTS qui permet de voir les droits d'un compte :

```
mysql> SHOW GRANTS FOR 'olivier'@'localhost';
+------------------------------------------------------------------
------------------------------------+
| Grants for olivier@localhost |
+------------------------------------------------------------------
------------------------------------+
| GRANT USAGE ON *.* TO 'olivier'@'localhost' IDENTIFIED BY
PASSWORD '*DEDC92F45B664030BBF191A8A7732A52044B5EBF' |
+------------------------------------------------------------------
------------------------------------+
```

Le droit USAGE ne permet que de se connecter au serveur et d'accéder au schéma virtuel information_schema, qui est composé de vues système générées par MySQL et qui contient les métadonnées (voir chapitre Outils de surveillance pour plus de détails). Pour que l'utilisateur puisse manipuler les données, il faut lui donner d'autres droits.

3.3 Plug-ins d'authentification

À partir de MySQL 5.6, l'authentification est implémentée sous forme de plug-ins. La méthode d'authentification par défaut, celle vue dans la section précédente, utilise le plug-in mysql_native_password, qui est fourni avec le serveur MySQL. Deux autres plug-ins sont également embarqués dans le serveur MySQL, mysql_old_password (méthode de hachage des versions antérieures à MySQL 4.1.1) et sha256_password qui utilise l'algorithme de hachage SHA-256.

```
mysql> pager grep AUTHENTICATION
PAGER set to 'grep AUTHENTICATION'

mysql> SHOW PLUGINS;
| mysql_native_password | ACTIVE | AUTHENTICATION | NULL | GPL |
| mysql_old_password    | ACTIVE | AUTHENTICATION | NULL | GPL |
| sha256_password       | ACTIVE | AUTHENTICATION | NULL | GPL |
43 rows in set (0,01 sec)
```

Pour utiliser la méthode de hachage SHA-256, deux possibilités. La première consiste à ajouter la ligne `default-authentication-plugin=sha256_password` dans la section `[mysqld]` du fichier de configuration du serveur MySQL. La seconde, à spécifier explicitement le plug-in utilisé (`sha256_password`) et la méthode de hachage (`old_passwords=2`) lors de la création de l'utilisateur :

```
mysql> CREATE USER daz_strong@localhost IDENTIFIED WITH sha256_password;
Query OK, 0 rows affected (0,10 sec)

mysql> SET SESSION old_passwords=2;
Query OK, 0 rows affected (0,00 sec)

mysql> SET PASSWORD FOR daz_strong@localhost = PASSWORD('m0t_2_p45S3');
Query OK, 0 rows affected (0,03 sec)

mysql> SHOW GRANTS FOR daz_strong@localhost;
+-------------------------------------------------+
| Grants for daz_strong@localhost                 |
+-------------------------------------------------+
| GRANT USAGE ON *.* TO 'daz_strong'@'localhost' |
+-------------------------------------------------+
1 row in set (0,00 sec)

mysql> SELECT user, host, password, plugin, authentication_string
FROM mysql.user WHERE user ='daz_strong'\G
*************************** 1. row ***************************
                 user: daz_strong
                 host: localhost
             password:
               plugin: sha256_password
    authentication_string: $5$^+y
%gk5YgR;5#(w4SSkZ$UE0.PD0AhUrI.gFI9gQuGFAMmLeGrC1dfiIUzh8hjV.
1 row in set (0,00 sec)
```

Cette authentification au travers de plug-ins permet de se connecter au serveur MySQL de beaucoup d'autres façons (LDAP, PAM...). Pour aller plus loin, n'hésitez pas à consulter la documentation officielle de MySQL :
http://dev.mysql.com/doc/refman/5.6/en/pluggable-authentication.html

3.4 Plug-in de validation des mots de passe

MySQL 5.6 propose le plug-in `validate_password` qui permet d'améliorer la sécurité des comptes utilisateur, en testant la robustesse d'un mot de passe à l'aide de la fonction `VALIDATE_PASSWORD_STRENGTH()` et le cas échéant, en empêchant l'utilisateur de créer un mot de passe qui n'est pas suffisamment sécurisé, lors de l'exécution des commandes `CREATE USER`, `GRANT` et `SET PASSWORD`. Lorsque ce plug-in n'est pas activé, il est très facile de créer un mot de passe peu sécurisé :

```
mysql> SET PASSWORD = PASSWORD('azerty');
Query OK, 0 rows affected (0,00 sec)
```

La commande `SHOW PLUGINS` permet de savoir si le plug-in `validate_password` est activé :

```
mysql> SHOW PLUGINS;
+----------------------+--------+----------------+---------+---------+
| Name                 | Status | Type           | Library | License |
+----------------------+--------+----------------+---------+---------+
| mysql_native_password| ACTIVE | AUTHENTICATION | NULL    | GPL     |
| mysql_old_password   | ACTIVE | AUTHENTICATION | NULL    | GPL     |
| sha256_password      | ACTIVE | AUTHENTICATION | NULL    | GPL     |
|...
+----------------------+--------+----------------+---------+---------+
43 rows in set (0,00 sec)
```

Si ce n'est pas le cas, l'installer se fait simplement avec la commande `INSTALL PLUGIN` :

```
mysql> INSTALL PLUGIN validate_password SONAME 'validate_password.so';
Query OK, 0 rows affected (0,03 sec)

mysql> SHOW PLUGINS;
+-----------------------+--------+-------------------+-------------+---------+
| Name                  | Status | Type              | Library     | License |
+-----------------------+--------+-------------------+-------------+---------+
| mysql_native_password | ACTIVE | AUTHENTICATION    | NULL        | GPL     |
| mysql_old_password    | ACTIVE | AUTHENTICATION    | NULL        | GPL     |
| sha256_password       | ACTIVE | AUTHENTICATION    | NULL        | GPL     |
...
| validate_password     | ACTIVE | VALIDATE PASSWORD | validate_   | GPL     |
                                                       password.so
+-----------------------+--------+-------------------+-------------+---------+
44 rows in set (0,01 sec)
```

Une fois activé, si le mot de passe choisi n'est pas suffisamment sécurisé, il devient impossible de le créer :

```
mysql> SET PASSWORD = PASSWORD('azerty');
ERROR 1819 (HY000): Your password does not satisfy the current policy
requirements


mysql> SET PASSWORD = PASSWORD('P4s5W0rD');
Query OK, 0 rows affected (0,00 sec)
```

Attention, il reste toujours possible d'avoir un compte utilisateur sans mot de passe !

```
mysql_simple_user> SET PASSWORD = PASSWORD('');
Query OK, 0 rows affected (0,00 sec)
```

Le plug-in `validate_password` embarque six variables :

```
mysql> SHOW GLOBAL VARIABLES LIKE 'validate%';
+--------------------------------------+--------+
| Variable_name                        | Value  |
+--------------------------------------+--------+
| validate_password_dictionary_file    |        |
| validate_password_length             | 8      |
| validate_password_mixed_case_count   | 1      |
| validate_password_number_count       | 1      |
| validate_password_policy_number      | MEDIUM |
| validate_password_special_char_count | 1      |
+--------------------------------------+--------+
```

La permissivité de MySQL au niveau de la robustesse du mot de passe est gérée par la variable `validate_password_policy_number`.

Si elle vaut :

- LOW ou 0, seule la longueur du mot de passe est testée. Cette taille doit être supérieure ou égale à la valeur de la variable validate_password_length.
- MEDIUM ou 1, la taille (validate_password_length) et la présence d'au moins un nombre (validate_password_number_count), une lettre minuscule et une lettre majuscule (validate_password_mixed_case_count), un caractère spécial (validate_password_special_char_count) sont testées.
- STRONG ou 2, la taille (validate_password_length) la présence d'au moins un nombre (validate_password_number_count), une lettre minuscule et une lettre majuscule (validate_password_mixed_case_count), un caractère spécial (validate_password_special_char_count) et l'absence d'une liste de mots interdits renseignée dans la variable validate_password_dictionary_file sont testées.

L'autre apport du plug-in validate_password est la fonction VALIDATE_PASSWORD_STRENGTH() qui renvoie un nombre entier qui indique la robustesse du mot de passe passé en paramètre. Les valeurs renvoyées par la fonction sont :

- 0 si la taille du mot de passe est strictement inférieure à 4.
- 25 si la taille du mot de passe est inférieure ou égale à 4 et strictement inférieure à la valeur de la de la variable validate_password_length.
- 50 si les contraintes imposées en mode validate_password_policy_number = 'LOW' sont satisfaites.
- 75 si les contraintes imposées en mode validate_password_policy_number = 'MEDIUM' sont satisfaites.
- 100 si les contraintes imposées en mode validate_password_policy_number = 'STRONG' sont satisfaites.

```
mysql> SELECT VALIDATE_PASSWORD_STRENGTH('azerty') ;
+--------------------------------------+
| VALIDATE_PASSWORD_STRENGTH('azerty') |
+--------------------------------------+
|                                   25 |
+--------------------------------------+

mysql> SELECT VALIDATE_PASSWORD_STRENGTH('P4s5W0rD') ;
+----------------------------------------+
| VALIDATE_PASSWORD_STRENGTH('P4s5W0rD') |
+----------------------------------------+
|                                     50 |
+----------------------------------------+

mysql [localhost] {t} ((none)) > SELECT
VALIDATE_PASSWORD_STRENGTH('_P4s5W0rD') ;
+-----------------------------------------+
| VALIDATE_PASSWORD_STRENGTH('_P4s5W0rD') |
+-----------------------------------------+
|                                     100 |
+-----------------------------------------+
```

3.5 Expiration du mot de passe

À partir MySQL 5.6, il est possible de forcer un utilisateur à changer son mot de passe, avec la commande ALTER USER. Après expiration, aucune requête ne sera possible pour l'utilisateur, tant qu'un mot de passe n'aura pas été rentré. Attention toutefois, rien n'interdit à l'utilisateur de saisir le même mot de passe une nouvelle fois :

```
-- utilisateur DBA
mysql_DBA> CREATE USER olivier@localhost IDENTIFIED BY 'P4s5W0rD'\G
Query OK, 0 rows affected (0,00 sec)

mysql_DBA> SELECT user, host, password, password_expired FROM mysql.user
WHERE user='olivier' AND host='localhost'\G
*************************** 1. row ***************************
            user: olivier
            host: localhost
        password: *F02F5BFE01D376A3C4D9AD9E930D25C9D0CED644
password_expired: N

mysql_DBA> GRANT SELECT ON world.* TO olivier@localhost;
```

```
Query OK, 0 rows affected (0,05 sec)


-- utilisateur olivier
mysql_olivier> SELECT count(*) FROM world.City;
+----------+
| count(*) |
+----------+
|     4079 |
+----------+

-- utilisateur DBA
mysql_DBA> ALTER USER olivier@localhost PASSWORD EXPIRE;
Query OK, 0 rows affected (0,00 sec)

mysql_DBA>  SELECT user, host, password, password_expired FROM mysql.user
WHERE user='olivier' AND host='localhost'\G
*************************** 1. row ***************************
            user: olivier
            host: localhost
        password: *F02F5BFE01D376A3C4D9AD9E930D25C9D0CED644
password_expired: Y
1 row in set (0,00 sec)


-- utilisateur olivier
mysql_olivier> SELECT count(*) FROM world.City;
ERROR 1820 (HY000): You must SET PASSWORD before executing this
statement

mysql_olivier> SET PASSWORD = PASSWORD('nEw_P445s');
Query OK, 0 rows affected (0,02 sec)

mysql_olivier> SELECT count(*) FROM world.City;
+----------+
| count(*) |
+----------+
|     4079 |
+----------+


-- utilisateur DBA
mysql_DBA> SELECT user, host, password, password_expired FROM mysql.user
WHERE user='olivier' AND host='localhost'\G
*************************** 1. row ***************************
            user: olivier
            host: localhost
        password: *5166054D66DB139C1EE7CC840E76FFB465B9A4C0
password_expired: N
```

3.6 Utilitaire de configuration des mots de passe

Autre nouveauté très attendue de MySQL 5.6, l'outil `mysql_config_editor`, qui permet de stocker les informations d'authentification dans le fichier crypté `.mylogin.cnf`. Ce fichier est créé dans le « home directory » de l'utilisateur pour les systèmes d'exploitation *UNIX like* et dans `%APPDATA%\MySQL` sous Microsoft Windows. Les informations ainsi stockées, le nom du compte utilisateur (`user`), le mot de passe (`password`) et la machine à partir de laquelle le client peut se connecter (`host`), vont permettre au client de se connecter au serveur sans avoir à fournir le mot de passe en clair.

La structure du fichier crypté `.mylogin.cnf` est similaire à celle du fichier de configuration `my.cnf` (ou `my.ini` sous MS Windows). Elle est composée de sections (ou groupes), les *login paths*. Chaque section a un nom qui doit être unique et qui correspond au profil du client qui va y chercher ses informations de connections et des trois informations citées précédemment, à savoir le nom du compte utilisateur (`user`), le mot de passe (`password`) et la machine à partir de laquelle le client peut se connecter (`host`).

Le processus de stockage des informations d'authentification s'effectue avec l'option `SET` :

```
$ mysql_config_editor set --login-path=localtest --host=localhost
--user=olivier --password
Enter password:
```

Visualiser le contenu d'un login path s'effectue avec l'option `PRINT` :

```
$ mysql_config_editor print -login-path=localtest
[localtest]
user = olivier
password = *****
host = localhost
```

Le client utilise l'option `login-path` pour récupérer les informations de connexion dans le fichier `.mylogin.cnf` :

```
mysql -login-path=localtest
Welcome to the MySQL monitor.  Commands end with ; or \g.
...
mysql>
```

Les commandes principales de l'outil `mysql_config_editor` sont :

- `set` : écrit les informations d'authentification d'un login path.
- `print` : affiche le contenu du fichier.
- `remove` : supprime un login path.
- `reset` : supprime le fichier (s'il existe) et le (re)crée.

3.7 Donner des droits

La commande `GRANT` permet de donner des droits mais également de créer le compte s'il n'existe pas encore.
La syntaxe est la suivante : `GRANT` *`type_de_droits`* `ON` *`portée_des_droits`* `TO` *`compte_utilisateur`* avec :

- *`type_de_droits`* : droit(s) donné(s) (`SELECT`, `PROCESS`, `EXECUTE`...).
- *`portée_des_droits`* : tout le serveur (*.*), tous les objets d'un schéma : (`world.*`), une table précise (`world.City`)...
- *`compte_utilisateur`* : le ou les comptes à qui on affecte les droits (`'olivier'@'localhost'`, `'pierre'@'localhost'`...).

Les droits peuvent être classés en cinq catégories, en fonction de leur portée et de leur rôle.

3.7.1 Les droits d'administration

Ils permettent d'administrer le serveur MySQL. Ils doivent, en principe, être réservés aux comptes administrateurs. Ils sont définis au niveau global, c'est-à-dire pour tous les objets du serveur. Le tableau suivant vous donne la liste des différents droits d'administration.

Liste des droits d'administration

Droit	Description
`CREATE TEMPORARY TABLES`	Créer des tables temporaires (`CREATE TEMPORARY TABLE`).

Droit	Description
`CREATE USER`	Créer, modifier, supprimer des comptes utilisateurs (`CREATE`, `DROP`, `RENAME`).
`FILE`	Lire ou écrire dans des fichiers stockés sur la machine hôte du serveur MySQL (`SELECT ... INTO OUTFILE`, `LOAD DATA`).
`GRANT OPTION`	Permet de transmettre ses droits à d'autres comptes.
`LOCK TABLES`	Verrouiller les tables (`LOCK TABLES`).
`PROCESS`	Voir les threads (`SHOW PROCESSLIST`).
`PROXY`	Activer le mode utilisateur `proxy`.
`RELOAD`	Réinitialiser les journaux, les tables, les statistiques... (`FLUSH` ou `RESET`).
`REPLICATION CLIENT`	Superviser et gérer la réplication (`SHOW MASTER STATUS`, `SHOW SLAVE STATUS`).
`REPLICATION SLAVE`	Utilisé par le compte de réplication pour récupérer les événements du journal binaire du maître.
`SHOW SCHEMAS/ DATABASES`	Voir la liste des schémas (base de données).
`SHUTDOWN`	Arrêter le serveur (`mysqladmin shutdown`).
`SUPER`	Exécuter diverses commandes d'administration (`CHANGE MASTER TO`, `KILL` (un autre thread que le sien), `SET GLOBAL`...).

Donner des droits d'administration

```
mysql> GRANT ALL PRIVILEGES ON *.* TO 'administrateur'@'localhost'; /*
Donne tous les droits, sur l'ensemble du serveur*/

mysql> GRANT REPLICATION SLAVE ON *.* TO 'replicateur'@'%'; /* Donne les
droits nécessaires à la réplication */

mysql> GRANT SHUTDOWN ON *.* TO 'arret_serveur'@'dasini.net'; /* Donne le
droit d'arrêter le serveur MySQL */
```

Remarque

L'option `secure_file_priv` permet de lire (avec la requête `LOAD DATA` ou la fonction `LOAD_FILE()`) ou d'écrire (avec la requête `SELECT ... INTO OUTFILE`) seulement des fichiers contenus dans le répertoire spécifié :

```
[mysqld]
secure-file-priv=/mon/repertoire/

mysql> SELECT * FROM City INTO OUTFILE '/tmp/city.txt';
ERROR 1290 (HY000): The MySQL server is running with the --secure-
file-priv option so it cannot execute this statement

mysql> SELECT * FROM City INTO OUTFILE '/mon/repertoire/city.txt';
Query OK, 4079 rows affected (0,02 sec)
```

3.7.2 Les droits au niveau des schémas

Il est parfois nécessaire de définir des droits sur la globalité d'un schéma (ou plusieurs). Les droits portent alors sur l'ensemble des objets appartenant à ce schéma. Le tableau suivant vous donne la liste des droits pour les schémas.

Liste des droits pour les schémas

Droit	Description
ALTER	Modifier les schémas et les tables (ALTER SCHEMA/DATABASE/TABLE).
CREATE	Créer des schémas et des tables (CREATE SCHEMA/ DATABASE/TABLE).
CREATE TEMPORARY TABLE	Créer des tables temporaires (CREATE TEMPORARY TABLES).
CREATE VIEW	Créer des vues (CREATE VIEW).
DELETE	Effacer des enregistrements d'une table (DELETE).
DROP	Supprimer des schémas ou des tables (DROP SCHEMA/DATABASE/TABLE).
EVENT	Programmer les évènements de l'ordonnanceur d'évènements (*event scheduler*) (CREATE EVENT).
GRANT OPTION	Permet de transmettre ses droits à d'autres comptes.

Droit	Description
INDEX	Créer et supprimer des index (CREATE/DROP INDEX).
INSERT	Insérer des enregistrements dans une table (INSERT).
LOCK TABLES	Verrouiller les tables (LOCK TABLES).
SELECT	Afficher les enregistrements d'une table, voir la structure des tables (SELECT, DESCRIBE, SHOW CREATE TABLE...).
SHOW VIEW	Voir le code SQL d'une vue (SHOW CREATE VIEW).
UPDATE	Modifier des enregistrements (UPDATE).

Donner des droits sur les schémas

```
mysql> GRANT SELECT, INSERT, UPDATE, DELETE ON base_sms.* TO
'stat'@'10.175.201.%', 'poll'@'10.175.201.%'; /* Donne les droits
de lire et modifier toutes les tables du schéma base_sms pour les
utilisateurs stat et poll qui se connectent à partir de clients
ayant une adresse IP commençant par 10.175.201. */

mysql> GRANT SELECT ON world.* TO 'lecture_world'@'localhost'; /*
Donne seulement le droit en lecture au compte servant à lire les
tables du schéma world */

mysql> GRANT SELECT, LOCK TABLES, FILE ON *.* TO
'userdump'@'localhost'; /* Donne les droits suffisants pour
sauvegarder tous les objets, avec le client mysqldump */
```

3.7.3 Les droits au niveau des tables

Il peut arriver que votre application ne fasse qu'insérer des données dans une table, dans le cadre de la journalisation des données par exemple. Dans ce cas, il est possible de spécifier les droits pour ne permettre de manipuler que la table et ses données.

Liste des droits pour les tables

Droit	Description
ALTER	Modifier les tables (ALTER TABLE).
CREATE	Créer des tables (CREATE TABLE).
DELETE	Effacer des enregistrements d'une table (DELETE).
DROP	Supprimer des tables (DROP TABLE).
GRANT OPTION	Permet de transmettre ses droits à d'autres comptes.
INDEX	Créer et supprimer des index (CREATE/DROP INDEX).
INSERT	Insérer des enregistrements dans une table (INSERT).
SELECT	Afficher les enregistrements d'une table, voir la structure des tables (SELECT, DESCRIBE, SHOW CREATE TABLE...).
TRIGGER	Créer et supprimer des déclencheurs ou triggers (CREATE/ DROP TRIGGER).
UPDATE	Modifier des enregistrements (UPDATE).

Donner des droits sur une table

```
mysql> GRANT INSERT ON appli.journal TO 'journalisation'@'localhost'; /*
Donne le droit d'insérer des données dans la table journal du schéma appli
*/

mysql> GRANT SELECT ON world.City TO 'lecture_city1'@'localhost',
'lecture_city2'@'localhost'; /* Donne le droit de lire les données de la
table City du schéma world aux comptes lecture_city1 et lecture_city2 */
```

3.7.4 Les droits au niveau des colonnes

La granularité la plus fine donne la possibilité d'ajouter, d'afficher et de modifier les données de certaines colonnes d'une table.

Liste des droits pour les colonnes

Droit	Description
`INSERT`	Insérer des enregistrements dans une table (`INSERT`).
`SELECT`	Afficher les enregistrements d'une table, voir la structure des tables (`SELECT`, `DESCRIBE`, `SHOW CREATE TABLE`).
`UPDATE`	Modifier des enregistrements (`UPDATE`).

Remarque

Les droits sur les colonnes empêchent les requêtes d'être mises dans le cache de requêtes.

Remarque

Il n'est pas possible d'avoir le droit `DELETE` pour une colonne parce que la granularité d'un effacement est l'enregistrement.

Donner des droits sur les colonnes d'une table

```
mysql> GRANT SELECT(name, CountryCode), UPDATE(CountryCode) ON
world.City TO 'raymond'@'%'; /* Donne les droits SELECT sur les
colonnes name, CountryCode et UPDATE sur la colonne CountryCode de
la table City du schéma world */
```

3.7.5 Les droits pour les routines stockées

Liste des droits pour les procédures et les fonctions stockées

Droit	Description
`CREATE ROUTINE`	Créer des procédures et des fonctions stockées.
`ALTER ROUTINE`	Modifier ou supprimer des procédures et des fonctions stockées.
`EXECUTE`	Exécuter des procédures et des fonctions stockées.

Droit	Description
GRANT OPTION	Permet de transmettre ses droits à d'autres comptes.

Donner des droits sur une procédure stockée

```
GRANT CREATE ROUTINE, EXECUTE ON ps.* TO 'createur_ps'@'localhost'; /*
Donne le droit de créer et d'exécuter des procédures stockées dans le
schéma ps */
```

Pour donner tous les droits à un compte utilisateur, il faut utiliser la clause `ALL PRIVILEGES` (ou `ALL`). Chaque client qui utilise ce compte a alors l'ensemble des privilèges sur le serveur tout entier avec `*.*`, ou sur tous les objets d'un schéma avec *`nom_schema.*`*, à une exception près, le droit `GRANT OPTION`. Ce dernier ne peut être accordé qu'avec la clause `WITH GRANT OPTION` placée à la fin de la commande `GRANT`. Cependant bien que cela soit très commode, avoir tous les droits peut être source de problèmes en cas d'erreurs de manipulation ou de compromission.
De plus, deux utilisateurs avec chacun la moitié des droits et la clause `GRANT OPTION` peuvent, en s'échangeant leurs droits, se retrouver avec tous les droits.

```
mysql> GRANT ALL PRIVILEGES ON *.* TO 'katherine'@'localhost';
Query OK, 0 rows affected (0,00 sec)

mysql> SHOW GRANTS FOR 'katherine'@'localhost';
+-------------------------------------------------------+
| Grants for katherine@localhost                        |
+-------------------------------------------------------+
| GRANT ALL PRIVILEGES ON *.* TO 'katherine'@'localhost'|
+-------------------------------------------------------+
1 row in set (0,00 sec)

mysql> GRANT ALL PRIVILEGES ON *.* TO 'katherine'@'localhost' WITH
GRANT OPTION;
Query OK, 0 rows affected (0,01 sec)

mysql> SHOW GRANTS FOR 'katherine'@'localhost';
+-----------------------------------------------------------------
+
| Grants for katherine@localhost |
+-----------------------------------------------------------------
+
```

```
| GRANT ALL PRIVILEGES ON *.* TO 'katherine'@'localhost' WITH
GRANT OPTION |
+-------------------------------------------------------------
+
1 row in set (0,01 sec)
```

3.8 Limiter l'utilisation des ressources

En plus de la gestion des accès aux objets de la base de données, MySQL permet de gérer les ressources en vous donnant la possibilité de limiter le nombre total de requêtes (MAX_QUERIES_PER_HOUR), de requêtes d'écriture (MAX_UPDATES_PER_HOUR) et de connexions (MAX_CONNECTIONS_PER_HOUR) par heure.

L'option MAX_USER_CONNECTIONS permet de limiter le nombre de connexions simultanées avec le même compte utilisateur.

Limitation des ressources à deux requêtes par heure

```
mysql> GRANT SELECT ON world.City TO 'gen_html'@'localhost' IDENTIFIED
BY 'm0T2p4ss3' WITH GRANT OPTION MAX_QUERIES_PER_HOUR 2;

$ mysql -u gen_html -pm0T2p4ss3 -H -e"SELECT * FROM world.City" >
ville.html /* génère le fichier ville.thml */

$ mysql -u gen_html -pm0T2p4ss3 -H -e"SELECT * FROM world.City" >
ville.html /* renvoi une erreur, car le quota est atteint */
ERROR 1226 (42000) at line 1: User 't' has exceeded the 'max_questions'
resource (current value: 2)
```

À noter que la connexion au serveur consomme une requête du quota.

La réinitialisation des compteurs se fait avec la commande FLUSH USER_RESOURCES. D'autres alternatives consistent à recharger les tables des droits avec la commande FLUSH PRIVILEGES ou avec le client mysqladmin reload, en exécutant à nouveau la commande GRANT et bien sûr en redémarrant le serveur.

Enfin, la commande GRANT offre aussi la possibilité de configurer les options SSL pour vérifier les certificats. Ce sujet est traité à la section Utiliser SSL.

3.9 Visualiser les droits

La commande SHOW GRANTS permet de visualiser ses propres droits ou, si vous avez le droit SELECT sur le schéma mysql, les droits des autres comptes utilisateurs.

```
mysql> SHOW GRANTS;
+-----------------------------------------------------------------
---------------------------------------------------------------+
| Grants for daz@localhost |
+-----------------------------------------------------------------
---------------------------------------------------------------+
| GRANT ALL PRIVILEGES ON *.* TO 'daz'@'localhost' IDENTIFIED BY PASSWORD
'*35DC09EF57CBBE40E97DC3B8658F6A7CD1FB9670' WITH GRANT OPTION |
+------------------------------------------------------------------------
---------------------------------------------------------------+

mysql> SHOW GRANTS FOR 'claire'@'localhost';
+-------------------------------------------------------------+
| Grants for claire@localhost                                 |
+-------------------------------------------------------------+
| GRANT USAGE ON *.* TO 'claire'@'localhost'                  |
| GRANT ALL PRIVILEGES ON `lolcat`.* TO 'claire'@'localhost'|
+-------------------------------------------------------------+
```

3.10 Prise d'effet des droits

Les droits liés aux tables et aux colonnes prennent effet immédiatement :

```
mysql_root> GRANT SELECT ON world.City to fresh;

mysql_fresh> SHOW TABLES IN world;
+-----------------+
| Tables_in_world |
+-----------------+
| City            |
+-----------------+
1 row in set (0,00 sec)
```

Les changements de droits pour le schéma courant ne prennent effet que lors de la reconnexion à ce dernier :

```
mysql_fresh> SHOW GRANTS;
+--------------------------------------------------+
| Grants for fresh@%                               |
+--------------------------------------------------+
| GRANT USAGE ON *.* TO 'fresh'@'%'                |
| GRANT SELECT, INSERT ON `world`.* TO 'fresh'@'%' |
+--------------------------------------------------+
2 rows in set (0,00 sec)

mysql_fresh> SELECT * FROM world.City LIMIT 1;
+----+-------+-------------+----------+------------+
| ID | Name  | CountryCode | District | Population |
+----+-------+-------------+----------+------------+
| 1  | Kabul | AFG         | Kabol    | 1780000    |
+----+-------+-------------+----------+------------+
1 row in set (0,00 sec)

mysql_root> REVOKE SELECT ON world.* FROM fresh;
Query OK, 0 rows affected (0,00 sec)

mysql_fresh> SHOW GRANTS;
+------------------------------------------+
| Grants for fresh@%                       |
+------------------------------------------+
| GRANT USAGE ON *.* TO 'fresh'@'%'        |
| GRANT INSERT ON `world`.* TO 'fresh'@'%' |
+------------------------------------------+
2 rows in set (0,00 sec)

mysql_fresh> SELECT * FROM world.City LIMIT 1;
+----+-------+-------------+----------+------------+
| ID | Name  | CountryCode | District | Population |
+----+-------+-------------+----------+------------+
| 1  | Kabul | AFG         | Kabol    | 1780000    |
+----+-------+-------------+----------+------------+

mysql_fresh> USE world
Database changed

mysql_fresh> SELECT * FROM world.City LIMIT 1;
ERROR 1142 (42000): SELECT command denied to user 'fresh'@'localhost'
for table 'City'
```

Quant aux mots de passe et aux droits globaux, ils ne s'appliquent que lors de la reconnexion au serveur MySQL :

```
mysql_root> GRANT ALL ON *.* TO fresh;
Query OK, 0 rows affected (0,00 sec)

mysql_fresh> SHOW GRANTS;
+-----------------------------------------+
| Grants for fresh@%                      |
+-----------------------------------------+
| GRANT ALL PRIVILEGES ON *.* TO 'fresh'@'%' |
+-----------------------------------------+
1 row in set (0,00 sec)

mysql_fresh> > USE world
ERROR 1044 (42000): Access denied for user 'fresh'@'%' to database
'world'
```

3.11 Supprimer les droits

Les droits d'un compte peuvent être supprimés avec la commande REVOKE. Sa syntaxe est proche de celle de la commande GRANT à la subtilité linguistique près que le mot clé TO est remplacé par FROM :

REVOKE *type_de_droits* ON *portée_des_droits* FROM *compte_utilisateur* avec :

- *type_de_droits* : droit(s) donné(s) (SELECT, PROCESS, EXECUTE...).
- *portée_des_droits* : tout le serveur (*.*), tous les objets d'un schéma (world.*), une table précise (world.City)...
- *compte_utilisateur* : le ou les comptes à qui on affecte les droits ('olivier'@'localhost').

REVOKE efface les droits, mais en aucun cas ne supprime l'utilisateur, cette tâche incombe à la commande DROP USER.

Revoke n'efface que les droits du compte

```
mysql> SHOW GRANTS FOR 'administrateur'@'localhost';
+------------------------------------------------------------+
| Grants for administrateur@localhost                        |
+------------------------------------------------------------+
| GRANT ALL PRIVILEGES ON *.* TO 'administrateur'@'localhost' |
+------------------------------------------------------------+

mysql> REVOKE ALL PRIVILEGES ON *.* FROM 'administrateur'@'localhost';
Query OK, 0 rows affected (0,00 sec)

mysql> SHOW GRANTS FOR 'administrateur'@'localhost';
+---------------------------------------------------+
| Grants for administrateur@localhost               |
+---------------------------------------------------+
| GRANT USAGE ON *.* TO 'administrateur'@'localhost' |
+---------------------------------------------------+

mysql> DROP USER 'administrateur'@'localhost';
Query OK, 0 rows affected (0,00 sec)

mysql> SHOW GRANTS FOR 'administrateur'@'localhost';
error 1141 (42000): There is no such grant defined for user
'administrateur' on host 'localhost'
```

Pour effacer plusieurs droits à la fois, il faut les lister avec une syntaxe équivalente à la commande `GRANT`, alors que pour effacer tous les droits d'un compte, `REVOKE` permet une syntaxe alternative :
`REVOKE ALL PRIVILEGES, GRANT OPTION FROM compte_utilisateur`

Il sera toujours possible de se connecter au serveur avec ce compte, mais il ne permettra de manipuler que certaines données du schéma `INFORMATION_SCHEMA` et d'exécuter quelques commandes (`SHOW SCHEMAS`, `SHOW TABLES`...).

```
mysql> SHOW GRANTS FOR 'userdump'@'localhost';
+-------------------------------------------------------------------+
| Grants for userdump@localhost                                     |
+-------------------------------------------------------------------+
| GRANT SELECT, FILE, LOCK TABLES ON *.* TO 'userdump'@'localhost'|
+-------------------------------------------------------------------+

mysql> REVOKE ALL PRIVILEGES, GRANT OPTION FROM 'userdump'@'localhost';
Query OK, 0 rows affected (0,00 sec)
```

```
mysql> SHOW GRANTS FOR 'userdump'@'localhost';
+---------------------------------------------+
| Grants for userdump@localhost               |
+---------------------------------------------+
| GRANT USAGE ON *.* TO 'userdump'@'localhost' |
+---------------------------------------------+
```

4. Bonnes pratiques de la gestion des droits

Comme nous l'avons vu dans les chapitres précédents, la gestion des droits a un impact direct sur les tables du schéma système `mysql`. Ce dernier doit donc être protégé pour éviter toute manipulation malencontreuse ou malveillante. En d'autres termes, un compte utilisateur standard ne doit en aucun cas avoir de droits dessus, dans le cas contraire cela revient à lui donner le contrôle total du serveur MySQL...

De façon générale, le principe qui doit prévaloir est celui du moindre droit, un utilisateur ne doit avoir que le droit de faire ce qu'il doit faire, surtout pas plus !

Certains droits sont plus sensibles que d'autres, il faut les donner si et seulement si c'est impératif :

- `SUPER` : donne la possibilité à l'utilisateur maladroit ou malintentionné de planter le serveur (modifier la taille des buffers, changer le nombre maximal de connexions simultanées autorisées...).
- `PROCESS` : permet de voir les requêtes en cours d'exécution, notamment le mot de passe en clair des commandes `CREATE USER` et `GRANT`.
- `FILE` : peut servir à lire un fichier sensible et charger son contenu dans une table.
- `WITH GRANT OPTION` : permet de donner ses droits à un autre compte.

Enfin, préférez le client `mysqladmin password` pour changer les mots de passe au lieu du client texte `mysql`, parce que les commandes de ce dernier sont journalisées dans le fichier `~/.mysql_history`.

Supprimer la journalisation des commandes du client texte mysql

Les commandes exécutées avec le client texte (mysql) sont enregistrées dans le fichier ~/.mysql_history. Vous devez donc veiller à protéger l'accès à ce fichier. Pour désactiver cette fonctionnalité, plusieurs possibilités sont à disposition :

- Fermez le client texte mysql, supprimez le fichier ~/.mysql_history et recréez-le en tant que lien symbolique vers /dev/null :
  `ln -s /dev/null $HOME/.mysql_history`
- Autre méthode, modifiez votre fichier de démarrage de shell en donnant la valeur '/dev/null' à la variable d'environnement MYSQL_HISTFILE.
- Ou tout simplement exécutez après la fermeture du client texte :
  `cat /dev/null > ~/.mysql_history`

Une alternative consiste à lancer le client mysql avec l'option --batch (ou -B).

5. Sécuriser les vues et les routines stockées

Comme nous l'avons vu à la section Donner des droits, l'accès aux objets de la base de données est sécurisé au niveau des comptes utilisateurs, avec un système qui vous y autorise ou non. Cependant, même en ayant le droit d'accéder à l'objet (vues, procédures et fonctions stockées), il n'est pas certain que vous ayez le droit d'accéder aux données dont il réfère. Pour exécuter une vue (ou une routine), il faut que l'utilisateur ait le droit de manipuler tous les objets auquel accède la vue (ou la routine) ou alors que la vue (ou la routine) soit exécutée à travers un utilisateur qui a les bons droits (un peu comme si vous utilisiez la commande Linux su).

Pour une vue, c'est la clause SQL SECURITY qui permet de paramétrer ce comportement avec pour valeurs :

- INVOKER : la vue est exécutée avec les droits de l'utilisateur.
- DEFINER : la vue est exécutée avec les droits de son créateur.

```
mysql_root> CREATE SQL SECURITY INVOKER VIEW City_fra1 AS SELECT name
FROM world.City WHERE countrycode='FRA';
```

```
mysql_root> CREATE SQL SECURITY DEFINER VIEW City_fra2 AS SELECT name
FROM world.City WHERE countrycode='FRA';


mysql_user_test> SELECT * FROM City_fra1 LIMIT 1;
ERROR 1356 (HY000): View 'test.City_fra1' references invalid table(s)
or column(s) or function(s) or definer/invoker of view lack rights to
use them

mysql_user_test> SELECT * FROM City_fra2 LIMIT 1;
+-------+
| name  |
+-------+
| Paris |
+-------+
1 row in set (0,00 sec)
```

La clause `SQL SECURITY` existe également pour les routines, son comportement est bien entendu le même. Les procédures et les fonctions stockées sont vues au chapitre Routine stockée/déclencheur/événement.

6. Sauvegarde, restauration et intégrité des données

La sécurité c'est aussi s'assurer de la fiabilité des informations dans la base de données, mais également au cours des processus de sauvegardes et de restaurations. En utilisation un moteur transactionnel comme `InnoDB`, vous bénéficiez de mécanismes automatiques garantissant la cohérence (voir chapitre Architecture) alors que ces fonctionnalités ne sont pas incluses dans le moteur `MyISAM`. Vous devez alors utiliser les outils prévus à cet effet (chapitre Maintenance des tables).

Les sauvegardes sont votre assurance « perte de données ». Elles doivent être faites régulièrement et stockées à un endroit différent des données. Un autre point important est de tester les sauvegardes pour s'assurer de leur bon fonctionnement, mais aussi que la maîtrise des processus de sauvegarde et de restauration est effective et documentée dans l'entreprise.

Vous devez aussi penser à les protéger contre les accès non autorisés en les cryptant par exemple. Comme souvent en informatique, l'élévation du niveau d'exigence va de concert avec les coûts, à vous de trouver le bon compromis.

Plus d'informations au chapitre Sauvegarde et restauration.

Remarque

Droits minimums pour `mysqldump` : le compte utilisateur dédié aux sauvegardes effectuées avec le client `mysqldump` n'a besoin que des droits `SELECT` et `LOCK TABLES`. Il faut rajouter le droit `FILE` si vous utilisez `SELECT ... INTO OUTFILE`.

7. Utiliser SSL

Les données circulent en clair entre le client et le serveur MySQL. Depuis MySQL 4, il est possible de les crypter en utilisant le protocole SSL (*Secure Sockets Layer*) qui permet d'assurer la sécurité, l'intégrité et la confidentialité des données échangées. Cependant, les traitements supplémentaires induits ont un impact non négligeable sur les performances, en les réduisant d'environ 30 %.

7.1 Les options

SSL propose une liste d'options. Plus d'informations sont disponibles sur le site de MySQL : http://dev.mysql.com/doc/refman/5.6/en/ssl-options.html. Voici une brève description :

- `ssl` permet au serveur d'autoriser les connexions SSL et au client de se connecter en utilisant ce protocole.
- `ssl-ca` permet de spécifier le fichier qui contient le certificat d'autorité (CA).
- `ssl-capath` est le répertoire des fichiers contenant les certificats d'autorité SSL.
- `ssl-cert` est le nom du certificat SSL à utiliser pour établir une connexion sécurisée.
- `ssl-key` est le nom du fichier de la clé SSL à utiliser pour établir une connexion sécurisée.

- `ssl-cipher` est la liste de chiffrements (*cipher*) autorisés à utiliser avec SSL.

7.2 Les principales étapes

Pour faire fonctionner SSL, il est nécessaire que le serveur ait été compilé avec le support de SSL, avec l'option `--with-openssl` ou `--with-yassl`. Quelques étapes préparatoires sont nécessaires avant de pouvoir chiffrer ses communications, en voici les principales étapes. Vous trouverez des informations complémentaires dans la documentation officielle de MySQL à l'adresse : http://dev.mysql.com/doc/refman/5.6/en/ssl-connections.html

Création du certificat d'autorité et d'une clé privée, au format standard `x509` :

```
openssl req -new -x509 -keyout ca-key.pem -out ca-cert.pem -days 365
```

Création du certificat et de la clé privée serveur :

```
openssl req -new -keyout server-key.pem -out server-req.pem -days 365
openssl x509 -req -in server-req.pem -days 365 -CA ca-cert.pem -CAkey
ca-key.pem -set_serial 01 -out server-cert.pem
```

Création du certificat et de la clé privée du client :

```
openssl req -new -keyout client-key.pem -out client-req.pem -days 365
openssl x509 -req -in client-req.pem -days 365 -CA ca-cert.pem -CAkey
ca-key.pem -set_serial 01 -out client-cert.pem
```

Retrait du mot de passe des clés :

```
openssl rsa -in server-key.pem -out server-key.pem
openssl rsa -in client-key.pem -out client-key.pem
```

Configuration du serveur et des clients qui devront se connecter en SSL :

```
[mysqld]
ssl-ca=/etc/ssl/mysql/ca-cert.pem
ssl-cert=/etc/ssl/mysql/server-cert.pem
ssl-key=/etc/ssl/mysql/server-key.pem

[client]
ssl-ca=/etc/ssl/mysql/ca-cert.pem
ssl-cert=/etc/ssl/mysql/client-cert.pem
ssl-key=/etc/ssl/mysql/client-key.pem
```

Après redémarrage du serveur pour que ses options soient prises en compte, connectez-vous avec le client texte.

La commande `SHOW VARIABLES LIKE '%ssl%'` vous indique que la configuration est prise en compte :

```
mysql> SHOW VARIABLES LIKE '%ssl%';
+---------------+--------------------------------+
| Variable_name | Value                          |
+---------------+--------------------------------+
| have_openssl  | YES                            |
| have_ssl      | YES                            |
| ssl_ca        | /etc/ssl/mysql/ca-cert.pem     |
| ssl_capath    |                                |
| ssl_cert      | /etc/ssl/mysql/server-cert.pem |
| ssl_cipher    |                                |
| ssl_key       | /etc/ssl/mysql/server-key.pem  |
+---------------+--------------------------------+
```

8. Les options pour renforcer la sécurité

8.1 skip-networking

Dans le cas d'architectures où le client est sur la même machine que le serveur, il peut être intéressant d'interdire les connexions distantes. Non seulement vous vous affranchissez de la latence et d'éventuels problèmes liés au réseau, mais c'est également un moyen de limiter les risques d'attaques distantes. L'option `skip-networking` permet au serveur MySQL de ne plus écouter les connexions TCP/IP. Les connexions au serveur MySQL ne peuvent dès lors se faire uniquement en local, avec les `sockets` sous UNIX. Sous un environnement MS Windows, le principe est le même, mais avec les protocoles `named pipes` ou `shared memory`.

Dans le fichier de configuration `my.cnf` (ou `my.ini`), `skip-networking` est activé :

```
[mysqld]
skip-networking
```

Il est désormais impossible de se connecter au serveur MySQL en utilisant le protocole TCP/IP :

```
$ mysql --host=localhost -protocol=tcp
ERROR 2003 (HY000): Can't connect to MySQL server on 'localhost' (111)
```

Il ne reste plus que le protocole UNIX `socket` (`named pipe` ou `shared memory` sous Windows) :

```
$ mysql --host=localhost -protocol=socket
Welcome to the MySQL monitor. Commands end with ; or \g.
Your MySQL connection id is 4
Server version: 5.1.35-log MySQL Community Server (GPL)

Type 'help;' or '\h' for help. Type '\c' to clear the current input
statement.

Mysql>
```

8.2 bind-address

L'option `bind-address` permet d'attacher (*bind*) une adresse IP à votre serveur MySQL, plus précisément à son ou à ses interfaces réseau. En d'autres termes, les connexions clientes ne pourront se connecter que sur cette adresse IP pour atteindre le serveur MySQL.

Par exemple, pour empêcher l'accès au serveur aux clients distants, il faut avoir la configuration suivante : `bind-address = 127.0.0.1` ou `bind-address = localhost`. Par défaut, `bind-address = '0.0.0.0'`, c'est-à-dire que les connexions peuvent se faire à partir des différentes interfaces réseau du serveur.

Si vous spécifiez une adresse IP, vous ne pourrez en attacher qu'une seule et cette dernière ne peut venir que d'une interface réseau appartenant à la machine. Vous ne pouvez donc pas attacher l'adresse IP d'un autre serveur.

Par exemple une configuration avec les trois interfaces réseau suivantes :

- `Eth0` : `10.60.1.177` (le câble).
- `lo` : `127.0.0.1` (localhost).
- `wlan0` : `10.60.1.178` (le Wi-Fi).

et une configuration de `bind-address` par défaut (`0.0.0.0`, la plus permissive), si le protocole TCP/IP est activé sur le serveur MySQL, il est alors possible de s'y connecter des manières suivantes :

```
mysql -host=10.60.1.177
mysql -host=127.0.0.1
mysql --host=10.60.1.178
```

Par contre avec `bind-address = '10.60.1.177'`, des trois tentatives, seule `mysql --host = 10.60.1.177` acceptera la connexion au serveur. Les deux autres tentatives se solderont par un échec et renverront l'erreur : `ERROR 2003 (HY000): Can't connect to MySQL server on '127.0.0.1' (111)` (Traduction : Impossible de se connecter au serveur MySQL sur '127.0.0.1' (111)).

8.3 skip-name-resolve

L'option `skip-name-resolve` désactive la recherche des noms d'hôtes par DNS lors de la connexion des clients au serveur MySQL. Ça oblige les applications à n'utiliser que des comptes ayant comme nom d'hôte une adresse IP ou `localhost`.

Les gains à activer cette option sont doubles, la performance et la sécurité. Lorsque le temps d'exécution d'une requête est dramatiquement plus long avec un client distant qu'avec un client local, cela peut être le fait d'une lenteur de la résolution du nom d'hôte, notamment si vous en avez beaucoup. Dans ce cas, `skip-name-resolve` peut améliorer la durée de la requête en diminuant le temps de connexion du client au serveur.

L'autre avantage est de réduire les risques d'attaques par déni de service DNS, car le mécanisme de résolution d'hôte de MySQL est coûteux.

Le principal inconvénient est d'augmenter le risque de voir la connexion des clients au serveur bloqué, notamment si votre réseau a une fiabilité douteuse. Pour vous en prémunir, paramétrez la variable `max_connect_errors` avec une valeur assez grande (par exemple 100000000). Dans le cas où cela ne suffit pas et que votre client se retrouve blacklisté, vous devrez réinitialiser le cache des hôtes en exécutant la commande `FLUSH HOSTS` ou en utilisant le client `mysqladmin flush-hosts`.

Remarque

Pour vérifier si vous avez des comptes utilisateurs des noms d'hôte, utilisez la commande :

```
SELECT user, host FROM mysql.user WHERE host <> 'localhost' AND
host RLIKE '[a-z]';
```

8.4 skip-show-database

Par défaut, tout compte utilisateur peut exécuter la commande `SHOW SCHEMAS` (ou `SHOW DATABASES`) qui permet de voir la liste des schémas du serveur. Voir les schémas, ne signifie pas forcément pouvoir visualiser leur contenu ou manipuler les objets qu'ils contiennent, cependant c'est en général une information qu'il n'est pas nécessaire de partager avec toutes les applications.

Si l'option `skip-show-database` est activée, seuls les comptes qui possèdent le droit `SHOW SCHEMAS` (`SHOW DATABASES`) peuvent voir la liste de tous les schémas du serveur. Cependant il est toujours possible de voir la liste des schémas sur lesquels le compte utilisateur a des droits en utilisant la table `information_schema.SCHEMATA`.

```
mysql> SHOW SCHEMAS;
ERROR 1227 (42000): Access denied; you need the SHOW DATABASES
privilege for this operation

mysql> SELECT schema_name FROM information_schema.SCHEMATA;
+--------------------+
| schema_name        |
+--------------------+
| information_schema |
| world              |
+--------------------+

mysql> SHOW GRANTS;
+---------------------------------------------------+
| Grants for bi@localhost                           |
+---------------------------------------------------+
| GRANT USAGE ON *.* TO 'maria'@'localhost'         |
| GRANT SELECT ON `world`.* TO 'maria'@'localhost'  |
+---------------------------------------------------+
```

8.5 secure-file-priv

MySQL permet de dédier un répertoire pour les fichiers chargés avec la commande LOAD DATA INFILE ou la fonction LOAD_FILE() et pour les fichiers créés avec la requête SELECT ... INTO OUTFILE.

```
[mysqld]
secure-file-priv=/sql/file/

mysql> LOAD DATA INFILE '/home/daz/sql/city.txt' INTO TABLE City;
ERROR 1290 (HY000): The MySQL server is running with the --secure-
file-priv option so it cannot execute this statement
```

L'erreur 1290 affichée dans cet exemple indique que le fichier à charger n'est pas dans le répertoire défini par l'option secure_file_priv.

8.6 chroot

chroot est une commande UNIX qui est souvent utilisée chez les hébergeurs web. Elle permet par exemple de faire tourner indépendamment plusieurs instances d'un même programme, chacune ayant sa propre arborescence de fichiers, sur une machine hôte mutualisée, ou encore d'exécuter des applications 32 bits sur un système 64 bits. MySQL peut s'exécuter dans un environnement « chrooté », c'est-à-dire qu'il sera isolé dans une partie de l'arborescence et que son répertoire racine sera alors le chemin passé à l'option chroot. En cas d'attaque, le pirate ne pourra pas accéder aux fichiers qui ne découlent pas de la racine spécifiée, ni donc au répertoire racine de la machine hôte. Seule l'arborescence MySQL sera impactée. Ce qui est un moindre mal. À noter que l'utilisation de certaines requêtes comme SELECT ... INTO OUTFILE et LOAD DATA INFILE peut être limitée.

9. Chiffrement des données

Pour faire face aux besoins de chiffrement d'informations sensibles (financières, médicales...) ou pour tenter de se prémunir contre le vol de données, contre des administrateurs peu scrupuleux, il peut être nécessaire de crypter ses données. Contrairement à d'autres SGBD, MySQL ne possède pas à proprement parler de modules de chiffrement capables par exemple de crypter le contenu d'une colonne ou d'une table. Il est cependant possible de crypter/décrypter des données avec les fonctions MySQL `AES_ENCRYPT()`/ `AES_DECRYPT()`, `DES_ENCRYPT()/DES_DECRYPT()` et `ENCODE()`/ `DECODE()` :
https://dev.mysql.com/doc/refman/5.6/en/encryption-functions.html

Les données sont alors cryptées sur le disque, par contre elles sont en clair, y compris la clé de cryptage dans le code SQL ainsi que sur le réseau.

```
mysql> INSERT INTO t_crypt VALUES (1, AES_ENCRYPT('Phrase
cryptée','crypt_key'));
Query OK, 1 row affected (0,00 sec)

mysql> SELECT i, b FROM t_crypt;
+------+------------------+
| i    | data_crypt       |
+------+------------------+
| 1    | ?z#?u?b?7?G[g,<  |
+------+------------------+
1 row in set (0,00 sec)

mysql> SELECT i, AES_DECRYPT(b,'crypt_key') AS data_crypt FROM t_crypt;
+------+----------------+
| i    | data_crypt     |
+------+----------------+
| 1    | Phrase cryptée |
+------+----------------+
1 row in set (0,00 sec)
```

Une autre possibilité est de crypter les données au niveau de l'application avant de les stocker dans la base. Elles n'apparaissent alors pas en clair dans la base de données ni lors du transfert entre le client et le serveur.

Le chiffrement peut aussi se faire au niveau du montage du système de fichiers, ce qui permet à une partition entière du système de fichiers d'être cryptée et décryptée par le système d'exploitation.

Chapitre 5
Sauvegarde et restauration

1. Introduction

Combien de fois vous est-il arrivé de perdre des données et de vous rendre compte que vous n'aviez aucun moyen de les récupérer ? C'est l'aléa de tout administrateur qui n'a pas pris le temps de mettre en place une politique de sauvegarde adéquate. En effet, certains estiment qu'ayant mis en place une réplication entre deux serveurs MySQL ils se sont mis à l'abri de la perte ou de la corruption de données, mais il n'en est rien. Une mauvaise manipulation sur l'un des serveurs et ils auront tout perdu. Alors ne faites pas comme eux...

De la même façon, on ne peut pas être sûr de récupérer ses données tant que l'on n'a pas testé la procédure de restauration. Avoir sauvegardé ses données est une bonne chose, mais si la procédure de restauration n'a pas été correctement testée et validée, cela ne vous servira pas à grand-chose. Ce chapitre a pour but de vous familiariser avec les concepts inhérents à la sauvegarde et de vous enseigner les différents moyens disponibles vous permettant d'aboutir à la solution qui vous conviendra.

Pensez à sauvegarder vos fichiers de configuration. Le comportement de votre base de données risque de complètement changer (performances, génération des fichiers binaires...) si vous n'utilisez pas les mêmes paramètres après restauration que lors de la sauvegarde. Ceci peut aussi être le cas de la configuration des systèmes de fichiers. Par exemple, sous Linux vous avez la possibilité de désactiver la mise à jour des dates d'accès (paramètre `mtime` pour `ext2/`

ext3) aux fichiers de la base de données qui sont inutiles pour son bon fonctionnement. Vous l'aurez compris, dans la mesure du possible, sauvegardez les parties de votre environnement qui ont une influence sur le fonctionnement de votre base de données. Ainsi lors de la restauration, vous éviterez les mauvaises surprises.

La fréquence de vos sauvegardes, la durée de rétention des journaux binaires (*binlogs*) et la fréquence de synchronisation de vos fichiers de sauvegarde sur des serveurs distants doivent être en adéquation avec la perte de données maximale admissible (RPO, *Recovery Point Objective*). En effet, si le RPO est de deux heures, et si vous n'avez pas activé les journaux binaires et que vous faites une sauvegarde quotidienne, en cas de crash qui surviendrait quatre heures après la sauvegarde vous ne pourrez pas satisfaire le RPO. Une solution serait de suivre les recommandations suivantes :

- Activer les journaux binaires (log-bin).
- Forcer le changement de journal toutes les deux heures en ajoutant dans le gestionnaire des tâches (crontab sous UNIX) la commande suivante :

```
mysql --defaults-file=/etc/mysql/debian.cnf -e "FLUSH LOGS"
```

- Synchroniser les journaux binaires sur un serveur distant toutes les deux heures.
- Effectuer deux sauvegardes quotidiennes (à répliquer aussi sur un autre serveur en cas de perte du serveur source) ou plus selon la quantité de modifications effectuées sur la base de données. En effet, comme vous le verrez dans la section PITR (*Point In Time Recovery*), plus il y a de modifications et plus appliquer les journaux binaires prendra du temps. Mais ceci dépend de la durée maximale d'interruption admissible (RTO, *Recovery Time Objective*).

Enfin, si vous avez mis en place la réplication, vous pouvez effectuer vos sauvegardes sur un esclave afin de ne pas surcharger le maître ou ne pas interrompre le service si vous effectuez une sauvegarde physique à froid (serveur arrêté).

Attention, la réplication ne constitue pas une sauvegarde ! Avoir une copie de vos données sur un esclave ne vous dispense absolument pas d'effectuer des sauvegardes régulières. Pourquoi ? Si quelqu'un lance un DROP TABLE sur une table importante de votre application, cette commande sera aussitôt répliquée et les données seront effacées de votre serveur esclave. Confondre réplication et sauvegarde est malheureusement une erreur très commune, ne tombez pas dans ce piège ! Voyez la réplication plutôt comme une aide à la sauvegarde (parmi tout ce que peut apporter la réplication). D'ailleurs certaines mettent en place un esclave dont la réplication est volontairement en retard, soit en utilisant `pt-slave-delay`, soit à partir de MySQL 5.6 avec la commande `CHANGE MASTER TO MASTER_DELAY = N`. Cela peut permettre de récupérer simplement les données avant qu'elles ne soient effacées par la réplication, sans avoir recours aux techniques de restauration qui sont souvent fastidieuses.

Un autre paramètre important quand on parle de restauration est le RTO (*Recovery Time Objective*) : il s'agit du temps qui vous est imparti pour reconstruire vos données en cas de problème. Il est par exemple inutile de passer du temps à étudier une solution pour laquelle la restauration se fera en 12 heures si vous devez être capable de restaurer l'intégralité de vos données en moins de deux heures.

2. Sauvegarde logique

La sauvegarde logique consiste à extraire de la base de données les instructions SQL permettant de régénérer la structure, les données, les procédures, les fonctions stockées, etc.

L'export des données nécessite que le serveur MySQL soit démarré car c'est lui qui accède au contenu des fichiers de données. L'outil le plus couramment utilisé est `mysqldump` dont nous détaillerons les principales fonctionnalités à la fin de ce chapitre, mais il est aussi possible d'effectuer de simples `SELECT *` dans les tables à sauvegarder.

Les sauvegardes logiques ont les avantages suivants :

- Ce sont des fichiers texte qui sont, par conséquent, visualisables simplement et éditables par tous les outils classiques (`cat`, `sed`, `grep`, `awk` par exemple sous Linux).
- La sauvegarde est flexible, essentiellement car `mysqldump` dispose d'un très grand nombre d'options.

- La restauration est simple.
- La restauration est flexible car il est possible d'injecter la sauvegarde sur un serveur ayant une configuration différente voire même un moteur de stockage différent.

Cependant ce type de sauvegarde a aussi des inconvénients, le plus important étant le temps nécessaire à la restauration, ce qui en pratique limite les sauvegardes logiques aux bases de petite taille (jusqu'à 20 Go pour donner un ordre de grandeur).

2.1 Export/import des données

MySQL permet d'exporter le résultat d'une requête dans un fichier, qui sera stocké sur le serveur, lorsque l'utilisateur possède le privilège `FILE`. Pour cela, vous disposez de la commande `SELECT ... INTO OUTFILE` qui respecte le format suivant :

```
SELECT col1,col2,... INTO OUTFILE 'nom_de_fichier'
FIELDS TERMINATED BY chaine1 OPTIONNALY ENCLOSED BY chaine2
LINES TERMINATED BY chaine3
FROM nom_de_table;
```

avec :

- *`col1,col2...`* : le nom des colonnes à écrire en sortie.
- *`nom_de_fichier`* : le nom du fichier qui contiendra les données exportées.
- *`chaine1`* : le séparateur des données.
- *`chaine2`* : le délimitateur des données.
- *`chaine3`* : le séparateur des enregistrements dans le fichier en sortie.
- *`nom_de_table`* : le nom de la table dans laquelle sont récupérés les enregistrements. Ce nom peut être remplacé par une sous-requête.

Ainsi, la requête suivante exporte toutes les données de la table `actor` :

```
mysql> SELECT * FROM actor INTO OUTFILE '/var/tmp/actor.txt';
Query OK, 200 rows affected (0.02 sec)
```

Lorsque la commande est terminée, on retrouve le contenu de la table dans le fichier `/var/tmp/actor.txt`, les valeurs étant séparées par des tabulations et les valeurs `NULL` étant remplacées par `\N`. La taille et le format du fichier `actor.txt` permettent une manipulation plus simple que la sortie SQL que l'on aurait obtenue avec `mysqldump`.

En effet, sous UNIX/Linux, vous pouvez utiliser des commandes système basées sur des expressions régulières pour compter un nombre d'occurrences :

```
shell> awk -F"\t" '/PENELOPE/ {print $2}' /var/tmp/actor.txt |uniq
-c
    4 PENELOPE
```

Ou modifier un prénom :

```
shell> sed -i 's/PENELOPE/JENNY/' /var/tmp/actor.txt
shell> grep -c JENNY /var/tmp/actor.txt
4
```

Avec la sortie de `mysqldump`, vous auriez eu besoin d'ouvrir le fichier d'export et de le modifier manuellement, ou de désactiver l'option `extended-insert` pour n'obtenir que des insertions unitaires et faciliter la modification en utilisant des commandes `shell`.

Il ne faut cependant pas que le fichier existe déjà, auquel cas la commande échoue et le fichier est forcément créé sur l'hôte du serveur MySQL. Pour cela, vous pouvez utiliser par exemple la commande `system` ou le raccourci `\!` dans l'interpréteur `mysql` pour supprimer le fichier au préalable :

```
mysql> SYSTEM rm /var/tmp/actor.txt
```

Le contenu pourra ensuite être rechargé en utilisant la commande `LOAD DATA INFILE` qui est le pendant de la commande `SELECT ... INTO OUTFILE`. Ces deux commandes disposent d'une multitude d'options qui permettent entre autres de spécifier le format utilisé ainsi que d'ajouter un traitement SQL. Vous pouvez, par exemple, rapidement générer un fichier CSV à partir des données de votre base :

```
mysql> SELECT 'id','name','address' UNION ALL SELECT
id,name,address FROM customer_list LIMIT 10 INTO OUTFILE
'/var/tmp/customer_list.csv' FIELDS TERMINATED BY ',' OPTIONALLY
ENCLOSED BY '"';
Query OK, 10 rows affected (0,03 sec)
```

Il sera ensuite possible de charger le fichier `/var/tmp/customer_list.csv` en utilisant la première ligne comme libellé des différentes colonnes :

```
shell> cat /var/tmp/customer_list.csv
"id","name","address"
"218","VERA MCCOY","1168 Najafabad Parkway"
"441","MARIO CHEATHAM","1924 Shimonoseki Drive"
"69","JUDY GRAY","1031 Daugavpils Parkway"
"176","JUNE CARROLL","757 Rustenburg Avenue"
"320","ANTHONY SCHWAB","1892 Nabereznyje Telny Lane"
"528","CLAUDE HERZOG","486 Ondo Parkway"
"383","MARTIN BALES","368 Hunuco Boulevard"
"381","BOBBY BOUDREAU","1368 Maracabo Boulevard"
"359","WILLIE MARKHAM","1623 Kingstown Drive"
```

Bien sûr il est aussi possible d'effectuer des manipulations plus complexes en chargeant par exemple un fichier contenant des données séparées par le caractère @, tout en effectuant des opérations sur les valeurs rencontrées, afin de stocker le résultat d'un test ou d'une opération, et en ne récupérant que certaines colonnes. Imaginez donc que vous disposiez du contenu suivant dans le fichier `contenu.dat` :

```
TAILLE@POIDS@NOM
180@80@BILL
140@80@LARRY
175@90@NICOLAS
168@110@TOM
```

Vous allez tenter de charger la table `imc_test` qui vous permettra de savoir si les individus ont un indice de masse corporelle qui est dans la norme. La formule permettant de calculer cet indice est la suivante :

IMC = (Poids en kg)/(Taille en mètres)^2

Dans un premier temps, créez la table `imc_test` :

```
mysql> CREATE TABLE imc_test (nom VARCHAR(20), bon_imc BOOL);
```

Puis chargez les données du fichier `contenu.dat` en sautant la première ligne, qui correspond à la définition des colonnes, en indiquant que les valeurs sont séparées par le caractère @ et en utilisant la fonction `IF` pour déterminer si l'IMC est correct :

```
mysql> LOAD DATA INFILE '/tmp/contenu.dat' INTO TABLE imc_test
FIELDS TERMINATED BY '@' IGNORE 1 LINES
(@taille,@poids,nom)
SET bon_imc=IF(@poids/pow(@taille/100,2) BETWEEN 18.5 AND
24.9,TRUE,FALSE);
Query OK, 4 rows affected (0,06 sec)
Records: 4 Deleted: 0  Skipped: 0  Warnings: 0
```

On peut à présent vérifier le résultat :

```
mysql> SELECT * FROM imc_test;

+---------+---------+
| nom     | bon_imc |
+---------+---------+
| BILL    |       1 |
| LARRY   |       0 |
| NICOLAS |       0 |
| TOM     |       0 |
+---------+---------+
4 rows in set (0,00 sec)
```

Il ne reste plus qu'à contacter Larry, Nicolas et Thomas pour leur annoncer la mauvaise nouvelle.

Il faut savoir que cette méthode est plus rapide pour importer/exporter le contenu d'une table qu'une sauvegarde SQL, car il n'est pas nécessaire d'interpréter ou de générer les ordres SQL.

2.2 Obtenir une sauvegarde cohérente et complète

Lorsque l'on exporte les données d'une base, il faut se poser la question de la cohérence entre les données des différentes tables exportées, c'est-à-dire se soucier du fait que certaines tables peuvent être modifiées durant l'export et donc contenir des enregistrements plus récents ou d'une révision différente. Cela peut avoir un impact important si l'application qui utilise la base gère elle-même des clés étrangères et que l'export n'a pas verrouillé les tables dépendantes en utilisant la méthode en accord avec le moteur de stockage.

Par exemple, si notre base de données ne contient que des tables `MyISAM` et que vous souhaitez que toutes les tables soient cohérentes dans l'export, vous utiliserez la commande :

```
shell> mysqldump -u mon_user -p sakila > dump_myisam.sql
Enter password:
```

Il faut savoir que l'option `--opt`, qui implique l'option `--lock-tables`, est activée par défaut. Toutes les tables de la base `sakila` seront verrouillées avec l'option `READ LOCAL` pour autoriser les insertions concurrentes tout en permettant d'exporter l'ensemble des données qui font partie de la même révision, c'est-à-dire l'ensemble des données qui datent du début de l'export. Cependant, cela n'est valable que pour les tables d'une même base. Il faudra dans le cas d'un export multibases pour lequel la cohérence entre des tables de différentes bases doit être conservée utiliser l'option `--lock-all-tables` qui pose un verrou global :

```
shell> mysqldump -u mon_user -p --lock-all-tables -B sakila blog >
dump_2db_myisam.sql
Enter password:
```

Dans le cas où notre base n'utiliserait que le moteur `InnoDB`, il faudrait utiliser l'option `--single-transaction` afin de ne pas poser de verrou au niveau table puisque le moteur de stockage `InnoDB` présente par défaut une vue cohérente de l'ensemble des tables à chaque nouvelle transaction grâce à son système de multiversionnement MVCC (voir le chapitre Architecture) :

```
shell> mysqldump -u mon_user -p --lock-all-tables -B sakila blog >
dump_innodb.sql
Enter password:
```

Une dernière question que l'on peut se poser concerne le cas où différents moteurs de stockage sont utilisés. En effet, il faut savoir que les options `--lock-tables` et `--single-transaction` sont mutuellement exclusives. Dans ce cas, si vous voulez réellement que l'ensemble des données reste cohérent, vous serez obligé de poser des verrous au niveau des tables puisque `--single-transaction` n'aura aucun effet sur des tables `MyISAM` :

```
shell> mysqldump -u mon_user -p blog t1_myisam t2_innodb >
dump_mixed.sql
Enter password:
```

On retiendra que si la cohérence de la base de données est primordiale, il faudra utiliser des verrous au niveau table (`--lock-tables` ou `--lock-all-tables`) si certaines tables ne supportent pas le mode transactionnel, et exporter toutes les données dans une seule et même transaction (`--single-transaction`) si toutes les tables utilisent un moteur transactionnel comme InnoDB. Sachez que si vous utilisez `--lock-tables` ou `--lock-all-tables` avec des tables `InnoDB`, les tables seront verrouillées en lecture et ne seront donc pas modifiables, alors qu'avec `--single-transaction`, une transaction est ouverte pour effectuer l'export, ce qui permet de ne pas avoir à poser de verrou.

3. Sauvegarde physique

La sauvegarde physique consiste à sauvegarder directement les fichiers avec les outils système standard (`cp`, `tar`, `gzip` par exemple). La taille de la sauvegarde physique est souvent plus importante que celle de la sauvegarde logique car tous les segments sont copiés (tables, index, rollback). Celle-ci peut être faite base ouverte (en ligne) ou fermée. Dans le cas d'une sauvegarde base fermée, il suffit simplement d'arrêter le serveur et de sauvegarder toute l'arborescence du répertoire indiqué dans la variable `data_directory` (identifiable dans le fichier de configuration). Cependant, dans le cas d'une sauvegarde base ouverte, il faut prendre certaines précautions car il y a une interaction entre la sauvegarde et le serveur MySQL actif.

Pour faire le parallèle avec les sauvegardes logiques, voyons les avantages des sauvegardes physiques :

- La restauration est simple car il suffit de copier les fichiers sauvegardés au bon endroit, de vérifier les permissions et de redémarrer le serveur.
- Les fichiers binaires sauvegardés sont portables vers d'autres systèmes d'exploitation à partir du moment où les moteurs de stockage utilisés sont `MyISAM` et `InnoDB`.

Évidemment, les sauvegardes physiques ont également des inconvénients :

- Leur taille est bien souvent plus grande que celle d'une sauvegarde logique (qui de plus se compresse facilement).
- Un seul fichier corrompu peut rendre inutilisable l'ensemble de la sauvegarde. Il est donc particulièrement important de tester ses sauvegardes.

3.1 Précautions à prendre

3.1.1 MyISAM

Pour sauvegarder une base `MyISAM`, il est nécessaire de copier tous les fichiers de structure (`.frm`), les fichiers de données (`.MYD`) et les fichiers d'index (`.MYI`). Si la cohérence entre toutes les tables n'est pas importante, il est possible de les verrouiller explicitement tour à tour afin de perturber le moins possible les requêtes en cours :

```
mysql> LOCK TABLE t1 READ;
mysql> FLUSH TABLE t1;
```

Une fois la table `t1` sauvegardée (c'est-à-dire après avoir copié les fichiers `t1.frm`, `t1.MYD` et `t1.MYI` dans un autre répertoire), il ne reste plus qu'à la déverrouiller pour permettre à nouveau aux sessions MySQL de la modifier :

```
mysql> UNLOCK TABLES;
```

Remarque

Il est important d'exécuter toutes ces requêtes dans la même session, ou de remplacer la dernière requête par la commande `EXIT` pour se déconnecter, ce qui aura pour effet implicite de déverrouiller toutes les tables verrouillées précédemment.

Dans le cas où le contenu des tables doit être cohérent, il est nécessaire de toutes les verrouiller en même temps. Si les tables doivent être cohérentes pour chaque base, il faut utiliser la commande LOCK TABLES en spécifiant toutes les tables sur la même ligne de commande :

```
mysql> LOCK TABLES t1 READ, t2 READ, t3 READ, t4 READ;
```

En effet, il faut savoir que chaque commande LOCK TABLES relâche les verrous précédemment posés.

À l'opposé, si les tables doivent être cohérentes sur l'ensemble des bases hébergées sur le serveur, il vaut mieux utiliser la commande FLUSH TABLES WITH READ LOCK qui empêche les écritures sur l'ensemble des tables sans distinction de nom de base. Plus précisément, cette commande pose un verrou global et non un verrou au niveau table, ce qui a pour incidence de ne plus déclencher de COMMIT à la commande UNLOCK TABLES et de ne pas libérer le verrou (global) lorsqu'une transaction est démarrée avant l'exécution de la commande UNLOCK TABLES.

En résumé, plus la cohérence entre les tables sera importante, et plus l'impact sur l'activité du serveur le sera aussi du fait de l'augmentation de la durée liée à la pose des verrous durant la sauvegarde. Une autre méthode moins agressive s'appuyant sur les clichés sera détaillée dans la section InnoDB suivante et pourra être aussi appliquée aux tables MyISAM.

3.1.2 InnoDB

Pour sauvegarder une base InnoDB, il est nécessaire de sauvegarder tous les fichiers de structure (.frm), les tablespaces de données (ils contiennent aussi les index), le catalogue InnoDB et les segments d'undo contenus dans le tablespace global (fichier ibdata1). Si l'option innodb_file_per_table est ou a été activée (exécuter la commande show global variables like '%file_per_table' dans l'interpréteur mysql pour le vérifier), les tables InnoDB qui ont été créées à ce moment-là sont stockées dans leur propre tablespace nommé *nom_de_table*.ibd, c'est-à-dire que les données et les index de la table sont stockés dans ce fichier, mais le catalogue et les segments d'undo persistent dans le tablespace global par défaut (vous pouvez vous référer au chapitre Architecture pour en savoir plus). C'est la raison pour laquelle, par exemple, il n'est pas possible de déplacer une table InnoDB d'une base à une autre sur le même serveur en déplaçant le fichier comme pour une table `MyISAM`. Il faut dans ce cas utiliser la commande `RENAME TABLE`.

Pour sauvegarder physiquement une base `InnoDB`, il faut :

- Poser un verrou global en lecture sur l'ensemble des tables (`FLUSH TABLES WITH READ LOCK`).
- Sauvegarder tous les fichiers.
- Relâcher le verrou (`UNLOCK TABLES` ou se déconnecter).

Remarque

Il faut noter que malgré la commande `FLUSH TABLES WITH READ LOCK` des écritures peuvent avoir lieu sur les fichiers `InnoDB` (synchronisation des données en cache sur disque par exemple), mais ceci n'est pas grave car le moteur `InnoDB` étant ACID (voir le chapitre Architecture), au démarrage du serveur MySQL la phase de Crash Recovery s'occupera de rétablir la cohérence.

Cette procédure empêche toute modification des tables tant que la commande `UNLOCK TABLES` n'est pas exécutée. Il est donc important que la phase de copie des fichiers soit la plus rapide possible. Pour cela, il faut dans la mesure du possible utiliser des systèmes de fichiers qui supportent les clichés (*snapshots*) comme Veritas (SUN) ou LVM. Les clichés permettent de réduire le temps d'interruption des écritures sur la base de données, en créant une zone de stockage qui va stocker toutes les anciennes versions des blocs physiques du système de fichier sur lequel ils ont été pris.

Par exemple, imaginez que le système de fichiers `/dev/vg1/lv_data` contiennent les données MySQL au moment où l'on prend le cliché. Pour toutes les modifications des données MySQL ultérieures à la création du cliché, le système va recopier les blocs avant de les modifier dans la zone de stockage associée au cliché. Ce mécanisme va permettre de copier les données datant du cliché en récupérant les blocs physiques soit du système de fichiers `/dev/vg1/lv_data`, soit de la zone de stockage du cliché. Il faudra donc prévoir assez d'espace dans cette zone pour stocker l'ensemble des blocs modifiés.

Remarque

Nous donnerons un exemple de sauvegarde physique avec LVM plus loin dans ce chapitre.

4. Sauvegarde complète/incrémentale

Si à chaque fois que l'on sauvegarde notre base de données dans son ensemble on doit observer une certaine rétention, par exemple six semaines, il faut savoir que l'espace de stockage nécessaire risque d'augmenter avec le temps jusqu'à pouvoir atteindre un point de rupture. La durée des processus de sauvegarde qui dépasse la fenêtre disponible, l'espace nécessaire qui dépasse celui disponible, la durée estimée de la restauration peuvent être ces points de rupture que vous devez anticiper. C'est avec tous les éléments en votre possession que doit être prise la décision d'effectuer une sauvegarde logique ou physique, complète ou incrémentale. Nous avons déjà apporté, plus tôt dans ce chapitre, les éléments qui nous permettent de faire le choix entre une sauvegarde logique ou physique (durée, taille, impact sur le service).

Mais qu'en est-il concernant le choix d'une sauvegarde complète et/ou incrémentale ?

Il faut savoir que mélanger ces deux types de sauvegarde est largement répandu. En effet, il est par exemple possible d'effectuer chaque dimanche une sauvegarde complète, tandis que le reste des jours de la semaine sera pratiquée une sauvegarde incrémentale. Cela peut être utile quand il y a peu de modifications quotidiennes comparées à la taille d'une sauvegarde complète, et peut permettre aussi de conserver un nombre plus important de sauvegardes sur le disque du serveur concerné avant de devoir utiliser une bibliothèque de sauvegardes.

Prenons l'exemple d'un serveur sur lequel une sauvegarde complète occupe 200 Go et sur lequel 100 Mo de données sont modifiés quotidiennement. Si en plus on doit observer une rétention de six semaines, une sauvegarde complète quotidienne nécessiterait 8,2 To (6*7*200 Go). Si maintenant nous choisissons d'effectuer une sauvegarde complète chaque dimanche et une sauvegarde incrémentale le reste de la semaine, il est nécessaire de stocker 1,2 To ((6*0,1+200)*6).

En fait, quel que soit le nombre de semaines à conserver, il sera nécessaire de stocker deux fois plus de données dans le cas de sauvegardes complètes quotidiennes. Cela a donc son importance !

Pour ce qui est de la restauration, si vous perdez votre base un jeudi et que vous devez restaurer les données de la semaine précédente (dans le cas d'une corruption par exemple), vous devrez restaurer la sauvegarde complète du dimanche précédent le jeudi et restaurer les sauvegardes incrémentales des lundi, mardi, mercredi et jeudi pour les appliquer jusqu'à l'horaire exact que vous aurez décidé.

5. Restauration

Lorsque l'on a effectué la restauration des données sauvegardées, il est possible de rejouer les journaux binaires, ou en tout cas une partie d'entre eux, afin d'obtenir la base dans l'état où elle était avant le crash ou la perte de données.

Ce processus est appelé PITR (*Point-In-Time Recovery*) et doit faire partie des procédures de restauration mises en place par l'administrateur.

Il faut cependant prendre garde à :

– Ne pas appliquer les journaux binaires indépendamment les uns des autres. Une transaction MySQL peut être stockée sur deux journaux binaires, ce qui fait que si vous appliquez les journaux un par un, la transaction sera invalidée car non commitée. Il faut donc toujours appliquer l'ensemble des journaux binaires en une seule fois :

```
shell> mysqlbinlog mysql-bin.000004 mysql-bin.000005 mysql-
bin.000006 | mysql db1
```

– Appliquer les journaux binaires en ne rejouant pas les ordres défectueux. Si l'on effectue une récupération, cela peut être dû à un ordre qui a été effectué par erreur en production (eh oui, ça arrive à tout le monde !). Prenons le cas où une personne a supprimé une table très importante, mais que c'est le seul ordre à rejeter. On va d'abord rechercher cet ordre dans les journaux binaires disponibles :

```
shell>for binary_log in mysql-bin.0*
do
```

```
  mysqlbinlog $binary_log | grep -qil DROP && echo $binary_log &&
break
done
mysql-bin.000004
```

Ensuite, on recherche les positions de début et de fin de cet évènement dans le journal concerné :

```
shell> mysqlbinlog mysql-bin.000004|grep -B 3 -i DROP
# at 463303
#080923 10:49:52 server id 1 end_log_pos 463381 Query thread_id=23
exec_time=0 error_code=0
SET TIMESTAMP=1222159792/*!*/;
drop table table_mega_importante
```

Enfin, il ne reste plus qu'à appliquer tous les journaux excepté l'ordre de suppression de la table `table_mega_importante` (ici il y a moins de 10 journaux, c'est pourquoi on peut utiliser le caractère ? du shell au lieu d'énumérer tous les fichiers) :

```
mysqlbinlog -D --stop-position=463303 mysql-bin.00000?|mysql db1
mysqlbinlog -D --start-position=463381 mysql-bin.00000?|mysql db1
```

L'option `-D` ajoute `SET SQL_LOG_BIN=0` dans la sortie de `mysqlbinlog` afin de ne pas les rejouer sur les esclaves qui peuvent par exemple ne pas avoir été corrompus, ou simplement être restaurés en parallèle du maître.

6. Outils

6.1 mysqldump

`mysqldump` est l'outil de sauvegarde pour MySQL le plus connu et le plus utilisé. Son succès tient à plusieurs facteurs : il est fourni en standard avec les serveurs ; il existe depuis très longtemps et il dispose d'un nombre très important d'options qui le rendent extrêmement flexible. Ce client fonctionne quel que soit le moteur utilisé et met à disposition de l'administrateur certaines options permettant d'accélérer aussi bien l'export que le futur import. Cette méthode permet d'extraire toute la base sans avoir à sauvegarder les index, car seules les requêtes SQL permettant de les régénérer se retrouveront dans le fichier de sortie.

Ceci offre donc un gain d'espace disque, qui n'est cependant pas comparable à celui de la commande `SELECT ... INTO OUTFILE`. Il est possible de modifier avec un éditeur de texte les requêtes de création des structures, ce qui peut permettre par exemple de changer le type de moteur utilisé pour les tables, de les renommer, etc. Cette méthode nécessite que le serveur MySQL soit démarré afin que le client puisse s'y connecter et générer l'ensemble des requêtes SQL énoncées plus haut, ce qui peut donc ralentir les requêtes SQL en cours d'exécution sur le serveur.

`mysqldump` permet de faire des sauvegardes logiques, il ne faut donc pas oublier que la restauration risque d'être très longue si la base de données est volumineuse.

Voici les principales options de `mysqldump` :

- `-A`, `--all-databases` : extrait toutes les bases.
- `-B`, `--databases` : exporte toutes les bases passées en paramètre séparées par un espace.
- `--single-transaction` : effectue la sauvegarde au sein d'une transaction afin de conserver la consistence de toutes les tables `InnoDB` accédées.
- `--tables` : exporte les tables passées en paramètre séparées par un espace.
- `-u`, `--user` : spécifie le login à utiliser pour se connecter au serveur MySQL.
- `-p`, `--password` : spécifie le mot de passe à utiliser lors de la connexion au serveur MySQL.
- `-P`, `--port` : spécifie le port à utiliser pour se connecter au serveur MySQL.
- `-R`, `--routines` : extrait les fonctions et les procédures. **Cette option n'est pas activée par défaut !**
- `--skip-extended-insert` : désactive les insertions multiples, ce qui peut être utile lorsque l'on veut faire des modifications sur le fichier de sortie, comme supprimer certaines lignes.
- `--opt` : alias pour `--add-drop-table --add-locks --create-options --disable-keys --extended-insert --lock-tables --quick --set-charset`. **Cette option est activée par défaut.**

- `-d`, `--no-data` : n'exporte pas le contenu des tables. Utile si vous ne voulez récupérer que la structure de vos bases.
- `-w`, `--where` : pose un filtre sur les enregistrements exportés.
- `--skip-add-drop-database`, `--skip-add-drop-table`, `--no-create-db`, `--no-create-info` : désactive respectivement les ordres de suppression de bases, de tables et les ordres de création de bases et de tables.
- `--master-data` : ajoute la commande `CHANGE MASTER TO` dans la sortie, ce qui est utile pour créer rapidement un esclave à partir de l'export d'un maître.
- `--tab` : génère pour chaque table les fichiers *`nom_table`*`.sql` contenant la structure de la table et *`nom_table`*`.txt` qui stocke le contenu de la table formaté avec des tabulations (même format que pour la commande `SELECT ... INTO OUTFILE`).
- `--flush-logs` : force la création d'un nouveau fichier de journal binaire avant de commencer l'export de la base, ou à chaque export d'une base différente lorsque l'option `-A` est utilisée excepté si les options `--lock-all-tables` ou `--master-data sont activées`.

Voici par exemple comment sauvegarder plusieurs bases d'une même instance en incluant les procédures stockées associées :

```
shell> mysqldump -u mon_user -p -R -B sakila test > mon_dump1.sql
Enter password:
```

Une fois votre mot de passe entré et validé, les bases `sakila` et `test` sont exportées en intégrant les définitions des procédures et fonctions stockées dans le fichier `mon_dump1.sql`.

De même, vous pouvez sauvegarder une table en ne récupérant que les 10 premières insertions :

```
shell> mysqldump -u mon_user -p --no-create-info --skip-extended-
insert sakila actor| awk 'BEGIN{n=0} /SET|INSERT/ {print
$0;if($1=="INSERT"){n++;if(n>10){exit;}}}'> mon_dump2.sql
Enter password:
```

Dans cette dernière commande, utilisez la commande système `awk` afin de conserver les commandes `SET` qui précèdent les 10 insertions à récupérer.

Dernier exemple, s'il est nécessaire de récupérer seulement les données de la base `sakila` concernant les acteurs dont le prénom commence par la lettre `N`, on utilisera la commande suivante :

```
shell> mysqldump -u mon_user -p --where 'first_name like "N%"'
sakila actor | grep INSERT
Enter password:

INSERT INTO `actor` VALUES (2,'NICK','WAHLBERG','2006-02-15
03:34:33');
INSERT INTO `actor` VALUES (44,'NICK','STALLONE','2006-02-15
03:34:33');
INSERT INTO `actor` VALUES (50,'NATALIE','HOPKINS','2006-02-15
03:34:33');
INSERT INTO `actor` VALUES (166,'NICK','DEGENERES','2006-02-15
03:34:33');
```

Dans tous les exemples précédents, vous avez pu voir comment obtenir une sauvegarde SQL. Pour restaurer cette sauvegarde sur un serveur MySQL, vous pouvez procéder directement si le serveur de destination est différent du serveur source :

```
shell> mysqldump -P5143 -umsandbox -p -h 127.0.0.1 -B test2 |
mysql -umsandbox -p -P5510 -h 127.0.0.1
Enter password: Enter password:
```

Autrement, vous pouvez transférer la sauvegarde sur le second serveur (si vous restaurez la sauvegarde sur un autre serveur), et envoyer le fichier via un pipe à la commande `mysql` :

```
shell> mysqldump -P5143 -umsandbox -p -h 127.0.0.1 -B test2 >
/var/tmp/dump.sql
Enter password:

shell> cat /var/tmp/dump.sql|mysql -umsandbox -p -P5510 -h
127.0.0.1
Enter password:

# on n'oublie pas de supprimer le dump de test pour ne pas encombrer
le répertoire
shell> rm -f /var/tmp/dump.sql
```

Une dernière possibilité est de charger le fichier dump directement dans la console `mysql` :

```
mysql> source /var/tmp/dump.sql
Query OK, 0 rows affected (0.00 sec)
Query OK, 0 rows affected (0.00 sec)
Query OK, 0 rows affected (0.00 sec)
Query OK, 0 rows affected (0.00 sec)
Query OK, 0 rows affected (0.00 sec)
Query OK, 0 rows affected (0.00 sec)
Query OK, 0 rows affected (0.00 sec)
Query OK, 0 rows affected (0.00 sec)
Query OK, 0 rows affected (0.00 sec)
Query OK, 0 rows affected (0.00 sec)
Query OK, 1 row affected (0.00 sec)

Reading table information for completion of table and column names
You can turn off this feature to get a quicker startup with -A

Database changed
Query OK, 0 rows affected (0.00 sec)
Query OK, 0 rows affected (0.00 sec)
Query OK, 0 rows affected (0.00 sec)
Query OK, 0 rows affected (0.01 sec)
Query OK, 0 rows affected (0.00 sec)
Query OK, 0 rows affected (0.00 sec)
Query OK, 0 rows affected (0.00 sec)
Query OK, 128 rows affected (0.00 sec)
Records: 128  Duplicates: 0  Warnings: 0
...
```

Remarque

Si vous souhaitez utiliser des sauvegardes logiques et si vous trouvez que `mysqldump` n'est pas assez performant, vous pouvez regarder du côté de `my-dumper` (https://launchpad.net/mydumper). Il s'agit en réalité de deux outils complémentaires : `mydumper` pour des sauvegardes multithreadées et `myloader` pour des restaurations « multithreadées ».

6.2 mysqlhotcopy

mysqlhotcopy est un script Perl, ne fonctionnant que sous Linux et en local, qui permet de sauvegarder physiquement les tables MyISAM et Archive et qui utilisent les ordres SQL LOCK TABLES, FLUSH TABLES et les commandes système cp et scp. Vous l'aurez compris malgré son nom, mysqlhotcopy ne fait pas de sauvegarde hot (c'est-à-dire sans poser de verrou) mais plutôt une sauvegarde de type warm, c'est-à-dire que le serveur MySQL répond aux requêtes des utilisateurs mais la sauvegarde peut en bloquer certaines en posant des verrous.

Les options principales du script mysqlhotcopy sont les suivantes :

- --addtodest : ne renomme pas le répertoire de destination s'il existe déjà, mais y ajoute les fichiers de sauvegardes.
- --allowold : si des fichiers de sauvegarde portant le même nom existent déjà dans le répertoire de sortie, les renomme en y ajoutant le suffixe _old.
- --user : spécifie le login à utiliser pour se connecter au serveur MySQL.
- --password : spécifie le mot de passe à utiliser lors de la connexion au serveur MySQL.
- --port : spécifie le port à utiliser pour se connecter au serveur MySQL.
- -n, --dryrun : affiche les actions à réaliser sans les effectuer.
- --flushlog : force la création d'un nouveau fichier de journal binaire après avoir verrouillé toutes les tables.
- --method : indique la commande à utiliser pour copier les fichiers (cp ou scp).
- --noindices : ne sauvegarde pas les fichiers d'index, ce qui permet de réduire la taille et d'accélérer les sauvegardes. Les fichiers d'index devront être recréés par la suite en utilisant la commande myisamchk --recover --quick.
- --regexp : copie toutes les bases qui correspondent à l'expression régulière fournie en paramètre.

Imaginez que vous vouliez à présent sauvegarder la base db1 qui ne contient que des tables MyISAM dans le répertoire /backup/, vous utiliserez la commande :

```
shell> mysqlhotcopy --user mon_user db1 /backup/
```

La commande mysqlhotcopy ne permet pas que le mot de passe soit demandé lors de l'exécution de la sauvegarde. Il faut donc soit passer le mot de passe en ligne de commande, ce que l'on évitera pour des raisons de sécurité (possibilité de retrouver la commande utilisée dans l'historique par exemple), soit passer par un fichier de configuration qui aura les droits d'accès adéquats. Pour cela, on crée le fichier .my.cnf dans le répertoire d'accueil ($HOME) avec le contenu suivant :

```
[mysqlhotcopy]
password=mon_mot_de_passe
```

On prendra soin ensuite de supprimer les droits pour les autres utilisateurs :

```
shell> chmod go-rwx ~/.my.cnf
```

La commande mysqlhotcopy fonctionnera correctement en utilisant le mot de passe fourni dans le fichier de configuration non lisible pour les autres utilisateurs.

Si l'on veut à présent sauvegarder seulement les tables qui ne contiennent pas la chaîne test, en excluant les index qui occupent une part importante de la volumétrie, on utilisera la commande suivante :

```
shell> mysqlhotcopy --user mon_user --allowold --noindices
--addtodest db1./~test/ /backup/
```

Pour ce qui est de la restauration, les tables MyISAM étant stockées dans des fichiers indépendants, il est donc possible de restaurer indépendamment chacune des tables ou bien de les restaurer toutes en même temps. La restauration s'effectue simplement par recopie des fichiers en lieu et place de ceux actuellement utilisés par le serveur en prenant soin au préalable de :

- Soit poser un verrou sur les tables à restaurer et forcer leur fermeture (FLUSH TABLES t1, t2).
- Soit arrêter le serveur.

Enfin, il est important de savoir que si vous utilisez `mysqlhotcopy` pour sauvegarder des tables `InnoDB` et que l'option `innodb_file_per_table` est activée, l'outil copiera les fichiers `.ibd` qui seront inutilisables parce que le catalogue est stocké dans le tablespace principal qui n'est pas sauvegardé.

`mysqlhotcopy` est un vieil outil qui n'est plus maintenu et qui ne fonctionne que pour `MyISAM`.

6.3 Autres solutions

6.3.1 mylvmbackup

Cet outil écrit en Perl fonctionne sur un système Linux où l'option `LVM` est activée. Il permet d'automatiser les huit étapes nécessaires à la création d'une sauvegarde physique en utilisant le LVM (*Linux Volume Manager*), à savoir :

- Verrouiller en lecture toutes les tables avec la commande `FLUSH TABLES WITH READ LOCK`.
- Créer un cliché.
- Déverrouiller les tables.
- Monter le volume logique correspondant au cliché.
- Effectuer la récupération des fichiers si possible (support en `LVM2` avec les clichés accessibles en écriture).
- Sauvegarder tous les fichiers de la base.
- Démonter le volume logique.
- Supprimer le cliché.

Il est nécessaire que l'outil s'exécute sur le serveur hébergeant les données, mais il est possible d'utiliser `rsync` pour stocker les sauvegardes sur des serveurs distants. `mylvmbackup` se base sur l'utilisation des clichés pour réduire le temps de verrouillage du serveur MySQL (arrêt des lectures/écritures) à quelques secondes.

Voici un cas d'utilisation avec MySQL Sandbox (pour l'installation, se reporter au chapitre Installation du serveur) et MySQL 5.5.25 :

```
shell> echo "Création des répertoires nécessaires à mylvmbackup"
shell> mkdir -p /var/tmp/mylvmbackup/backup /var/tmp/mylvmbackup/mnt
shell> echo "On se rend dans le répertoire racine de MySQL 5.5 pour
ne pas avoir d'erreur lors de l'exécution de la sauvegarde"
shell> cd /usr/local/mysql/5.5.25
shell> echo "On lance la sauvegarde"
shell> mylvmbackup --vgname=vadmin --lvname=lv_mysql_sandbox
--lvsize=1G --backuptype=rsync --user=msandbox
--password=msandbox --socket=/tmp/mysql_sandbox5525.sock
--mycnf=/opt/sandboxes/msb_5_5_25/my.sandbox.cnf
--innodb_recover --skip_flush_tables --skip_hooks
--mysqld_safe=/usr/local/mysql/5.5.25/bin/mysqld_safe
```

Dans la sortie du script de sauvegarde, on peut récupérer les lignes `Info` pour analyser ce que fait le script :

```
Info: Connecting to database...
Info: Taking position record into /tmp/mylvmbackup-backup-
20100103_061219_mysql-EiANsL.pos...
Info: Running: lvcreate -s --size=1G
--name=lv_mysql_sandbox_snapshot
/dev/vadmin/lv_mysql_sandbox
Info: DONE: taking LVM snapshot
Info: Unlocking tables...
Info: Disconnecting from database...
Info: Mounting snapshot...
Info: Running: mount -o rw
/dev/vadmin/lv_mysql_sandbox_snapshot
/var/tmp/mylvmbackup/mnt/backup
Info: DONE: mount snapshot
Info: Copying /tmp/mylvmbackup-backup-
20100103_061219_mysql-EiANsL.pos to
/var/tmp/mylvmbackup/mnt/backup-pos/backup-
20100103_061219_mysql.pos...
Info: Recovering InnoDB...
Info: Running: echo 'select 1;' |
/usr/local/mysql/5.5.25/bin/mysqld_safe
--socket=/tmp/mylvmbackup.sock --pid-
file=/var/tmp/mylvmbackup_recoverserver.pid --log-
error=/tmp/mylvmbackup_recoverserver.err
--datadir=/var/tmp/mylvmbackup/mnt/backup --skip-networking
--skip-grant --bootstrap --skip-ndbcluster --skip-slave-
```

```
start
Info: DONE: InnoDB recovery on snapshot
Info: Copying /opt/sandboxes/msb_5_5_25/my.sandbox.cnf to
/var/tmp/mylvmbackup/mnt/backup-pos/backup-
20100103_061219_mysql_my.sandbox.cnf...
Info: Taking actual backup...
Info: Archiving with rsync to
/var/tmp/mylvmbackup/backup/backup-20100103_061219_mysql
Info: Running: rsync -avWP /var/tmp/mylvmbackup/mnt/backup/
/var/tmp/mylvmbackup/mnt/backup-pos/backup-
20100103_061219_mysql.pos /var/tmp/mylvmbackup/mnt/backup-
pos/backup-20100103_061219_mysql_my.sandbox.cnf
/var/tmp/mylvmbackup/backup/backup-
20100103_061219_mysql.INCOMPLETE-0043648/
Info: DONE: create rsync archive
Info: Cleaning up...
Info: Running: umount /var/tmp/mylvmbackup/mnt/backup
Info: DONE: Unmounting /var/tmp/mylvmbackup/mnt/backup
Info: LVM Usage stats:
Info:   LV                       VG      Attr   Lsize
Origin          Snap%  Move Log Copy%  Convert
Info:   lv_mysql_sandbox_snapshot vadmin swi-a- 1.00G
lv_mysql_sandbox   0.01
Info: Running: lvremove -f
/dev/vadmin/lv_mysql_sandbox_snapshot
Info: DONE: Removing snapshot
```

Comme on a pu le voir dans cet exemple, le script automatise toutes les opérations en contrepartie d'un grand nombre d'arguments dont voici une description rapide des plus importants :

- `--vgname` : indique le nom du groupe de volume contenant le volume logique qui stocke les données MySQL à sauvegarder (par défaut `mysql`).
- `--lvname` : indique le nom du volume logique qui stocke les données MySQL à sauvegarder (par défaut `data`).
- `--lvsize` : indique la taille du volume logique qui sera utilisé pour stocker le cliché (snapshot). Il faut savoir que seuls les blocs modifiés lors de la sauvegarde auront besoin d'être stockés. Si vous n'avez que très peu de modifications en cours, on peut spécifier une petite taille comme 100 Mo.

- --backuptype : indique le type de sauvegarde à effectuer (tar, rsync, rsnap, none). Vous allez voir un cas d'utilisation de none dans un second exemple.
- --user : spécifie le login à utiliser pour se connecter au serveur MySQL.
- --password : spécifie le mot de passe à utiliser lors de la connexion au serveur MySQL.
- --port : spécifie le port à utiliser pour se connecter au serveur MySQL en TCP.
- --socket : indique le fichier socket à utiliser pour se connecter au serveur MySQL au lieu de se connecter en TCP.
- --innodb_recover : peut être utilisé si seules des tables de type InnoDB sont hébergées sur le serveur MySQL.
- --skip_flush_tables : force la création d'un nouveau fichier de journal binaire après avoir verrouillé toutes les tables.
- --skip_hooks : désactive l'utilisation de hooks qui sont des commandes ou des scripts externes que l'on peut ajouter dans le processus de sauvegarde à différentes phases (avant la connexion à la base, après la création du snapshot, avant de monter le logical volume du snapshot, etc.).
- --mysqld_safe : indique le chemin du script mysqld_safe nécessaire si on veut forcer la récupération avec l'option innodb_recover et que l'on ne veut pas utiliser le chemin par défaut (recherché dans la variable $PATH).
- --mycnf : indique le fichier de configuration à utiliser (par défaut /etc/my.cnf).
- --keep_snapshot : demande à ce que le cliché créé ne soit pas détruit en fin de sauvegarde.

À la fin de l'exécution de la commande mylvmbackup fournie plus haut vous aurez votre sauvegarde stockée dans le répertoire /var/tmp/mylvmbackup/backup. Vous y retrouverez l'arborescence complète du volume logique lv_mysql_sandbox, le fichier de configuration my.sandbox.cnf et un fichier contenant la position des journaux binaires (qui pourra être utilisé dans le cas d'une restauration de type PITR) :

```
shell> find /var/tmp/mylvmbackup/backup -maxdepth 2
/var/tmp/mylvmbackup/backup
```

```
/var/tmp/mylvmbackup/backup/backup-20100103_064647_mysql
/var/tmp/mylvmbackup/backup/backup-
20100103_064647_mysql/backup-20100103_064647_mysql.pos
/var/tmp/mylvmbackup/backup/backup-
20100103_064647_mysql/backup-
20100103_064647_mysql_my.sandbox.cnf
/var/tmp/mylvmbackup/backup/backup-
20100103_064647_mysql/msb_5_5_25
```

Un autre exemple permettant de désactiver la sauvegarde et d'inhiber la suppression du snapshot :

```
shell> echo "On se rend dans le répertoire racine de MySQL 5.5 pour
ne pas avoir d'erreurs lors de l'exécution de la sauvegarde"
shell> echo "On lance la sauvegarde"
shell> mylvmbackup --vgname=vadmin --lvname=lv_mysql_sandbox
--lvsize=1G --backuptype=none --user=msandbox
--password=msandbox --socket=/tmp/mysql_sandbox5500.sock
--mycnf=/opt/sandboxes/msb_5_5_25/my.sandbox.cnf
--innodb_recover --skip_flush_tables --skip_hooks
--keep_snapshot
--mysqld_safe=/usr/local/mysql/5.5.25/bin/mysqld_safe
```

Conserver plusieurs clichés permet de conserver différentes versions de la base de données. Et comme les clichés ne consomment de l'espace que lorsque les blocs de données sont modifiés, il est possible, lorsqu'il y a peu de données (ou souvent les mêmes) qui sont modifiées, de conserver plusieurs sauvegardes sans pour autant avoir besoin de (nombre de sauvegardes * taille de la base) octets.

6.3.2 XtraBackup

`XtraBackup` est un outil open source disponible sur le site de Percona (http://www.percona.com/software/percona-xtrabackup) et qui permet d'effectuer des sauvegardes physiques non bloquantes, c'est-à-dire sur un serveur en fonctionnement et continuant à servir des requêtes. C'est le seul outil libre aujourd'hui disponible pour ce genre d'opérations et il entre en concurrence avec le `MySQL Entreprise Backup` d'Oracle.

`XtraBackup` est en réalité composé de deux outils : `XtraBackup` qui réalise la sauvegarde et `innobackupex` qui est une simple surcouche écrite en Perl. Pourquoi une telle surcouche ? Tout simplement car l'utilisation directe de `XtraBackup` n'est pas très simple, en particulier car la version à utiliser dépend de la version de votre serveur MySQL. `innobackupex` permet de s'affranchir de ce genre de détails et unifie la manière d'invoquer une sauvegarde.

Sachez que `XtraBackup` dispose de nombreuses fonctionnalités : utilisation de plusieurs threads en parallèle, sauvegardes incrémentales, sauvegardes compressées, et bien d'autres encore.

Une sauvegarde se déroule en deux étapes. La première consiste à copier les fichiers MySQL vers le répertoire cible en notant les changements qui ont eu lieu dans la base de données pendant le temps de la copie :

```
shell> innobackupex -user=mon_user -password=mon_mdp /data/backups
```

Quand la sauvegarde est terminée, vous devez avoir un message du type :

```
121212 11:55:07  innobackupex: completed OK!
```

Si c'est le cas, vous pouvez passer à la seconde étape, qui consiste à appliquer les changements qui ont été enregistrés pendant la première phase :

```
shell> innobackupex --apply-logs /data/backups/2012-12-12_12-00-00/
```

Là aussi, vous aurez un message vous indiquant le succès de l'opération :

```
121212 12:05:29  innobackupex: completed OK!
```

Les fichiers obtenus peuvent être directement copiés vers le répertoire de données si une restauration est requise. Après avoir vérifié les permissions des fichiers et répertoires, vous pouvez redémarrer MySQL.

Chapitre 6
Maintenance des tables

1. Introduction

Défragmenter les tables, mettre à jour les statistiques ou encore détecter la corruption des données et la réparer sont autant de défis que se doit de relever l'administrateur de base de données. Pour l'assister dans cette tâche ingrate, MySQL fournit plusieurs outils qui fonctionnent la plupart du temps avec les moteurs de stockages les plus utilisés. Cependant, dans leur ensemble, ces outils ont été développés pour faciliter la maintenance des tables de type `MyISAM`, qui contrairement à un moteur de stockage comme `InnoDB`, n'a pas la capacité de s'autovérifier et de s'autoréparer.

2. CHECK TABLE

À la suite d'événements tels qu'un arrêt inopiné du serveur, une manipulation des fichiers de données, un défaut de configuration ou encore un bogue, les tables peuvent se retrouver dans un état instable. Cela est d'autant plus dangereux que le serveur peut continuer à fonctionner en laissant croire que tout va pour le mieux, avec des effets pervers possibles comme par exemple l'accès à des données erronées. La commande `CHECK TABLE` permet de vérifier la structure et le contenu des tables. De plus, effectuée sur une table `MyISAM`, elle met aussi à jour les statistiques des index comme le fait la commande `ANALYZE` qui est abordée un peu plus loin dans ce chapitre.

CHECK TABLE renvoie un rapport contenant les informations suivantes :

- Le nom de la table vérifiée (la colonne Table).
- Le type de l'opération (la colonne Op, qui vaut donc toujours check).
- Le type de message (la colonne Msg_type : status, error, info, warnings).
- Un message (la colonne Msg_text).

```
mysql> CHECK TABLE employees;
+-----------------+-------+----------+----------+
| Table           | Op    | Msg_type | Msg_text |
+-----------------+-------+----------+----------+
| test.employees  | check | status   | OK       |
+-----------------+-------+----------+----------+
```

Seuls les moteurs de stockage MyISAM, InnoDB, Archive et CSV sont supportés. Un CHECK TABLE sur une table n'appartenant pas à cette liste n'aura aucun effet sur cette dernière, si ce n'est l'apparition du message : The storage engine for the table doesn't support check :

```
mysql> CHECK TABLE table_en_memoire\G
*************************** 1. row ***************************
   Table: test.table_en_memoire\
      Op: check
Msg_type: note
Msg_text: The storage engine for the table doesn't support check
```

La commande CHECK TABLE prend un paramètre optionnel qui détermine la profondeur d'analyse de la table. Sa valeur par défaut, MEDIUM, réalise deux actions :

- Le calcul de la somme de contrôle (checksum) pour chacune des entrées de l'index. Le résultat final est ensuite comparé à la somme de contrôle réalisé sur l'index. Ce procédé permet de détecter les erreurs et de garantir l'intégrité.
- La vérification de la validité des pointeurs vers les données supprimées.

Les autres options sont :

- EXTENDED est à utiliser avec précaution car elle est extrêmement coûteuse en temps. Elle permet de s'assurer que la table est cohérente à 100 %.
- CHANGED fait une vérification MEDIUM si et seulement si la table n'a pas été correctement fermée ou si elle a été modifiée depuis le dernier CHECK TABLE.
- FAST fait une vérification MEDIUM si et seulement si la table n'a pas été correctement fermée.
- QUICK fait une vérification MEDIUM mais sans la vérification de la validité des pointeurs vers les données supprimées.
- FOR UPGRADE est utile lors d'une mise à jour. Elle permet de vérifier si une table est compatible avec la nouvelle version installée de MySQL.

```
mysql> CHECK TABLE employees CHANGED;
+----------------+-------+----------+----------------------------+
| Table          | Op    | Msg_type | Msg_text                   |
+----------------+-------+----------+----------------------------+
| test.employees | check | status   | Table is already up to date |
+----------------+-------+----------+----------------------------+
```

Elle peut aussi être exécutée sur des vues, afin de s'assurer que les tables sous-jacentes existent bien, ainsi que sur les tables partitionnées (voir chapitre Partitionnement) :

```
mysql> CHECK TABLE ma_vue \G
*************************** 1. row ***************************
Table: test.ma_vue
Op: check
Msg_type: Error
Msg_text: Table 'world.City' doesn't exist
*************************** 2. row ***************************
Table: test.ma_vue
Op: check
Msg_type: Error
Msg_text: View 'test.ma_vue ' references invalid table(s) or column(s)
or function(s) or definer/invoker of view lack rights to use them
*************************** 3. row ***************************
Table: test. ma_vue
Op: check
Msg_type: error
Msg_text: Corrupt
```

Si vous voulez vérifier plusieurs tables en même temps, il est possible de le faire en une seule commande :

```
mysql> CHECK TABLES sakila.actor, world.Country;
+---------------+-------+----------+----------+
| Table         | Op    | Msg_type | Msg_text |
+---------------+-------+----------+----------+
| sakila.actor  | check | status   | OK       |
| world.Country | check | status   | OK       |
+---------------+-------+----------+----------+
2 rows in set (0,03 sec)
```

Pour réduire la durée d'un CHECK TABLE, préférez l'option QUICK à l'option par défaut MEDIUM.

```
mysql> CHECK TABLES employees QUICK;
+---------------------+------+---------+-----------------------
---------------------------------------------------+
| Table   | Op | Msg_type | Msg_text |
+----------------------+------+----------
------------------------------------------------------+
| maintenance.employees | check | error   | Size of indexfile is:3084422
Should be: 3086336 |
| maintenance.employees | check | error | Corrupt |
+---------------------+------+---------+--------------------
---------------------------------------------------+
```

2.1 Quand vérifier ses tables ?

La maintenance des tables a un coût en matière de temps et également un impact sur les performances de l'application. Vous devez savoir que la commande CHECK TABLE, une fois lancée, pose un verrou en lecture sur la table qui n'est relâché qu'à la fin de la vérification. Ce mécanisme qui sert à garder une cohérence des données pendant le traitement interdit toute requête d'écriture. Les lectures sont cependant possibles, mais la durée de la vérification croît avec le nombre d'enregistrements dans la table. L'application peut donc se retrouver, pendant de longues minutes, dans l'impossibilité d'écouler certaines de ses requêtes de lectures.

Alors quand vérifier les tables ? Tout va dépendre de votre contexte.

Après un crash, vous devez vérifier les tables utilisant un moteur comme celui de `MyISAM` qui ne journalisent pas les transactions, car le risque d'avoir des corruptions d'index ou des enregistrements partiels est grand. D'autres moteurs, comme `InnoDB`, embarquent un mécanisme qui permet d'assurer l'intégrité des données. Ce cas est abordé un peu plus loin dans ce chapitre.

Hors incidents, si vous avez des plages de temps réservées pour des opérations de sauvegardes, de maintenances applicatives, ou alors des périodes où la base de données est peu ou pas sollicitée, ou si votre système d'alerte vous remonte des messages d'accès à des tables corrompues, profitez-en pour (essayer d')exécuter vos scripts de vérification.

De même, si vous n'avez que des tables avec peu d'enregistrements, le verrouillage de ces dernières ne sera pas très long, les vérifications pourront être faites alors plus régulièrement.

Par contre, si vous faites du 24/7 ou alors que vous travaillez avec de grosses volumétries de données, les stratégies précédentes ne sont guère envisageables. Parmi les options habituelles, vous retrouverez celles-ci :

- Utiliser la vérification par lots. Définissez des groupes de N tables et étaler les vérifications dans le temps. Inconvénient, une période importante peut s'écouler entre deux vérifications d'une même table.
- Profiter des arrêts du serveur MySQL, pour vérifier les tables avant le redémarrage de `mysqld` (avec `myisamchk`), ou avant la connexion de l'application. Inconvénient la durée du démarrage (donc de l'indisponibilité) est allongée.
- Mettre en place une architecture hautement disponible et jongler avec les différents serveurs pour que l'application ne subisse aucun impact. Inconvénient, cela nécessite d'avoir au moins une machine supplémentaire (voir le chapitre Réplication).

3. REPAIR TABLE

En cas de détection d'une table corrompue, l'étape suivante consiste à tenter de la réparer avec la commande `REPAIR TABLE`. Cette commande nécessite d'avoir les droits `SELECT` et `INSERT` pour les tables concernées et elle fonctionne avec les moteurs de stockage `MyISAM`, `Archive` et `CSV` (mais pas avec `InnoDB`, qui est abordé un peu plus loin dans ce chapitre).

La toute première chose à faire, avant même de lancer la commande `REPAIR TABLE`, est d'effectuer une sauvegarde de la table à réparer, car cela peut ne pas fonctionner ou certaines données (voir toutes les données) peuvent être perdues. De plus, une fois lancée, il n'est pas conseillé d'arrêter la commande car vous risquez là encore une perte de données. En cas d'arrêt involontaire, relancer la commande.

`REPAIR TABLE` peut prendre plusieurs options :

- `NO_WRITE_TO_BINLOG` : permet de ne pas écrire la commande dans le journal binaire, ce qui évite en cas d'architecture de réplication que la commande s'exécute aussi sur le serveur esclave (voir chapitre Réplication) ou que cette commande ne soit pas rejouée en cas de restauration avec les journaux binaires (voir chapitre Sauvegarde et restauration). Vous pouvez également utiliser l'option `LOCAL`.
- `QUICK` : essaie seulement de réparer l'index.
- `EXTENDED` : c'est la méthode la plus coûteuse. À utiliser seulement si l'option `QUICK` ne réussit pas. Attention, exécutée sur une table avec beaucoup d'enregistrements, la commande peut ne jamais aboutir ! Préférez alors une restauration.
- `USE_FRM` : à n'utiliser qu'en dernier recours. Cette option permet de recréer un fichier contenant les index de la table (`.MYI`) en utilisant le fichier qui contient sa structure (`.frm`). Elle a cependant quelques inconvénients, comme supprimer la valeur courante de l'auto-incrément ou encore détruire les tables `MyISAM` compressées. Elle ne doit donc jamais être utilisée sur ces dernières.

Corruption du fichier de données

```
mysql> CHECK TABLES employees;
+----------------------+-------+---------+------------------------
-----------------------------------------------------+
| Table | Op | Msg_type | Msg_text |
+----------------------+-------+---------+------------------------
-----------------------------------------------------+
| maintenance.employees | check | warning | Size of datafile is: 9561273
Should be: 9561268 |
| maintenance.employees | check | error | Wrong bytesec: 66-10-67 at
linkstart: 0 |
| maintenance.employees | check | error | Corrupt |
+----------------------+-------+---------+------------------------
-----------------------------------------------------+

mysql> REPAIR TABLE employees;
+----------------------+-------+---------
+-----------------------------------------+
| Table | Op | Msg_type | Msg_text |
+----------------------+-------+---------
+-----------------------------------------+
| maintenance.employees | repair | info | Wrong bytesec: 66- 10- 67 at 0;
Skipped |
| maintenance.employees | repair | status | OK |
+----------------------+-------+---------
+-----------------------------------------+

mysql> CHECK TABLES employees;
+----------------------+------+---------+---------+
| Table | Op | Msg_type | Msg_text |
+----------------------+------+---------+---------+
| maintenance.employees | check | status | OK |
+----------------------+------+---------+---------+
```

3.1 Réparer le fichier d'index (.MYI)

Si votre fichier d'index est corrompu ou absent, les options `QUICK` ou `EXTENDED` ne vous seront d'aucun secours. Vous devez forcer la commande à utiliser le fichier de structure (`.frm`) pour le reconstruire avec l'option `USE_FRM`. Attention tout de même, comme nous l'avons dit précédemment, la valeur courante de l'auto incrément sera perdue et l'espace consommé par les enregistrements effacés ne sera pas récupéré par les nouvelles données. De plus, vous ne devez pas l'utiliser sur une table `MyISAM` compressée.

Corruption du fichier d'index

```
mysql> REPAIR TABLE employees;
+-----------------------+--------+----------
+--------------------------------------------------------------
-+
| Table | Op | Msg_type | Msg_text |
+-----------------------+--------+----------
+--------------------------------------------------------------
-+
| maintenance.employees | repair | Error | Incorrect key file for
table './maintenance/employees'; try to repair it |
| maintenance.employees | repair | Error | Incorrect key file for
table 'employees'; try to repair it |
| maintenance.employees | repair | error | Corrupt |
+-----------------------+--------+----------
+--------------------------------------------------------------
-+

mysql> REPAIR TABLE employees USE_FRM;
+-----------------------+--------+----------
+-----------------------------------------+
| Table | Op | Msg_type | Msg_text |
+-----------------------+--------+----------
+-----------------------------------------+
| maintenance.employees | repair | warning | Number of rows changed
from 0 to 300024 |
| maintenance.employees | repair | status | OK |
+-----------------------+--------+----------
+-----------------------------------------+

mysql> CHECK TABLES employees;
+-----------------------+-------+----------+----------+
| Table | Op | Msg_type | Msg_text |
+-----------------------+-------+----------+----------+
| maintenance.employees | check | status | OK |
+-----------------------+-------+----------+----------+
```

3.2 Réparer le fichier de structure de la table (.frm)

Si la commande REPAIR TABLE échoue et que c'est le fichier qui contient la description de la structure de la table est endommagé, récupérez-le de votre sauvegarde pour remplacer le fichier endommagé.

Une autre alternative est d'exécuter la procédure suivante :

1. Faites une copie physique du fichier de données (.MYD) et du fichier d'index (.MYI).

2. Assurez-vous d'avoir le code sql de création de la table corrompue et supprimez le fichier .frm.

3. Exécutez l'ordre SQL de création de la table pour la recréer. Attention, cela a pour effet d'écraser les fichiers .MYD et .MYI de la table corrompue.

4. Remplacez les nouveaux fichiers de données (.MYD) et d'index (.MYI) par ceux sauvegardés au point 1 (la commande FLUSH TABLES peut être nécessaire ensuite pour forcer la prochaine requête à lire les données sur le disque).

Corruption du fichier .frm

```
mysql> CHECK TABLES employees;
+-----------------------+-------+----------
+-------------------------------------------------------------+
| Table | Op | Msg_type | Msg_text |
+-----------------------+-------+----------
+-------------------------------------------------------------+
| maintenance.employees | check | Error | Incorrect information
in file: './maintenance/employees.frm' |
| maintenance.employees | check | error | Corrupt |
+-----------------------+-------+----------
+-------------------------------------------------------------+

mysql> REPAIR TABLE employees;
+-----------------------+--------+----------
+-------------------------------------------------------------+
| Table | Op | Msg_type | Msg_text |
+-----------------------+--------+----------
+-------------------------------------------------------------+
| maintenance.employees | repair | Error | Incorrect information
in file: './maintenance/employees.frm' |
```

```
| maintenance.employees | repair | error | Corrupt |
+-----------------------+--------+----------
+-----------------------------------------------------------------+

mysql> REPAIR TABLE employees EXTENDED;
+-----------------------+--------+----------
+-----------------------------------------------------------------+
| Table | Op | Msg_type | Msg_text |
+-----------------------+--------+----------
+-----------------------------------------------------------------+
| maintenance.employees | repair | Error | Incorrect information
in file: './maintenance/employees.frm' |
| maintenance.employees | repair | error | Corrupt |
+-----------------------+--------+----------
+-----------------------------------------------------------------+


$ cp employees.MYD bck/employees.MYD
$ cp employees.MYI bck/employees.MYI


mysql> CREATE TABLE `employees` (
`emp_no` int(11) NOT NULL,
`birth_date` date NOT NULL,
`first_name` varchar(14) NOT NULL,
`last_name` varchar(16) NOT NULL,
`gender` enum('M','F') NOT NULL,
`hire_date` date NOT NULL,
PRIMARY KEY (`emp_no`)
) ENGINE=MyISAM DEFAULT CHARSET=latin1 ;
Query OK, 0 rows affected (0,10 sec)


$ mv bck/employees.MYD employees.MYD
$ mv bck/employees.MYI employees.MYI


mysql> CHECK TABLES employees;
+-----------------------+-------+----------+----------+
| Table                 | Op    | Msg_type | Msg_text |
+-----------------------+-------+----------+----------+
| maintenance.employees | check | status   | OK       |
+-----------------------+-------+----------+----------+
```

Vous pouvez combiner les méthodes de restauration des fichiers de structure et d'index au cas où les deux fichiers seraient endommagés ou manquants :

- Réparer le fichier de structure de la table (`.frm`).
- Réparer le fichier d'index (`.MYI`).

Dans le cas où c'est votre fichier de données (`.MYD`) qui est endommagé, il y a des risques qu'il se retrouve vide à la fin de la réparation. N'oubliez surtout pas de faire une sauvegarde avant toute manipulation. Les risques sont encore plus grands pour les tables qui ont comme moteur de stockage `CSV`.

4. myisam-recover

La réparation des tables `MyISAM` peut être automatisée grâce à la variable `myisam-recover`. Une fois activée, elle forcera le serveur à vérifier chaque table `MyISAM` ouverte mais seulement si elle est marquée `crashed` ou si elle a été mal fermée. La vérification est un `CHECK TABLE` et si ce dernier remonte des problèmes, le serveur tente alors de la réparer avec un `REPAIR TABLE`. Toutes ces informations sont notées dans le journal des erreurs.

`myisam-recover` prend plusieurs options :

- `BACKUP` : génère une sauvegarde du fichier de données (sous le format *`nom_table-dateheure`*`.BAK`) si la réparation nécessite de modifier des enregistrements.
- `FORCE` : force la restauration même si cela oblige à supprimer des enregistrements.
- `QUICK` : les tables qui n'ont pas de trous résultant de commandes `DELETE` ou `UPDATE` sont ignorées.
- `DEFAULT` : tente simplement de restaurer la table.

Les conseils de prudence émis dans les paragraphes précédents sont toujours d'actualités, en effet, en cas de corruption du fichier de données, il peut résulter de la restauration un fichier de données vide. Utilisez donc cette variable avec l'option `BACKUP`.

Réparation automatique d'une table MyISAM

```
[mysqld]
myisam_recover = BACKUP,FORCE

$ tail log-error.err
121104 12:05:55 [ERROR] /usr/local/mysql/5.6,7/bin/mysqld: Table
'./maintenance/employees' is marked as crashed and should be repaired
121104 12:05:55 [Warning] Checking table: './maintenance/employees'
121104 12:05:55 [Warning] Recovering table: './maintenance/employees'
121104 12:05:56 [Note] Found 0 of 300024 rows when repairing
'./maintenance/employees'

$ ls -l employees*
-rw-rw---- 1 daz daz 9561278 2012-11-04 11:59 employees-121104110556.BAK
-rw-rw---- 1 daz daz 8768 2012-11-03 21:14 employees.frm
-rw-rw---- 1 daz daz 0 2012-11-04 12:05 employees.MYD
-rw-rw---- 1 daz daz 1024 2012-11-04 12:06 employees.MYI
```

5. Réparer une table avec un moteur de stockage InnoDB

Comme nous l'avons dit précédemment, la commande `REPAIR TABLE` ne s'applique pas au moteur de stockage `InnoDB`. En fait, pas besoin de procédures manuelles de restauration, `InnoDB` se sert des informations stockées dans ses propres journaux `undo log` et `redo log` pour reconstruire ses données, notamment les transactions validées. Les vérifications et éventuelles réparations se déroulent au démarrage du serveur :

Extrait du journal des erreurs après un crash du serveur

```
$ tail log-error.err
121104 13:31:01 InnoDB: Database was not shut down normally!
InnoDB: Starting crash recovery.
InnoDB: Reading tablespace information from the .ibd files...
InnoDB: Restoring possible half-written data pages from the doublewrite
InnoDB: buffer...
121104 13:31:01 InnoDB: Starting an apply batch of log records to
the database...
InnoDB: Progress in percents: 6 7 8 9 10 11 12 13 14 15 16 17 18 19 20 21
22 23 24 25 26 27 28 29 30 31 32 33 34 35 36 37 38 39 40 41 42 43 44 45 46
47 48 49 50 51 52 53 54 55 56 57 58 59 60 61 62 63 64 65 66 67 68 69 70 71
72 73 74 75 76 77 78 79 80 81 82 83 84 85 86 87 88 89 90 91 92 93 94 95 96
97 98 99
InnoDB: Apply batch completed
...
```

```
InnoDB: Doing recovery: scanned up to log sequence number 0 27996688
InnoDB: 1 transaction(s) which must be rolled back or cleaned up
InnoDB: in total 3590 row operations to undo
...
121104 13:31:04 [Note] Starting crash recovery...
121104 13:31:04 [Note] Crash recovery finished.

InnoDB: Rolling back of trx id 0 26122 completed
121104 13:31:04 InnoDB: Rollback of non-prepared transactions completed
121104 13:31:04 [Note] /usr/local/mysql/5.6.7/bin/mysqld: ready for
connections.
```

Dans le cas où `InnoDB` ne réussit pas à s'autoréparer, le serveur risque de ne pas démarrer ou alors il démarrera sans la prise en charge du moteur `InnoDB`. Dans ces conditions vous pouvez essayer de générer une sauvegarde qui contient les ultimes transactions enregistrées avant la corruption, grâce à la procédure suivante :

- Démarrez le serveur avec l'option `innodb_force_recovery` pour essayer de forcer la prise en charge d'`InnoDB`. Cette option prend comme valeurs les nombres entiers de `1` à `6`. Le principe étant de démarrer avec la valeur `1` et si cela ne fonctionne pas, réessayer avec `2` et ainsi de suite.
- Si cela fonctionne, faites une sauvegarde logique de vos tables `InnoDB` avec le client `mysqldump`, `SELECT INTO OUTFILE`...
- Arrêtez le serveur et supprimez les fichiers d'`InnoDB` (le tablespace, les journaux, les fichiers des tables).
- Redémarrez le serveur sans l'option `innodb_force_recovery` et rejouez votre sauvegarde.

Remarque

Lorsque l'option `innodb_force_recovery` est activée (avec une valeur comprise entre 1 et 6), seules les requêtes `SELECT`, `DROP TABLE` ou `CREATE TABLE` peuvent être effectuées sur les tables ayant pour moteur de stockage `InnoDB`.

Si en cours d'exécution vous vous rendez compte qu'une table `InnoDB` a un souci, vous pouvez essayer de la reconstruire en lançant la commande `ALTER TABLE ma_table_innodb ENGINE = InnoDB;`.

Remarque

Une autre possibilité est de faire une sauvegarde logique de la table, de vider ou de supprimer cette dernière et de réinjecter la sauvegarde.

Si malgré tous vos efforts, rien n'y fait, il ne vous reste plus qu'à utiliser votre dernière sauvegarde afin de restaurer les tables `InnoDB`.

6. CHECKSUM TABLE

La commande `CHECKSUM TABLE` permet de calculer la somme de contrôle (checksum) d'une table sur laquelle vous avez le droit `SELECT`.

Elle prend deux options :

- `QUICK` qui permet de récupérer la somme de contrôle calculée automatiquement sur les tables de type `MyISAM`, si l'option checksum est activée (`ALTER TABLE ... CHECKSUM=1`). Si le moteur de stockage de la table n'est pas `MyISAM`, le résultat aura systématiquement la valeur `NULL`.
- `EXTENDED` qui calcule la somme de contrôle pour chacune des lignes, ce qui peut prendre du temps si la table contient beaucoup d'enregistrements.

Remarque

Deux valeurs de checksum différentes indiquent bien que les deux tables sont différentes, par contre, deux tables qui génèrent la même valeur de checksum n'ont pas forcément les mêmes données.

Calcul de la somme de contrôle d'une table :

```
mysql> CHECKSUM TABLE employees;
+-----------------------+-----------+
| Table                 | Checksum  |
+-----------------------+-----------+
| maintenance.employees | 610052939 |
+-----------------------+-----------+
1 row in set (0,73 sec)

mysql> CHECKSUM TABLE employees2;
+------------------------+------------+
| Table                  | Checksum   |
+------------------------+------------+
```

```
| maintenance.employees2 | 3540637844 |
+------------------------+------------+
```

7. ANALYZE TABLE

La maintenance du serveur ne se limite pas à s'assurer de l'intégrité des données. Cela consiste également à tenir à jour les statistiques nécessaires à l'optimiseur pour trouver les plans d'exécution optimaux. C'est le rôle de la commande `ANALYZE TABLE`. Non verrouillant pour `InnoDB`, cette commande pose un verrou en lecture pour les tables `MyISAM`. Il est possible d'empêcher l'écriture de cette commande dans le journal binaire avec l'option `NO_WRITE_TO_BINLOG` (ou `LOCAL`).

En pratique, il n'est guère utile d'exécuter cette commande régulièrement, sauf si vous avez fréquemment d'importants changements dans votre table, car pour `MyISAM`, les statistiques sont tenues à jour à chaque `INSERT` ou `DELETE` et `InnoDB`, quant à lui, se base sur des estimations.

```
mysql> ANALYZE TABLE employees;
+-----------------------+---------+----------+----------+
| Table                 | Op      | Msg_type | Msg_text |
+-----------------------+---------+----------+----------+
| maintenance.employees | analyze | status   | OK       |
+-----------------------+---------+----------+----------+
```

8. OPTIMIZE TABLE

Optimiser une table `MyISAM` consiste à la défragmenter (c'est le cas pour celles de type dynamique), à boucher les trous c'est-à-dire à récupérer l'espace disque inutilisé laissé par les enregistrements supprimés ou mis à jour, trier les pages d'index et mettre à jour les statistiques sur les index (`ANALYZE TABLE`).

En ce qui concerne le moteur de stockage `InnoDB`, `OPTIMIZE TABLE` est un alias de la commande `ALTER TABLE` *`nom_table`* `ENGINE=InnoDB`. Il réorganise les données de l'index en grappe (clustered index) de la table. Depuis MySQL 5.6, si l'option `innodb_optimize_fulltext_only` est activée (`innodb_optimize_fulltext_only=1`), la commande `OPTIMIZE`

TABLE ne réorganisera pas la table. À la place, l'index plain text (fulltext) sera mis à jour.

Exécuter la commande OPTIMIZE TABLE nécessite d'avoir les droits SELECT et INSERT sur la table et un verrou en lecture y est posé pendant la durée de l'opération. Il est possible d'empêcher l'écriture de cette commande dans le journal binaire avec l'option NO_WRITE_TO_BINLOG (ou LOCAL).

OPTIMIZE TABLE est plus utile, pour des tables qui reçoivent beaucoup de requêtes d'écriture, les UPDATE, mais surtout les DELETE. Cependant, il est rarement nécessaire de l'exécuter plus d'une fois par semaine.

```
mysql> OPTIMIZE NO_WRITE_TO_BINLOG TABLE sakila.film;
+-------------+----------+---------
+-----------------------------------------------------------------
+
| Table | Op | Msg_type | Msg_text |
+-------------+----------+---------
+-----------------------------------------------------------------
+
| sakila.film | optimize | note | Table does not support optimize,
doing recreate + analyze instead |
| sakila.film | optimize | status | OK |
+-------------+----------+---------
+-----------------------------------------------------------------
+
```

Remarque

La commande OPTIMIZE TABLE fonctionne également avec le moteur de stockage ARCHIVE.

9. myisamchk

myisamchk est fonctionnellement équivalent aux commandes [CHECK | REPAIR | ANALYZE] TABLE. Sa principale différence est que ce n'est pas un client, mais un utilitaire qui attaque directement les fichiers des tables MyISAM. Vous devez donc avoir des droits systèmes en lecture pour les vérifications et en écriture pour les réparations. myisamchk doit être utilisé en local sur le serveur et seulement sur les fichiers de tables qui ne sont pas accédées par le serveur.

Il est donc préférable d'éteindre le serveur MySQL pour l'utiliser, même si un verrou en lecture (`LOCK TABLE ... READ`) suivi d'un flush des tables (`FLUSH TABLES`) peut suffire.

Le comportement par défaut de `myisamchk` est de vérifier la ou les tables `MyISAM` sélectionnées. Vous pouvez lui passer le nom de la table (*`ma_table`*) ou le fichier d'index (*`ma_table`*`.MYI`). La liste exhaustive des options de `myisamchk` est disponible dans la documentation officielle de MySQL (http://dev.mysql.com/doc/refman/5.6/en/myisamchk.html).

Parmi les plus utiles, on peut relever `silent` (n'affiche que les erreurs) et `fast` (vérifie seulement les tables qui n'ont pas été correctement fermées) qui permettent de faire une vérification rapide et silencieuse. L'option `medium-check` est une alternative plus longue mais qui permet de vérifier toutes les tables (pas seulement celles qui n'ont pas été correctement fermées).

Vérification de toutes les tables MyISAM du serveur

```
$ cd /usr/local/data
$ myisamchk --silent --fast ./*/*.MYI
myisamchk: MyISAM file ./pays/martinique.MYI
myisamchk: warning: Table is marked as crashed
myisamchk: warning: Size of indexfile is: 5121 Should be: 5120
myisamchk: warning: Size of datafile is: 62382 Should be: 62379
MyISAM-table './pays/martinique.MYI' is usable but should be fixed
```

Pour réparer une table `MyISAM`, utilisez l'option `recover` qui est l'équivalente de la commande `REPAIR TABLE ... QUICK`. Si cela ne fonctionne pas, réessayez avec l'option `safe-recover` équivalente de `REPAIR TABLE ... EXTENDED`. Mais elle est nettement plus coûteuse en temps et en espace disque. Comme pour les autres commandes, une sauvegarde avant de tenter de réparer est conseillée. L'option `backup` génère un fichier de sauvegarde (`.BAK`), une copie du fichier de données (`.MYD`).

Réparation d'une table

```
$ myisamchk --backup --recover pays/martinique.MYI
- recovering (with sort) MyISAM-table 'pays/martinique.MYI'
Data records: 239
- Fixing index 1
myisamchk: warning: Duplicate key for record at 58725 against record
at 43848
```

```
myisamchk: warning: Duplicate key for record at 38628 against record
at 261
myisamchk: warning: Duplicate key for record at 8613 against record
at 8091
myisamchk: warning: Duplicate key for record at 48807 against record
at 11484
myisamchk: warning: Duplicate key for record at 33408 against record
at 30798
myisamchk: warning: Duplicate key for record at 53244 against record
at 52461
myisamchk: warning: Duplicate key for record at 25578 against record
at 22968
myisamchk: warning: Duplicate key for record at 45936 against record
at 10701
myisamchk: warning: Duplicate key for record at 41238 against record
at 35757
myisamchk: warning: Duplicate key for record at 38889 against record
at 25317
myisamchk: warning: Duplicate key for record at 26883 against record
at 7569
myisamchk: warning: Duplicate key for record at 34452 against record
at 32886
myisamchk: warning: Duplicate key for record at 27666 against record
at 22446
myisamchk: warning: Duplicate key for record at 29754 against record
at 28188
myisamchk: warning: Duplicate key for record at 5742 against record
at 4176
Data records: 224
myisamchk: warning: 15 records have been removed


$ ls -l pays/
total 148
-rw-rw---- 1 daz daz 65 2012-10-26 19:41 db.opt
-rw-rw---- 1 daz daz 62382 2012-10-26 19:48 martinique-
121026184925.BAK
-rw-rw---- 1 daz daz 9172 2012-10-26 19:42 martinique.frm
-rw-rw---- 1 daz daz 62379 2012-10-26 19:49 martinique.MYD
-rw-r----- 1 daz daz 4096 2012-10-26 19:49 martinique.MYI
```

Les statistiques des index qui permettent à l'optimiseur d'être plus efficace peuvent également être mises à jour avec `myisamchk --analyze` (équivalent de la commande `ANALYZE TABLE`). La dernière fonctionnalité de cette commande permet de récupérer des informations sur les tables `MyISAM`.

C'est en quelque sorte l'équivalent outil non client des commandes SHOW TABLE STATUS, SHOW INDEX, SHOW CREATE TABLE...

Informations d'une table MyISAM

```
$ myisamchk -d salaries

MyISAM file: salaries
Record format: Fixed length
Character set: latin1_swedish_ci (8)
Data records: 2844048 Deleted blocks: 0
Recordlength: 15

table description:
Key Start Len Index Type
1 2 4 unique long
10 3 uint24
2 2 4 multip. long
```

10. mysqlcheck

Contrairement à ce que son nom semble indiquer, le client texte mysqlcheck ne se limite pas qu'aux seules vérifications des tables. Bien que cela soit son comportement par défaut, il permet aussi d'effectuer des réparations, des analyses et des optimisations de tables. En fait, il exécute les commandes [CHECK | REPAIR | ANALYZE | OPTIMIZE] TABLE. Son principal intérêt est de faciliter l'utilisation de ces commandes. Par exemple pour vérifier les tables de toutes les bases, nul besoin de les lui lister, il faut juste lui passer le paramètre all-databases. Ce qui le rend donc particulièrement indiqué pour les scripts.

Les conseils et les précautions vues dans les paragraphes précédents s'appliquent également ici. Faites une sauvegarde avant toutes tentatives, essayez la méthode rapide de réparation (quick) et en cas d'échec, la méthode la plus complète (force), mais plus lente.

Vérification et réparation d'une table

```
$ mysqlcheck --user root -p --databases pays
Enter password:
pays.guadeloupe
warning : Size of indexfile is: 4105 Should be: 4096
error : Can't read indexpage from filepos: 3072
Error : Incorrect key file for table './pays/guadeloupe.MYI'; try
to repair it
error : Corrupt


$ mysqlcheck --user root -p --databases pays --tables guadeloupe
--repair -quick
Enter password:
pays.guadeloupe OK
```

Une caractéristique insolite de `mysqlcheck` est la possibilité offerte de changer son comportement par défaut en renommant le binaire. Si vous voulez que l'analyse de vos tables soit le comportement par défaut, alors renommez `mysqlcheck` en `mysqlanalyze`, ce qui correspondra à `mysqlcheck --analyze`. Le principe est le même avec `mysqlrepair` et `mysqloptimize`.

```
$ cp mysqlcheck mysqlanalyze

$ mysqlanalyze --user root -p --databases sakila
Enter password:
sakila.actor OK
sakila.address OK
sakila.category OK
```

Chapitre 7
Optimisation

1. Matériel et système d'exploitation

1.1 Processeur

Les architectures avec plusieurs processeurs ou avec plusieurs cœurs étant devenues courantes les dernières années, on peut se demander s'il vaut mieux privilégier la vitesse ou le nombre de processeurs.

Avant l'apparition de l'`InnoDB` plug-in, disponible en option en version 5.1 et activé par défaut depuis la version 5.5, MySQL souffrait de fortes limitations quand de nombreux threads étaient en exécution concurrente, limitations qui l'empêchait de fonctionner correctement avec des machines disposant de nombreux cœurs. Il était courant de devoir se limiter à des architectures ayant au plus 4 cœurs avec MySQL 5.1, sous peine de dégradations importantes de performances.

Ces problèmes sont maintenant corrigés et il est courant de rencontrer des architectures à 16, 24 ou plus de cœurs avec MySQL 5.5. Il est presque certain que l'arrivée de MySQL 5.6 va permettre d'utiliser efficacement un plus grand nombre de cœurs, ce qui ouvre la porte au traitement simultané de plus nombreuses requêtes. Il est cependant important de ne pas négliger la rapidité des processeurs. En effet, il n'est pas possible de paralléliser l'exécution d'une requête sur plusieurs processeurs, rendant souvent la vitesse du processeur déterminante dans la rapidité de la réponse. À titre d'exemple, pour un serveur esclave dans le cadre de la réplication, cette limitation risque d'apparaître rapidement : si l'essentiel de la charge provient des requêtes répliquées, seul le thread de réplication sera actif et il ne pourra occuper qu'un seul processeur. Vous aboutirez dans ce cas à un processeur chargé à 100 % alors que les autres ne seront quasiment pas utilisés.

Retenez que sur un serveur esclave, vous aurez tout intérêt à privilégier la vitesse du processeur sur le nombre de cœurs, de manière à ce que la réplication reste la plus synchrone possible, et que sur un serveur maître, plus de cœurs impliquent une meilleure capacité à traiter des connexions simultanées.

Pourquoi ne pas chercher alors sur les serveurs esclaves à la fois la vitesse et le nombre de processeurs ? Tout simplement parce que vous aurez en général plusieurs serveurs esclaves, ce qui vous permettra de distribuer les requêtes, mais que toutes les requêtes provenant de la réplication devront s'exécuter sur tous les esclaves. La question du coût entre bien sûr également en jeu.

1.2 Mémoire vive

La mémoire vive joue un rôle crucial dans les performances d'un serveur de base de données comme MySQL. En effet, MySQL passe une grande partie de son temps à lire des données, qui seront accessibles beaucoup plus rapidement si elles se trouvent en mémoire plutôt que sur le disque.

Avec `InnoDB`, la mémoire vive trouve aussi son utilité pour les écritures car lorsqu'il est possible de conserver pendant un certain temps des modifications de données dans un cache mémoire, le serveur peut optimiser les écritures disques en regroupant toutes celles qui ont lieu dans la même zone du disque ou en n'exécutant que la modification la plus récente si la même donnée est mise à jour plusieurs fois. Ce moteur, dont la conception date d'une période où les disques étaient extrêmement lents, a recours à des stratégies complexes utilisant des caches mémoire pour regrouper au mieux les accès au disque.

Afin d'estimer au mieux la quantité de mémoire vive nécessaire, plusieurs paramètres sont à prendre en compte : la taille de la base de données (données et index), l'évolution prévisible de la volumétrie et la quantité de données utiles à un instant t.

Les exemples suivants vous donneront une idée de l'influence de ces paramètres.

Si la base de données a une taille faible (quelques Go par exemple) et que sa taille doit rester stable dans le temps alors il est facile de choisir une quantité de mémoire vive qui permette à l'intégralité de la base de tenir en mémoire.

Si la base de données a une taille faible mais doit grossir de 1 Go par semaine, il est nécessaire de savoir quelle part de données est utile à un moment donné. Si seules les données de la dernière semaine sont consultées, alors on peut considérer que seul 1 Go de données ont besoin d'être en mémoire. Par contre, si 100 % des données sont nécessaires, la base ne pourra pas tenir intégralement en mémoire très longtemps et la question de la performance des disques deviendra vite prépondérante.

Enfin si la base de données est très volumineuse (1 To par exemple), la question de la part de données utiles est de nouveau cruciale. Si 10 Go seulement sont réellement utilisés, alors 16 Go de mémoire seront sans doute suffisants, mais si 500 Go sont nécessaires, le choix des disques sera là encore crucial.

1.3 Disque dur

1.3.1 Éléments de choix

Sans entrer dans le détail des avantages ou inconvénients de tel ou tel modèle de disque dur (informations nécessairement vite périmées), le but de cette section est de vous donner des indications sur les caractéristiques à prendre en compte pour effectuer un choix éclairé.

Les performances d'un disque dur se mesurent avec deux paramètres : le temps d'accès aux données et le débit. Selon votre application, l'un ou l'autre de ces facteurs sera dominant. Si vous effectuez essentiellement des requêtes courtes, comme c'est le cas dans la plupart des applications transactionnelles Web, le temps d'accès aux données aura une grande importance. Par contre, si votre application demande des parcours complets de tables volumineuses, comme ce sera le cas avec une base servant d'entrepôt de données pour une application statistique, le débit sera le facteur essentiel à considérer.

Toutes choses égales par ailleurs, un disque dur à 15 000 tours/minute sera plus rapide qu'un disque dur à 10 000 tours/minute. Par ailleurs, il peut être intéressant si c'est possible de choisir des disques dont la taille est nettement supérieure à la taille des données qui vont être stockées, car cela améliorera la localité des données.

1.3.2 RAID

Bien souvent pour procurer de la redondance et/ou de meilleures performances, vous configurerez vos disques durs en RAID (*Redundant Array of Inexpensive Disks*, matrice redondante de disques indépendants), soit de manière logicielle, soit grâce à un contrôleur RAID matériel. En général, vous préférerez un RAID matériel qui procure de bien meilleures performances. Il faudra alors bien penser à configurer la politique d'écriture en mode Write Back, c'est-à-dire utilisant le cache intégré au contrôleur RAID, et vérifier que ce cache est bien protégé par une batterie (sous peine de pertes de données en cas de crash).

Voici les principaux niveaux de RAID utilisés :

- RAID 0 : les données sont réparties par entrelacement (*striping* en anglais) sur l'ensemble des disques. Ainsi les performances sont nettement augmentées, en lecture et en écriture. Les données n'existent qu'à un seul endroit, si bien qu'en cas de panne d'un disque, l'ensemble des données est perdu. Cette configuration ne propose donc pas de redondance, bien qu'elle soit classée parmi les niveaux de RAID. Notez également que la probabilité de défaillance d'une configuration RAID 0 est plus élevée que la probabilité de défaillance d'un seul disque, et que cette probabilité augmente avec le nombre de disques utilisés.
- RAID 1 : les données sont présentes sur N disques de tailles identiques (deux disques au minimum). Chacun des disques est une copie conforme de tous les autres, ce qui explique le nom de *mirroring* donné en anglais à ce type de configuration, si bien qu'en cas de panne d'un des disques, les données restent disponibles sur l'autre disque. Cette configuration offre une très bonne fiabilité puisque jusqu'à N-1 disques peuvent être défaillants sans causer de pertes de données. Par contre, la capacité de stockage total est égale à la capacité de stockage d'un seul disque : cette configuration devient rapidement très coûteuse lorsque le nombre de disques devient élevé.

- RAID 5 : les données sont réparties sur l'ensemble des disques, mais contrairement au RAID 0, des blocs de parité sont également répartis, permettant de reconstituer les données en cas de panne d'un disque. L'équivalent de la capacité de stockage d'un disque est perdu pour permettre l'écriture des blocs de parité. Les performances sont améliorées pour les lectures, mais pas pour les écritures. En cas de panne disque, les opérations nécessaires pour la reconstruction des données sont très longues.
- RAID 10 : ce niveau combine les techniques du RAID 0 et du RAID 1 et bénéficie des avantages de ces deux niveaux, à savoir de très bonnes performances en lecture et écriture ainsi qu'une bonne tolérance aux défaillances. Les données sont beaucoup plus faciles à reconstituer que dans le cas du RAID 5, mais seule la moitié de la capacité totale de stockage peut être utilisée. Le coût de cette configuration peut devenir problématique comme pour le RAID 1.

1.3.3 SSD

Depuis quelques années, une nouvelle catégorie de disques a fait son apparition : les disques SSD (*Solid-State Drive*). Ces disques ont pour caractéristique d'être quasiment aussi rapides que la mémoire vive tout en stockant des données de manière durable. Leur adoption se fait progressivement, depuis que leurs principaux handicaps sont progressivement réglés : leur coût a nettement baissé et les problèmes de durée de vie caractéristiques des premiers modèles ont maintenant quasiment disparu.

Les SSD se classent en deux catégories :

- Les disques ayant une interface SATA (*Serial Advanced Technology Attachment*), qui peuvent servir de remplaçants directs aux disques durs classiques. Là encore, on peut distinguer deux catégories : les SSD SLC (*Single Level Cell*) au prix élevé et à la capacité relativement faible, mais ayant de très bonnes performances, et les SSD MLC (*Multi Level Cell*), au prix plus accessible et à la capacité plus grande, mais ayant de moins bonnes performances.

- Les disques ayant une interface PCIe (*Peripheral Component Interconnect Express*), qui nécessitent l'installation de pilotes spécialisés pour pouvoir être reconnus par le système d'exploitation. Ces disques ont un prix qui les réserve aux applications haut de gamme, mais leurs performances sont exceptionnelles et les capacités de stockage sont élevées. Pour dire vrai, à l'heure actuelle, MySQL a encore du mal à exploiter toute la performance de tels disques.

Il faut noter également qu'il est aussi important pour les SSD SATA que pour les disques durs traditionnels d'utiliser un RAID car le risque de défaillance n'est pas négligeable. Par contre pour les disques PCIe, leur durée est a priori au moins aussi élevée que celle des cartes mères des serveurs, ce qui rend inutile l'utilisation du RAID (un RAID est d'ailleurs généralement utilisé de manière interne).

Enfin, une recommandation : si vous souhaitez des SSD pour votre serveur, il est quasiment impératif d'utiliser au minimum la version 5.5 de MySQL, sous peine de ne pas pouvoir vraiment bénéficier des performances de vos disques.

1.4 Système d'exploitation

MySQL est disponible pour de nombreuses plates-formes, les plus couramment utilisées étant Linux, Solaris et Windows. Le choix d'un système d'exploitation sera donc plus lié aux compétences techniques de l'équipe, à des choix économiques ou à des fonctionnalités désirées telles qu'un système de fichier particulier, qu'à des restrictions imposées par le serveur MySQL.

Quel que soit le système d'exploitation choisi, vous privilégierez toujours une version 64 bits si votre matériel le permet pour ne pas être gêné par des limitations sur la mémoire vive exploitable.

Remarque

Notez que les performances sous Windows ont été nettement améliorées à partir de la version 5.5.

Notez également que grâce au modèle client-serveur de MySQL, le système d'exploitation des clients peut être différent de celui du serveur. Ainsi une application hébergée sur un serveur Windows peut parfaitement interroger un serveur MySQL fonctionnant sous Linux.

2. Cache de requêtes

2.1 Présentation

2.1.1 Rôle du cache

MySQL maintient un ensemble de résultats de requêtes de type SELECT dans une structure en mémoire dédiée appelée cache de requêtes. Lorsqu'un SELECT est exécuté, le serveur stocke le résultat dans le cache de sorte que si un client demande la même requête, dans un temps suffisamment proche pour que les tables n'aient pas changé, le serveur puisse renvoyer directement le résultat qu'il a conservé en mémoire au lieu de passer par toutes les étapes de décomposition, d'optimisation et d'exécution de la requête.

Le cache de requêtes peut donc considérablement réduire la charge d'un serveur MySQL en évitant l'exécution de nombreuses requêtes. C'est pourquoi il est souvent bénéfique de prendre le temps de configurer correctement ce cache, aspect qui sera abordé dans la suite de cette section.

Notez que le cache de requêtes a un coût en ressources, car il mobilise une partie de la mémoire vive du système d'une part et car le mécanisme de mise en cache des requêtes provoque des traitements supplémentaires pour toutes les requêtes, même celles qui ne peuvent pas bénéficier du cache d'autre part. Pour cette raison, la question de l'intérêt ou non d'utiliser le cache de requêtes sera également abordée dans cette section.

2.1.2 Activation du cache

Par défaut, le cache de requêtes est activé. Pour le vérifier, il suffit de regarder la valeur de la variable query_cache_type :

```
mysql> SHOW VARIABLES LIKE 'query_cache_type';
+------------------+-------+
| Variable_name    | Value |
+------------------+-------+
| query_cache_type | ON    |
+------------------+-------+
```

Cette variable peut prendre trois valeurs différentes :

- ON : le serveur tente de mettre en cache toutes les requêtes SELECT sauf celles qui portent le mot-clé SQL_NO_CACHE (SELECT SQL_NO_CACHE...).
- OFF : aucune requête n'est mise en cache.
- DEMAND : le serveur ne tente de mettre en cache que les requêtes SELECT avec le mot-clé SQL_CACHE (SELECT SQL_CACHE...).

2.1.3 Requêtes exclues du cache

Toutes les requêtes SELECT ne peuvent pas être mises en cache. Au moment de l'exécution d'une requête, si le serveur remarque que la requête possède une propriété qui la rend impropre à être mise en cache, il la marque comme ne pouvant être mise en cache. Quels sont les critères qui rendent une requête impossible à mettre en cache ?

En premier lieu, seules les requêtes SELECT déterministes, c'est-à-dire capables de donner le même résultat si elles sont exécutées plusieurs fois avec le même jeu de données seront stockées dans le cache. Ainsi, par exemple, la requête SELECT * FROM t donnera toujours le même résultat tant que la table t n'est pas modifiée, alors que la requête SELECT CURRENT_TIMESTAMP() donnera un résultat qui va varier au cours du temps : MySQL pourra mettre en cache la première mais pas la seconde. Tout appel à une fonction non déterministe comme NOW(), RAND(), CURRENT_DATE(), UUID(), CURRENT_USER() et quelques autres empêche la mise en cache.

Ensuite, les requêtes SELECT faisant intervenir des tables temporaires, des variables utilisateur ou se trouvant dans des procédures stockées, des vues, des triggers ou des événements ne sont pas mises dans le cache.

Enfin, toutes les requêtes qui portent le mot-clé SQL_NO_CACHE sont exclues du cache de requêtes.

Remarque

Lorsque vous souhaiterez mesurer le temps d'exécution d'une requête pour tester des optimisations, pensez à ajouter le mot-clé SQL_NO_CACHE. Sinon vos requêtes risquent d'être servies par le cache : les réponses seront toujours instantanées et vous ne pourrez pas déterminer si un changement est bénéfique ou non.

2.1.4 Appel à un élément du cache

Lorsque le cache de requêtes est activé, aucune action n'est nécessaire de la part de l'utilisateur ou de l'administrateur pour en tirer parti. Dès que le serveur reçoit une requête `SELECT`, il va déterminer si cette requête et son résultat sont déjà dans le cache. Cette recherche est effectuée en passant à une fonction de hachage le texte de la requête ainsi que quelques paramètres supplémentaires et en comparant la valeur obtenue avec les valeurs existant dans le cache. La fonction de hachage est sensible à la casse, ce qui signifie que deux requêtes sémantiquement équivalentes seront considérées comme différentes pour une simple différence minuscule/majuscule (les espaces sont aussi pris en compte). Ainsi le cache de requêtes jugera que toutes les requêtes ci-dessous sont différentes :

- `SELECT id, nom FROM t`
- `select id, nom FROM t`
- `SELECT nom, id FROM t`

De simples conventions d'écriture entre développeurs peuvent donc permettre de gagner en performance en évitant au serveur de considérer comme différentes des REQUÊTES qui sont fonctionnellement identiques.

Si le serveur trouve la requête dans le cache, le résultat est renvoyé directement sans passer par les différentes phases d'exécution.

Si le serveur ne trouve pas la requête dans le cache, la requête est exécutée normalement. Une fois exécutée, la requête sera écrite dans le cache avec son résultat, sauf si au cours de l'exécution MySQL marque la requête comme impropre à la mise en cache.

2.1.5 Mise à jour du cache

Le serveur MySQL met automatiquement à jour le cache, là encore sans aucune intervention extérieure. Outre le stockage d'un nouveau résultat de requête, deux autres événements peuvent se produire : une invalidation ou un effacement.

Une invalidation se produit lorsqu'une modification a lieu sur une table : mise à jour, ajout ou suppression d'une ou plusieurs données, mais aussi modification de la structure de la table. Dans ce cas, toutes les requêtes impliquant les tables modifiées sont supprimées du cache. Cette méthode a l'avantage d'être rapide à défaut d'être précise : il est en effet tout à fait possible qu'une mise à jour d'une donnée dans une table ne change pas les résultats de toutes les requêtes faisant intervenir cette table. Ici l'efficacité prend le pas sur l'exactitude.

Un effacement a lieu quand le serveur cherche à stocker une nouvelle entrée dans le cache mais que la mémoire disponible est insuffisante. Les résultats dont la date de dernière consultation est la plus ancienne sont alors supprimés pour faire de la place aux nouveaux résultats.

2.1.6 Fragmentation

Une description simplifiée des mécanismes d'allocation de la mémoire lors de la mise en cache va vous permettre de comprendre pourquoi le cache peut se fragmenter. Cette fragmentation devient gênante lorsque le serveur est obligé de supprimer des entrées car il ne parvient pas à trouver suffisamment de mémoire contigüe pour enregistrer de nouvelles valeurs.

Le serveur stocke les résultats dans le cache au fur et à mesure qu'ils sont récupérés, ce qui est plus efficace que de placer ces résultats dans un cache mémoire temporaire pour les transférer ensuite vers le cache de requêtes. Cette méthode a cependant un inconvénient : le serveur ne connaissant pas par avance le nombre de résultats à sauvegarder dans le cache, il ne peut donc pas déterminer la quantité de mémoire nécessaire. C'est pourquoi la mémoire du cache est allouée par petits blocs successifs d'une taille prédéfinie.

Quand le résultat est complètement enregistré, la mémoire restante du dernier bloc est récupérée et redevient disponible pour stocker d'autres résultats. Mais lorsque plusieurs résultats sont enregistrés en même temps, parmi tous les blocs qui sont partiellement utilisés, seul celui dont la position est contigüe aux blocs libres peut être récupéré.

Il peut alors exister entre les blocs de données des blocs d'espace libre, mais dont la taille est trop petite pour qu'ils soient réutilisables. Ces blocs libres sont irrémédiablement perdus. La pire des situations est atteinte lorsqu'entre chaque bloc de données, il se trouve un bloc libre mais inutilisable. Dans ce cas, le cache est très fragmenté.

Une méthode pour détecter une forte fragmentation de votre cache sera présentée dans la suite de cette section.

2.1.7 Utilité du cache

Le cache de requêtes présente souvent de l'intérêt, mais ses avantages ne sont pas gratuits : il existe un coût lié à l'utilisation du cache. En comparant ce coût supplémentaire aux bénéfices, vous pourrez déterminer s'il est intéressant pour vous d'activer ou non le cache de requêtes. Les paramètres vous permettant de faire ce choix seront présentés dans la suite de cette section.

En premier lieu, pour toutes les requêtes `SELECT`, le serveur vérifie si la requête est présente ou non dans le cache. Cette vérification est bien faite pour toutes les requêtes, même pour celles qui portent un élément les rendant impropres à la mise en cache. Le coût de cette vérification est très faible dans la mesure où il s'agit simplement de chercher si un élément est présent dans une table de hachage en mémoire.

En second lieu, chaque requête `SELECT` candidate à la mise en cache demande des traitements particuliers. S'il reste suffisamment d'espace dans le cache pour stocker les résultats de la requête, l'opération est rapide. Mais s'il faut effacer des données dans le cache pour récupérer de la place, le traitement peut devenir beaucoup plus coûteux.

Enfin toutes les requêtes de modifications sont ralenties car il faut supprimer toutes les entrées du cache correspondant aux tables modifiées.

On le voit, si l'application subit beaucoup de lectures identiques, le cache va s'avérer très utile. Par contre, le cache de requêtes peut perdre de son intérêt, voire devenir pénalisant si vous êtes dans l'un des cas de figure suivants :

- Les écritures sont nombreuses, provoquant de nombreuses invalidations.
- Les lectures ne sont pas répétées plusieurs fois.
- La plupart des lectures ne peuvent pas être mises en cache.

Il est donc nécessaire d'étudier les informations mises à votre disposition par MySQL sur l'utilisation du cache pour estimer s'il est préférable ou pas d'activer le cache.

2.2 Configuration

Maintenant que le fonctionnement du cache de requêtes vous est connu, vous allez découvrir quelles sont les variables liées au cache et comment déterminer avec les variables de statut si votre cache est bien paramétré ou non (voir le chapitre Outils de surveillance pour plus d'informations sur les variables de statut).

Ayez à l'esprit qu'afin d'obtenir des valeurs de variables de statut significatives, il est indispensable de laisser fonctionner le serveur MySQL suffisamment longtemps avec un trafic réel. Plusieurs heures sont parfois nécessaires pour que les requêtes exécutées par le serveur soient représentatives.

2.2.1 Paramètres associés au cache

Le cache est paramétré par cinq variables principales :

- `query_cache_size` : il s'agit de la taille du cache. MySQL alloue toujours une taille multiple de 1024, si bien que la taille réelle du cache n'est pas nécessairement exactement celle que vous aurez demandée. Notez que la totalité de la mémoire définie par ce paramètre est allouée immédiatement.
- `query_cache_type` : indique si le cache est activé ou non. Cette option a été détaillée précédemment.
- `query_cache_limit` : si un résultat de requête a une taille supérieure à `query_cache_limit`, celui-ci ne sera pas stocké dans le cache.
- `query_cache_min_res_unit` : la mémoire du cache est allouée par blocs dont la taille minimum est donnée par cette variable. Si les résultats à stocker sont très compacts, une valeur trop élevée peut conduire à perdre beaucoup d'espace mémoire.

- `query_cache_wlock_invalidate` : quand un client a verrouillé une table en écriture, un autre client ne peut normalement pas faire de lectures sur cette table. Quand la valeur de cette option est à `OFF` (valeur par défaut), le serveur peut renvoyer un résultat d'une requête provenant du cache même si la table est verrouillée. Il n'est en général pas nécessaire de modifier cette variable.

Toutes ces variables peuvent être modifiées de manière interactive, par exemple :

```
mysql> SET GLOBAL query_cache_size=10*1024*1024;
Query OK, 0 rows affected (0,00 sec)
```

Ou être modifiées dans le fichier de configuration `my.cnf` ou `my.ini`, par exemple :

```
[mysqld]
query_cache_size = 10M
```

Dans le cas d'une modification interactive, les changements sont pris en compte immédiatement mais sont perdus au redémarrage du serveur alors que pour les modifications faites dans le fichier de configuration, un redémarrage du serveur est nécessaire.

2.2.2 Configuration de la taille du cache

Pour déterminer si la taille du cache est adaptée à l'application, il faut examiner conjointement plusieurs variables de statut pour obtenir le plus d'informations possible sur la manière dont le cache est utilisé. Avec toutes ces indications, vous pourrez ajuster la taille du cache.

Toutes les variables de statut concernant le cache de requêtes sont accessibles de la manière suivante :

```
mysql> SHOW GLOBAL STATUS LIKE 'Qcache%';
+-------------------------+-----------+
| Variable_name           | Value     |
+-------------------------+-----------+
| Qcache_free_blocks      | 3872      |
| Qcache_free_memory      | 258067840 |
| Qcache_hits             | 15245675  |
| Qcache_inserts          | 11487035  |
| Qcache_lowmem_prunes    | 0         |
```

```
| Qcache_not_cached       | 2440772   |
| Qcache_queries_in_cache | 8189      |
| Qcache_total_blocks     | 20420     |
+-------------------------+-----------+
```

La première variable à examiner est `Qcache_free_memory` qui indique l'espace libre du cache. Une valeur faible par rapport à la taille du cache peut être le signe d'un cache trop petit, une valeur proche de la taille du cache indique un cache surdimensionné.

La seconde est `Qcache_lowmem_prunes`, qui donne le nombre d'entrées supprimées dans le cache par manque d'espace. Une valeur élevée est toujours suspecte, et peut être due soit à un cache trop petit soit à un cache fragmenté.

La troisième est `Qcache_hits`, correspondant au nombre de fois où le résultat d'une requête a pu être récupéré dans le cache. Si la taille du cache est trop faible, les requêtes insérées dans le cache seront sans doute très vite supprimées par manque d'espace, et peu de résultats pourront être récupérés dans le cache.

Ces trois paramètres doivent vous permettre de trouver une taille de cache en adéquation avec la charge. Sachez que 256 Mo est une taille à essayer de ne pas dépasser. Bien que rien n'empêche en théorie d'adopter une taille plus élevée, en pratique lorsque le cache dépasse 256 Mo les invalidations ou suppressions deviennent longues et provoquent des problèmes de performance.

2.2.3 Détermination de l'efficacité du cache

À partir des variables de statut, vous allez pouvoir calculer deux taux intéressants pour déterminer l'efficacité du cache. Pour ces calculs, vous aurez besoin d'une variable de statut supplémentaire, appelée `Com_select`, et qui donne le nombre de requêtes `SELECT` qui ont été exécutées par le serveur et non servies par le cache de requêtes :

```
mysql> SHOW GLOBAL STATUS LIKE 'Com_select';
+---------------+----------+
| Variable_name | Value    |
+---------------+----------+
| Com_select    | 13882865 |
+---------------+----------+
```

Le taux de hits, donné par la formule `100 * Qcache_hits / (Qcache_hits + Com_select)` donne le taux de requêtes servies par le cache par rapport au nombre total de `SELECT` demandés au serveur. Plus le taux est élevé, plus l'utilisation du cache est intéressante. Cependant, il n'est pas possible de définir de manière absolue ce qu'est un bon ou un mauvais taux de hits. Dans certains cas, 70 % est parfaitement acceptable alors que dans d'autres il faut viser au moins 99,9 %. Évitez donc de rester complètement focalisé sur l'amélioration de ce taux et ne faites pas confiance aux outils que vous pourrez trouver sur Internet et qui vous indiquent de manière arbitraire si votre taux de hits est bon ou non.

Le taux d'insertion dans le cache (`100 * Qcache_inserts / Com_select`) indique la proportion de requêtes `SELECT` qui sont placées dans le cache lorsque le serveur les exécute.

Si le taux d'insertion et le taux de hits sont élevés, le cache est sans doute efficace et bien configuré.

Si le taux d'insertion et le taux de hits sont faibles, le cache est sans doute peu utile. Vous pouvez alors essayer de le désactiver pour voir si les performances sont meilleures sans cache.

Si les deux taux ont des valeurs moyennes avec l'un élevé et l'autre faible, ces indicateurs ne permettent pas de conclure.

Dans tous les cas, l'information absolue donnée par `Qcache_hits` et dans une moindre mesure par `Qcache_inserts` est intéressante à noter.

Remarque

N'oubliez pas qu'en calculant un taux (hits ou insertions), vous perdez une information essentielle : celle du nombre absolu d'opérations réalisées par le cache. Quel est en effet le cache le plus utile : un cache affichant un taux de hits de 60 % mais servant 1000 requêtes à la seconde ou un cache affichant un taux de hits de 99 % mais ne servant qu'une seule requête par seconde ? Configurer le cache de requêtes avec pour seule information le taux de hits et le taux d'insertion ne permet pas toujours de conclure de façon certaine.

Bien souvent, la meilleure manière de savoir si le cache de requête est utile ou non est d'examiner le temps de réponse des requêtes avec et sans le cache de requêtes.

2.2.4 Réduction de la fragmentation

Deux variables vont vous permettre d'estimer la fragmentation du cache, il s'agit de `Qcache_free_blocks`, qui indique le nombre de blocs libres, et de `Qcache_total_blocks`, qui donne le nombre total de blocs du cache.

Si le rapport `Qcache_free_blocks/Qcache_total_blocks` se rapproche de 1/2, c'est-à-dire qu'entre chaque bloc de données se trouve un bloc libre, votre cache est très fragmenté.

Si votre cache est fragmenté, et que la variable `Qcache_lowmem_prunes` a une valeur élevée, alors le serveur est obligé de supprimer des entrées du cache à cause de la fragmentation, ce qui n'est pas souhaitable. Vous pouvez alors défragmenter le cache avec la commande `FLUSH QUERY CACHE` ou changer la valeur de `query_cache_min_res_unit`.

Remarque

La défragmentation du cache peut prendre du temps, ce qui explique aussi pourquoi il est préférable de dimensionner le cache à 256 Mo au maximum.

Remarque

Malgré son nom, la commande `FLUSH QUERY CACHE` ne vide pas le contenu du cache. La commande `RESET QUERY CACHE` se charge de cette vidange.

Afin de trouver une bonne taille pour `query_cache_min_res_unit`, vous pouvez calculer la taille moyenne d'une entrée dans le cache avec la formule `(query_cache_size - Qcache_free_memory)/Qcache_queries_in_cache`. Si vous avez un mélange de résultats de petite taille et de résultats de grande taille, cette valeur moyenne ne sera malheureusement sans doute pas d'une grande aide. Mieux vaut alors par exemple ne pas mettre en cache les résultats de grande taille en choisissant une valeur basse de `query_cache_limit` ou mettre la variable `query_cache_type` à `DEMAND` pour sélectionner quelles requêtes seront mises en cache.

3. Optimisation du schéma

3.1 Types de données

3.1.1 Principes généraux

La recherche du meilleur type de données possible est une tâche souvent négligée pendant la phase de conception du schéma de la base de données car il est à la fois difficile et fastidieux de se demander, pour chaque champ, quelles sont les valeurs minimales et maximales à stocker. Et quand l'application est mise en production, la modification des champs est souvent vue comme une opération risquée, avec des risques de pertes de données, et sans impact majeur sur les performances. Pourtant un choix éclairé des types de données sera toujours bénéfique. Cette section vise à établir quelques règles simples à suivre pour sélectionner de manière efficace de bons types de données.

En premier lieu, gardez à l'esprit que plus le type de données est simple et compact, plus il sera léger et performant. Ainsi un entier est plus simple qu'une chaîne de caractères car les notions de jeux de caractères et de collations n'existent pas pour les entiers. De même, parmi les différents types d'entiers, un `TINYINT` (un octet par valeur) est plus compact qu'un `BIGINT` (huit octets par valeur) et donc plus rapide à traiter.

En second lieu, essayez d'éviter au maximum les colonnes `NULL`, ou ce qui revient au même, déclarez toutes les colonnes `NOT NULL`, sauf en cas de besoin spécifique. Les colonnes pouvant être `NULL` demandent un travail supplémentaire qu'il vaut mieux éviter au serveur. Souvent, la valeur `NULL` utilisée comme valeur par défaut peut être avantageusement remplacée par 0 ou une chaîne vide.

3.1.2 Nombres

Les données numériques se classent en deux catégories bien distinctes : les entiers et les nombres réels.

Pour les entiers, le type le plus courant est `INT` (quatre octets par valeur stockée), mais il existe également les types `TINYINT` (un octet), `SMALLINT` (deux octets), `MEDIUMINT` (trois octets) et `BIGINT` (huit octets). Le nombre d'octets occupés par valeur stockée donne la fenêtre de valeurs de chacun des types : un octet permettant de représenter 256 valeurs, N octets permettent de représenter 256 ^ N valeurs. L'optimisation consiste à choisir le type qui est le plus petit possible tout en ayant une plage de valeurs suffisante pour stocker toutes les valeurs possibles.

Remarque

Lorsque vous n'aurez à gérer que des valeurs positives, pensez à déclarer la colonne `UNSIGNED`, ce qui élimine la possibilité de stocker des valeurs négatives et double la capacité dans les nombres positifs.

Voici quelques exemples :

- Pour un âge, `TINYINT UNISIGNED` convient (0 à 255).
- Pour la population d'un pays, `INT UNSIGNED` est un bon choix (0 à plus de 4 milliards).
- Imaginez une table avec 10 champs `INT` : chaque ligne consomme alors 40 octets. S'il est possible d'utiliser à la place un champ `INT`, six champs `MEDIUMINT` et trois champs `TINYINT` : chaque ligne n'occupe plus que 25 octets, soit un gain de 40 %. Sur des dizaines de tables et des millions de lignes, vous pouvez réussir à gagner beaucoup d'espace disque.

Remarque

Un paramètre supplémentaire est parfois passé entre parenthèses aux champs de type `INT` ou assimilés (`INT(4)` par exemple). Il n'est utilisé que pour le formatage des valeurs à l'affichage pour certains clients, mais il ne change absolument rien à la fenêtre de valeurs possibles ni au nombre d'octets dont a besoin une valeur pour être stockée. Ainsi un `INT(4)` prend toujours quatre octets d'espace disque et peut stocker des valeurs entre environ -2 milliards et 2 milliards, exactement comme un `INT` ou un `INT(11)`.

Pour les nombres réels, vous avez le choix entre `DECIMAL` d'une part, `FLOAT` et `DOUBLE` d'autre part. `DECIMAL` offre une fenêtre de valeurs plus petite, mais stocke celles-ci de manière exacte : ce type de données sera indispensable quand vous souhaiterez pouvoir effectuer des opérations sans erreur d'arrondi, comme c'est le cas pour le stockage de données financières. `FLOAT` et `DOUBLE` stockent au contraire toujours des valeurs approchées.

Remarque

Pour ces trois types de données, vous pouvez préciser le nombre de chiffres significatifs et le nombre de chiffres après la virgule. Ainsi, `DECIMAL(5,2)` *permet de stocker des nombres ayant cinq chiffres significatifs dont deux après la virgule, soit des nombres compris entre -999,99 et 999,99.*

3.1.3 Chaînes de caractères

Il existe deux catégories de chaînes de caractères : les types `CHAR/VARCHAR` et les variantes du type `TEXT`.

Les champs de ces deux catégories possèdent tous lors de la définition un jeu de caractères et un interclassement (*collation* en anglais). Un jeu de caractères est simplement une table de conversion entre un symbole et sa représentation numérique pour le stockage. Le choix du jeu de caractères se fait en prenant en compte deux facteurs : la taille en octets d'un caractère et les symboles qu'un jeu de caractères peut représenter. Typiquement, vous privilégierez latin1 pour les applications en français ou en anglais et utf8 pour les applications requérant le support de plusieurs langues aux caractères très différents comme le français, le japonais et l'arabe.

Remarque

Choisir utf8 par défaut n'est pas toujours un bon choix. Par exemple, pour une application ne devant stocker que des caractères russes, cp866 sera un meilleur choix (un octet par caractère au lieu de trois pour utf8).

L'interclassement correspond à l'ordre des différents symboles d'un jeu de caractères. Un même jeu de caractères peut donc avoir plusieurs interclassements, signifiant que les symboles sont ordonnés de manière différente. Les interclassements portent le plus souvent le nom du jeu de caractères auxquels ils sont liés ainsi qu'un suffixe qui permet de connaître le type de tri fourni.

Les suffixes que vous trouverez sont les suivants :

- `_cs` pour les interclassements sensibles à la casse (*case sensitive*).
- `_ci` pour les interclassements insensibles à la casse (*case insensitive*).
- `_bin` pour les interclassements binaires (la chaîne est alors considérée comme n'ayant plus de jeu de caractères ni d'interclassement).

Remarque

Un `VARCHAR` à interclassement binaire est équivalent à un `VARBINARY` et un `TEXT` à interclassement binaire est équivalent à un `BLOB`.

Voici quelques exemples de l'influence de l'interclassement :

```
mysql> SELECT 'A' = 'a' COLLATE latin1_general_cs;
+-------------------------------------+
| 'A' = 'a' COLLATE latin1_general_cs |
+-------------------------------------+
|                                   0 |
+-------------------------------------+

mysql> SELECT 'A' = 'a' COLLATE latin1_general_ci;
+-------------------------------------+
| 'A' = 'a' COLLATE latin1_general_ci |
+-------------------------------------+
|                                   1 |
+-------------------------------------+
```

Les champs de type `CHAR` ont une longueur fixe. Cela signifie que si vous insérez une chaîne plus courte que la taille du champ, la chaîne sera complétée avec des espaces et que si vous essayez d'insérer une chaîne plus longue que la taille du champ soit la chaîne sera tronquée, soit le serveur retournera une erreur (le comportement dépend du `SQL_MODE` choisi, voir le chapitre Configuration du serveur).

Remarque

Le serveur supprime toujours les espaces finaux d'un `CHAR` lors d'une requête `SELECT` :

```
mysql> CREATE TABLE t (col CHAR(5));

mysql> INSERT INTO t (col) VALUES ('xxx ');
```

```
mysql> SELECT LENGTH(col) FROM t;
+-------------+
| LENGTH(col) |
+-------------+
|           3 |
+-------------+
```

Les champs de type VARCHAR ont au contraire une longueur dynamique et n'utilisent que la taille de la chaîne insérée plus un ou deux octets pour stocker cette taille.

Lors de la création d'un champ CHAR ou VARCHAR, le paramètre passé (VARCHAR(20) par exemple) représente le nombre de caractères que peut stocker le champ. En fonction du jeu de caractères, le nombre d'octets pourra être différent du nombre de caractères. En latin1 par exemple, tous les caractères occupent un octet alors qu'en utf8, les caractères occupent entre un et trois octets.

D'une manière générale, les champs VARCHAR occuperont moins d'espace que les champs CHAR mais seront moins rapides. Comment se décider alors pour l'un ou l'autre type ? Quand les longueurs des chaînes sont très variables, VARCHAR est probablement le bon choix, alors que quand les longueurs sont proches les unes des autres, CHAR est sans doute meilleur.

Remarque

Notez qu'avec InnoDB, il est conseillé de toujours utiliser des VARCHAR.

Attention, avec les VARCHAR, de nombreuses personnes ont tendance à créer automatiquement des VARCHAR(255) alors que les champs ne stockeront pas de chaînes plus longues que vingt ou trente caractères. Il s'agit d'une mauvaise pratique car MySQL utilise la taille maximum pour certaines opérations comme les tris. Si par hasard, l'espace supplémentaire nécessaire ne permet plus de réaliser le tri en mémoire mais demande la création d'une table temporaire sur le disque, la baisse de performance peut être catastrophique !

Dans le même ordre d'idée, le jeu de caractères peut aussi avoir des répercussions sur les performances puisque pour ces mêmes tris, MySQL prend automatiquement le nombre maximum d'octets pour chaque caractère. Ainsi un tri sur un VARCHAR(20) en latin1 nécessitera 20 octets par valeur alors qu'un tri sur un VARCHAR(255) en utf8 demandera 255x3=765 octets !

Notez également que les tables MEMORY considèrent les VARCHAR comme des CHAR.

Le type `TEXT` et ses variantes permettent de stocker des chaînes variables, éventuellement plus longues qu'avec des `VARCHAR` pour `MEDIUMTEXT` et `LONGTEXT`. Les champs `TEXT` ont quelques spécificités qui leur font préférer le type `VARCHAR` lorsque les deux types sont envisageables :

– Un index peut être posé sur un préfixe du champ, mais pas sur le champ en entier.

– Ces champs sont souvent stockés dans un espace spécial, isolé du reste des champs.

– Pour toutes les opérations qui s'effectuent avec une table temporaire, la table temporaire sera automatiquement créée sur disque et pas en mémoire (tout simplement parce que les tables `MEMORY` ne permettent pas la création de champs `TEXT`).

3.1.4 Données binaires

MySQL permet aussi de stocker des données binaires, considérées comme étant des chaînes sans jeu de caractères ni interclassement : il s'agit du type `VARBINARY` ainsi que des variations du type BLOB. À l'exception de tout ce qui touche aux jeux de caractères et aux interclassements, ce qui a été dit dans le paragraphe précédent pour `VARCHAR` est valable pour `VARBINARY` et ce qui a été dit pour les variantes de `TEXT` est valable pour les variantes de `BLOB`.

3.1.5 Dates et heures

MySQL dispose de types pour stocker des années (`YEAR`), des dates (`DATE`), des heures (`TIME`, la granularité la plus fine étant la seconde) ou des dates et heures (`DATETIME` et `TIMESTAMP`, la granularité la plus fine étant aussi la seconde pour ces deux types).

Les possibilités étant limitées, le choix du type adapté sera donc toujours évident sauf dans trois situations.

Premier cas : vous souhaitez enregistrer la date et l'heure, vaut-il mieux choisir `DATETIME` ou `TIMESTAMP` ?

Les différences de gamme de valeurs possibles entre DATETIME et TIMESTAMP vont souvent imposer l'un ou l'autre : un champ DATETIME peut stocker des valeurs entre '1000-01-01 00:00:01' et '9999-12-31 23:59:59' alors qu'un champ TIMESTAMP peut stocker des valeurs entre '1970-01-01 00:00:00' et une date située en 2038. Lorsque l'intervalle de dates envisagées permet d'utiliser les deux types, vous privilégierez TIMESTAMP dont les champs n'occupent que quatre octets par valeur au lieu des huit octets de DATETIME.

Notez que le type TIMESTAMP dispose de deux attributs optionnels qui peuvent rendre de grands services. Avec DEFAULT CURRENT_TIMESTAMP, quand une ligne est insérée, le champ TIMESTAMP de cette ligne est automatiquement mis à jour avec la date et l'heure de l'insertion. Et avec ON UPDATE CURRENT_TIMESTAMP, le même champ est mis à jour à chaque fois qu'un UPDATE a lieu. Seul un champ par table peut porter ces deux attributs.

Remarque

Vous rencontrerez parfois des champs INT contenant le nombre de secondes depuis le 1er janvier 1970. Ces champs sont avantageusement remplacés par des champs TIMESTAMP, qui sont capables de stocker la même gamme de valeurs, occupent le même espace disque et sont beaucoup plus faciles à lire.

Second cas : comment stocker des données temporelles avec une granularité inférieure à la seconde ?

Avant MySQL 5.6, aucun type adéquat n'étant disponible, vous étiez donc obligé de passer par des solutions de contournement peu pratiques, comme enregistrer dans un champ BIGINT le nombre de microsecondes écoulées depuis une certaine date.

MySQL 5.6 peut maintenant stocker une précision jusqu'à la microseconde pour les types de données TIME, DATETIME et TIMESTAMP.

Enfin, dernier cas : comment stocker des données temporelles qui dépassent la capacité des types existants ?

Là encore, il faut recourir à des solutions de contournement comme l'utilisation d'un champ BIGINT.

3.1.6 ENUM et SET

ENUM et SET sont deux types de données très pratiques, prenant en paramètre une liste de chaînes de caractères acceptées et stockant les résultats sous forme d'entiers. ENUM permet d'enregistrer une valeur parmi la liste de paramètres alors que SET permet d'enregistrer une ou plusieurs valeurs.

Cette manière de faire permet d'obtenir des champs compacts et rapides : un champ ENUM accepte jusqu'à 65 535 paramètres et demande un ou deux octets selon le nombre de paramètres, alors que SET accepte jusqu'à 64 paramètres et demande de un à huit octets selon le nombre de paramètres.

ENUM ou SET remplacent avantageusement une clé étrangère vers une table de référence lorsqu'il s'agit de stocker dans un champ des valeurs parmi une liste qui n'évolue pas au cours du temps.

Prenons le cas de la base exemple world :

```
mysql> SHOW CREATE TABLE Country\G
CREATE TABLE Country (
  Code char(3) NOT NULL default '',
  Name char(52) NOT NULL default '',
  Continent enum('Asia','Europe','North
America','Africa','Oceania','Antarctica','South America') NOT NULL
default 'Asia',
  ...
  PRIMARY KEY  (Code)
)ENGINE=MyISAM;
```

Le moteur de stockage de cette table étant MyISAM, il n'est pas possible de créer une clé étrangère vers une table contenant la liste des continents. Il ne serait pas astucieux non plus de basculer le champ vers le type VARCHAR (que se passe-t-il si quelqu'un insère Europa au lieu d'Europe ?).

L'insertion se fait simplement comme si vous étiez face à une chaîne de caractères, sauf que toute valeur ne faisant pas partie de la liste décrite dans la définition du champ sera rejetée (ou convertie en chaîne vide selon le SQL_MODE) :

```
mysql> SET @@sql_mode = 'TRADITIONAL';

mysql> INSERT INTO Country (Code,Name,Continent) VALUES
('SAK','Sakila','Europe');
```

```
Query OK, 1 row affected (0,00 sec)

mysql> INSERT INTO Country (Code,Name,Continent) VALUES
('FLI','Flipper','Europa');
ERROR 1265 (01000): Data truncated for column 'Continent' at row 1
```

3.1.7 La commande PROCEDURE ANALYSE

MySQL peut vous aider à déterminer le type optimal des champs d'une table avec `PROCEDURE ANALYSE()`. Cette fonction analyse les données réellement présentes dans la table pour en déduire le type jugé optimal.

`PROCEDURE ANALYSE()` accepte deux arguments :

- Le nombre maximal d'éléments autorisé dans la définition d'un champ de type `ENUM`. Si vous ne précisez pas cet argument, la commande proposera un champ `ENUM` avec une liste à rallonge d'éléments pour la plupart des champs de type chaîne de caractères.
- Le nombre maximal de caractères acceptés pour la définition du champ.

`PROCEDURE ANALYSE()` s'utilise en complément d'un `SELECT *`, comme le montre l'exemple suivant :

```
mysql> SHOW CREATE TABLE user\G
*************************** 1. row ***************************
       Table: user
Create Table: CREATE TABLE user (
  uid INT(11) NOT NULL AUTO_INCREMENT,
  name VARCHAR(255) NOT NULL,
  birth DATE NULL,
  PRIMARY KEY (uid),
) ENGINE=InnoDB

mysql> SELECT * FROM user PROCEDURE ANALYSE(10,256)\G
*************************** 1. row ***************************
             Field_name: mydb.user.uid
              Min_value: 1
              Max_value: 2023
             Min_length: 1
             Max_length: 4
       Empties_or_zeros: 0
                  Nulls: 0
Avg_value_or_avg_length: 1012.0000
```

```
                     Std: 587.3376
       Optimal_fieldtype: SMALLINT(4) UNSIGNED NOT NULL
*************************** 2. row ***************************
              Field_name: mydb.user.name
               Min_value: aaedpjndmd
               Max_value: zzdjpymlxd
              Min_length: 6
              Max_length: 26
        Empties_or_zeros: 0
                   Nulls: 0
Avg_value_or_avg_length: 13.9260
                     Std: NULL
       Optimal_fieldtype: VARCHAR(26) NOT NULL
*************************** 3. row ***************************
              Field_name: mydb.user.birth
               Min_value: 1967-02-11
               Max_value: 1992-11-06
              Min_length: 10
              Max_length: 10
        Empties_or_zeros: 0
                   Nulls: 0
Avg_value_or_avg_length: 10.0000
                     Std: NULL
       Optimal_fieldtype: DATE NOT NULL
```

Remarque

Le symbole `\G` permet de produire un affichage vertical, qui est plus lisible dans ce cas que l'affichage horizontal par défaut.

Cet exemple montre à la fois l'intérêt et les limitations de `PROCEDURE ANALYSE()`. Voici les critiques que vous pourriez émettre pour chacune des suggestions :

– MySQL propose `SMALLINT` pour le champ `uid`. Si votre table n'est pas amenée à évoluer, il s'agit effectivement du meilleur choix possible. Mais ce champ étant une clé primaire avec `AUTO_INCREMENT`, vous pouvez supposer que cette table va grossir et que le type `INT` choisi initialement est meilleur.

- MySQL propose `VARCHAR(26)` pour le champ `name` car la taille des chaînes stockées dans ce champ a beaucoup de variations (entre 6 et 26 caractères d'après le résultat de la fonction). Il peut être intéressant de prendre un peu de marge sur cette proposition pour, par exemple, changer le champ en `VARCHAR(40)` ou `VARCHAR(50)`.
- Enfin, MySQL propose d'ajouter la clause `NOT NULL` pour le dernier champ. Ce changement est très certainement une bonne idée, vous pouvez donc prendre en compte la suggestion.

Remarque

La sortie de la commande `PROCEDURE ANALYSE()` a un défaut : le type actuel du champ examiné n'est pas précisé. C'est pourquoi il est toujours conseillé de comparer le résultat de `PROCEDURE ANALYSE()` avec la structure de la table donnée par `SHOW CREATE TABLE`.

3.2 Normalisation

3.2.1 Rôle de la normalisation

Pour stocker les données d'une application, il existe de nombreuses manières de structurer les tables. Cependant, toutes les façons de faire ne sont pas équivalentes du point de vue de la performance comme du point de vue de l'intégrité des données. Née au début des années 1970, la théorie relationnelle a pour but de présenter un ensemble de règles permettant d'obtenir un modèle de données performant et sûr. Ces règles sont regroupées en différentes catégories et définissent des niveaux de normalisation. Un exemple va vous montrer quels problèmes peuvent se poser pour un modèle non normalisé ainsi que les étapes à suivre pour normaliser un modèle dans les trois premières formes normales, qui sont les plus courantes.

3.2.2 Première forme normale

L'exemple se base sur la table suivante qui contient les compétences des employés d'une société :

```
mysql> CREATE TABLE employe (
  id int(11) NOT NULL,
  nom varchar(30) NOT NULL DEFAULT '',
  ville varchar(30) NOT NULL DEFAULT '',
  savoir1 varchar(30) NOT NULL DEFAULT '',
  niv1 tinyint(4) NOT NULL,
  savoir2 varchar(30) NOT NULL DEFAULT '',
  niv2 tinyint(4) NOT NULL,
  PRIMARY KEY (id)
) ENGINE=InnoDB;

mysql> SELECT * FROM employe;
+----+---------+------------+---------+------+---------+------+
| id | nom     | ville      | savoir1 | niv1 | savoir2 | niv2 |
+----+---------+------------+---------+------+---------+------+
|  1 | Arthur  | Paris      | Linux   |    2 | MySQL   |    1 |
|  2 | Bob     | Bordeaux   | Apache  |    3 | MySQL   |    2 |
|  3 | Charlie | Strasbourg | MySQL   |    3 | PHP     |    1 |
+----+---------+------------+---------+------+---------+------+
```

Ce modèle souffre de nombreux défauts, parmi lesquels :

- La difficulté de récupérer certaines informations : si vous voulez connaître l'ensemble des domaines de compétences de la société, la requête donnant ce résultat est loin d'être évidente à écrire.
- La rigidité : en effet, si vous souhaitez ajouter de nouvelles compétences à un employé, il faut modifier la structure de la table et par conséquent certaines requêtes.
- Les risques d'incohérence des données : les noms de compétences sont stockés directement sous forme de chaînes de caractères, ce qui risque de donner lieu à des erreurs (PHP, php et P.H.P. sont-ils la même compétence ou pas ?).

Pour résoudre ces problèmes, vous allez normaliser la table en commençant par la première forme normale. La condition à respecter est de n'avoir aucun groupe de colonnes qui se répètent. Ici deux groupes de colonnes se répètent : (savoir1, niv1) et (savoir2, niv2). Il suffit, pour corriger le problème, de n'avoir plus qu'un couple (savoir,niveau) et d'écrire pour chaque employé autant de lignes dans la table qu'il a de compétences.

Vous obtenez alors la table suivante :

```
mysql> CREATE TABLE employe2 (
  id int(11) NOT NULL,
  nom varchar(30) NOT NULL DEFAULT '',
  ville varchar(30) NOT NULL DEFAULT '',
  savoir varchar(30) NOT NULL DEFAULT '',
  niveau tinyint(4) NOT NULL
) ENGINE=InnoDB;

mysql> SELECT * FROM employe2;
+----+---------+------------+--------+--------+
| id | nom     | ville      | savoir | niveau |
+----+---------+------------+--------+--------+
|  1 | Arthur  | Paris      | Linux  |      2 |
|  1 | Arthur  | Paris      | MySQL  |      1 |
|  2 | Bob     | Bordeaux   | Apache |      3 |
|  2 | Bob     | Bordeaux   | MySQL  |      2 |
|  3 | Charlie | Strasbourg | MySQL  |      3 |
|  3 | Charlie | Strasbourg | PHP    |      1 |
+----+---------+------------+--------+--------+
```

3.2.3 Deuxième forme normale

La table employe2 fait disparaître les problèmes de rigidité de la structure de données et de difficultés pour récupérer certaines informations. Par contre, les risques d'incohérence dus à des redondances de données sont toujours présents sur les colonnes nom, ville et savoir. Vous allez donc décomposer la table en deux parties :

```
mysql> CREATE TABLE employe3 (
  id_emp int(11) NOT NULL,
  nom varchar(30) NOT NULL DEFAULT '',
  ville varchar(30) NOT NULL DEFAULT '',
  PRIMARY KEY (id_emp)
) ENGINE=InnoDB;
```

```
mysql> CREATE TABLE competence (
  id_savoir int(11) NOT NULL,
  id_emp int(11) NOT NULL,
  savoir varchar(30) NOT NULL DEFAULT '',
  niveau tinyint(4) NOT NULL,
  PRIMARY KEY (id_savoir,id_emp)
) ENGINE=InnoDB;

mysql> SELECT * FROM employe3;
+--------+---------+------------+
| id_emp | nom     | ville      |
+--------+---------+------------+
|      1 | Arthur  | Paris      |
|      2 | Bob     | Bordeaux   |
|      3 | Charlie | Strasbourg |
+--------+---------+------------+

mysql> SELECT * FROM competence;
+-----------+--------+--------+--------+
| id_savoir | id_emp | savoir | niveau |
+-----------+--------+--------+--------+
|         1 |      1 | Linux  |      2 |
|         2 |      1 | MySQL  |      1 |
|         2 |      2 | MySQL  |      2 |
|         2 |      3 | MySQL  |      3 |
|         3 |      2 | Apache |      3 |
|         4 |      3 | PHP    |      1 |
+-----------+--------+--------+--------+
```

Maintenant la table `employe3` ne présente plus de redondances et se trouve en seconde forme normale. En effet, une table est en seconde forme normale si elle est en première forme normale et si tous les champs hors de la clé primaire dépendent de la clé primaire dans sa totalité.

Pour la table `competence`, vous obtenez toujours des redondances pour la colonne `savoir`. Cette table ne respecte d'ailleurs pas encore la seconde forme normale, puisque la colonne `savoir` ne dépend que de la colonne `id_savoir` et pas de toute la clé primaire, formée du couple `(id_savoir, id_emp)`.

Il vous faut donc décomposer la table competence :

```
mysql> CREATE TABLE competence2 (
  id_savoir int(11) NOT NULL,
  savoir varchar(30) NOT NULL,
  PRIMARY KEY (id_savoir)
) ENGINE=InnoDB;

mysql> CREATE TABLE competence_employe (
  id_savoir int(11) NOT NULL,
  id_emp int(11) NOT NULL,
  niveau tinyint(4) NOT NULL,
  PRIMARY KEY (id_savoir,id_emp)
) ENGINE=InnoDB;

mysql> SELECT * FROM competence2;
+-----------+--------+
| id_savoir | savoir |
+-----------+--------+
|         1 | Linux  |
|         2 | MySQL  |
|         3 | Apache |
|         4 | PHP    |
+-----------+--------+

mysql> SELECT * FROM competence_employe;
+-----------+--------+--------+
| id_savoir | id_emp | niveau |
+-----------+--------+--------+
|         1 |      1 |      2 |
|         2 |      1 |      1 |
|         2 |      2 |      2 |
|         2 |      3 |      3 |
|         3 |      2 |      3 |
|         4 |      3 |      1 |
+-----------+--------+--------+
```

Les tables competence2 et competence_employe n'ont plus de redondances et elles satisfont à la seconde forme normale.

3.2.4 Troisième forme normale

Pour qu'une table respecte la troisième forme normale, elle doit être en seconde forme normale et tous les champs hors de la clé primaire doivent dépendre uniquement de la clé primaire et pas d'autres champs qui ne font pas partie de la clé primaire.

La table `competence2` est bien en troisième forme normale, puisque la colonne `savoir` dépend uniquement de la clé primaire `id_savoir`. C'est le cas également de la table `competence_employe`, pour laquelle la colonne `niveau` dépend uniquement de la clé primaire (`id_savoir`, `savoir`).

Au contraire, la table `employe3` n'est pas en troisième forme normale puisque le champ `ville` dépend d'abord du champ nom avant de dépendre de la clé primaire. Pour rendre cette constatation évidente, il suffit d'imaginer un quatrième enregistrement dans la table pour lequel la ville est Strasbourg. Vous auriez alors une redondance du nom de la ville, et donc un risque d'incohérence des données. Vous devez donc décomposer la table `employe3` pour aboutir au modèle final suivant :

```
mysql> CREATE TABLE employe4 (
  id_emp int(11) NOT NULL,
  nom varchar(30) NOT NULL,
  id_ville int(11) NOT NULL,
  PRIMARY KEY (id_emp)
) ENGINE=InnoDB;

mysql> SELECT * FROM employe4;
+--------+---------+----------+
| id_emp | nom     | id_ville |
+--------+---------+----------+
|      1 | Arthur  |        1 |
|      2 | Bob     |        2 |
|      3 | Charlie |        3 |
+--------+---------+----------+

mysql> CREATE TABLE ville (
  id_ville int(11) NOT NULL,
  ville varchar(30) NOT NULL,
  PRIMARY KEY (`id_ville`)
) ENGINE=InnoDB;
```

```
mysql> SELECT * FROM ville;
+----------+------------+
| id_ville | ville      |
+----------+------------+
|        1 | Paris      |
|        2 | Bordeaux   |
|        3 | Strasbourg |
+----------+------------+

mysql> CREATE TABLE competence2 (
  id_savoir int(11) NOT NULL,
  savoir varchar(30) NOT NULL,
  PRIMARY KEY (id_savoir)
) ENGINE=InnoDB;

mysql> SELECT * FROM competence2;
+-----------+--------+
| id_savoir | savoir |
+-----------+--------+
|         1 | Linux  |
|         2 | MySQL  |
|         3 | Apache |
|         4 | PHP    |
+-----------+--------+

mysql> CREATE TABLE competence_employe (
  id_savoir int(11) NOT NULL,
  id_emp int(11) NOT NULL,
  niveau tinyint(4) NOT NULL,
  PRIMARY KEY (id_savoir,id_emp)
) ENGINE=InnoDB;

mysql> SELECT * FROM competence_employe;
+-----------+--------+--------+
| id_savoir | id_emp | niveau |
+-----------+--------+--------+
|         1 |      1 |      2 |
|         2 |      1 |      1 |
|         2 |      2 |      2 |
|         2 |      3 |      3 |
|         3 |      2 |      3 |
|         4 |      3 |      1 |
+-----------+--------+--------+
```

Le schéma étant normalisé, pouvez-vous toujours accéder aux mêmes informations qu'avant la normalisation ? Oui, la requête suivante reconstitue par exemple les informations disponibles sur tous les employés :

```
mysql> SELECT e.id_emp,e.nom,v.ville,c.savoir,ce.niveau
          FROM employe4 e INNER JOIN ville v USING(id_ville)
          INNER JOIN competence_employe ce USING(id_emp)
          INNER JOIN competence2 c USING(id_savoir);
+--------+---------+------------+--------+--------+
| id_emp | nom     | ville      | savoir | niveau |
+--------+---------+------------+--------+--------+
|      1 | Arthur  | Paris      | Linux  |      2 |
|      1 | Arthur  | Paris      | MySQL  |      1 |
|      2 | Bob     | Bordeaux   | MySQL  |      2 |
|      2 | Bob     | Bordeaux   | Apache |      3 |
|      3 | Charlie | Strasbourg | MySQL  |      3 |
|      3 | Charlie | Strasbourg | PHP    |      1 |
+--------+---------+------------+--------+--------+
```

Et il est devenu maintenant très simple de retrouver l'ensemble des compétences de la société :

```
mysql> SELECT savoir FROM competence2;
+--------+
| savoir |
+--------+
| Linux  |
| MySQL  |
| Apache |
| PHP    |
+--------+
```

Remarque

La normalisation seule ne protège pas de tous les problèmes liés aux incohérences de données. Avec votre schéma, il est par exemple possible de supprimer une ligne de la table `ville`, ce qui aura pour conséquence de ne plus laisser comme information sur la ville qu'un identifiant qui ne pointe plus vers aucune donnée dans la table `employe4`. Pour lever ce risque, vous définirez des clés étrangères (décrites dans la section suivante consacrée à l'indexation) pour chacune des relations.

3.2.5 Résumé des avantages de la normalisation

La normalisation demande un effort de réflexion pour réussir à concevoir les tables sans erreur. Il faut ensuite faire un effort supplémentaire pour écrire les jointures permettant de retrouver les données qui vous intéressent. Mais le bilan reste largement positif, car normaliser un modèle procure les bénéfices suivants :

- Les données ne sont plus redondantes. Ainsi, le risque d'incohérence en cas de modification ou de suppression est limité au maximum. De plus, l'espace disque nécessaire au stockage est diminué, ce qui permet aux tables et aux lignes d'être plus compactes, donc de tenir plus facilement en mémoire et d'être verrouillées moins longtemps.
- La structure des données est plus flexible. Cela autorise plus de possibilités pour combiner les données, tout en éliminant le recours à des clauses comme `DISTINCT` ou `GROUP BY` pour filtrer les doublons.

3.2.6 Inconvénients de la normalisation

Un schéma normalisé a un inconvénient majeur : hormis quelques requêtes très simples, la grande majorité des requêtes doivent être écrites sous forme de jointures entre des tables atomiques, c'est-à-dire décomposées au maximum. Or dans certains cas, la décomposition a pour effet de placer dans des tables différentes des colonnes que nous aurions souhaité grouper pour les indexer efficacement. De plus exécuter des jointures signifie que le serveur va le plus souvent accéder aux données en faisant des accès aléatoires, le type d'accès le plus lent (voir à ce sujet la section consacrée aux accès aux données dans ce même chapitre). Voilà pourquoi il est parfois nécessaire de ne pas suivre la théorie et de dénormaliser.

3.3 Dénormalisation

Si les données étaient restées dans la même table, les éventuels problèmes d'indexation pourraient être levés et les jointures seraient remplacées dans le pire des cas par un parcours séquentiel de l'intégralité de la table, ce qui peut être plus rapide que de nombreux accès aléatoires.

La dénormalisation va alors consister à recomposer des tables que vous aviez décomposées dans le processus de normalisation afin d'éviter des jointures. Le niveau de dénormalisation dépendra de votre application et des requêtes que vous devrez exécuter.

Il existe également une possibilité intermédiaire, qui consiste à générer des tables agrégeant un certain nombre de données, ce qui permet d'économiser des jointures en appelant directement les tables ainsi générées. Les mises à jour de telles tables peuvent se faire par un traitement périodique si les données peuvent être légèrement périmées ou par des triggers si les résultats doivent toujours être à jour.

La dénormalisation ne devient bénéfique que lorsque vous êtes certain que vos problèmes de performance proviennent de jointures sur des tables normalisées et que vous avez optimisé au mieux tous les paramètres sous votre contrôle.

Remarque

Attention, dénormaliser vous expose à tous les risques d'incohérences dus aux redondances de données et décrits dans la section précédente sur la normalisation.

Remarque

En cas de problèmes de performance, il faut toujours commencer par normaliser son modèle de données et optimiser au mieux les requêtes, en particulier en posant les bons index. Si après toutes ces optimisations, les jointures restent lentes, alors seulement il faudra se poser la question de la dénormalisation. Ce point est crucial car le besoin de dénormalisation devrait être exceptionnel : il existe beaucoup plus de cas où la solution passe par la normalisation que de cas où la solution consiste à dénormaliser. Par exemple, dénormaliser pour essayer d'améliorer une jointure entre trois tables de 100 000 lignes chacune est très certainement une mauvaise idée.

4. Indexation

4.1 Généralités sur les index

4.1.1 Rôle d'un index

Lorsque les tables deviennent très volumineuses, le serveur met de plus en plus de temps à retrouver les données que les clients lui demandent, et cette suractivité se traduit entre autres par des requêtes longues à exécuter. Pour retrouver de bonnes performances, une solution usuelle consiste à ajouter un ou plusieurs index sur la table. Un index est une structure de données liée à une table et dont le rôle est comparable à celui d'un index dans un livre : si vous souhaitez rechercher un mot dans un livre, il est plus rapide de chercher ce mot dans l'index, où vous trouverez directement le numéro de toutes les pages où il apparaît, plutôt que de lire tout le livre du début jusqu'à la fin.

De nombreux types d'index existent, certains sont en plus porteurs de contraintes sur les données de la table, mais dans tous les cas la finalité est la même : retrouver au plus vite une référence sur les données recherchées.

L'utilisation ou non d'un index pour résoudre une requête est décidée par le serveur pendant la phase d'optimisation de la requête : avant d'exécuter une requête, le serveur cherche à déterminer quel va être le moyen le plus rapide de rechercher les résultats en faisant appel à un sous-programme spécialisé appelé optimiseur de requêtes.

4.1.2 Clés et index

Certains systèmes de bases de données différencient clairement les clés et les index. Une clé est une contrainte sur des données alors qu'un index est une structure qui a pour but de permettre de rechercher rapidement un ensemble de données. Ainsi on peut définir dans ces systèmes une contrainte d'unicité ou une contrainte pour imposer à toutes les valeurs d'une colonne d'être supérieures à 10.

Avec MySQL, la notion de contrainte existe aussi, mais d'une manière plus limitée. Et surtout, toutes les contraintes sont implémentées à l'aide d'index. Pour cette raison, dans la suite de ce livre les termes clé et index seront parfois considérés comme interchangeables, même si dans certains cas l'usage veut qu'on emploie l'un plutôt que l'autre.

4.1.3 Colonnes pouvant bénéficier d'un index

Toutes les colonnes d'une table peuvent en théorie bénéficier d'un index. En pratique, les candidates sont beaucoup moins nombreuses : il s'agit essentiellement des colonnes utilisées pour les jointures, pour les filtres (clause `WHERE`), pour les tris (clause `ORDER BY`) ou pour les agrégations (clause `GROUP BY`). Les critères de choix des colonnes à indexer seront expliqués en détail dans la section Optimisation des requêtes de ce chapitre.

Rappelez-vous que la pose d'un index n'est pas gratuite : toutes les modifications faites sur une colonne indexée vont nécessiter un surplus de travail au serveur. Vous devrez par conséquent toujours mesurer le gain que peut apporter un index par rapport à son coût : si un index permet de diviser le temps d'exécution d'une requête par dix, alors il est utile et vous pouvez le conserver, mais s'il n'apporte aucun gain mesurable, il ne fait qu'alourdir les tâches du serveur et vous aurez tout intérêt à le supprimer.

Remarque

MySQL, à de très rares exceptions près, ne peut utiliser qu'un seul index par table pour une requête donnée. Cela explique pourquoi les colonnes candidates à l'indexation sont finalement peu nombreuses.

4.1.4 Création/suppression d'un index

Vous pouvez créer les index en même temps que la table.

Par exemple, la commande suivante crée une table simple avec un index :

```
mysql> CREATE TABLE t(
           id INT NOT NULL,
           col1 VARCHAR(30) NOT NULL,
           col2 VARCHAR(30) NOT NULL,
           KEY idx_col1 (col1)
       );
```

■ Remarque

Le mot-clé `KEY` peut être remplacé par son équivalent `INDEX`.

Le nom de l'index (ici `idx_col1`) est optionnel.

Vous pouvez également ajouter un index avec la commande `CREATE INDEX` :

```
mysql> CREATE INDEX idx_id ON t (id);
```

Ou avec `ALTER TABLE` :

```
mysql> ALTER TABLE t ADD INDEX (col2);
```

Ces deux commandes présentent quelques différences syntaxiques :

- Avec `CREATE TABLE`, le nom de l'index est obligatoire alors qu'avec `ALTER TABLE` il est facultatif.
- Si vous ne précisez pas de nom pour l'index avec `ALTER TABLE`, MySQL lui en assigne un automatiquement.
- `ALTER TABLE` permet de créer plusieurs index à la fois en séparant les clauses `ADD INDEX` par une virgule, ce qui n'est pas possible avec `CREATE TABLE`.

Pour supprimer un index, vous pourrez utiliser soit `DROP INDEX` soit `ALTER TABLE`. Dans les deux cas, il vous faudra connaître le nom de l'index (et pas le nom de la colonne indexée) :

```
mysql> SHOW CREATE TABLE t\G
*************************** 1. row ***************************
       Table: t
Create Table: CREATE TABLE t (
  id int(11) NOT NULL,
  col1 varchar(30) NOT NULL,
  col2 varchar(30) NOT NULL,
  KEY idx_id (id),
  KEY col2 (col2),
  KEY idx_col1 (col1)
) ENGINE=MyISAM DEFAULT CHARSET=latin1
1 row in set (0,00 sec)

mysql> DROP INDEX idx_col1 ON t;
Query OK, 0 rows affected (0,02 sec)
Records: 0  Duplicates: 0  Warnings: 0
```

```
mysql> ALTER TABLE t DROP INDEX col2;
Query OK, 0 rows affected (0,04 sec)
Records: 0  Duplicates: 0  Warnings: 0
```

Remarque

Si vous travaillez sur des tables volumineuses, que vous utilisez une version ancienne de MySQL (5.1 sans plug-in `InnoDB` ou plus ancienne) et que vous devez faire plusieurs opérations simultanées sur les index, préférez `ALTER TABLE` à `CREATE INDEX/DROP INDEX`. En effet, chaque création d'index va déclencher la reconstruction complète de la table et `ALTER TABLE`, en regroupant les opérations, va permettre de ne reconstruire la table qu'une seule fois. Très utile si la reconstruction d'une table prend deux heures !

4.2 Types d'index

4.2.1 Index uniques

Un index unique sur une colonne est un index qui porte une contrainte : toutes les valeurs non NULL de la colonne doivent être différentes. Si la colonne accepte les NULL, plusieurs valeurs NULL peuvent exister.

Vous créez un index unique en précisant UNIQUE KEY ou UNIQUE INDEX lors de la création de l'index.

L'exemple suivant montre la création d'un tel index et l'effet de la contrainte :

```
mysql> CREATE TABLE t(
          id INT,
          UNIQUE KEY (id)
       );
Query OK, 0 rows affected (0,04 sec)

mysql> INSERT INTO t (id) VALUES (1);
Query OK, 1 row affected (0,08 sec)

mysql> INSERT INTO t (id) VALUES (1);
ERROR 1062 (23000): Duplicate entry '1' for key 'id'

mysql> INSERT INTO t (id) VALUES (NULL);
Query OK, 1 row affected (0,03 sec)
```

```
mysql> INSERT INTO t (id) VALUES (NULL);
Query OK, 1 row affected (0,00 sec)

mysql> SELECT * FROM t;
+------+
| id   |
+------+
| NULL |
| NULL |
|    1 |
+------+
```

4.2.2 Clés primaires

Une clé primaire ressemble à un index unique car il s'agit d'un index portant également une contrainte d'unicité sur les valeurs indexées. Mais il existe quelques différences essentielles entre ces deux types d'index :

- Il ne peut exister qu'une seule clé primaire par table alors que vous pouvez créer autant de clés uniques que vous le souhaitez.
- Une clé primaire ne peut pas contenir de valeurs NULL.

Remarque

Si vous posez un index unique sur une colonne définie comme NOT NULL, l'index est fonctionnellement équivalent à une clé primaire, à la différence là encore que vous pouvez définir plusieurs index uniques sur des colonnes NOT NULL.

La syntaxe pour manipuler les clés primaires est légèrement différente de celle des autres index. En particulier, vous ne pourrez pas utiliser CREATE INDEX. Il faut savoir également qu'une clé primaire porte toujours le nom PRIMARY :

```
mysql> CREATE TABLE t (id int);
Query OK, 0 rows affected (0,05 sec)

mysql> CREATE INDEX `PRIMARY` ON t;
ERROR 1064 (42000): You have an error in your SQL syntax; check
the manual that corresponds to your MySQL server version for the
right syntax to use near '' at line 1

mysql> ALTER TABLE t ADD PRIMARY KEY (id);
Query OK, 0 rows affected (0,04 sec)
```

```
Records: 0  Duplicates: 0  Warnings: 0

mysql> DROP INDEX `PRIMARY` ON t;
Query OK, 0 rows affected (0,09 sec)
Records: 0  Duplicates: 0  Warnings: 0
```

4.2.3 Index non uniques

Un index non unique ne porte aucune contrainte particulière, son utilité est simplement de faciliter les recherches. Il n'existe pas de limitation particulière sur la création de tels index.

La création d'un index non unique se fait avec le mot-clé `INDEX` ou `KEY` comme vous l'avez vu précédemment dans la section Création/suppression d'un index.

4.2.4 Index sur plusieurs colonnes

Pour tous les types d'index décrits précédemment, vous pouvez créer un index portant sur plusieurs colonnes en même temps, appelé également index composite ou index multicolonne :

```
mysql> CREATE TABLE t (id int, col1 VARCHAR(30), col2
VARCHAR(30));
Query OK, 0 rows affected (0,08 sec)

mysql> CREATE INDEX idx_col12 ON t (col1,col2);
Query OK, 0 rows affected (0,11 sec)
Records: 0  Duplicates: 0  Warnings: 0
```

Quel est l'intérêt de poser un index sur plusieurs colonnes par rapport à un index sur chaque colonne ? Lorsque MySQL exécute une requête sur une table, un seul index est utilisable. Or, dans certaines situations, il est souhaitable de profiter d'un filtrage simultané sur plusieurs colonnes de la même table : ce cas de figure est seulement réalisable avec un index composite.

Les index multicolonnes ont également une caractéristique intéressante : MySQL est capable d'exploiter un préfixe gauche de l'index. Ainsi, si un index est posé sur les colonnes (A,B), si seule la colonne A est utile pour optimiser la requête, MySQL sait considérer cet index comme un index sur A seulement. L'ordre choisi dans les colonnes est ici très important puisqu'un index sur (B,A) ne peut pas remplir la même fonction.

Remarque

La notion de préfixe gauche n'est en réalité valable que pour les index B-Tree (les algorithmes disponibles pour représenter les index seront examinés dans la suite de cette section).

4.2.5 Index sur un préfixe de colonne

Pour les champs stockant des chaînes de caractères, il est possible de n'indexer que les N premiers caractères du champ : c'est ce qu'on appelle un index sur un préfixe de colonne, à ne pas confondre avec la notion de préfixe d'index décrite dans le paragraphe précédent.

Pour les colonnes de type BLOB et apparentés, un index ne pourra être créé que si vous précisez une taille, pour n'indexer qu'un préfixe :

```
mysql> CREATE TABLE t(col TEXT);
Query OK, 0 rows affected (0,09 sec)

mysql> CREATE INDEX idx_t ON t(col);
ERROR 1170 (42000): BLOB/TEXT column 'col' used in key
specification without a key length

mysql> CREATE INDEX idx_t ON t(col(50));
Query OK, 0 rows affected (0,03 sec)
Records: 0  Duplicates: 0  Warnings: 0
```

Ce type d'index est surtout intéressant lorsque vous avez affaire à des chaînes potentiellement longues : en choisissant bien la longueur du préfixe, vous pourrez obtenir un index beaucoup plus compact, tout en ayant quasiment la même capacité de filtrage, qu'un index sur la totalité de la colonne.

Pour trouver quelle taille utiliser pour le préfixe, vous pouvez calculer la sélectivité de différents préfixes et la comparer à la sélectivité de l'index sur la totalité de la colonne.

Prenez l'exemple de la table City. Cette table possède un champ Name défini comme CHAR(35). Les requêtes suivantes permettent de déterminer que 20 est une bonne taille pour le préfixe :

```
mysql> SELECT COUNT(distinct left(name,5))/COUNT(*) AS res5 FROM
City;
+--------+
```

```
| res5   |
+--------+
| 0.8713 |
+--------+

mysql> SELECT COUNT(distinct left(name,10))/COUNT(*) AS res10 FROM
City;
+--------+
| res10  |
+--------+
| 0.9708 |
+--------+

mysql> SELECT COUNT(distinct left(name,15))/COUNT(*) AS res15 FROM
City;
+--------+
| res15  |
+--------+
| 0.9792 |
+--------+

mysql> SELECT COUNT(distinct left(name,20))/COUNT(*) AS res20 FROM
City;
+--------+
| res20  |
+--------+
| 0.9801 |
+--------+

mysql> SELECT COUNT(distinct name)/COUNT(*) AS resTot FROM City;
+--------+
| resTot |
+--------+
| 0.9801 |
+--------+
```

Remarque

Le calcul présenté ici est un calcul de sélectivité. Les notions de sélectivité moyenne et de sélectivité au pire seront présentées dans la suite de cette section.

4.2.6 Index redondants

Lorsque, suite à une éventuelle mauvaise manipulation, vous avez créé plusieurs index sur la même colonne, vous obtenez des index redondants. Avant la version 5.6, MySQL ne vous avertira jamais de ce problème car il ne s'agit pas d'une erreur bloquante. Malgré tout, avoir des doublons sur les index n'apporte aucun gain en performance sur l'exécution des lectures et ralentit l'exécution des mises à jour. Il sera donc profitable de supprimer tous ces index inutiles.

Identifier les index redondants n'est pas toujours évident au premier coup d'œil. Prenons un exemple pour voir les différents cas de figure :

```
mysql> CREATE TABLE t (
          col1 INT,
          col2 INT,
          PRIMARY KEY (col1,col2),
          KEY (col1),
          KEY (col2),
          UNIQUE KEY (col1)
       );
```

Une clé primaire est définie sur `(col1,col2)`, `col1` en est un préfixe gauche : l'index non unique sur `col1` est donc inutile.

`col2` n'est pas un préfixe gauche de `(col1,col2)` : l'index non unique sur `col2` est donc utile.

La clé primaire indique que chaque couple `(col1,col2)` doit être unique, mais elle n'empêche pas d'avoir plusieurs fois la même valeur pour `col1` : les couples `(1,1)` et `(1,2)` peuvent exister avec la seule contrainte de la clé primaire. L'index unique sur `col1` est donc utile.

Remarque

De plus, la redondance dépend du type d'index (notion abordée dans la suite). Par exemple avec un index B-Tree, un index sur `(col1,col2)` est différent d'un index sur `(col2,col1)` alors qu'avec un index hash, les deux seraient redondants.

Remarque

MySQL 5.6 est capable de détecter que vous définissez deux fois un index sur la même colonne, mais pas que vous créez un index qui est un préfixe d'un autre index.

Percona Toolkit peut vous aider à détecter les index redondants grâce à `pt-duplicate-key-checker`. Cet outil vous présente chacun des index redondants et vous propose une requête permettant de supprimer chaque index inutile.

Remarque

Pour l'installation de Percona Toolkit, voyez le chapitre installation du serveur.

Exemple d'utilisation :

```
mysql> CREATE TABLE tm(
          col1 INT,
          col2 INT,
          KEY idx_c1 (col1),
          KEY idx_c1_bis (col1),
          KEY idx_c1c2 (col1,col2),
          KEY idx_c2c1 (col2,col1),
          KEY idx_c2(col2));

shell> pt-duplicate-key-checker -uroot --ask-pass -databases=test
--tables=tm
Enter password:
#
####################################################################
######
# test.tm
#
####################################################################
######

# idx_c2 is a left-prefix of idx_c2c1
# Key definitions:
#   KEY `idx_c2` (`col2`)
#   KEY `idx_c2c1` (`col2`,`col1`),
# Column types:
#     `col2` int(11) DEFAULT NULL
#     `col1` int(11) DEFAULT NULL
# To remove this duplicate index, execute:
```

```
ALTER TABLE `test`.`tm` DROP INDEX `idx_c2`;

# idx_c1 is a left-prefix of idx_c1c2
# Key definitions:
#   KEY `idx_c1` (`col1`),
#   KEY `idx_c1c2` (`col1`,`col2`),
# Column types:
#     `col1` int(11) DEFAULT NULL
#     `col2` int(11) DEFAULT NULL
# To remove this duplicate index, execute:
ALTER TABLE `test`.`tm` DROP INDEX `idx_c1`;

# idx_c1_bis is a left-prefix of idx_c1c2
# Key definitions:
#   KEY `idx_c1_bis` (`col1`),
#   KEY `idx_c1c2` (`col1`,`col2`),
# Column types:
#     `col1` int(11) DEFAULT NULL
#     `col2` int(11) DEFAULT NULL
# To remove this duplicate index, execute:
ALTER TABLE `test`.`tm` DROP INDEX `idx_c1_bis`;

#
##################################################################
######
# Summary of indexes
#
##################################################################
######

# Size Duplicate Indexes   0
# Total Duplicate Indexes  3
# Total Indexes            5
```

Dans cet exemple, `pt-duplicate-key-checker` a bien détecté les index définis plusieurs fois mais aussi ceux qui ont été définis comme un préfixe gauche d'un autre index.

Si vous êtes en accord avec ce que propose `pt-duplicate-key-checker`, il ne reste plus qu'à appliquer les commandes `ALTER TABLE` :

```
shell > pt-duplicate-key-checker -uroot --ask-pass
--databases=test --tables=TM | grep ALTER | mysql -uroot -p
```

Remarque

`pt-duplicate-key-checker` est aussi capable de détecter pour `InnoDB` quand un suffixe d'un index secondaire est un préfixe de la clé primaire. Pour comprendre ce cas de figure, reportez-vous à la section sur les index clusters `InnoDB`.

Notez que le script se base sur la commande `SHOW CREATE TABLE` et n'accède qu'en lecture au serveur. L'application des changements est donc toujours laissée à la charge de l'utilisateur.

4.2.7 Clés étrangères

Les clés étrangères représentent le moyen privilégié d'assurer l'intégrité référentielle entre plusieurs tables. Le serveur MySQL ne gère pas lui-même les clés étrangères : l'implémentation en est laissée aux moteurs de stockage. Actuellement, `InnoDB` est le seul moteur courant à assurer cette fonctionnalité.

Voici un exemple de création d'une clé étrangère entre le champ `ref_nom` d'une table `t2` (table enfant) et le champ nom d'une table `t1` (table parent) :

```
mysql> CREATE TABLE t1 (
  id int(11) NOT NULL AUTO_INCREMENT,
  nom varchar(20) NOT NULL DEFAULT '',
  PRIMARY KEY (id),
  KEY idx_nom (nom)
) ENGINE=InnoDB;

mysql> CREATE TABLE t2 (
  id int(11) NOT NULL AUTO_INCREMENT,
  ref_nom varchar(20) NOT NULL DEFAULT '',
  PRIMARY KEY (id),
  CONSTRAINT fk_nom FOREIGN KEY fk_ref_nom (ref_nom) REFERENCES t1
(nom)
) ENGINE=InnoDB;
```

Remarque

Dans cet exemple, la clé étrangère ne référence pas une clé primaire ou un index unique, ce qui est permis avec InnoDB (extension du standard SQL).

Remarque

S'il n'existe pas soit un index sur le champ référencé (ici `t1.nom`) soit un index dont le champ référencé est un préfixe, alors l'instruction `CREATE TABLE` de la table `t2` retournera une erreur du type :

```
ERROR 1005 (HY000): Can't create table 'test.t2' (errno: 150)
```

Remarque

La clause `CONSTRAINT` est optionnelle et le nom de la contrainte doit être unique dans toute la base.

Le nom d'index après `FOREIGN KEY` (ici `fk_ref_nom`) est optionnel.

Les clés étrangères peuvent être ajoutées ou supprimées avec `ALTER TABLE`.

Une clé étrangère peut référencer plusieurs champs en même temps, mais toujours dans une même table.

La création d'une clé étrangère indique au serveur de rejeter tout ajout ou modification dans la table enfant si la valeur de la clé n'a pas de correspondance dans la table parent.

Le comportement lors d'une mise à jour ou d'une suppression dans la table parent dépend de modificateurs supplémentaires ajoutés dans la clause `FOREIGN KEY` :

- `RESTRICT` (ou `NO ACTION`) : toute tentative de mise à jour ou de suppression dans la table parente provoque une erreur si une ou plusieurs lignes correspondantes existent dans la table enfant. Il s'agit de l'action par défaut si rien n'est précisé dans la clause `FOREIGN KEY`.
- `CASCADE` : quand une ligne est mise à jour ou supprimée dans la table parente, la ou les lignes correspondantes sont automatiquement mises à jour ou supprimées dans la table enfant.
- `SET NULL` : quand une ligne est mise à jour ou supprimée dans la table parente, la ou les lignes correspondantes sont automatiquement mises à `NULL` dans la table enfant. Les colonnes ne doivent pas être `NOT NULL` dans la table enfant, sinon une erreur est déclenchée lors de la définition de la clé étrangère.

Remarque

Le modificateur `SET DEFAULT` qui existe dans d'autres SGBD n'est pas autorisé avec MySQL.

Certains SGBD font une différence entre `RESTRICT` et `NO ACTION`, ce n'est pas le cas de MySQL.

Pour ajouter le modificateur `CASCADE` sur la table `t2` de l'exemple précédent, vous pouvez procéder ainsi :

```
mysql> ALTER TABLE t2 DROP FOREIGN KEY fk_nom;

mysql> ALTER TABLE t2 ADD CONSTRAINT fk_nom FOREIGN KEY (ref_nom)
REFERENCES t1(nom) ON DELETE CASCADE ON UPDATE CASCADE;
```

4.3 Notions avancées

4.3.1 Index B-Tree

Avec MySQL, l'implémentation physique la plus courante d'un index se fait sous la forme d'un B-Tree (Balanced Tree, soit arbre équilibré en français, ou encore arbre B). Vous obtenez cette information avec la commande `SHOW INDEX` :

```
mysql> SHOW INDEX FROM world.City\G
*************************** 1. row ***************************
       Table: City
  Non_unique: 0
    Key_name: PRIMARY
Seq_in_index: 1
 Column_name: ID
   Collation: A
 Cardinality: 4079
    Sub_part: NULL
      Packed: NULL
        Null:
  Index_type: BTREE
     Comment:
```

Ce type d'arbre est équilibré par nature, ce qui signifie que toutes les feuilles se trouvent à la même distance de la racine. Il a des caractéristiques très intéressantes pour représenter un index : les opérations d'insertion, de suppression et de recherche sont optimisées, les données stockées sont triées et la structure est compacte donc peu coûteuse en espace disque.

Les différents moteurs n'implémentent pas nécessairement tous exactement la structure d'un arbre B. Ainsi, `InnoDB` utilise non pas des arbres B mais des arbres B+ qui possèdent quelques propriétés particulières, comme le fait de ne stocker des données que dans les feuilles ou d'avoir un pointeur entre chaque feuille, autorisant des parcours séquentiels rapides des feuilles au lieu de devoir remonter jusqu'à la racine pour aller de feuille en feuille. De même, `MyISAM` utilise des arbres bicolores au lieu d'arbres B.

Pour éviter d'ajouter trop de complexité, seuls les termes arbre B et index B-Tree seront utilisés dorénavant, le but étant plus de vous faire comprendre les concepts de l'implémentation des index sous forme d'arbres que de vous donner des détails très techniques ayant peu d'intérêt dans le cadre de ce livre.

Le diagramme suivant résume de manière simplifiée le principe d'un arbre B pour un index sur la colonne `ville` d'une table :

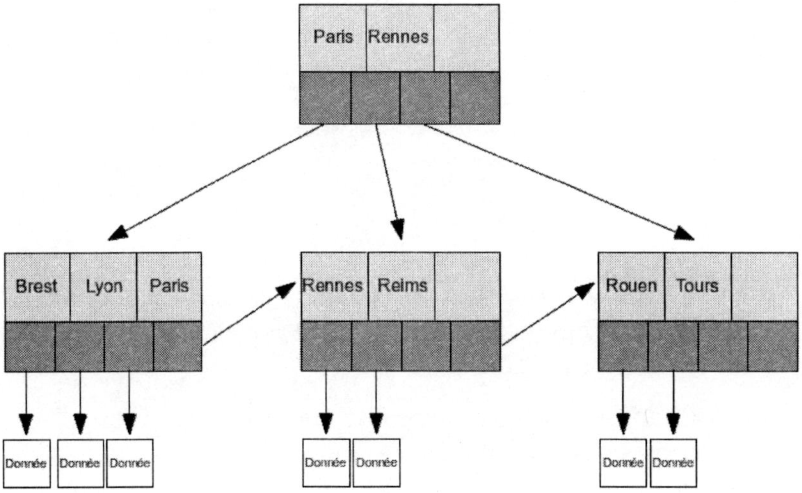

La manière de pointer vers les données va dépendre du moteur de stockage. Par exemple, avec `MyISAM`, les feuilles d'un index vont contenir un pointeur vers la position de la donnée dans le fichier `.MYD` correspondant. Avec `InnoDB`, le mécanisme est différent et sera décrit plus en détail dans la suite de cette section car il a des implications non négligeables sur la manière de créer les tables et les index.

Un arbre B représentant un index sur une colonne est capable de répondre à de nombreux critères de recherche. En vous référant au schéma ci-dessus, vous verrez qu'il est possible de répondre aux recherches suivantes avec l'index :

- Recherche sur une donnée complète : pour trouver si la ville de Rennes existe dans la table (`ville = 'Rennes'`). Il est possible que la recherche retourne plusieurs lignes.
- Recherche sur un préfixe de colonne : pour trouver toutes les villes commençant par 'Re' (`ville LIKE 'Re%'`).
- Recherche sur un intervalle de valeurs : pour trouver toutes les villes dont le nom commence par une lettre comprise entre M et R (`ville BETWEEN 'R' AND 'V'`).
- Tri : les données dans l'index sont triées par ville, le tri par ville est donc immédiat.

Il est aussi possible de combiner plusieurs critères avec le même index. Ainsi, la requête suivante peut être satisfaite avec le même index :

```
mysql> SELECT * FROM v WHERE ville BETWEEN 'R' AND 'V' AND ville
LIKE 'SAINT%' ORDER BY ville;
```

Remarque

Dans certaines situations, même s'il est théoriquement possible d'utiliser un index, l'optimiseur de requêtes ne va pas faire ce choix : il va soit décider d'utiliser un autre index qu'il juge plus performant pour la requête soit faire le choix d'un parcours complet de la table.

Toujours en consultant le schéma, vous constaterez que certaines opérations ne sont malgré tout pas possibles avec un tel index, comme par exemple la recherche sur une valeur qui n'est pas un préfixe : l'index n'est pas utile pour chercher les villes se terminant par 'es' (`ville LIKE '%es'`).

Le schéma suivant représente, toujours de manière simplifiée, l'allure d'un arbre B pour un index sur trois colonnes (ville, province, pays) :

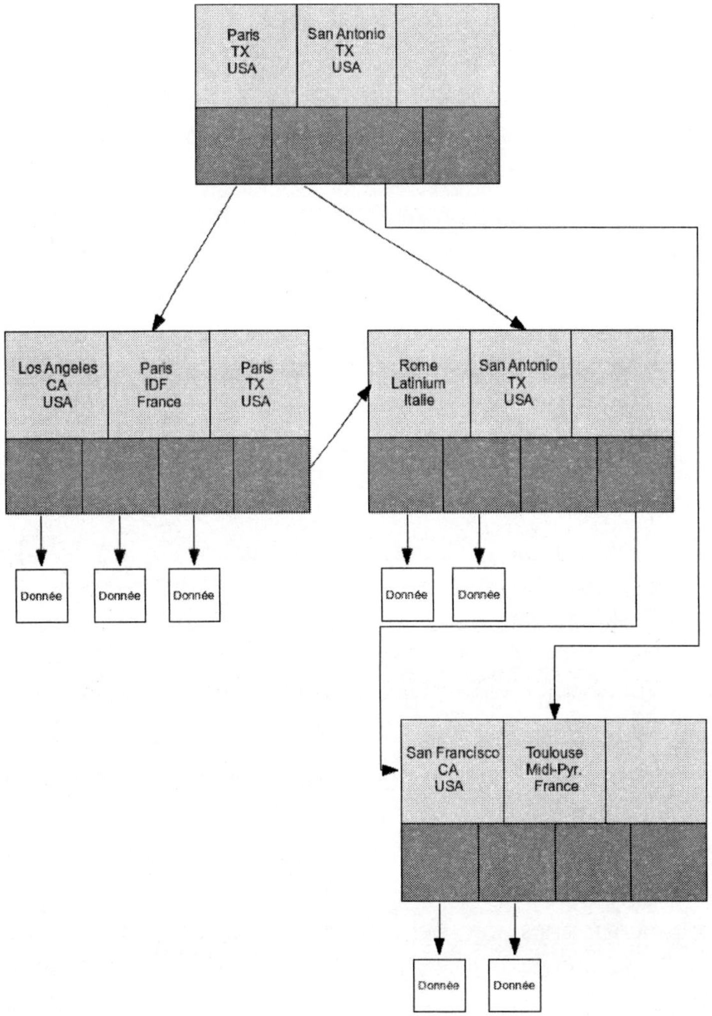

Les opérations suivantes sont possibles :

– Recherche sur une valeur complète (`ville = 'Paris' AND province = 'IDF' AND pays = 'France'`).

- Recherche sur une valeur exacte pour un préfixe gauche de l'index (`ville = 'Paris'`).
- Recherche sur une valeur exacte pour un préfixe gauche de l'index et un intervalle de valeurs sur la colonne suivante (`ville = 'Paris' AND province BETWEEN 'A' AND 'K'`).
- Recherche sur une valeur exacte pour un préfixe gauche de l'index et un préfixe de la colonne suivante (`ville = 'Paris' AND province LIKE 'IDF%'`).
- Tri sur toutes les colonnes, dans l'ordre ascendant (`ORDER BY ville, province, pays`).
- Tri sur un préfixe de colonne, dans l'ordre ascendant (`ORDER BY ville, province`).
- Tri sur la première colonne, dans n'importe quel ordre (`ORDER BY ville DESC`).

Toutes les autres opérations sont impossibles à réaliser avec l'index, en particulier :

- Recherche sur un préfixe gauche de l'index et plusieurs intervalles de valeur (`ville = 'Paris' AND province LIKE 'I%' AND pays LIKE 'F%'`). Dans ce cas, l'index peut être utilisé jusqu'au premier intervalle, c'est-à-dire ici pour les colonnes `ville` et `province`.
- Recherche sur des colonnes au-delà du premier intervalle de valeur (`ville LIKE 'Paris' AND province LIKE 'I%' AND pays = 'France'`). Dans ce cas, l'index peut être utilisé jusqu'au premier intervalle.
- Recherche sur autre chose qu'un préfixe gauche de l'index (`province = 'TX'`).
- Tri autre que ceux mentionnés précédemment (`ORDER BY pays, province`).

Remarque

Les index B-Tree autorisent les index couvrants, sujet détaillé dans la suite de cette section.

La connaissance des opérations possibles ou impossibles avec les arbres B va vous permettre de mieux comprendre dans quelles occasions un index peut être utile.

En voici un exemple :

```
mysql> SELECT * FROM City WHERE Name LIKE '%ille';
```

Vous savez maintenant que même si vous ajoutez un index sur la colonne `Name`, MySQL ne l'utilisera pas pour cette requête puisque la clause `LIKE` telle qu'elle est écrite ne représentera pas un préfixe de la valeur indexée.

Voici encore une petite astuce à connaître : vous pouvez transformer un intervalle de nombres entiers en une clause `IN()` qui énumère les différentes valeurs. Cette transformation permet maintenant à l'index d'être utilisé sur la colonne portant le `IN()`.

L'exemple suivant va mettre cette technique en pratique :

Si à partir de la base exemple `Country`, vous souhaitez connaître les pays qui sont devenus indépendants entre `1965` et `1970` et dont la `Population` excède 2 millions d'habitants, vous allez écrire une requête qui n'utilise pas d'index par défaut.

La commande `EXPLAIN`, qui permet d'obtenir des informations sur le plan d'exécution et qui sera détaillée dans la suite de ce chapitre, indique qu'aucun index n'est utilisable et donc qu'aucun index n'est utilisé.

```
mysql> EXPLAIN SELECT Name FROM Country WHERE IndepYear BETWEEN
1965 AND 1970 AND Population > 2000000\G
*************************** 1. row ***************************
          ...
possible_keys: NULL
          key: NULL
          ...
```

Si vous ajoutez un index sur `(IndepYear,Population)`, celui-ci ne sera pas utilisé en totalité. Pour s'en rendre compte, il suffit de créer également un index sur `IndepYear` seulement et de relancer la commande `EXPLAIN` :

```
mysql> ALTER TABLE Country ADD INDEX idx_ind (IndepYear), ADD
INDEX idx_ind_pop (IndepYear,Population);
```

```
mysql> EXPLAIN SELECT Name FROM Country WHERE IndepYear BETWEEN
1965 AND 1970 AND Population > 2000000\G
************************** 1. row ***************************
          ...
possible_keys: idx_ind,idx_ind_pop
          key: idx_ind
          ...
```

Si vous transformez le BETWEEN en IN :

```
mysql> EXPLAIN SELECT Name FROM Country WHERE IndepYear
IN(1965,1966,1967,1968,1969,1970) AND Population > 2000000\G
************************** 1. row ***************************
          ...
possible_keys: idx_ind,idx_ind_pop
          key: idx_ind_pop
          ...
```

L'index sur (IndepYear,Population) est maintenant utilisé.

Remarque

Cette astuce est surtout intéressante quand la liste de valeurs de la clause IN *n'est pas trop longue.*

4.3.2 Index hash

Un index hash consiste en une structure beaucoup plus simple qu'un index B-Tree : il s'agit d'une table de hachage permettant de stocker d'une part le résultat du hachage des valeurs des colonnes indexées et d'autre part un pointeur vers la ligne de données.

Dans une table de hachage, il faut statistiquement le même temps pour accéder à un élément, quelle que soit sa position dans la table. De plus, la fonction de hachage est choisie pour donner des résultats compacts, quelle que soit la taille de la donnée initiale à hacher. Pour ces raisons, un index hash est souvent extrêmement performant lorsqu'il peut être utilisé.

Cependant, il n'existe qu'un seul cas de figure permettant l'emploi d'un index hash: la recherche d'une valeur précise. En effet, les hash de deux valeurs proches n'ayant aucune relation entre eux, la table de hachage ne porte aucune indication sur l'ordre des valeurs : les recherches par intervalle de valeurs ou les tris ne sont pas possibles en utilisant l'index.

De même, le hash d'un préfixe n'est pas le préfixe d'un hash, donc toutes les recherches par préfixe qui étaient réalisables avec les index B-Tree ne sont plus possibles avec un index hash.

À l'heure actuelle, ce type d'index n'est disponible que pour le moteur `Memory`, par défaut. Sachez que vous pouvez également définir des index B-Tree avec les tables `Memory`, pour cela vous emploierez une des syntaxes suivantes :

– À la création de la table :

```
mysql> CREATE TABLE t(
          id INT,
          INDEX idx_id USING BTREE(id)
       ) ENGINE = MEMORY;
```

– Après avoir créé la table avec `CREATE INDEX` :

```
mysql> CREATE INDEX idx_id USING BTREE ON t (id);
```

– Après avoir créé la table avec `ALTER TABLE` :

```
mysql> ALTER TABLE t ADD INDEX idx_id USING BTREE (id);
```

Remarque

Les autres moteurs de stockage acceptent la syntaxe avec `USING` pour préciser un algorithme d'indexation mais ne prennent pas en compte l'instruction.

MySQL autorise la création d'index hash pour des valeurs non uniques. Dans ce cas, les pointeurs vers les différentes lignes seront stockés sous la forme d'une liste chaînée.

4.3.3 Autres algorithmes d'indexation

En plus des index de type arbre B et hash qui ont été décrits, MySQL utilise quelques autres algorithmes pour ses index :

– Le moteur NDB utilise des arbres T, une variante de l'arbre B.

– Le moteur `MyISAM` utilise des arbres R pour les index spatiaux, encore une autre variante d'arbre.

– Le moteur `MyISAM` utilise un double arbre B pour les index `FULLTEXT`, qui sont abordés dans la suite de ce chapitre.

- Certains moteurs de stockage peuvent utiliser d'autres algorithmes, c'est le cas par exemple de TokuDB avec ses arbres fractals.

Enfin, il n'existe pas avec MySQL de possibilité de créer un index bitmap ou un index sur une fonction.

4.3.4 Sélectivité et distribution des valeurs

Lorsque vous souhaitez construire un index sur un préfixe de colonne, vous pouvez calculer la sélectivité moyenne pour différentes tailles de préfixe, comme il en a été question dans le paragraphe au sujet des index sur un préfixe de colonne. Les requêtes présentées permettaient de calculer la sélectivité d'un index sur la totalité de la colonne et la sélectivité de ce même index sur un préfixe de la colonne. L'objectif lorsque vous posez un index doit toujours être de pouvoir filtrer le maximum de données avec cet index, donc d'avoir la meilleure sélectivité possible. Lorsque vous chercherez une taille idéale pour un préfixe, vous chercherez le meilleur compromis entre un préfixe long donc sélectif mais coûteux en espace disque (et donc en temps d'accès) ou un préfixe plus court donc moins sélectif mais plus économe en espace disque.

Cette notion de sélectivité a aussi du sens lorsque vous voulez poser un index sur une colonne entière : si cet index est peu sélectif, il ne filtrera que peu de données et l'optimiseur de MySQL jugera certainement qu'il n'est pas intéressant d'utiliser cet index. La clé primaire représente le meilleur des cas, une valeur dans l'index correspondant à une et une seule donnée. Un exemple typique d'un index peu sélectif, donc peu utile, est celui d'un index sur le sexe (homme/femme) car dans la majorité des situations, vous aurez environ 50 % de femmes et 50 % d'hommes, ce qui ne donnera pas un filtrage efficace.

Une autre notion importante est celle de distribution des valeurs : dans un jeu de données réelles, il est courant que les données ne soient pas uniformément réparties sur l'ensemble des valeurs possibles mais qu'il existe une ou plusieurs zones concentrant la majorité des données. Lorsque vous voulez calculer une taille de préfixe pour un index, la connaissance de la distribution des valeurs vous permet de vous intéresser à la sélectivité la pire et non plus seulement à la sélectivité moyenne dont il a été question jusqu'ici. Si vous avez une table contenant des informations sur des films et que vous voulez ajouter un index sur le titre, un préfixe de 3 donnera peut-être une sélectivité moyenne correcte, mais tous les films dont le titre commence par "The" seront considérés comme identiques par l'index, donnant une sélectivité au pire très mauvaise. Mieux vaut dans ce cas ajouter quelques caractères à l'index pour améliorer la sélectivité au pire.

Si vous reprenez l'exemple du champ `Name` de la table `City`, vous pouvez comparer la sélectivité au pire pour la totalité de la colonne et pour un préfixe de cinq caractères :

```
mysql> SELECT Name AS prefixe,COUNT(name) AS total
          FROM City
          GROUP BY prefixe
          ORDER BY total DESC
          LIMIT 5;
+--------------+-------+
| prefixe      | total |
+--------------+-------+
| San José     |     4 |
| La Paz       |     3 |
| San Fernando |     3 |
| Richmond     |     3 |
| Valencia     |     3 |
+--------------+-------+

mysql> SELECT left(Name,5) AS prefixe,COUNT(left(Name,5)) AS
total
          FROM City
          GROUP BY prefixe
          ORDER BY total DESC
          LIMIT 5;
+---------+-------+
| prefixe | total |
+---------+-------+
| Santa   |    26 |
| Saint   |    13 |
| San F   |    12 |
| Ciuda   |    10 |
| San J   |    10 |
+---------+-------+
```

Ces requêtes montrent qu'en prenant la totalité de la colonne, vous n'aurez aucune valeur indexée qui correspondra à plus de quatre valeurs différentes, alors que si vous prenez un préfixe de cinq caractères, certaines valeurs indexées correspondront à plus d'une dizaine de valeurs. Si vous exécutez la même requête pour un préfixe de 20 caractères, vous obtiendrez un résultat comparable au résultat pour l'ensemble de la colonne.

Sur des tables plus conséquentes (la table `City` n'a que 4000 enregistrements), cet effet peut être encore plus marqué, et il est tout à fait possible qu'un préfixe d'une valeur puisse correspondre à des centaines d'enregistrements alors que les valeurs complètes ont peu d'occurrences.

Remarque

Les jeux de données générés aléatoirement reproduisent rarement la distribution de valeurs de la réalité : rien ne remplace donc des données réelles pour faire des hypothèses correctes sur la pose d'index pertinents.

L'optimiseur de requêtes est capable d'analyser la sélectivité d'un index, et peut décider, pour deux requêtes similaires, d'utiliser un index dans un cas et pas dans l'autre si la distribution des valeurs fait que l'index est très efficace dans un cas et peu efficace dans l'autre cas.

Vous pourrez par exemple apercevoir cet effet avec la table `film_text` de la base `sakila`, en ajoutant un index sur la colonne description et en exécutant les requêtes ci-dessous (reportez-vous à la section suivante sur la commande `EXPLAIN` si vous ne connaissez pas la notion de plan d'exécution d'une requête) :

```
mysql> ALTER TABLE film_text ADD INDEX idx_desc
(description(50));

mysql> EXPLAIN SELECT * FROM film_text WHERE description LIKE 'A S
%'\G
*************************** 1. row ***************************
           id: 1
  select_type: SIMPLE
        table: film_text
         type: range
possible_keys: idx_desc
          key: idx_desc
      key_len: 153
          ref: NULL
         rows: 41
        Extra: Using where
```

```
mysql> EXPLAIN SELECT * FROM film_text WHERE description LIKE 'A A
%'\G
*************************** 1. row ***************************
           id: 1
  select_type: SIMPLE
        table: film_text
         type: ALL
possible_keys: idx_desc
          key: NULL
      key_len: NULL
          ref: NULL
         rows: 1000
        Extra: Using where
```

La première requête utilise comme prévu l'index sur la colonne description, ce qui est indiqué par `key: idx_desc`. Mais dans la seconde, même si l'optimiseur a considéré l'index (`possible_keys: idx_desc`), il l'a écarté car il l'a jugé trop coûteux (`key: NULL`). Cela signifie que l'optimiseur a jugé qu'il était plus rapide de parcourir l'intégralité des 1000 lignes de la table que d'aller retrouver directement les bonnes lignes qui sont distribuées aléatoirement.

Remarque

Vous trouverez parfois des informations indiquant que dès qu'une valeur indexée correspond à au moins 30 % des lignes de la table, MySQL préfère parcourir l'intégralité de la table plutôt qu'utiliser l'index. Ce seuil de 30 % est une légende et n'est certainement pas codé en dur dans MySQL. Dans l'exemple précédent, la valeur 'A A' est présente dans 207 lignes sur 1000, ce qui donne un taux de 20 %. Et pourtant l'optimiseur préfère déjà un parcours complet de la table.

Sachez qu'il existe également des cas où les valeurs sont très inégalement réparties et où l'intérêt de la pose d'un index dépendra de la gamme de valeurs sur laquelle porteront vos requêtes. Par exemple, dans une table de commandes, si vous avez un champ statut, il est très probable qu'au bout de quelques mois, 99 % des commandes aient le statut archivé. Si dans vos requêtes, vous souhaitez retrouver les commandes en cours, un index sur la colonne statut est très intéressant. Par contre, si vous souhaitez seulement calculer des statistiques sur les commandes archivées, cet index est totalement inutile.

4.3.5 Index cluster InnoDB

InnoDB utilise un mode de stockage des données dans lequel les données sont stockées avec l'un des index de la table, qui est appelé index cluster. Certains SGBD laissent le choix de l'index qui est désigné comme cluster, mais ce n'est pas le cas d'InnoDB : il s'agit nécessairement de la clé primaire.

Cette configuration a des conséquences importantes pour toutes les requêtes effectuées sur des tables InnoDB :

- Les données étant stockées avec la clé primaire, toute requête utilisant la clé primaire sera très efficace.
- Toute requête utilisant un index secondaire sera moins efficace car elle nécessitera deux recherches dans les index (une recherche dans l'index secondaire donnant la clé primaire, puis une recherche dans la clé primaire pour trouver la donnée).
- Le choix d'une clé primaire compacte est capital car cette clé se trouve implicitement ajoutée à la fin de chacun des index secondaires.
- La mise à jour de l'index cluster est coûteuse car le système met à jour en même temps l'index et les données associées, et va éventuellement devoir réorganiser une partie de l'index pour conserver le tri des valeurs indexées.

InnoDB utilise toujours un index cluster, que se passe-t-il si vous n'avez pas défini de clé primaire ? Le moteur essaiera de trouver un index unique qui n'a aucune valeur NULL, et s'il n'en trouve pas il créera une clé primaire cachée. Mieux vaut donc toujours définir une clé primaire avec les tables InnoDB.

L'index cluster a une conséquence importante sur les index secondaires : tout index secondaire contenant la clé primaire comme suffixe pourra être réduit en supprimant toutes les colonnes de la clé primaire. Il est même possible d'aller un peu plus loin : tout préfixe gauche de la clé primaire apparaissant comme suffixe d'un index secondaire peut être supprimé de l'index secondaire.

La détection de ce cas de figure n'est pas toujours évidente. Heureusement, le Percona Toolkit va pouvoir vous aider avec pt-duplicate-key-checker, outil qui vous a été présenté dans le paragraphe sur les index redondants.

L'exemple suivant va vous montrer l'aide apportée par `pt-duplicate-key-checker` :

```
mysql> CREATE TABLE ti(
          col1 INT PRIMARY KEY,
          col2 INT,
          col3 INT,
          KEY idx_c2 (col2),
          KEY idx_c1c2 (col1,col2),
          KEY idx_c3 (col3),
          KEY idx_c2c1 (col2,col1)
       ) ENGINE=INNODB;

shell> pt-duplicate-key-checker -uroot --ask-pass --databases=test
--tables=ti
Enter password:
#
##################################################################
######
# test.ti
#
##################################################################
######

# idx_c2 is a left-prefix of idx_c2c1
# Key definitions:
#   KEY `idx_c2` (`col2`),
#   KEY `idx_c2c1` (`col2`,`col1`)
# Column types:
#     `col2` int(11) DEFAULT NULL
#     `col1` int(11) NOT NULL
# To remove this duplicate index, execute:
ALTER TABLE `test`.`ti` DROP INDEX `idx_c2`;

# Key idx_c2c1 ends with a prefix of the clustered index
# Key definitions:
#   KEY `idx_c2c1` (`col2`,`col1`)
#   PRIMARY KEY (`col1`),
# Column types:
#     `col2` int(11) DEFAULT NULL
#     `col1` int(11) NOT NULL
# To shorten this duplicate clustered index, execute:
ALTER TABLE `test`.`ti` DROP INDEX `idx_c2c1`, ADD INDEX
`idx_c2c1` (`col2`);

#
```

```
########################################################################
######
# Summary of indexes
#
########################################################################
######

# Size Duplicate Indexes   14
# Total Duplicate Indexes  2
# Total Indexes            5
```

Dans un premier temps, `pt-duplicate-key-checker` indique que l'index `idx_c2` peut être supprimé, étant un préfixe gauche de l'index `idx_c2c1`. Le moteur `InnoDB` ajoutant la clé primaire à tous les index secondaires, l'index `idx_c2c1` peut être réduit en index sur `(col2)`, `pt-duplicate-key-checker` vous propose donc dans un second temps ce changement d'index.

Remarque

Notez que l'outil ne vérifie pas si un index réduit à cause d'un index cluster `InnoDB` est redondant vis-à-vis d'un autre index. Pour s'en assurer, mieux vaut relancer l'outil après avoir effectué les modifications suggérées.

4.3.6 Index couvrant

Vous avez peut-être remarqué qu'un index hash ne stocke pas la valeur indexée mais seulement un hash de la valeur indexée, alors qu'un index B-Tree enregistre réellement les valeurs indexées. Si par hasard vous écrivez une requête utilisant un index B-Tree pour laquelle toutes les colonnes nommées dans la requête se trouvent dans l'index, est-il vraiment indispensable d'aller lire les données dans la table ? Toutes les informations pour résoudre la requête se trouvent en effet dans l'index : on parle alors d'index couvrant.

L'optimiseur de MySQL sait reconnaître ce genre de situation, et va effectivement se contenter de récupérer les données dans l'index, sans prendre la peine de lire la table.

En prenant l'exemple d'une table `t` ayant un index sur les colonnes (`ville`, `province`, `pays`), la requête suivante utilisera un index couvrant :

```
mysql> SELECT ville, province FROM t WHERE ville LIKE 'A%';
```

Vous pourrez savoir si votre requête est couverte par un index en examinant la colonne `Extra` du résultat de la commande `EXPLAIN`. La mention `Using index` est le signe d'un index couvrant :

```
mysql> EXPLAIN SELECT CountryCode FROM CountryLanguage WHERE
Language = 'French'\G
*************************** 1. row ***************************
           id: 1
  select_type: SIMPLE
        table: CountryLanguage
         type: index
possible_keys: NULL
          key: PRIMARY
      key_len: 33
          ref: NULL
         rows: 984
        Extra: Using where; Using index
```

Remarque

Ne confondez pas `Using index` dans la colonne `Extra`, signe d'un index couvrant et `index` dans la colonne `type`, signe que la requête est résolue en parcourant un index.

Le recours à un index couvrant permet d'économiser beaucoup d'opérations de lecture sur le disque puisqu'au lieu de lire à la fois des données dans l'index et des lignes dans la table (qui peuvent être l'un ou l'autre sur le disque, éventuellement tous les deux), vous supprimez une étape en ne lisant que les données de l'index. Comme de plus, les index sont normalement plus compacts et plus faciles à maintenir en mémoire que les données, vous avez plus de chance de résoudre votre requête sans avoir besoin de faire de lectures sur le disque. Les index couvrants constituent donc une solution idéale quand le disque est le facteur limitant au niveau performance.

Gardez à l'esprit qu'il existe néanmoins des limitations :

- Seuls les index B-Tree permettent les index couvrants.
- Un index couvrant ne pourra pas être utilisé dans le cas d'un `SELECT *`, tout simplement parce que vous n'aurez normalement pas d'index qui couvre toutes les colonnes. Voici une bonne raison de plus pour bannir les `SELECT *` de vos applications !

– Ajouter des colonnes à un index afin de le rendre couvrant pour une requête n'est pas efficace si l'index est lourd à maintenir.

Sachez enfin qu'avec les tables InnoDB, il est possible de profiter de l'index cluster pour utiliser des index couvrants plus fréquemment. En effet, tout index secondaire contient la clé primaire. Si vous écrivez une requête qui fait appel à des colonnes de l'index secondaire plus la clé primaire, l'index sera couvrant (ce qui n'aurait pas été le cas avec MyISAM).

L'exemple suivant montre ce mécanisme :

```
mysql> SHOW CREATE TABLE customer\G
*************************** 1. row ***************************
       Table: customer
Create Table: CREATE TABLE customer (
  customer_id smallint(5) unsigned NOT NULL AUTO_INCREMENT,
  store_id tinyint(3) unsigned NOT NULL,
...
  PRIMARY KEY (customer_id),
  KEY idx_fk_store_id (store_id),
...
) ENGINE=InnoDB

mysql> EXPLAIN SELECT customer_id FROM customer WHERE store_id =
1\G
*************************** 1. row ***************************
           id: 1
  select_type: SIMPLE
        table: customer
         type: ref
possible_keys: idx_fk_store_id
          key: idx_fk_store_id
      key_len: 1
          ref: const
         rows: 270
        Extra: Using index
```

EXPLAIN indique un index couvrant alors que d'après la sortie de SHOW CREATE TABLE, la colonne customer_id ne fait pas partie de l'index utilisé.

4.4 Indexation FULLTEXT

4.4.1 Notions principales sur l'indexation FULLTEXT

Les différents types d'index décrits jusqu'à présent (clés primaires, uniques, étrangères, index non uniques) permettaient, selon les cas, de chercher sur une valeur, une gamme de valeur ou une partie de valeur. Mais vous aurez parfois besoin de faire des recherches sur des morceaux de texte en prenant en compte un critère supplémentaire : la pertinence. Dans cette situation, seul un index `FULLTEXT` pourra vous aider.

Remarque

Nous présentons ici le fonctionnement des index `FULLTEXT` pour `MyISAM`. Depuis la version 5.6, vous pouvez aussi définir des index `FULLTEXT` pour `InnoDB`. Reportez-vous à la documentation en ligne pour obtenir plus de détails.

Dans de nombreuses applications, le moteur de recherche interne est une partie critique et les index `FULLTEXT` n'ont souvent pas suffisamment de fonctionnalités. C'est pourquoi de tels index ont été quasiment abandonnés au profit de logiciels dédiés à la recherche tels que Lucene, Sphinx ou Solr.

Un index `FULLTEXT` peut être créé en même temps que la table avec l'instruction `CREATE TABLE` ou plus tard avec `CREATE INDEX` ou `ALTER TABLE`. Seules les colonnes de type `TEXT` ou dérivées ainsi que `CHAR` et `VARCHAR` acceptent les index `FULLTEXT` :

```
mysql> CREATE TABLE t(
          col1 varchar(50),
          col2 varchar(50),
          col3 varchar(50),
          FULLTEXT idx_col1_col2 (col1,col2)
       );
Query OK, 0 rows affected (0,08 sec)

mysql> CREATE FULLTEXT INDEX idx_col2 ON t (col2);
Query OK, 0 rows affected (0,08 sec)
Records: 0  Duplicates: 0  Warnings: 0

mysql> ALTER TABLE t ADD FULLTEXT idx_col3 (col3);
Query OK, 0 rows affected (0,08 sec)
Records: 0  Duplicates: 0  Warnings: 0
```

Comme vous l'avez constaté dans cet exemple, vous pouvez créer un index FULLTEXT multicolonne. Cependant, il n'est pas possible dans les recherches FULLTEXT de n'utiliser qu'un préfixe gauche de l'index. Ainsi, un index FULLTEXT sur col1 n'est pas redondant avec un index FULLTEXT sur (col1,col2).

Les commandes DROP INDEX ou ALTER TABLE permettent la suppression d'un index FULLTEXT :

```
mysql> DROP INDEX idx_col2 ON t;
Query OK, 0 rows affected (0,07 sec)
Records: 0  Duplicates: 0  Warnings: 0

mysql> ALTER TABLE t DROP INDEX idx_col3;
Query OK, 0 rows affected (0,09 sec)
Records: 0  Duplicates: 0  Warnings: 0
```

Lorsque vous souhaitez démarrer une recherche FULLTEXT, vous devez impérativement employer une syntaxe spéciale. Vous spécifierez les colonnes sur lesquelles porte la recherche dans la clause MATCH() et les termes recherchés dans la clause AGAINST().

Vous obtenez la pertinence des résultats en indiquant la clause MATCH() ... AGAINST() dans les colonnes à retourner par le SELECT.

Pour illustrer tous ces points, voici un exemple tiré de la table film_text, se trouvant dans la base test sakila. Cette table contient un index FULLTEXT sur les colonnes (title,description) :

```
mysql> SELECT film_id,LEFT(description,50)
         FROM film_text
         WHERE MATCH(title,description)
               AGAINST('Database Administrator')
         LIMIT 5;
+---------+----------------------------------------------------+
| film_id | LEFT(description,50)                               |
+---------+----------------------------------------------------+
|     113 | A Thrilling Yarn of a Database Administrator And a |
|     962 | A Fanciful Story of a Database Administrator And a |
|      27 | A Amazing Reflection of a Database Administrator A |
|     363 | A Fast-Paced Display of a Car And a Database Admin |
|     372 | A Taut Display of a Cat And a Girl who must Overco |
+---------+----------------------------------------------------+
```

```
5 rows in set (0,00 sec)

mysql> SELECT film_id,
          LEFT(description,30),
          MATCH(title,description)
                 AGAINST('Database Administrator') AS pertinence
          FROM film_text
          WHERE MATCH(title,description)
                 AGAINST('Database Administrator')
          LIMIT 5;
+---------+--------------------------------+------------------+
| film_id | LEFT(description,30)           | pertinence       |
+---------+--------------------------------+------------------+
|     113 | A Thrilling Yarn of a Database | 6.66279077529907 |
|     962 | A Fanciful Story of a Database | 6.66279077529907 |
|      27 | A Amazing Reflection of a Data | 6.66279077529907 |
|     363 | A Fast-Paced Display of a Car  | 4.52737426757812 |
|     372 | A Taut Display of a Cat And a  | 4.52737426757812 |
+---------+--------------------------------+------------------+
5 rows in set (0,00 sec)
```

Remarque

La clause `MATCH() ... AGAINST()` est présente deux fois dans la dernière requête mais MySQL ne fait le calcul qu'une seule fois : il n'est donc pas pénalisant en termes de performance de demander au serveur de retourner la pertinence de chaque résultat.

Ici les résultats sont triés par pertinence, mais ce n'est pas le cas pour tous les modes de recherche `FULLTEXT`.

4.4.2 Recherche en langage naturel

Par défaut, les requêtes FULLTEXT sont des recherches en langage naturel. Cela signifie que chaque mot de la clause AGAINST est recherché dans l'index et que la pertinence est calculée en fonction de la fréquence d'apparition de chaque mot. Si un mot est peu fréquent dans l'ensemble des lignes indexées mais qu'il fait partie des termes recherchés, la pertinence de la ligne sera élevée. À l'inverse, des mots fréquents donneront une pertinence faible. Enfin si un ou plusieurs mots sont présents plusieurs fois dans la même ligne, la pertinence de cette ligne augmente.

Dans ce mode de recherche, les résultats sont automatiquement triés par pertinence décroissante.

Remarque

Les mots qui sont présents dans au moins 50 % des documents sont automatiquement ignorés dans une recherche en langue naturelle.

Voici un autre exemple tiré de la table `film_text` :

```
mysql> SELECT film_id,
          title,
          description,
          MATCH(title,description)
                AGAINST('Database Administrator Anaconda')
          AS pertinence FROM film_text
          WHERE MATCH(title,description)
                AGAINST('Database Administrator Anaconda')
          LIMIT 6\G
*************************** 1. row ***************************
    film_id: 315
      title: FINDING ANACONDA
description: A Fateful Tale of a Database Administrator And a Girl
who must Battle a Squirrel in New Orleans
 pertinence: 10.0525226593018
*************************** 2. row ***************************
    film_id: 113
      title: CALIFORNIA BIRDS
description: A Thrilling Yarn of a Database Administrator And a
Robot who must Battle a Database Administrator in Ancient India
 pertinence: 6.66279077529907
*************************** 3. row ***************************
    film_id: 27
      title: ANONYMOUS HUMAN
description: A Amazing Reflection of a Database Administrator And
a Astronaut who must Outrace a Database Administrator in A Shark
Tank
 pertinence: 6.66279077529907
*************************** 4. row ***************************
    film_id: 962
      title: WASTELAND DIVINE
description: A Fanciful Story of a Database Administrator And a
Womanizer who must Fight a Database Administrator in Ancient China
 pertinence: 6.66279077529907
```

```
*************************** 5. row ***************************
    film_id: 23
      title: ANACONDA CONFESSIONS
description: A Lacklusture Display of a Dentist And a Dentist who
must Fight a Girl in Australia
 pertinence: 5.23557186126709
*************************** 6. row ***************************
    film_id: 363
      title: GO PURPLE
description: A Fast-Paced Display of a Car And a Database
Administrator who must Battle a Woman in A Baloon
 pertinence: 4.52737426757812
6 rows in set (0,00 sec)
```

Notez que seul le premier résultat contient les trois mots. Ensuite, vous trouvez trois lignes où les termes `Database` et `Administrator` sont chacun répétés deux fois. Puis vous trouvez une ligne où n'apparaît que le mot `Anaconda` et enfin toutes les lignes qui contiennent une fois les mots `Database` et `Administrator`. Dans cette table, le mot `Anaconda` est plus rare que les mots `Database` et `Administrator` (il apparaît dans seulement deux lignes), ce qui explique pourquoi la ligne contenant le mot `Anaconda` seul remonte avec une pertinence aussi élevée.

Remarque

Si vous souhaitez rendre explicite le mode de recherche par défaut, vous pouvez modifier la clause `AGAINST` de la manière suivante :

```
mysql> SELECT ... FROM ... WHERE MATCH(...) AGAINST('Mon texte' IN
NATURAL LANGUAGE MODE);
```

4.4.3 Recherche booléenne

Dans ce mode, vous pouvez ajouter des modificateurs pour préciser au serveur quels sont les termes dont la pertinence est la plus importante ou la moins importante pour vous. Si vous n'ajoutez aucun modificateur, la recherche sera effectuée de la même manière que pour la recherche en langue naturelle.

Pour indiquer au serveur que vous souhaitez une recherche booléenne, modifiez la clause `AGAINST` de la manière suivante :

```
mysql> SELECT ... FROM ... WHERE MATCH(...) AGAINST('Mon texte' IN
BOOLEAN MODE);
```

Remarque

En mode booléen, les mots présents dans plus de 50 % des lignes ne sont pas exclus, contrairement aux recherches en langue naturelle.

Parmi les modificateurs de pertinence les plus courants, vous trouverez :

– + : le résultat doit contenir ce mot.

– - : le résultat ne doit pas contenir ce mot.

– ~ : le mot est considéré comme ayant une pertinence relative plus faible.

– (pas de modificateur) : le mot est considéré comme ayant une pertinence plus élevée.

– * : ce modificateur se place à la fin d'une suite de caractères et joue le rôle de joker. Tous les mots commençant par la suite de caractères seront inclus dans le résultat.

Voici un exemple de recherche booléenne, toujours sur la table `film_text` :

```
mysql> SELECT film_id,title,description
          FROM film_text
          WHERE MATCH(title,description)
                 AGAINST('Data* Administrator +Anaconda'
                        IN BOOLEAN MODE)\G
*************************** 1. row ***************************
    film_id: 23
      title: ANACONDA CONFESSIONS
description: A Lacklusture Display of a Dentist And a Dentist who
must Fight a Girl in Australia
*************************** 2. row ***************************
    film_id: 315
      title: FINDING ANACONDA
description: A Fateful Tale of a Database Administrator And a Girl
who must Battle a Squirrel in New Orleans
```

Cette requête a seulement deux résultats puisque seules les lignes contenant le mot `Anaconda` sont prises en compte (seules deux lignes contiennent le mot `Anaconda`).

Remarque

Les résultats d'une recherche en mode booléen ne sont pas triés par pertinence.

4.4.4 Recherche avec expansion de requête

La dernière possibilité est de lancer une recherche avec expansion de requête. Dans ce cas, la requête est lancée deux fois : une première fois avec les termes de la recherche, puis une seconde fois avec les termes de la recherche ainsi que les résultats les plus pertinents.

Ce type de requête se lance, là encore, en modifiant la clause `AGAINST` :

```
mysql> SELECT ... FROM ... WHERE MATCH(...) AGAINST('Mon texte'
WITH QUERY EXPANSION);
```

Les recherches avec expansion de requête sont utiles quand vous connaissez des termes connexes à ce que vous recherchez. Par exemple, si vous souhaitez trouver des documents concernant les personnalités politiques influentes du temps de Louis XIV sans connaître leur nom, une recherche booléenne ou en langue naturelle ne donnera sans doute rien, mais une recherche avec expansion de requête vous permettra de trouver des documents avec les noms de Colbert ou de Fouquet.

Remarque

L'élargissement de la recherche peut rapidement donner des résultats sans aucune pertinence. Mieux vaut se limiter à des mots-clés courts pour éviter ce problème.

4.4.5 Configuration de la recherche

Seuls quelques paramètres permettent de modifier le comportement d'une recherche `FULLTEXT`. Voici les principaux :

- `ft_min_word_len` : définit la longueur minimale des mots à indexer.
- `ft_max_word_len` : définit la longueur maximale des mots à indexer.
- `ft_stopword_list` : définit la liste des mots qui ne seront pas indexés.

Si vous changez l'une de ces variables, il est nécessaire de reconstruire tous vos index `FULLTEXT`, soit en supprimant et en recréant les index, soit avec la commande `REPAIR TABLE` :

```
mysql> REPAIR TABLE t QUICK;
```

4.4.6 Performance

Pour bien comprendre les implications des index FULLTEXT sur les performances, il est nécessaire de passer rapidement en revue le fonctionnement de tels index. MySQL stocke les index FULLTEXT sous la forme d'un double arbre B. Le premier niveau de l'arbre stocke l'ensemble des mots-clés indexés, alors que le second niveau donne, pour chaque mot-clé, une liste de pointeurs vers les lignes de la table contenant le mot-clé. À chaque modification d'une ligne, l'index sera modifié pour chacun des termes indexés, ce qui signifie que pour une ligne composée de 20 termes, 20 opérations de mise à jour seront effectuées sur l'index (pour un index classique, une seule opération a lieu quelle que soit la taille du champ).

Ce fonctionnement explique pourquoi il est particulièrement coûteux de maintenir un index FULLTEXT sur une table qui est souvent modifiée. En particulier, si vous devez recharger une table depuis une sauvegarde, il est très intéressant de ne créer l'index FULLTEXT qu'après le chargement de toutes les données, pour éviter que chaque ligne insérée ne provoque de multiples modifications de l'index.

La complexité de la structure en double arbre B est souvent à l'origine d'une fragmentation importante, comparée à la fragmentation des index classiques. Vous aurez souvent besoin de défragmenter vos index FULLTEXT à l'aide de la commande OPTIMIZE TABLE pour maintenir de bonnes performances (voir le chapitre Maintenance des tables pour plus de détail sur cette commande).

Les paramètres ft_min_word_len, ft_max_word_len et ft_stopword_list permettent d'alléger l'index en filtrant les termes les moins pertinents. Il ne faut donc pas hésiter à bien configurer ces variables pour obtenir un index le plus compact et le plus précis possible. En particulier, la liste des mots exclus doit être en relation avec le sujet des documents indexés : si vous indexez des documents traitant de l'architecture LAMP, des mots comme Linux, Apache, MySQL ou PHP ne devraient pas être inclus dans l'index car il est presque certain que ces termes se retrouveront dans toutes les lignes.

Pensez à maintenir vos index FULLTEXT en mémoire autant que possible. Bien souvent, des recherches FULLTEXT deviennent lentes à partir du moment où le serveur est obligé de lire l'index sur le disque. Parfois il sera indispensable de créer un cache spécifique pour vos index FULLTEXT.

4.4.7 Limitations et points à connaître

L'indexation FULLTEXT avec MySQL souffre d'un certain nombre de limitations. En voici une liste, certains points ayant déjà été abordés dans les paragraphes précédents :

- Il est obligatoire d'écrire une clause MATCH AGAINST pour que le serveur utilise un index FULLTEXT.
- Dès que vous précisez une clause MATCH AGAINST pour laquelle un index FULLTEXT est utilisable, l'optimiseur va choisir d'utiliser cet index même si un autre index aurait été meilleur (cas d'une clause WHERE avec des conditions plus restrictives que la condition MATCH AGAINST).
- Un index FULLTEXT ne peut pas servir à autre chose qu'à une recherche FULLTEXT. Si vous avez dans votre requête d'autres conditions WHERE, le filtrage aura lieu après que l'index FULLTEXT aura renvoyé toutes les lignes correspondant à la clause MATCH AGAINST.
- Les résultats de recherche en langue naturelle sont triés par pertinence, mais ce n'est pas le cas des résultats de recherche en mode booléen.
- Le seuil des 50 % pour les recherches en langue naturelle cause souvent des problèmes lors de tests : pour vérifier qu'un index FULLTEXT fonctionne bien, vous allez remplir une ligne ou deux avec quelques mots et faire une recherche sur l'un de ces mots. Or le mot a toutes les chances de dépasser le seuil de 50 % de fréquence d'apparition et donc d'être exclu de la recherche, laissant penser que l'index ne fonctionne pas.
- Il n'est pas possible de changer par simple paramétrage le mode de calcul de la pertinence, basé sur la fréquence d'apparition. Par exemple, vous ne pourrez pas faire en sorte de manière simple qu'un terme trouvé dans le titre ait un poids deux fois plus important qu'un terme trouvé dans le corps du texte ou de donner une pertinence plus grande à une ligne dont plusieurs termes recherchés sont proches les uns des autres.

- Un index FULLTEXT ne stocke pas le texte indexé, il ne peut donc pas être utilisé comme index couvrant.
- Un index FULLTEXT ne contient pas la colonne dans laquelle appartient un mot-clé. C'est pourquoi, les colonnes d'une clause MATCH doivent être exactement celles de l'index et dans le même ordre. La recherche sur un préfixe gauche de l'index ne fonctionne pas pour la même raison.

5. La commande EXPLAIN

5.1 Rôle

Lorsqu'une requête s'exécute lentement, vous aurez besoin d'informations sur ce que fait MySQL de manière interne afin de pouvoir influer sur son comportement, par exemple en ajoutant un index, en modifiant la requête ou encore en changeant un ou plusieurs paramètres au niveau du serveur.

La commande EXPLAIN joue ici un rôle particulièrement important puisque c'est grâce à elle que MySQL vous communique le plan d'exécution de la requête. Qu'est-ce qu'un plan d'exécution ? Il s'agit tout simplement de la stratégie adoptée par le serveur pour déterminer le résultat d'une requête. N'oubliez pas que le SQL est un langage dans lequel vous indiquez les critères de la recherche et/ou de l'action (par exemple : ajouter 1 à l'âge de toutes les personnes nées le 1er mars) mais dans lequel vous n'indiquez pas comment trouver les enregistrements correspondant à votre recherche.

5.2 Accès aux données

Comme vous allez le voir dans la suite de ce chapitre, EXPLAIN va vous renseigner plus ou moins directement sur la manière dont le serveur va accéder aux données pour trouver les résultats d'une requête. Il est donc intéressant de connaître les méthodes d'accès les plus efficaces et celles qu'il faut essayer d'éviter.

5.2.1 Accès séquentiel ou aléatoire

Quel que soit le moyen de stockage (mémoire vive, disque dur traditionnel ou SSD), les données sont toujours organisées dans une structure telle qu'un arbre ou une liste chaînée. Quand vous souhaitez accéder à plusieurs données dans une structure, il existe deux possibilités : soit les données sont toutes situées les unes à côté des autres soit elles sont disséminées à travers la structure.

Dans le premier cas, dès que la position de la première donnée est déterminée, il suffit de lire les données suivantes pour récupérer l'ensemble des informations voulues. On parle alors d'accès séquentiel.

Dans le second cas, la position de chaque donnée doit être calculée. On parle alors d'accès aléatoire. Comme les opérations à effectuer sont plus complexes, un accès aléatoire est plus lent qu'un accès séquentiel.

Remarque

Attention, cette vision est simplificatrice puisque la fragmentation d'une structure peut provoquer des accès aléatoires là où vous ne devriez avoir que des accès séquentiels. Mais dans le cas d'une structure à accès séquentiel, les accès aléatoires sont généralement peu fréquents.

5.2.2 Accès en mémoire ou sur disque

Il ne s'agit pas ici de donner de chiffres sur les temps d'accès sur un disque traditionnel ou en mémoire, car ces chiffres seraient très dépendants du matériel choisi, mais plutôt de donner des tendances.

D'une manière générale, accéder aux données en mémoire est beaucoup plus rapide que sur un disque dur, ce qui n'est pas surprenant. Mais il est également intéressant de garder à l'esprit les points suivants :

- Un accès séquentiel est seulement environ 10 fois plus rapide en mémoire que sur disque.
- Un accès aléatoire est plus de 1000 fois plus rapide en mémoire que sur disque.
- Un accès aléatoire sur disque est très coûteux.
- Un accès mémoire reste rapide, qu'il soit séquentiel ou aléatoire.

– Les accès avec des SSD tendent à se rapprocher des accès en mémoire, mais les différences entre les modèles sont conséquentes : attention donc à ne pas céder à la tentation de considérer que n'importe quel SSD donnera des performances proches de celles atteintes en mémoire.

5.2.3 En résumé

Le tableau suivant fait la synthèse des différents moyens d'accès aux données, avec leur coût associé. La colonne SSD vous donne une idée de ce que vous pouvez attendre, en comparaison avec des disques durs traditionnels ou de la mémoire vive :

	Disque	**Mémoire**	**SSD**
Accès aléatoire	Très lent	Rapide	Rapide
Accès séquentiel	Rapide	Très rapide	Rapide
Coût	Bon marché	Très cher	Cher

Lorsque vous essayez d'optimiser vos requêtes, gardez à l'esprit ces quelques principes :

– Privilégiez les accès en mémoire aux accès sur disque.

– Pour les accès sur disque, privilégiez les accès séquentiels aux accès aléatoires.

– Pour les accès en mémoire, le caractère aléatoire ou séquentiel perd de son importance.

– Le remplacement de disques durs traditionnels par des SSD peut être une bonne solution lorsqu'il n'est pas possible d'éliminer les accès aléatoires.

5.3 Lire le plan d'exécution

5.3.1 Exemple simple

Vous pouvez obtenir le plan d'exécution que le serveur prévoit d'employer pour résoudre une requête de type SELECT en ajoutant simplement le mot-clé EXPLAIN devant la requête :

```
mysql> EXPLAIN SELECT COUNT(*) FROM City\G
*************************** 1. row ***************************
           id: 1
  select_type: SIMPLE
        table: NULL
         type: NULL
possible_keys: NULL
          key: NULL
      key_len: NULL
          ref: NULL
         rows: NULL
        Extra: Select tables optimized away
1 row in set (0,02 sec)
```

Remarque

Quand vous utilisez `EXPLAIN` avec le client en ligne de commande `mysql`, il est préférable de terminer la requête par `\G` plutôt que `;` afin d'améliorer la lisibilité de l'affichage produit. Attention, dans ce cas, les lignes sont affichées verticalement !

Sans entrer encore dans le détail du plan d'exécution, EXPLAIN produit un certain nombre de lignes (ici une seule), chaque ligne ayant 10 champs (de id à Extra). Une ligne dans l'affichage d'EXPLAIN décrit le travail effectué par le serveur sur une table réelle, une table temporaire, une vue, une table issue d'une sous-requête ou une table dite dérivée (cette notion de table dérivée sera abordée par la suite).

En lisant les informations contenues dans chaque ligne, vous pouvez reconstruire pas à pas le cheminement du serveur pour exécuter la requête.

5.3.2 Requêtes différentes de SELECT

Avant MySQL 5.6, EXPLAIN ne pouvait être utilisé que sur les requêtes de type SELECT. Pourtant, il fallait parfois comprendre comment le serveur traitait un UPDATE ou un DELETE. Dans ce cas, la solution consistait à essayer de construire un SELECT équivalent à votre UPDATE ou DELETE pour pouvoir utiliser EXPLAIN. Dans la majorité des cas, cette technique est fiable et vous donne des renseignements exploitables.

Voici un exemple avec la base sakila :

```
UPDATE rental SET return_date = NULL WHERE YEAR(rental_date) <
2008
```

Pour construire un SELECT équivalent, vous allez garder intacte la clause WHERE et passer dans la clause SELECT tous les champs concernés par la clause SET. Vous obtenez alors la requête suivante :

```
SELECT return_date FROM rental WHERE YEAR(rental_date) < 2008
```

Depuis MySQL 5.6, vous pouvez directement appeler EXPLAIN sur une requête qui n'est pas un SELECT :

```
mysql> EXPLAIN UPDATE rental SET customer_id = 1 WHERE rental_id = 500\G
*************************** 1. row ***************************
           id: 1
  select_type: SIMPLE
        table: rental
         type: range
possible_keys: PRIMARY,rental_date,idx_fk_inventory_id,idx_fk_customer_id,
idx_fk_staff_id
          key: PRIMARY
      key_len: 4
          ref: NULL
         rows: 1
        Extra: Using where
```

5.3.3 Jointures

EXPLAIN utilisée avec une jointure entre N tables va produire N lignes, une pour chaque table. L'ordre des lignes issues d'EXPLAIN correspond à l'ordre de jointure choisi par MySQL et pas à l'ordre d'écriture de la jointure. L'optimiseur de requêtes va en effet examiner les différentes possibilités d'ordonner les tables pour effectuer les jointures et va choisir l'ordre le plus efficace.

L'exemple suivant montre que l'ordre d'écriture des tables n'est pas toujours l'ordre de jointure choisi par le serveur :

```
mysql> EXPLAIN SELECT City.Name FROM City INNER JOIN Country ON ID
= Capital WHERE Country.Name = 'France'\G
*************************** 1. row ***************************
           id: 1
  select_type: SIMPLE
        table: Country
...
*************************** 2. row ***************************
           id: 1
  select_type: SIMPLE
        table: City
...
```

5.3.4 Unions

MySQL exécute les unions (`UNION` ou `UNION ALL`) en créant une table temporaire et en la remplissant au fur et à mesure avec les résultats des requêtes qui composent l'union. La commande `EXPLAIN` montre une ligne supplémentaire correspondant à cette table temporaire et indique de quelles tables proviennent les résultats.

L'exemple suivant tiré de la base `sakila` va servir à illustrer ce principe :

```
mysql> EXPLAIN SELECT first_name, last_name FROM customer
         UNION ALL
         SELECT first_name, last_name FROM staff\G
*************************** 1. row ***************************
           id: 1
  select_type: PRIMARY
        table: customer
...
*************************** 2. row ***************************
           id: 2
  select_type: UNION
        table: staff
   ...
*************************** 3. row ***************************
           id: NULL
  select_type: UNION RESULT
        table: <union1,2>
...
```

La première table d'une union a pour valeur PRIMARY dans la colonne select_type, puis UNION pour toutes les tables suivantes. Dans cet exemple d'une union à deux tables, EXPLAIN renvoie trois lignes car la troisième ligne correspond à la table temporaire utilisée pour construire le résultat. La valeur de la colonne select_type est alors UNION RESULT et dans la colonne table, vous trouverez les identifiants (colonne id) des tables sur lesquelles l'union est effectuée (ici 1 et 2).

Remarque

Lorsque c'est possible, il est conseillé d'utiliser UNION ALL qui retourne toutes les lignes plutôt que UNION qui filtre les doublons. Le filtrage se fait en comparant toutes les colonnes de chaque ligne, ce qui peut vite s'avérer coûteux.

5.3.5 Sous-requêtes

Les sous-requêtes ajoutent un niveau de complexité non négligeable dans l'analyse de la sortie de la commande EXPLAIN, en particulier pour les sous-requêtes dans la clause FROM. Les sous-requêtes introduisent de nouvelles valeurs pour la colonne select_type, ainsi que des notations spécifiques pour la colonne table.

La colonne select_type va prendre la valeur DERIVED dans le cas d'une sous-requête dans la clause FROM et la valeur SUBQUERY dans les autres cas. La valeur SUBQUERY peut être précisée par deux qualificatifs : UNCACHEABLE qui indique que la requête ne peut pas être mise en cache et DEPENDENT indique que la requête dépend de données d'une requête externe.

Pour les sous-requêtes dans la clause FROM, la colonne table indique une valeur du type <derivedX> où X représente la valeur de la colonne id de la sous-requête. Notez que contrairement à la notion <unionM,N> où M et N sont des références arrière (c'est-à-dire des références vers des lignes situées avant dans la sortie d'EXPLAIN), le X de <derivedX> est toujours une référence avant. La lecture du plan d'exécution se fait alors en sautant des lignes puis en revenant en arrière, ce qui explique pourquoi il est difficile de bien comprendre les résultats de la commande EXPLAIN sur les requêtes complexes qui mélangent les jointures, les sous-requêtes, voire les unions !

Remarque

Notez que dans tous les cas, la première table listée dans le résultat de la commande `EXPLAIN` a toujours pour valeur `PRIMARY` dans la colonne `select_type`.

Les deux exemples ci-dessous, issus de la base `world`, vont illustrer ces principes :

```
mysql> EXPLAIN SELECT DISTINCT Language
          FROM CountryLanguage
                WHERE CountryCode IN (
                SELECT Code
                FROM Country
                WHERE GovernmentForm = 'Monarchy')
          ORDER BY Language\G
*************************** 1. row ***************************
           id: 1
  select_type: PRIMARY
        table: CountryLanguage
...
*************************** 2. row ***************************
           id: 2
  select_type: DEPENDENT SUBQUERY
        table: Country
...
```

Cet exemple montre un cas où l'optimiseur se débrouille très mal avec la sous-requête. Le but de cette requête est de trouver les langues des pays qui ont un régime de monarchie. L'idée logique est de rechercher dans un premier temps la liste des pays ayant un régime de monarchie, ce qui peut être fait dans la sous-requête, puis d'injecter cette liste de constantes dans la clause `IN` de la requête extérieure. On aboutirait alors à exécuter deux requêtes indépendantes :

```
mysql> SELECT Code FROM Country WHERE GovernmentForm = 'Monarchy';
```

Si le résultat de cette requête est `10, 35, 72`, la seconde requête à exécuter serait :

```
mysql> SELECT DISTINCT Language FROM CountryLanguage WHERE
ContryCode IN (10, 35, 72);
```

Or ce n'est pas du tout le plan d'exécution présenté par la commande EXPLAIN (examen de la table CountryLanguage en premier puis sous-requête avec dépendance externe pour la table Country). L'optimiseur juge qu'il est plus pertinent d'ajouter une condition supplémentaire dans la sous-requête en corrélant la sous-requête avec la requête externe, ce qui revient à exécuter la requête suivante :

```
mysql> SELECT DISTINCT Language
          FROM CountryLanguage
          WHERE EXISTS (
                SELECT *
                FROM Country
                WHERE GovernmentForm = 'Monarchy'
                AND CountryLanguage.CountryCode = Country.Code)
          ORDER BY Language;
```

En quoi la solution choisie par l'optimiseur est-elle mauvaise ? Parmi les lignes du résultat d'EXPLAIN qui n'ont pas été reproduites figure la manière dont les tables vont être examinées. Or avec le plan choisi par l'optimiseur, la table CountryLanguage va être parcourue en entier, ce qui sera très coûteux si cette table est volumineuse.

Le second exemple montre une sous-requête dans la clause FROM :

```
mysql> EXPLAIN SELECT Name
          FROM (
                SELECT Name, COUNT(*) AS nlanguages,
                GROUP_CONCAT(Language) as languages
                FROM Country c, CountryLanguage cl
                WHERE c.Code = cl.CountryCode
                AND cl.IsOfficial = 'T'
                GROUP BY Name
                ORDER BY nlanguages DESC
                LIMIT 1
          ) AS tmp\G
*************************** 1. row ***************************
           id: 1
  select_type: PRIMARY
        table: <derived2>
...
*************************** 2. row ***************************
           id: 2
  select_type: DERIVED
```

```
        table: cl
...
*************************** 3. row ***************************
           id: 2
  select_type: DERIVED
        table: c
...
```

Ici, vous voyez le mécanisme des tables `DERIVED`. La première ligne indique que la requête se fait sur la table `<derived2>`, ce qui correspond à la jointure entre les tables `cl` (`CountryLanguage`) et `c` (`Country`), dont les lignes ont toutes les deux la valeur `2` dans la colonne `id`. Remarquez la logique du plan d'exécution tel qu'il est présenté : la requête se fait sur une table (ligne 1), qui est en réalité une table dérivée de la jointure de deux autres tables (lignes 2 et 3).

Remarque

Prenez le temps de bien comprendre ces exemples car malgré leur apparente complexité, ces requêtes restent relativement simples !

5.4 Colonnes principales

5.4.1 Types d'accès aux données

La colonne `type` vous indique comment l'optimiseur a prévu d'accéder aux données.

Les méthodes suivantes sont celles que vous retrouverez le plus souvent, de la plus mauvaise à la meilleure :

- `ALL` : un parcours complet de la table est nécessaire pour trouver les lignes car aucun index n'est disponible ou satisfaisant.

Exemple :

```
mysql> EXPLAIN SELECT * FROM film_text WHERE title LIKE 'The%'\G
*************************** 1. row ***************************
           id: 1
  select_type: SIMPLE
        table: film_text
         type: ALL
...
```

– `index` : un parcours complet d'un index est nécessaire.

Exemple :

```
mysql> EXPLAIN SELECT category_id FROM category\G
*************************** 1. row ***************************
           id: 1
  select_type: SIMPLE
        table: category
         type: index
...
```

– `range` : seul l'examen d'une partie d'un index suffit.

Exemple :

```
mysql> EXPLAIN SELECT * FROM category WHERE category_id > 50\G
*************************** 1. row ***************************
           id: 1
  select_type: SIMPLE
        table: category
         type: range
...
```

– `index_merge` : plusieurs index sont employés simultanément. Il s'agit d'une exception au principe qui veut que MySQL n'utilise qu'un seul index par table et par requête. Ce cas est décrit plus en détail dans la section suivante sur l'optimisation des requêtes.

Exemple :

```
mysql> EXPLAIN SELECT * FROM rental WHERE rental_id > 10 OR
nventory_id < 100\G
*************************** 1. row ***************************
           id: 1
  select_type: SIMPLE
        table: rental
         type: index_merge
...
```

– `ref` : un index non unique est examiné pour retrouver les lignes correspondant à une valeur. Plusieurs lignes peuvent être retournées pour la même valeur. Il existe une variante, `ref_or_null`, qui indique le même type d'accès avec une passe supplémentaire pour retrouver les valeurs `NULL`.

Exemple :

```
mysql> EXPLAIN SELECT rental_date
          FROM rental INNER JOIN customer
          USING (customer_id)
          WHERE customer_id=1\G
*************************** 1. row ***************************
           id: 1
  select_type: SIMPLE
        table: customer
...
*************************** 2. row ***************************
           id: 1
  select_type: SIMPLE
        table: rental
         type: ref
...
```

- `eq_ref` : un index unique ou une clé primaire est examiné pour retrouver la ligne correspondant à une valeur. En général, c'est le meilleur type d'accès possible, les trois types suivants étant des cas particuliers plus rares.

Exemple :

```
mysql> EXPLAIN SELECT email
          FROM customer INNER JOIN rental
          USING (customer_id)
          WHERE rental_date > '2006-04-10 00:00:00'
          AND rental_date < '2006-05-24 00:00:00'\G
*************************** 1. row ***************************
           id: 1
  select_type: SIMPLE
        table: rental
...
*************************** 2. row ***************************
           id: 1
  select_type: SIMPLE
        table: customer
         type: eq_ref
...
```

- `const` : une seule ligne a besoin d'être lue dans la table.

Exemple :

```
mysql> EXPLAIN SELECT * FROM category WHERE category_id=1\G
*************************** 1. row ***************************
           id: 1
  select_type: SIMPLE
        table: category
         type: const
...
```

- System : identique au cas précédent, sauf que la table est une table à une seule ligne.
- NULL : aucun parcours de table ou d'index n'est nécessaire.

Exemple :

```
mysql> EXPLAIN SELECT COUNT(*) FROM film_text\G
*************************** 1. row ***************************
           id: 1
  select_type: SIMPLE
        table: NULL
         type: NULL
...
```

5.4.2 Index examinés

Les deux colonnes `possible_keys` et `key` sont très importantes à examiner puisqu'elles concernent les index utilisés par la requête. Plus précisément, `possible_keys` indique l'ensemble des index que l'optimiseur va considérer comme des candidats à l'établissement du plan d'exécution et `key` indique l'index finalement retenu.

Remarque

Pour rappel, MySQL ne peut utiliser qu'un seul index par table, sauf dans le cas où la colonne `type` indique `index_merge`. Ce cas particulier est détaillé plus loin dans ce chapitre.

La valeur `NULL` pour `possible_keys` est le signe qu'il n'existe pas d'index utilisable et la valeur `NULL` pour `key` se rencontre lorsqu'aucun index candidat n'est jugé pertinent par l'optimiseur.

key_len donne la taille en octets de l'index sélectionné dans la colonne key. Cette information permet en premier lieu de savoir combien de colonnes d'un index composite sont utilisées.

Prenons un exemple avec la base world :

```
mysql> ALTER TABLE City ADD INDEX
idx_name_district(Name,District);

mysql> EXPLAIN SELECT * FROM City WHERE Name LIKE 'San%'\G
*************************** 1. row ***************************
...
          key: idx_name_district
      key_len: 35
...
```

L'index idx_name_district est utilisé (colonne key) et puisque key_len vaut 35, soit la taille du champ Name, vous pouvez en déduire que seule la colonne Name est utilisée dans l'index, ce qui est logique puisque la clause WHERE ne fait apparaître que cette colonne.

Remarque

Pour un champ de type VARCHAR ou assimilé, selon le jeu de caractères choisi, la taille en octets pourra être différente de la taille en nombre de caractères.

Dernière colonne en lien avec les index, ref montre avec quoi l'index sélectionné est comparé. Dans le cas d'un parcours de table ou d'index, c'est-à-dire quand la colonne type du résultat d'EXPLAIN vaut ALL, INDEX ou range, cette colonne vaut toujours NULL. Dans le cas d'une jointure, cette colonne prend la valeur du ou des champs de jointure de la table jointe.

Toujours avec la base world :

```
mysql> EXPLAIN SELECT City.Name FROM City INNER JOIN Country ON ID
= Capital WHE RE Country.Name = 'France'\G
*************************** 1. row ***************************
        table: Country
         type: ALL
          ref: NULL
...
*************************** 2. row ***************************
        table: City
```

```
           type: eq_ref
            key: PRIMARY
            ref: world.Country.Capital
...
```

EXPLAIN vous montre que l'optimiseur compte examiner d'abord la table Country, pour laquelle un parcours complet sera effectué. Ensuite, chaque valeur du champ Capital sera comparée avec la clé primaire de la table City.

5.4.3 Nombre de lignes parcourues

La colonne rows donne une estimation du nombre de lignes qui devront être parcourues afin d'arriver au résultat. Il s'agit d'une métrique approximative pour déterminer l'efficacité d'une requête : plus le nombre donné dans cette colonne est élevé, plus le nombre de lignes à lire sera élevé et plus la requête risque d'être lente à exécuter.

Dans le cas d'une requête faisant apparaître plusieurs lignes dans le résultat d'EXPLAIN (par exemple pour une jointure), vous aurez une estimation du nombre total de lignes lues par le serveur en multipliant la valeur de cette colonne pour chaque ligne.

Voici un exemple avec un produit cartésien :

```
mysql> EXPLAIN SELECT * FROM City CROSS JOIN Country\G
*************************** 1. row ***************************
           id: 1
  select_type: SIMPLE
        table: Country
...
         rows: 238
        Extra:
*************************** 2. row ***************************
           id: 1
  select_type: SIMPLE
        table: City
...
         rows: 4079
        Extra: Using join buffer
2 rows in set (0,00 sec)
```

Cette requête parcourt l'ensemble de la table `Country` (238 enregistrements) et pour chaque enregistrement, l'ensemble de la table `City` (4079 enregistrements) est parcouru. Au total, plus de 800 000 lignes sont lues. Pas de doute, la requête sera lente !

Comprenez bien que le nombre de lignes indiquées par la colonne `rows` n'indique ni le nombre de lignes du résultat, ni le nombre de lignes qui seront effectivement lues par le serveur pour résoudre la requête, mais seulement le nombre de lignes que le serveur estime devoir lire.

L'exemple suivant montre bien que la colonne `rows` est juste une estimation :

```
mysql> EXPLAIN SELECT * FROM City WHERE Name like 'San%'\G
*************************** 1. row ***************************
...
         rows: 141
        Extra: Using where
1 row in set (0,00 sec)

mysql> SELECT COUNT(*) FROM City WHERE Name like 'San%';
+----------+
| COUNT(*) |
+----------+
|      110 |
+----------+
```

La précision de la valeur indiquée par cette colonne dépend de la qualité des statistiques maintenues par le moteur de stockage sur la table. Si vous vous apercevez que des erreurs grossières ont lieu, il peut être bénéfique de mettre à jour ces statistiques avec la commande `ANALYZE TABLE` (voir le chapitre Maintenance des tables pour plus d'informations sur le sujet). Avec `MyISAM`, il est possible d'avoir des statistiques à jour et assez précises, ce qui n'est souvent pas le cas avec `InnoDB`.

Remarque

Une clause `LIMIT` n'est jamais prise en compte dans la colonne `rows` :

```
mysql> EXPLAIN SELECT * FROM City WHERE Name like 'San%' LIMIT
10\G
*************************** 1. row ***************************
...
         rows: 141
        Extra: Using where
```

5.4.4 La colonne Extra

La colonne `Extra` donne des informations complémentaires sur l'exécution de la requête. Cette colonne est toujours intéressante à examiner puisque vous pouvez considérer que toutes les indications dignes d'intérêt sur l'exécution d'une requête et qui ne trouvent pas de place dans les autres colonnes se retrouvent dans la colonne `Extra`.

Seules sont décrites ici les valeurs que vous verrez régulièrement apparaître :

- `Using where` : vous trouverez cette indication lorsque certaines conditions de la clause `WHERE` n'ont pas pu être résolues par un index. Le moteur de stockage retourne alors toutes les lignes correspondant aux conditions examinées, et le serveur doit faire lui-même une nouvelle passe de filtrage pour éliminer les lignes ne satisfaisant pas les conditions restantes. Attention, il existe des bugs qui font que cette information apparaît par erreur dans le résultat de la commande `EXPLAIN`.
- `Using index` : c'est le signe que MySQL va utiliser un index couvrant (voir la section Indexation de ce chapitre). Sauf exceptions, un index couvrant améliore les performances d'une requête.
- `Using temporary` : MySQL va utiliser une table temporaire, généralement pour effectuer un tri ou pour stocker les résultats d'une requête `UNION`. Vous ne pourrez pas savoir si cette table temporaire est créée en mémoire ou sur disque. En général, vous essaierez de construire vos index de manière à éviter les tables temporaires et s'il n'est pas possible d'éviter une table temporaire, il faudra tenter de vous assurer qu'elle reste en mémoire, sous peine d'obtenir de très mauvaises performances.
- `Using filesort` : MySQL indique que le tri n'a pas pu être effectué en utilisant un index. Les lignes sont donc retournées non ordonnées par le moteur de stockage et le serveur doit avoir recours à un mécanisme de tri pour renvoyer les lignes dans le bon ordre au client. Régulièrement, ce tri fait par le serveur nécessitera une table temporaire et vous verrez dans la colonne `Extra` les mentions : `Using temporary; Using filesort`.

5.5 EXPLAIN EXTENDED

Cette nouvelle commande s'utilise exactement de la même manière qu'un EXPLAIN classique tout en ajoutant deux fonctionnalités supplémentaires.

La première différence avec un EXPLAIN classique est une colonne supplémentaire appelée filtered, disponible à partir de la version 5.1. Cette colonne donne, par rapport au nombre de lignes lues (colonne rows), une approximation du pourcentage de lignes qui seront retournées par le serveur une fois que toutes les conditions sur la table auront été appliquées. En multipliant les valeurs des colonnes rows et filtered, vous obtenez donc une estimation du nombre de lignes du résultat de la requête. La qualité de cette estimation varie fortement selon les requêtes.

Voici un exemple où l'estimation est bonne (50 lignes estimées pour 49 lignes réelles) :

```
mysql> EXPLAIN EXTENDED SELECT ID FROM City WHERE ID < 50\G
*************************** 1. row ***************************
...
         rows: 50
     filtered: 100.00

mysql> SELECT COUNT(ID) FROM City WHERE ID < 50;
+-----------+
| COUNT(ID) |
+-----------+
|        49 |
+-----------+
```

Et voici un exemple où l'estimation est mauvaise (4079 lignes estimées pour 1 ligne réelle) :

```
mysql> EXPLAIN EXTENDED SELECT Name FROM City WHERE CountryCode
LIKE 'F%' AND district LIKE 'F%' AND population > 100000\G
*************************** 1. row ***************************
...
         rows: 4079
     filtered: 100.00

mysql> SELECT Name FROM City WHERE CountryCode LIKE 'F%' AND
District LIKE 'F%' AND population > 100000;
```

```
+----------+
| Name     |
+----------+
| Besançon |
+----------+
1 row in set (0,00 sec)
```

Autre possibilité d'EXPLAIN EXTENDED, si vous exécutez la commande SHOW WARNINGS juste après EXPLAIN EXTENDED, vous verrez votre requête initiale réécrite à partir des informations du plan d'exécution, ce qui peut parfois être utile quand vous cherchez à en optimiser l'exécution.

En voici un exemple :

```
mysql> EXPLAIN EXTENDED SELECT COUNT(*) FROM Country\G
*************************** 1. row ***************************
           id: 1
...
1 row in set, 1 warning (0,00 sec)

mysql> SHOW WARNINGS\G
*************************** 1. row ***************************
  Level: Note
   Code: 1003
Message: select count(0) AS `COUNT(*)` from `world`.`Country`
1 row in set (0,00 sec)
```

Vous voyez ici que du point de vue de l'optimiseur, COUNT(*) et COUNT(0) sont identiques.

6. Optimisation des requêtes

Dans cette section, vous allez voir un certain nombre de techniques pour améliorer le temps d'exécution de vos requêtes. Lisez bien les propositions données comme étant des conseils susceptibles de vous aider mais pas comme des recettes absolues fonctionnant dans tous les cas. L'optimisation reste un art et l'expérience reste la qualité essentielle pour trouver la meilleure manière de rendre plus rapide une requête lente.

6.1 Isolation des colonnes

L'encapsulation d'une colonne dans une fonction interdit l'utilisation d'un index. Si possible, veillez donc à réécrire votre requête de manière à ne pas avoir besoin d'une fonction. Ce cas de figure se présente souvent avec les dates.

Exemple d'une requête ne pouvant pas utiliser d'index :

```
mysql> EXPLAIN SELECT * FROM rental WHERE TO_DAYS(CURRENT_DATE())
- TO_DAYS(rental_date) < 10\G
*************************** 1. row ***************************
           id: 1
  select_type: SIMPLE
        table: rental
         type: ALL
possible_keys: NULL
          key: NULL
...
```

En cherchant à isoler la colonne `rental_date` sur laquelle existe un index, le résultat est meilleur :

```
mysql> EXPLAIN SELECT * FROM rental WHERE rental_date >
CURRENT_DATE() + INTERVAL 10 DAY\G
*************************** 1. row ***************************
           id: 1
  select_type: SIMPLE
        table: rental
         type: range
possible_keys: rental_date
          key: rental_date
...
```

Remarque

Si vous avez bien lu la section sur le cache de requêtes, vous savez que l'utilisation de `CURRENT_DATE()` va empêcher la mise en cache, il est donc préférable de calculer la date actuelle dans l'application et d'injecter la constante ainsi obtenue dans la requête.

Remarque

Il serait encore mieux de préciser la liste des champs voulus plutôt que de passer par `SELECT *`, qui empêche par exemple l'utilisation d'un éventuel index couvrant.

6.2 Jointures

MySQL ne connaît qu'une seule méthode pour effectuer des jointures : les tables sont jointes une à une et successivement. Cela signifie qu'une jointure entre quatre tables t1 à t4 sera effectuée par exemple en joignant t1 à t2 (donnant une table t2'), puis t2' à t3 (donnant t3'), puis t3' à t4. Le plan d'exécution ne sera jamais de joindre t1 à t2 (donnant t2'), puis t3 à t4 (donnant t4'), et enfin t2' à t4'.

Dans le cas des jointures internes (`INNER JOIN`), l'ordre de jointure n'a pas d'importance et l'optimiseur pourra décider de ne pas joindre les tables dans l'ordre d'écriture.

Voici un exemple de jointure où l'optimiseur décide de ne pas respecter l'ordre d'écriture :

```
mysql> EXPLAIN SELECT email
         FROM customer INNER JOIN rental
         ON customer.customer_id = rental.customer_id
         WHERE rental_date > '2006-04-10 00:00:00'
         AND rental_date < '2006-05-24 00:00:00'\G
*************************** 1. row ***************************
           id: 1
  select_type: SIMPLE
        table: rental
         type: range
possible_keys: rental_date,idx_fk_customer_id
          key: rental_date
      key_len: 8
          ref: NULL
         rows: 10
        Extra: Using where; Using index
*************************** 2. row ***************************
           id: 1
  select_type: SIMPLE
        table: customer
```

```
         type: eq_ref
possible_keys: PRIMARY
          key: PRIMARY
      key_len: 2
          ref: sakila.rental.customer_id
         rows: 1
        Extra:
```

Pourquoi l'optimiseur a-t-il choisi cet ordre ? Remarquez qu'ici, l'optimiseur estime qu'il faudra examiner 10 * 2 = 20 lignes. Pour forcer l'optimiseur à effectuer la jointure dans l'ordre d'écriture et déterminer combien de lignes devront être lues dans ce cas, vous pouvez utiliser STRAIGHT_JOIN :

```
mysql> EXPLAIN SELECT email
    -> FROM customer STRAIGHT_JOIN rental
    -> ON customer.customer_id = rental.customer_id
    -> WHERE rental_date > '2006-04-10 00:00:00'
    -> AND rental_date < '2006-05-24 00:00:00'\G
*************************** 1. row ***************************
           id: 1
  select_type: SIMPLE
        table: customer
         type: ALL
possible_keys: PRIMARY
          key: NULL
      key_len: NULL
          ref: NULL
         rows: 541
        Extra:
*************************** 2. row ***************************
           id: 1
  select_type: SIMPLE
        table: rental
         type: range
possible_keys: rental_date,idx_fk_customer_id
          key: rental_date
      key_len: 8
          ref: NULL
         rows: 10
        Extra: Using where; Using index; Using join buffer
```

Si la jointure est effectuée dans l'ordre d'écriture, le serveur devra lire 541 * 10 = 5410 lignes. Voilà pourquoi l'optimiseur a préféré renverser l'ordre de jointure.

Pour les jointures externes (`LEFT JOIN` ou `RIGHT JOIN`), l'ordre de jointure est généralement important et ne peut pas être modifié. Cela aide l'optimiseur à trouver le meilleur plan d'exécution en éliminant de nombreuses possibilités.

Remarque

L'algorithme utilisé par MySQL pour joindre des tables se base simplement sur des boucles imbriquées. Vous croiserez peut-être le terme anglais : nested-loop join. Cet algorithme ne permet pas de traiter les jointures de type `FULL OUTER JOIN`.

Attention à certains frameworks de développement qui génèrent automatiquement les requêtes SQL : il arrive que toutes les jointures soient écrites avec un `LEFT JOIN` au lieu d'un `INNER JOIN`. L'optimiseur de requêtes est alors limité dans les plans d'exécution possibles, ce qui cause parfois d'importants problèmes de performance.

Sachez également qu'il est possible de donner des indications à l'optimiseur sur l'utilisation d'un index avec les clauses `USE INDEX`, `FORCE INDEX` et `IGNORE INDEX` :

- `USE INDEX` indique à MySQL que vous pensez que l'index passé en paramètre est un bon index. L'optimiseur peut malgré tout choisir de ne pas l'utiliser.

Exemple avec la requête précédente :

```
mysql> EXPLAIN SELECT email
          FROM customer INNER JOIN rental
          USE INDEX (idx_fk_customer_id)
          ON customer.customer_id = rental.customer_id
          WHERE rental_date > '2006-04-10 00:00:00'
          AND rental_date < '2006-05-24 00:00:00'\G
*************************** 1. row ***************************
           id: 1
  select_type: SIMPLE
        table: customer
         type: ALL
possible_keys: PRIMARY
          key: NULL
...
*************************** 2. row ***************************
           id: 1
```

```
  select_type: SIMPLE
        table: rental
         type: ref
possible_keys: idx_fk_customer_id
          key: idx_fk_customer_id
...
```

L'index indiqué a bien été utilisé et a provoqué une inversion de l'ordre de jointure.

- `FORCE INDEX` impose à l'optimiseur d'utiliser l'index passé en paramètre. Il ne sera cependant pas pris en compte s'il n'est pas du tout utilisable pour la requête.

L'exemple précédent fonctionnera en remplaçant `USE` *par* `FORCE`.

- `IGNORE INDEX` indique à l'optimiseur de ne pas tenir compte des index passés en paramètre.

Exemple :

```
mysql> EXPLAIN SELECT email
          FROM customer INNER JOIN rental
          IGNORE INDEX (idx_fk_customer_id,rental_date)
          ON customer.customer_id = rental.customer_id
          WHERE rental_date > '2006-04-10 00:00:00'
          AND rental_date < '2006-05-24 00:00:00'\G
*************************** 1. row ***************************
           id: 1
  select_type: SIMPLE
        table: rental
         type: ALL
possible_keys: NULL
          key: NULL
...
*************************** 2. row ***************************
           id: 1
  select_type: SIMPLE
        table: customer
         type: eq_ref
possible_keys: PRIMARY
          key: PRIMARY
...
```

6.3 Filtrages

Les colonnes des clauses `WHERE` figurent parmi les premières à examiner lorsqu'une requête est lente. En effet, la pose d'un index peut significativement diminuer le nombre de lignes à lire, accélérant d'autant l'exécution. Rappelez-vous tout ce qui a été dit sur la sélectivité des index pour déterminer s'il est pertinent de poser un index : un index peu filtrant n'améliorera pas la vitesse d'exécution, ajoutera du travail pour chaque modification de la table et demandera du travail supplémentaire à l'optimiseur en ouvrant de nouveaux plans d'exécution qui devront être examinés.

Rappelez-vous également que MySQL n'utilise qu'un seul index par table : si dans une clause `WHERE` apparaissent plusieurs colonnes, il est le plus souvent bénéfique de créer un index sur toutes les colonnes. De cette manière, un filtrage pourra être réalisé simultanément sur toutes les colonnes.

6.4 Tris

Il existe deux manières pour MySQL d'effectuer un tri : utiliser un index, ou récupérer des lignes non triées et réaliser un traitement supplémentaire pour les trier.

L'utilisation d'un index est a priori intéressante, mais s'avère parfois décevante. En effet, le parcours de l'index est rapide, mais chaque valeur de l'index va pointer sur des données aléatoirement réparties, et si les données se trouvent sur disque, les opérations seront très longues. Pour éviter ce genre de problème, essayez dès que possible de poser des index qui permettent à la fois de filtrer et de trier ou posez un index qui soit couvrant.

Normalement, un index ne peut être utile pour un tri que si les colonnes de tri forment un préfixe gauche des colonnes de l'index. Si ce n'est pas le cas mais que des colonnes dans la clause `WHERE` viennent compléter les colonnes manquantes, le tri pourra être effectué par l'index et vous obtenez un index qui filtre et trie simultanément. Cela n'est valable que si la condition de la colonne de la clause `WHERE` utilisée pour compléter l'index est une égalité et pas un intervalle de valeurs.

Ainsi dans la table `rental` de la base `sakila`, il existe un index sur les colonnes (`rental_date`, `inventory_id`, `customer_id`). Les conditions suivantes pourront utiliser l'index :

```
mysql> ... ORDER BY rental_date, inventory_id;

mysql> ... WHERE rental_date = '2006-04-10 00:00:00' ORDER BY
inventory_id;
```

mais pas ces conditions :

```
mysql> ... WHERE customer_id = 1 ORDER BY inventory_id;

mysql> ... WHERE rental_date > '2006-05-24 00:00:00' ORDER BY
inventory_id;
```

6.5 Agrégations

Les fonctions d'agrégats (`COUNT()`, `SUM()`, `MAX()`, `MIN()`, etc.) sont difficiles à optimiser car il faut généralement lire l'intégralité de la table pour obtenir le résultat. Il existe cependant au moins un cas particulier simple à optimiser : il s'agit de `COUNT(*)` sans condition supplémentaire pour les tables `MyISAM`, qui est très rapide tout simplement car le moteur de stockage maintient parmi ses métadonnées le nombre d'enregistrements de la table.

Ainsi la commande `EXPLAIN` sur la requête suivante :

```
mysql> EXPLAIN SELECT COUNT(*) FROM film_text\G
*************************** 1. row ***************************
           id: 1
  select_type: SIMPLE
        table: NULL
         type: NULL
possible_keys: NULL
          key: NULL
      key_len: NULL
          ref: NULL
         rows: NULL
        Extra: Select tables optimized away
```

nous apprend qu'aucun accès à la table n'est nécessaire (la colonne `type` est à `NULL`) car la requête a pu être simplifiée pendant la phase d'optimisation (colonne `Extra`).

Dans les autres cas, la meilleure solution consiste généralement à essayer de poser un index qui se révèlera couvrant ou de générer une table de cache (voir le paragraphe consacré à ce sujet dans la suite de ce chapitre).

Remarque

Notez que seules les requêtes avec un `COUNT(*)` sans condition `WHERE` supplémentaire sont très rapides avec les tables `MyISAM`, les autres `COUNT()` ne peuvent pas bénéficier de la même optimisation.

6.6 Réécriture de requêtes

Les meilleures requêtes candidates pour une réécriture sont les sous-requêtes, que MySQL exécute parfois de manière très lente. Si c'est le cas, sachez que certaines sous-requêtes peuvent être transformées en jointures.

Par exemple, avec la base `world`, si vous souhaitez connaître toutes les langues parlées en `France`, vous pouvez écrire une sous-requête :

```
mysql> SELECT Language
          FROM CountryLanguage
          WHERE CountryCode =
                 (SELECT Code
                 FROM Country
                 WHERE Name='France');
```

Mais vous pouvez aussi écrire une jointure équivalente :

```
mysql> SELECT language
          FROM CountryLanguage
          INNER JOIN Country
          ON Code=CountryCode
          WHERE Name='France';
```

Notez qu'à partir de MySQL 5.6 (c'est aussi le cas dans MariaDB 5.5), l'exécution des sous-requêtes a été nettement améliorée, en particulier pour les sous-requêtes dans la clause `FROM`. Ne croyez donc pas qu'il faut impérativement éviter les sous-requêtes avec MySQL !

6.7 Utilisation de plusieurs index

Depuis la version 5.0, MySQL est capable dans quelques situations d'utiliser plusieurs index sur la même table. Le cas le plus fréquent est celui d'une requête avec des OR dans la clause WHERE et pour laquelle aucun des index sur chacune des conditions n'est très sélectif. MySQL pourra alors utiliser plusieurs index pour filtrer simultanément sur plusieurs colonnes.

Exemple :

```
mysql> EXPLAIN SELECT * FROM rental WHERE customer_id = 100 OR
staff_id = 100\G
*************************** 1. row ***************************
           id: 1
  select_type: SIMPLE
        table: rental
         type: index_merge
possible_keys: idx_fk_customer_id,idx_fk_staff_id
          key: idx_fk_customer_id,idx_fk_staff_id
      key_len: 2,1
          ref: NULL
         rows: 25
        Extra: Using union(idx_fk_customer_id,idx_fk_staff_id);
Using where
```

La colonne type indique `index_merge` et la colonne `key` montre bien que l'index sur chacune des colonnes de la clause WHERE est utilisé.

6.8 Autres techniques

Certains administrateurs de bases de données vous diront que les requêtes les plus rapides sont celles que le serveur n'a pas besoin d'exécuter... Derrière cette boutade se cache une réalité : si vous pouvez éviter d'exécuter certaines requêtes, en particulier celles qui sont lourdes, votre serveur MySQL ne s'en portera que mieux.

Les requêtes faisant des calculs d'agrégats (SUM(), COUNT()...) sont bien souvent à la fois lentes et difficiles à optimiser. Ces requêtes sont pourtant généralement de très bonnes candidates pour mettre en place des tables de cache, ou tables à valeurs pré-calculées, car le résultat n'a la plupart du temps pas besoin d'être absolument exact. Si vous souhaitez connaître le nombre de visiteurs sur votre page d'accueil et que les visiteurs se comptent par centaines de milliers, une erreur de 500 ou 1000 sur le décompte n'aura probablement pas d'importance. Dans ce cas, vous pouvez vous contenter de faire le calcul une fois de temps en temps et de stocker le résultat dans une table. Entre deux calculs, vous n'aurez plus qu'à faire une requête `SELECT` simple sur la table contenant le résultat pré-calculé.

La mise à jour de la table de cache peut se faire par une tâche planifiée ou si vous utilisez MySQL 5.1 avec le planificateur d'événements. La fréquence de mise à jour dépendra de votre application : moins vous mettrez à jour votre table de cache, plus vous économiserez en temps de calcul mais plus vos résultats seront incorrects. Dans certains cas, vous pourrez lancer une reconstruction de la table de cache toutes les 24 heures alors que dans d'autres situations, il faudra refaire le calcul toutes les 30 minutes.

Sachez également que si vous avez besoin d'avoir des résultats toujours à jour, vous pouvez essayer d'utiliser un trigger pour maintenir à jour votre table de cache.

Remarque

Toutes ces techniques permettent de construire l'équivalent des vues matérialisées que proposent d'autres SGBD. Pour plus d'informations sur les vues, reportez-vous au chapitre Routine stockée/déclencheur/événement.

7. Nouvelles optimisations de MySQL 5.6

MySQL a introduit beaucoup de changements dans l'optimiseur de requêtes. Le but est de réussir à trouver de nouvelles manières pour exécuter des requêtes qui soit étaient très lentes dans les versions précédentes, soit étaient exécutées de façon non optimale. Notons que MariaDB 5.5 implémente à peu près les mêmes changements, même si le code est différent.

Les techniques présentées ci-dessous sont automatiquement choisies par l'optimiseur lorsqu'elles sont bénéfiques. Vous n'avez donc en théorie rien à faire pour en profiter. Sachez cependant que seuls de nombreux retours d'expérience permettront de confirmer dans quels cas ces optimisations sont intéressantes et dans quels cas il vaut mieux les éviter.

7.1 Index Condition Pushdown

Nous avons déjà évoqué le fait que MySQL ne pouvait pas filtrer à l'aide des colonnes d'un index au-delà de la première inégalité. Par exemple si une table contient un index sur les colonnes (a, b) et qu'une requête mentionne la condition `WHERE a > 5 AND b = 10`, seule la première colonne de l'index pourra être utilisé pour le filtrage.

À partir de MySQL 5.6, une optimisation appelée Index Condition Pushdown permet de pousser dans l'index des conditions qui ne peuvent normalement pas être prises en compte ; cela évite au moteur de stockage d'avoir à chercher la ligne correspondante et de la rejeter si elle ne satisfait pas aux conditions.

Voyons le fonctionnement sur un exemple. Nous allons d'abord modifier un peu la table `film` pour tester un exemple simple sur une version 5.5 :

```
mysql> UPDATE film SET release_year = release_year - FLOOR(RAND()*10);
Query OK, 893 rows affected, 0 warning (0.18 sec)
Rows matched: 1000  Changed: 893  Warnings: 0
mysql> ALTER TABLE film ADD INDEX release_length_idx
(release_year,length);
Query OK, 0 rows affected (0.33 sec)
Records: 0  Duplicates: 0  Warnings: 0
mysql> EXPLAIN SELECT * FROM film WHERE release_year > 2005 AND length =
100\G
*************************** 1. row ***************************
           id: 1
  select_type: SIMPLE
        table: film
         type: range
possible_keys: release_length_idx
          key: release_length_idx
      key_len: 2
          ref: NULL
         rows: 107
        Extra: Using where
```

Puis après avoir fait la même manipulation sur une version 5.6, voici l'affichage que produit `EXPLAIN` :

```
mysql> EXPLAIN SELECT * FROM film WHERE release_year > 2005 AND length =
100\G
*************************** 1. row ***************************
           id: 1
```

```
  select_type: SIMPLE
        table: film
         type: range
possible_keys: release_length_idx
          key: release_length_idx
      key_len: 2
          ref: NULL
         rows: 115
        Extra: Using index condition
```

Quelle est la différence ? Tout est dans la colonne `Extra` : au lieu de `Using where` pour la version 5.5 qui indique un post-filtrage par le serveur une fois que le moteur de stockage a retrouvé les lignes, nous avons `Using index condition` qui indique que la condition faisant partie de l'index mais ne pouvant pas être utilisée directement a été poussée dans l'index.

Bien sûr, sur une table aussi petite, vous ne verrez pas de différence flagrante au niveau du temps d'exécution, mais pour des requêtes demandant de nombreuses lectures sur disque (lectures lentes par essence), le gain peut être considérable.

7.2 Multi Range Read

Lors de l'utilisation d'un index secondaire, si les colonnes qui doivent être retrouvées ne sont pas dans l'index, elles doivent être lues en accédant à la clé primaire (nous parlons ici d'`InnoDB` et de la notion d'index cluster. Pour `MyISAM`, c'est vrai pour n'importe quel type d'index). Or si les données sont lues séquentiellement dans l'index secondaire, il y a très peu de chances que les données soient lues séquentiellement dans la clé primaire, tout simplement car les valeurs dans l'index secondaire ne sont pas ordonnées de la même manière que dans la clé primaire.

Quelle est la conséquence ? Autant la lecture de l'index est rapide car elle est séquentielle, autant les lectures dans la clé primaire peuvent être très lentes car elles sont aléatoires comme nous venons de l'expliquer.

Le but de l'optimisation appelée Multi Range Read est de collecter dans un cache les tuples issus d'un index secondaire, de trier ces tuples par la valeur de leur clé primaire, puis de parcourir la clé primaire séquentiellement pour retrouver les lignes correspondantes.

Si le cache est trop petit pour accueillir tous les tuples, il est d'abord rempli et trié, puis les lignes correspondantes sont cherchées. Cela permet de pouvoir vider le cache pour recommencer autant de fois qu'il est nécessaire. L'intérêt est toujours de transformer des lectures aléatoires lentes en lectures le plus séquentielles possible, plus rapides.

Le cache utilisé pour ces opérations est bien sûr configurable. Il s'agit de la variable `read_rnd_buffer_size` pour MySQL 5.6 et de la variable `mrr_buffer_size` pour MariaDB 5.5.

Là encore, cette optimisation est surtout intéressante lorsque la lecture des données demande des accès disque.

8. Paramétrage du serveur

Cette section propose des pistes pour optimiser la configuration d'un serveur MySQL. Il n'existe pas de formule magique pour déterminer quelle est la meilleure configuration ! Si c'était le cas, le serveur serait optimisé automatiquement à l'installation. Vous serez donc obligé de mener vos optimisations pas à pas afin de trouver une bonne configuration, sans jamais avoir l'assurance que vous avez terminé votre travail.

Rappelez-vous également que, hormis quelques réglages de base, la modification de variables de configuration n'est souvent pas la meilleure source d'amélioration des performances : il est plus rentable de s'intéresser aux index, au schéma de la base ou encore à l'écriture des requêtes.

Voici encore quelques conseils avant d'entrer dans le détail des variables :

- Les variables doivent être modifiées une à une afin de bien voir l'effet de chacune.
- Augmenter les valeurs des variables n'est pas nécessairement bénéfique, mieux vaut parfois les diminuer.
- Seuls des tests sur l'application pourront valider l'intérêt d'une modification : ce qui fonctionne pour certaines ne fonctionne pas pour d'autres.

8.1 Paramètres globaux

8.1.1 Nombre de connexions simultanées

MySQL utilise la variable `max_connections` pour limiter le nombre de connexions simultanées au serveur.

Deux indicateurs peuvent vous alerter quand cette valeur est trop faible : la variable de statut `Max_used_connections` vaut ou est proche de `max_connections` ou le serveur refuse des connexions avec l'erreur `Too many connections`.

Néanmoins, mieux vaut bien réfléchir aux conséquences possibles d'une augmentation de la valeur de ce paramètre, car son but est d'empêcher le serveur de s'écrouler sous une charge trop importante. Si la valeur de `max_connections` nécessaire pour éviter l'erreur `Too many connections` s'avère tellement élevée que les performances de tout le serveur se dégradent, il faut sans doute penser à d'autres modifications (réplication, changement de matériel, changements applicatifs...).

Remarque

MySQL conserve toujours une connexion disponible en local pour l'utilisateur `root`, en cas de problème. C'est pourquoi `max_connections` vaut par défaut 151 et non 150, autorisant effectivement 150 connexions applicatives.

8.1.2 Cache de table

Ce cache stocke des informations sur les tables ce qui permet, quand le serveur a besoin d'utiliser une table, d'en accélérer l'accès.

Jusqu'à MySQL 5.0, une variable contrôle ce cache : `table_cache`. Sa valeur est à adapter en fonction des variables de statut `Open_tables` (nombre de tables ouvertes) et `Opened_tables` (nombre d'opérations d'ouverture de table depuis le démarrage du serveur).

Si `Open_tables` vaut `table_cache` ou en est proche et que `Opened_tables` augmente régulièrement, alors la valeur de `table_cache` devrait être augmentée. Sauf dans le cas particulier où le serveur compte des centaines de milliers de tables, `table_cache` devrait être au moins aussi grand que le nombre de tables.

Remarque

La valeur minimale pour `table_cache` est 64.

À partir de MySQL 5.1, le cache est divisé en deux parties : un cache des tables ouvertes (`table_open_cache`) et un cache de définition de table (`table_definition_cache`). L'ajustement de ces deux paramètres se fait comme pour le paramètre `table_cache`, en utilisant :

- `Open_tables` et `Opened_tables` pour `table_open_cache`.
- `Open_table_definitions` et `Opened_table_definitions` pour `table_definition_cache`.

Remarque

Les valeurs minimales sont 64 pour `table_open_cache` et 256 pour `table_definition_cache`.

8.1.3 Cache de threads

Quand une connexion au serveur MySQL se termine, le thread associé à cette connexion est placé dans un cache afin de pouvoir être réutilisé, évitant une opération de création d'un nouveau thread.

La variable correspondante est `thread_cache_size` et pour l'ajuster, il suffit de regarder l'évolution de la variable de statut `Threads_created` au cours du temps : en augmentant la taille du cache, nous pourrons souvent parvenir à faire en sorte que la valeur de `Threads_created` augmente de moins de 5 par seconde.

Remarque

La création d'un thread est rapide avec MySQL, il ne faut donc pas espérer des gains très importants en augmentant la taille du cache de threads.

8.2 Paramètres par client

Ces paramètres ont en général moins d'influence que les paramètres globaux décrits dans la section précédente, mais ils peuvent malgré tout se révéler importants.

Dans le cas où une requête en particulier demande la modification d'un paramètre, mais que ce paramètre a peu d'influence sur la performance des autres requêtes, il est tout à fait possible de modifier la valeur d'un paramètre juste pour la durée de cette requête. Le code suivant en montre un exemple avec la variable `sort_buffer_size` :

```
mysql> SET @avant = @@sort_buffer_size;
Query OK, 0 rows affected (0,02 sec)

mysql> SET sort_buffer_size = 1024*1024*10;
Query OK, 0 rows affected (0,02 sec)

mysql> ... REQUETE ...

mysql> SET @@sort_buffer_size = @avant;
Query OK, 0 rows affected (0,00 sec)
```

Parmi toutes les variables de session (autre nom des paramètres par client), voici celles qui sont habituellement les plus importantes :

- Taille des tampons de lecture séquentielle : `read_buffer_size` et `read_rnd_buffer_size`.
- Taille maximale des tables temporaires en mémoire : `tmp_table_size` et `max_heap_table_size`.
- Taille du tampon de tri : `sort_buffer_size`.

8.3 Paramètres spécifiques aux moteurs de stockage

8.3.1 MyISAM

Le paramètre le plus important pour les tables `MyISAM` est la taille du cache d'index, commandée par la variable `key_buffer_size`.

Pour vous aider à trouver une bonne taille, vous allez regarder les valeurs de trois variables de statut parmi le résultat de la commande :

```
mysql> SHOW GLOBAL STATUS LIKE 'Key_%';
```

Les deux premières variables à considérer sont `Key_reads` et `Key_read_requests`. `Key_reads` indique le nombre de requêtes de lectures d'index qui n'ont pas pu être satisfaites par le cache et `Key_read_requests` indique le nombre de lectures faites dans l'index. Si vous calculez le taux d'utilisation du cache par la formule (1 - `Key_reads` / `Key_read_requests`) x 100, votre cache devrait être bien paramétré si votre taux est proche de 100 %. Si le taux est faible, votre cache est sans doute trop petit et vous pouvez augmenter la valeur de `key_buffer_size`.

La troisième variable à regarder est `Key_blocks_unused`, qui vous donne le nombre de blocs disponibles dans le cache. Si votre taux d'utilisation est faible et que le nombre de blocs disponibles est également faible, votre cache est très certainement trop petit.

Remarque

Sachez qu'il n'est pas pénalisant de prévoir un cache surdimensionné car la mémoire ne sera allouée qu'en cas de besoin, contrairement au cache de requêtes.

Il n'existe pas d'option pour mettre en cache les données des tables `MyISAM`. Seul le système d'exploitation met en cache les données, ce qui est cependant beaucoup moins efficace qu'un cache spécialisé comme celui existant pour les index.

8.3.2 InnoDB

De par sa complexité, `InnoDB` demande des réglages fins pour obtenir de bonnes performances. Parmi la multitude de variables en rapport avec `InnoDB`, vous allez trouver une liste composée des paramètres essentiels et une liste complémentaire avec des paramètres un peu moins courants. Dans certains cas, si vous constatez un goulot d'étranglement, vous serez amené à vous intéresser à d'autres variables `InnoDB` moins courantes : la documentation officielle est alors la meilleure source d'informations fiables.

Dans les deux listes suivantes, vous trouverez souvent entre parenthèses des valeurs indicatives pour dimensionner correctement la variable.

Voici les paramètres essentiels pour `InnoDB` :

- Taille du cache mémoire : `innodb_buffer_size` (environ 80 % de la mémoire disponible pour un serveur dédié à MySQL ayant peu de mémoire, beaucoup plus si la quantité de mémoire disponible est importante, disons au-delà de 100 Go).
- Taille des fichiers de log : `innodb_log_file_size` (on essaie de dimensionner les fichiers pour qu'ils puissent contenir environ une heure de modifications en heure de pointe. Cela se fait simplement en comparant à une heure d'intervalle la valeur de la variable `Log sequence number` qui apparaît dans la section `LOG` de la sortie de `SHOW ENGINE INNODB STATUS`).
- Méthode de flush au moment du commit : `innodb_flush_log_at_trx_commit` (`1` si la protection des données en cas de crash est essentielle, `2` si la performance est essentielle).

Et voici ceux qui sont moins importants mais restent couramment modifiés :

- Tablespace par table : `innodb_file_per_table` (au lieu d'avoir le tablespace global `ibdata1` contenant les données et index de toutes les tables, un fichier `ibd` est créé pour chaque table si cette option est activée. Ce fichier contient les données et index de la table).
- Taille du tampon de log : `innodb_log_buffer_size` (1 à 8 Mo).
- Nombre de threads traités simultanément : `innodb_thread_concurrency` (une formule magique : 2 x nombre de processeurs x nombre de disques jusqu'à MySQL 5.1, et une autre formule magique encore plus simple à partir de la version 5.5 : mettre la valeur à 0).

Chapitre 8
Partitionnement

1. Introduction

Le partitionnement horizontal permet de diviser une table en fonction des données qu'elle contient, de manière transparente pour l'utilisateur. Ce processus peut permettre une gestion plus efficace des données stockées en les regroupant dans différents emplacements (partitions) selon certains critères. Le partitionnement d'une table se définit à sa création, en indiquant le type et la clé de partitionnement, ainsi que d'autres paramètres tels que le nombre de partitions à générer.

Remarque

Partitionnement manuel : il est possible de partitionner manuellement une table `MyISAM` en utilisant le moteur MERGE. Cependant ce moteur n'est compatible qu'avec le moteur `MyISAM`, et n'est pas aussi transparent que le partitionnement et nécessite dans tous les cas de scanner l'ensemble des tables pour lire des enregistrements.

2. Pourquoi partitionner ?

2.1 Gérer la montée en charge

Plus une table est sollicitée, plus le risque qu'elle pose des problèmes de performances augmente. Le partitionnement peut permettre de réduire la contention d'une table en la répartissant sur l'ensemble des partitions, grâce au « partition pruning » (implémenté à partir de MySQL 5.6.6). Par exemple, lors de l'exécution d'une requête `SELECT` sur une table ayant pour moteur de stockage `MyISAM`, seules les partitions nécessaires sont verrouillées en lectures au lieu de la table entière comme c'est le cas avec les versions antérieures à MySQL 5.6.6.

Le partitionnement peut aussi permettre d'isoler les enregistrements qui sont rarement accédés. Cela permet de diminuer la taille des index qui vont être le plus souvent accédés et par incidence de diminuer la place mémoire nécessaire pour leur stockage dans le cache. Par exemple, pour un index de type B-TREE, cela permet de diminuer le nombre de feuilles, ainsi que la profondeur, ce qui induit une accélération des opérations de recherche, insertion et suppression. De plus, les données liées à l'index devraient avoir une plus grande probabilité de se trouver en mémoire ce qui a pour conséquence de réduire la quantité d'entrées/sorties à effectuer et donc d'améliorer les temps d'exécution.

Enfin, il est possible de répartir la charge des entrées/sorties en utilisant plusieurs disques. Pour cela il faut soit utiliser un système logiciel ou matériel de type `RAID` (`1` ou `5` par exemple), soit demander à MySQL de le faire, en spécifiant des emplacements différents pour stocker les données (clause `DATA DIRECTORY`), voir les index (clause `DATA INDEX`) également avec le moteur de stockage `MyISAM`.

2.2 Gérer de gros volumes

Avec certains systèmes de fichiers, la limite de la taille maximale d'un fichier peut poser problème. Le partitionnement peut permettre de contourner cette limite, en répartissant le contenu d'une table dans plusieurs fichiers.

2.3 Partition pruning

Le « Partition pruning » permet à l'optimiseur de ne pas analyser les partitions qui ne contiennent pas de données nécessaires à l'exécution de la requête. Il est utilisé dans les cas suivants :

- colonne_partitionnée = constante,
- colonne_partitionnée `IN` (constante1, constante2, constante3...),
- colonne_partitionnée `BETWEEN` constante1 `AND` constante2,
- colonne_partitionnée [op] constante avec op qui est un opérateur d'inégalité (<, >, <>, <=, >=),
- avec les fonctions `YEAR()`, `TO_DAYS()`, `TO_SECONDS()` sur les colonnes de type `DATE` et `DATETIME`.

2.4 Effacer rapidement (scaling back)

Effacer (*scaling back*) un gros volume de données d'une table, avec un ordre SQL `DELETE`, est parfois une opération très coûteuse. Le partitionnement peut permettre dans ce cas de réduire l'ensemble de ces opérations à la suppression de fichiers et à une modification de structure, en d'autres termes, d'avoir à utiliser une commande DDL (`ALTER`) en lieu et place d'une commande DML (`DELETE`).

Dans l'exemple suivant, la table `t1` contient quatre partitions :

```
mysql> SHOW CREATE TABLE t1\G
*************************** 1. row ***************************
       Table: t1
Create Table:
CREATE TABLE `t1` (
```

```
  `valeur` tinyint(3) unsigned NOT NULL,
  `quand` date NOT NULL
)
PARTITION BY RANGE (YEAR(quand))
(
 PARTITION p0 VALUES LESS THAN (2000),
 PARTITION p1 VALUES LESS THAN (2002),
 PARTITION p2 VALUES LESS THAN (2004),
 PARTITION p3 VALUES LESS THAN MAXVALUE
);

mysql > SELECT count(*),YEAR(quand) an FROM t1 GROUP BY an ORDER BY
an DESC;
*************************** 1. row ***************************
count(*): 12642912
      an: 2008
*************************** 2. row ***************************
count(*): 20000
      an: 2004
*************************** 3. row ***************************
count(*): 3670016
      an: 2002
*************************** 4. row ***************************
count(*): 524288
      an: 2000
4 rows in set (15,80 sec)
```

La suppression de toutes les données pour lesquelles l'année vaut 2008 se fait avec la requête :

```
mysql> DELETE FROM t1 WHERE YEAR(quand)=2008;
```

Cette requête n'utilise pas le « Partition pruning » à cause de l'utilisation de la fonction YEAR() sur le champ quand comme on peut le voir en utilisant la commande EXPLAIN :

```
mysql> EXPLAIN PARTITIONS SELECT count(*) FROM t1 WHERE
YEAR(quand)=2008;
+----+-------------+-------+-------------+------+--------------
+------+---------+------+---------+-------------+
| id | select_type | table | partitions  | type | possible_keys |
key  | key_len | ref  | rows     | Extra       |
+----+-------------+-------+-------------+------+--------------
+------+---------+------+---------+-------------+
|  1 | SIMPLE      | t1    | p0,p1,p2,p3 | ALL  | NULL          |
```

```
NULL | NULL     | NULL | 4214304 | Using where |
+----+------------+------+-----------+------+--------------
+------+--------+-----+--------+------------+
```

Pour pouvoir bénéficier du « Partition pruning » il faut s'affranchir de la fonction YEAR() :

```
mysql> EXPLAIN PARTITIONS SELECT count(*) FROM t1 WHERE quand
between '2008-01-01' and '2008-12-31';
+----+------------+------+-----------+------+--------------
+------+--------+-----+--------+------------+
| id | select_type | table | partitions | type | possible_keys |
key   | key_len | ref   | rows     | Extra        |
+----+------------+------+-----------+------+--------------
+------+--------+-----+--------+------------+
|  1 | SIMPLE      | t1    | p3          | ALL  | NULL          |
NULL | NULL     | NULL | 4214304 | Using where |
+----+------------+------+-----------+------+--------------
+------+--------+-----+--------+------------+
```

Cependant, la commande DELETE, même avec l'utilisation du « Partition pruning », prendra du temps et des ressources sur le serveur MySQL et aura un impact non négligeable sur les performances :

```
mysql> DELETE FROM t1 WHERE quand BETWEEN '2008-01-01' AND
'2008-12-31';
Query OK, 12642912 rows affected (2 min 5,82 sec)
```

Dans le cas de traitements importants tels que des purges de données, il est important de prendre en compte l'impact que cela peut avoir sur le serveur, la réplication si elle est utilisée, etc. Le partitionnement, s'il est pertinent, permet de minimiser la charge sur le serveur en utilisant la commande ALTER TABLE ... DROP PARTITION :

```
mysql> ALTER TABLE t1 TRUNCATE PARTITION p3;
Query OK, 0 rows affected (0,00 sec)
Records: 0  Duplicates: 0  Warnings: 0
```

3. Types de partitionnement

Pour utiliser le partitionnement, vous devez au préalable vérifier que cette option est activée :

```
mysql> SHOW PLUGINS;
+---------------------------+----------+--------------------
+---------+---------+
| Name                      | Status   | Type               |
Library | License |
+---------------------------+----------+--------------------
+---------+---------+
| binlog                    | ACTIVE   | STORAGE ENGINE     |
NULL    | GPL     |
| mysql_native_password     | ACTIVE   | AUTHENTICATION     |
NULL    | GPL     |
| mysql_old_password        | ACTIVE   | AUTHENTICATION     |
NULL    | GPL     |
| sha256_password           | ACTIVE   | AUTHENTICATION     |
NULL    | GPL     |
| MEMORY                    | ACTIVE   | STORAGE ENGINE     |
NULL    | GPL     |
| MRG_MYISAM                | ACTIVE   | STORAGE ENGINE     |
NULL    | GPL     |
| CSV                       | ACTIVE   | STORAGE ENGINE     |
NULL    | GPL     |
| MyISAM                    | ACTIVE   | STORAGE ENGINE     |
NULL    | GPL     |
| BLACKHOLE                 | ACTIVE   | STORAGE ENGINE     |
NULL    | GPL     |
| FEDERATED                 | DISABLED | STORAGE ENGINE     |
NULL    | GPL     |
| PERFORMANCE_SCHEMA        | ACTIVE   | STORAGE ENGINE     |
NULL    | GPL     |
| InnoDB                    | ACTIVE   | STORAGE ENGINE     |
NULL    | GPL     |
...
| ARCHIVE                   | ACTIVE   | STORAGE ENGINE     |
NULL    | GPL     |
| partition                 | ACTIVE   | STORAGE ENGINE     |
NULL    | GPL     |
+---------------------------+----------+--------------------
+---------+---------+
```

Si l'option n'est pas activée, vous devez récupérer des binaires qui ont le support du partitionnement intégré.

MySQL supporte quatre types de partitionnement : par intervalle (RANGE), par liste (LIST), et par hachage (HASH ou KEY).

3.1 Le partitionnement de type RANGE

Ce type de partitionnement permet de séparer physiquement le contenu d'une table par intervalles de valeurs. La syntaxe MySQL pour créer une table partitionnée en RANGE est semblable à la suivante :

```
CREATE TABLE table_partition_range (
ID INT NOT NULL,
dateNaissance date NOT NULL
)
PARTITION BY RANGE (Expression) (
PARTITION nom_de_partition0 VALUES LESS THAN (1990),
PARTITION nom_de_partition1 VALUES LESS THAN (2000),
PARTITION nom_de_partition2 VALUES LESS THAN (2010),
PARTITION nom_de_partition3 VALUES LESS THAN MAXVALUE
);
```

L'expression fournissant la clé de partitionnement doit retourner une valeur entière pour que l'ordre de création soit valide. Dans cet exemple, l'expression peut être la fonction YEAR() :

```
PARTITION BY RANGE (YEAR(dateNaissance))
(
PARTITION p1990 VALUES LESS THAN (1990),
PARTITION p2000 VALUES LESS THAN (2000),
PARTITION p2010 VALUES LESS THAN (2010),
PARTITION pmaxvalue VALUES LESS THAN MAXVALUE
)

INSERT INTO `table_partition_range` VALUES (1,'0000-00-00'),(4,
'2000-10-24'),(5,'2001-10-24'),(6,'2003-10-24'),(7,'2007-10-24'),
(9,'2005-10-24'),(10,'2002-10-24'),(2,'2012-10-24'),(3,'2010-10-24'),
(8,'2015-10-24');
```

Sur le disque, dans le répertoire où est stockée la table `table_partition_range`, les fichiers suivants sont créés :

```
$ ls -l
-rw-rw---- 1 daz daz   8604 oct.  24 22:22 table_partition_range.frm
-rw-rw---- 1 daz daz     92 oct.  24 22:22 table_partition_range.par
-rw-rw---- 1 daz daz 114688 oct.  24 22:22
table_partition_range#P#p1990.ibd
-rw-rw---- 1 daz daz 114688 oct.  24 22:22
table_partition_range#P#p2000.ibd
-rw-rw---- 1 daz daz 114688 oct.  24 22:22
table_partition_range#P#p2010.ibd
-rw-rw---- 1 daz daz 114688 oct.  24 22:22
table_partition_range#P#pmaxvalue.ibd
...
```

Pour chacune des partitions, la valeur insérée doit être strictement inférieure à la borne. Par exemple la valeur 2000 sera stockée dans la troisième partition (`p2010`). L'ordre des partitions est donc important. Elles ne peuvent être définies que de la valeur la plus petite à la valeur la plus grande, de plus la clause optionnelle `MAXVALUE`, qui permet de spécifier la borne maximale des partitions de la table, doit obligatoirement être spécifiée en dernière position. En d'autres termes, la partition `VALUES LESS THAN MAXVALUE` (`pmaxvalue`) stockera toutes les valeurs supérieures ou égales à 2010.

La table `partitions` qui appartient au schéma `information_schema` permet d'avoir les informations liées aux tables partitionnées :

```
mysql> SELECT PARTITION_NAME, PARTITION_ORDINAL_POSITION,
PARTITION_METHOD, PARTITION_EXPRESSION, PARTITION_DESCRIPTION,
TABLE_ROWS FROM information_schema.partitions WHERE
TABLE_NAME='table_partition_range'\G
*************************** 1. row ***************************
            PARTITION_NAME: p1990
PARTITION_ORDINAL_POSITION: 1
          PARTITION_METHOD: RANGE
      PARTITION_EXPRESSION: YEAR(dateNaissance)
     PARTITION_DESCRIPTION: 1990
                TABLE_ROWS: 1
*************************** 2. row ***************************
            PARTITION_NAME: p2000
PARTITION_ORDINAL_POSITION: 2
          PARTITION_METHOD: RANGE
      PARTITION_EXPRESSION: YEAR(dateNaissance)
```

```
     PARTITION_DESCRIPTION: 2000
                TABLE_ROWS: 0
*************************** 3. row ***************************
            PARTITION_NAME: p2010
PARTITION_ORDINAL_POSITION: 3
          PARTITION_METHOD: RANGE
      PARTITION_EXPRESSION: YEAR(dateNaissance)
     PARTITION_DESCRIPTION: 2010
                TABLE_ROWS: 6
*************************** 4. row ***************************
            PARTITION_NAME: pmaxvalue
PARTITION_ORDINAL_POSITION: 4
          PARTITION_METHOD: RANGE
      PARTITION_EXPRESSION: YEAR(dateNaissance)
     PARTITION_DESCRIPTION: MAXVALUE
                TABLE_ROWS: 3
```

La répartition des 10 enregistrements de la table `table_partition_range` est donc la suivante :

– un dans `p1990`.

– six dans `p2010`.

– trois dans `pmaxvalue`.

Le partitionnement `RANGE` est particulièrement intéressant avec les requêtes SQL s'appliquant sur un intervalle de valeurs qui ne concerne qu'un petit pourcentage de partitions, comme la requête suivante :

```
mysql> UPDATE table_partition_range SET col=col+1 WHERE
dateNaissance BETWEEN 2000 AND 2009;
```

La commande `EXPLAIN PARTITIONS` permet de savoir quelles partitions l'optimiseur a sélectionnées pour pouvoir traiter les données demandées :

```
EXPLAIN PARTITIONS UPDATE table_partition_range SET col=col+1 WHERE
dateNaissance BETWEEN '2000-01-01' AND '2009-0-01'\G
*************************** 1. row ***************************
           id: 1
  select_type: SIMPLE
        table: table_partition_range
   partitions: p2010
         type: ALL
possible_keys: NULL
          key: NULL
```

```
      key_len: NULL
          ref: NULL
         rows: 6
        Extra: Using where
```

Grâce au partitionnement de la table `table_partition_range`, MySQL ne va donc scanner que la partition `p2010` pour pouvoir y appliquer les modifications.

3.2 Le partitionnement de type RANGE COLUMNS

À partir de MySQL 5.5 il est possible d'effectuer le partitionnement d'une table en fonction d'une ou plusieurs colonnes qui peuvent être de type entier, chaîne de caractères (`CHAR`, `VARCHAR`, `BINARY`, `VARBINARY`) ou temporel (`DATE`, `DATETIME`) avec le partitionnement `RANGE COLUMNS`. Mais contrairement au partitionnement `RANGE`, il n'est pas possible d'avoir une expression comme critère de partitionnement. La syntaxe MySQL pour créer une table partitionnée en `RANGE COLUMNS` est semblable à la suivante :

```
mysql> CREATE TABLE table_partition_range_columns (
valeur TINYINT UNSIGNED NOT NULL,
quand DATE NOT NULL
)
PARTITION BY RANGE COLUMNS(valeur,quand) (
   PARTITION p0 VALUES LESS THAN (10,'2006-10-02'),
   PARTITION p1 VALUES LESS THAN (10,'2008-04-12'),
   PARTITION p2 VALUES LESS THAN (100,MAXVALUE),
   PARTITION p3 VALUES LESS THAN (MAXVALUE,MAXVALUE)
);
```

Avec le partitionnement `RANGE COLUMNS`, la comparaison lors de l'affectation des données dans une partition, ne se fait plus sur une valeur mais bien sur l'ensemble des valeurs de la partition :

```
mysql> CREATE TABLE tpr_multi_col (
a SMALLINT UNSIGNED NOT NULL,
b SMALLINT UNSIGNED NOT NULL,
c SMALLINT UNSIGNED NOT NULL
)
PARTITION BY RANGE COLUMNS(a,b) (
   PARTITION p0 VALUES LESS THAN (120,60),
```

```
    PARTITION p1 VALUES LESS THAN (270,120),
    PARTITION p2 VALUES LESS THAN (530,MAXVALUE),
    PARTITION p3 VALUES LESS THAN (MAXVALUE,MAXVALUE)
);
```

Pour déterminer dans quelle partition va se retrouver un enregistrement, MySQL va comparer le nuplet `(a,b)` à la valeur du couple correspondant à la définition de la première partition (`p0`). Si le test est négatif, le nuplet est alors comparé à la valeur du couple correspondant à la définition de la deuxième partition (`p1`) et ainsi de suite. En d'autres termes, le nuplet `(n1,n2)` sera stocké dans la première partition ou l'expression `(n1<120 OR (n1=120 AND n2<60))` renvoie VRAI.

Par exemple, avec l'enregistrement `(120,130,30)`, le serveur test le nuplet `(120,130)` à la partition `p0`, c'est-à-dire avec le couple `(120,60)`. Le test est négatif car 120 est égal à 120 mais 130 est supérieur à 60. Le nuplet est donc comparé à la partition suivante et là le test est positif car 120 est inférieur à 270.

L'enregistrement `(120,130,30)` est donc stocké dans la deuxième partition (`p1`).

3.3 Le partitionnement de type LIST

Le type `LIST` permet de définir une liste de nombres entiers unique pour chaque partition. MySQL déclenchera une erreur pour toutes tentatives d'insertion d'un entier qui n'est pas dans la liste des valeurs partitionnées. À noter que la valeur `NULL` est considérée comme une valeur à part entière.

La syntaxe MySQL pour créer une table partitionnée par listes semblable à la suivante :

```
CREATE TABLE table_partition_list (
ID INT NOT NULL,
valid Tinyint unsigned
)
PARTITION BY LIST (Expression) (
    PARTITION pUndef VALUES IN (NULL),
    PARTITION pFaux VALUES IN (0),
    PARTITION pVrai VALUES IN (1)
);
```

L'expression fournissant la clé de partitionnement doit retourner une valeur de type entier ou NULL. La partition pUndef stockera donc tous les enregistrements pour lesquels l'expression renverra une valeur NULL, pFaux la valeur 0 et pVrai la valeur 1.

Ce type de partitionnement permet d'optimiser les requêtes SQL ayant pour filtre une liste de valeurs :

```
PARTITION BY LIST (valid) (
PARTITION pUndef VALUES IN (NULL),
PARTITION pFaux VALUES IN (0),
PARTITION pVrai VALUES IN (1)
);

mysql> SELECT valid, count(*) FROM table_partition_list GROUP BY
valid;
+-------+----------+
| valid | count(*) |
+-------+----------+
| NULL  | 700      |
| 0     | 2499     |
| 1     | 880      |
+-------+----------+

mysql> SELECT PARTITION_NAME, PARTITION_ORDINAL_POSITION,
PARTITION_METHOD, PARTITION_EXPRESSION, PARTITION_DESCRIPTION,
TABLE_ROWS FROM information_schema.partitions WHERE
table_name='table_partition_list'\G
*************************** 1. row ***************************
              PARTITION_NAME: pUndef
  PARTITION_ORDINAL_POSITION: 1
            PARTITION_METHOD: LIST
        PARTITION_EXPRESSION: valid
       PARTITION_DESCRIPTION: NULL
                  TABLE_ROWS: 885
*************************** 2. row ***************************
              PARTITION_NAME: pFaux
  PARTITION_ORDINAL_POSITION: 2
            PARTITION_METHOD: LIST
         ARTITION_EXPRESSION: valid
       PARTITION_DESCRIPTION: 0
                  TABLE_ROWS: 2785
*************************** 3. row ***************************
```

```
                PARTITION_NAME: pVrai
    PARTITION_ORDINAL_POSITION: 3
              PARTITION_METHOD: LIST
          PARTITION_EXPRESSION: valid
         PARTITION_DESCRIPTION: 1
                    TABLE_ROWS: 1035

mysql> DELETE FROM table_partition_list WHERE valid=1;
Query OK, 880 rows affected (0,00 sec)

mysql> EXPLAIN PARTITIONS DELETE FROM table_partition_list
WHERE valid=1\G
*************************** 1. row ***************************
           id: 1
  select_type: SIMPLE
        table: table_partition_list
   partitions: pVrai
         type: ALL
possible_keys: NULL
          key: NULL
      key_len: NULL
          ref: NULL
         rows: 1176
        Extra: Using where
```

Seule la partition `pVrai` est donc analysée lors de l'exécution de la commande `DELETE`.

3.4 Le partitionnement de type LIST COLUMNS

Autre nouveauté de MySQL 5.5, le partitionnement d'une table en fonction d'une ou plusieurs colonnes qui peuvent être de type entier, chaîne de caractères (`CHAR`, `VARCHAR`, `BINARY`, `VARBINARY`) ou temporel (`DATE`, `DATETIME`) avec le partitionnement `LIST COLUMNS`. Cependant, contrairement au partitionnement `LIST`, il n'est pas possible d'avoir une expression comme critère de partitionnement. La syntaxe MySQL pour créer une table partitionnée en `LIST COLUMNS` est semblable à la suivante :

```
mysql> CREATE TABLE table_partition_list_columns (
TypeBalance TINYINT NOT NULL,
NumCompte SMALLINT UNSIGNED NOT NULL,
```

```
quand DATE NOT NULL
)
PARTITION BY LIST COLUMNS(quand) (
  PARTITION p0 VALUES IN ( '2009-10-02','2008-06-10','2005-02-12'),
  PARTITION p1 VALUES IN ( '2002-04-04')
);
```

On peut insérer les enregistrements suivants et vérifier que MySQL effectue le partitionnement attendu :

```
mysql> INSERT INTO table_partition_list_columns VALUES (1,60210,
'2002-04-04'),(1,61230,'2002-04-04'),(-1,60210,'2009-10-02');
Query OK, 3 rows affected (0,04 sec)
Records: 3 Duplicates: 0 Warnings: 0

mysql> SELECT PARTITION_NAME, PARTITION_ORDINAL_POSITION,
PARTITION_METHOD, PARTITION_EXPRESSION, PARTITION_DESCRIPTION,
TABLE_ROWS FROM information_schema.partitions WHERE
table_name='table_partition_list_columns'\G
*************************** 1. row ***************************
            PARTITION_NAME: p0
PARTITION_ORDINAL_POSITION: 1
          PARTITION_METHOD: LIST COLUMNS
      PARTITION_EXPRESSION: `quand`
     PARTITION_DESCRIPTION: '2009-10-02','2008-06-10','2005-02-12'
                TABLE_ROWS: 1
*************************** 2. row ***************************
            PARTITION_NAME: p1
PARTITION_ORDINAL_POSITION: 2
          PARTITION_METHOD: LIST COLUMNS
      PARTITION_EXPRESSION: `quand`
     PARTITION_DESCRIPTION: '2002-04-04'
                TABLE_ROWS: 2
```

Comme dans tous les types de partitionnement, si l'enregistrement ne correspond à aucune partition il ne sera tout simplement pas stocké et une erreur sera renvoyée !

```
mysql> INSERT INTO table_partition_list_columns VALUES (1,64210,
'2010-12-02');
ERROR 1526 (HY000): Table has no partition for value from column_list
```

Dans le cas de plusieurs colonnes la syntaxe suivante est utilisée :

```
mysql> CREATE TABLE tpl_multi_col1 (
a SMALLINT UNSIGNED NOT NULL,
b SMALLINT UNSIGNED NOT NULL,
c SMALLINT UNSIGNED NOT NULL
)
PARTITION BY LIST COLUMNS(a,b) (
   PARTITION p0 VALUES IN ( (120,60), (10,20), (1,2) ),
   PARTITION p1 VALUES IN ( (270,120), (42,45), (34,36) ),
   PARTITION p2 VALUES IN ( (530,236), (5,6) ),
   PARTITION p3 VALUES IN ( (7,7), (0,0), (1,1) )
);
```

Pour chaque enregistrement, le couple `(a,b)` est comparé aux couples contenus dans chacune des partitions `p0`, `p1`, `p2` et `p3` pour savoir où sera stocké l'enregistrement.

Par exemple, l'enregistrement `(7,7,10)` sera stocké dans la partition `p3` qui contient le couple `(7,7)`.

3.5 Le partitionnement de type HASH

Le type `HASH` permet de distribuer équitablement les données d'une table sur un nombre de partitions choisi. Il est intéressant pour les tables qui ne contiennent pas de critères de partitionnement évident (comme un champ date par exemple) ou pour les valeurs séquentielles comme les entiers de type `AUTO_INCREMENT`. En effet, il permet de distribuer les données de façon homogène dans les différentes partitions en fonction d'une colonne ou d'une expression.

Remarque

La distribution des données sur les partitions est assez simple, c'est du modulo (le reste de la division). Si vous avez trois partitions, `p0`, `p1`, `p2`, un enregistrement ira dans `p0`, le suivant dans `p1`, le suivant dans `p2`, le suivant dans `p0`, etc.

Remarque

Le calcul fait par MySQL est le suivant :

```
IF(ISNULL(valeur_partition), 0, ABS(valeur_partition)) MOD
nbr_de_partitions
```

La syntaxe SQL pour créer une table partitionnée par HASH est semblable à la suivante :

```
CREATE TABLE table_partition_hash (
ID INT NOT NULL AUTO_INCREMENT,
Nom CHAR(35) DEFAULT '',
PRIMARY KEY (ID)
)
PARTITION BY HASH (Expression)
PARTITIONS 10;
```

L'expression fournissant la clé de partitionnement doit retourner une valeur entière. Elle peut bien entendu être le nom d'une colonne de type entier :

```
mysql> CREATE TABLE table_partition_hash (
ID INT NOT NULL AUTO_INCREMENT,
Nom CHAR(35) DEFAULT '',
PRIMARY KEY (ID)
)
PARTITION BY HASH (ID)
PARTITIONS 10;
```

Les données vont être réparties de façon homogène dans les 10 partitions :

```
mysql> SELECT count(*) FROM table_partition_hash;
+----------+
| count(*) |
+----------+
| 4079    326|
+----------+

mysql> SELECT PARTITION_NAME, PARTITION_ORDINAL_POSITION,
PARTITION_METHOD, PARTITION_EXPRESSION, PARTITION_DESCRIPTION,
TABLE_ROWS FROM information_schema.partitions WHERE
table_name='table_partition_hash'\G
*************************** 1. row ***************************
            PARTITION_NAME: p0
PARTITION_ORDINAL_POSITION: 1
```

```
          PARTITION_METHOD: HASH
      PARTITION_EXPRESSION: ID
     PARTITION_DESCRIPTION: NULL
                TABLE_ROWS: 407
*************************** 2. row ***************************
            PARTITION_NAME: p1
PARTITION_ORDINAL_POSITION: 2
          PARTITION_METHOD: HASH
      PARTITION_EXPRESSION: ID
     PARTITION_DESCRIPTION: NULL
                TABLE_ROWS: 408
*************************** 3. row ***************************

...

*************************** 9. row ***************************
            PARTITION_NAME: p8
PARTITION_ORDINAL_POSITION: 9
          PARTITION_METHOD: HASH
      PARTITION_EXPRESSION: ID
     PARTITION_DESCRIPTION: NULL
                TABLE_ROWS: 408
*************************** 10. row ***************************
            PARTITION_NAME: p9
PARTITION_ORDINAL_POSITION: 10
          PARTITION_METHOD: HASH
      PARTITION_EXPRESSION: ID
     PARTITION_DESCRIPTION: NULL
                TABLE_ROWS: 408
10 rows in set (0,00 sec)
```

L'optimiseur sait dans quelles partitions sont les données :

```
mysql> EXPLAIN PARTITIONS SELECT * FROM table_partition_hash WHERE
ID IN (1,11,21,31)\G
*************************** 1. row ***************************
           id: 1
  select_type: SIMPLE
        table: table_partition_hash
   partitions: p1
         type: range
possible_keys: PRIMARY
          key: PRIMARY
      key_len: 4
          ref: NULL
```

```
          rows: 4
         Extra: Using where

mysql> EXPLAIN PARTITIONS SELECT * FROM table_partition_hash WHERE
ID BETWEEN 5 AND 9\G
*************************** 1. row ***************************
           id: 1
  select_type: SIMPLE
        table: table_partition_hash
   partitions: p5,p6,p7,p8,p9
         type: range
possible_keys: PRIMARY
          key: PRIMARY
      key_len: 4
          ref: NULL
         rows: 5
        Extra: Using where
```

Il est important de garder à l'esprit que moins MySQL devra analyser de partitions (donc de données) plus la requête sera rapide. Le critère de partitionnement doit donc être choisi en fonction du type de requêtes.

Voici un exemple qui montre l'utilisation d'une expression pour partitionner des données par liste :

```
mysql> CREATE TABLE compte (
Balance MEDIUMINT UNSIGNED NOT NULL,
NumCompte INT UNSIGNED primary key
)
PARTITION BY HASH(NumCompte)
PARTITIONS 10;
```

Il est à présent possible de récupérer la balance du compte 123456 en ne parcourant que la partition stockant l'enregistrement concerné, soit la partition `p6` car `SELECT IF(ISNULL(123456), 0, ABS(123456)) MOD 10 = 6` :

```
mysql> EXPLAIN PARTITIONS SELECT Balance FROM compte WHERE
NumCompte=123456\G
*************************** 1. row ***************************
           id: 1
  select_type: SIMPLE
        table: compte
   partitions: p6
```

```
          type: const
possible_keys: PRIMARY
           key: PRIMARY
       key_len: 4
           ref: const
          rows: 1
         Extra: NULL
```

Le partitionnement de type HASH se basant sur le reste d'une division, il est important que cette valeur change pour obtenir une distribution équitable sur toutes les partitions. Si dans la table compte sont stockés seulement les numéros de compte qui se terminent par le chiffre 2, seule la partition p2 sera peuplée :

```
mysql> SELECT numCompte FROM compte ;
+-----------+
| numCompte |
+-----------+
| 2         |
| 12        |
| 22        |
| 32        |
| 42        |
| 142       |
| 212       |
| 242       |
| 342       |
| 123456    |
+-----------+
10 rows in set (0,00 sec)

mysql> SELECT concat('p',mod(NumCompte,10)) `partition`, count(*)
FROM compte GROUP BY `partition`;
+-----------+----------+
| partition | count(*) |
+-----------+----------+
| p2        | 9        |
| p6        | 1        |
+-----------+----------+
```

3.6 Le partitionnement de type KEY

Le partitionnement par KEY est pratiquement identique au partitionnement de type HASH. Les différences sont les suivantes :

- La clé de partitionnement fournie peut être vide. Dans ce cas, la clé primaire ou le premier index unique non nul (NOT NULL) si aucune clé primaire n'existe est choisi.
- La clé de partitionnement ne doit pas nécessairement être un entier ou une expression qui renvoie un entier.
- La fonction de hachage est fournie par MySQL. Elle est basée sur le même algorithme que la fonction de hachage des mots de passe, la fonction PASSWORD().
- Les données ne seront pas forcément distribuées de façon homogène sur l'ensemble des partitions.

La syntaxe MySQL pour créer une table partitionnée par KEY est semblable à la suivante :

```
CREATE TABLE table_partition_key (
LibelleCommande CHAR(20) NOT NULL PRIMARY KEY,
Balance SMALLINT UNSIGNED NOT NULL
)
PARTITION BY KEY ([liste_de_colonne])
PARTITIONS 4;
```

Un premier exemple peut être de vouloir partitionner une table en utilisant une clé primaire de type chaîne de caractères :

```
mysql> CREATE TABLE table_partition_key (
LibelleCommande CHAR(20) NOT NULL PRIMARY KEY,
Balance SMALLINT UNSIGNED NOT NULL
)
PARTITION BY KEY ()
PARTITIONS 4;
```

La table table_partition_key est composée de quatre partitions. Elles sont définies par le hachage sur les valeurs de la colonne LibelleCommande, car c'est la clé primaire et qu'aucune liste de colonne n'est fournie explicitement comme clé de partitionnement. Il est bien entendu possible de spécifier la colonne LibelleCommande comme clé explicite de partitionnement. Le partitionnement de la table suivante (table_partition_key2) est donc identique à la table table_partition_key.

```
mysql> CREATE TABLE table_partition_key2 (
LibelleCommande CHAR(20) NOT NULL PRIMARY KEY,
Balance SMALLINT UNSIGNED NOT NULL
)
PARTITION BY KEY (LibelleCommande)
PARTITIONS 4;
```

Cette table peut être également partitionnée sur la colonne Balance. Dans ce cas, il est impératif de supprimer la clé primaire sur la colonne LibelleCommande car la colonne Balance ne fait pas partie de la clé primaire. Il est néanmoins possible de mettre un index simple sur LibelleCommande :

```
mysql> CREATE TABLE table_partition_key3 (
LibelleCommande CHAR(20) NOT NULL PRIMARY KEY,
Balance SMALLINT UNSIGNED
)
PARTITION BY KEY (Balance)
PARTITIONS 4;
ERROR 1503 (HY000): A PRIMARY KEY must include all columns in
the table's partitioning function


mysql> CREATE TABLE table_partition_key3 (
LibelleCommande CHAR(20) NOT NULL,
Balance SMALLINT UNSIGNED,
INDEX LibelleCommande (LibelleCommande)
)
PARTITION BY KEY (Balance)
PARTITIONS 4;
Query OK, 0 rows affected (1,29 sec)
```

3.7 Les variantes LINEAR HASH/KEY

Pour le partitionnement de type HASH et KEY, MySQL supporte un autre algorithme hachage, le type LINEAR :

```
CREATE TABLE nom_de_table (
        col type,
...
)
PARTITION BY LINEAR HASH (Expression)
        PARTITIONS N
);

CREATE TABLE nom_de_table (
        col type,
...
)
PARTITION BY LINEAR KEY (Expression)
        PARTITIONS N
);
```

Lors de l'ajout de la clause LINEAR, MySQL utilise un algorithme basé sur des puissances de 2. Il a pour avantage de rendre plus rapides les opérations d'ajout, de suppression, de fusion et de division des partitions en limitant le nombre d'enregistrements/partitions à manipuler mais avec l'inconvénient d'une distribution des données moins homogène que l'algorithme classique.

Il est intéressant d'utiliser le mode LINEAR dans les cas de gestion de très grosses tables, car les temps de traitements liés à la gestion du partitionnement peuvent être considérablement réduits. L'algorithme LINEAR est détaillé dans la documentation officielle à l'adresse :
http://dev.mysql.com/doc/refman/5.6/en/partitioning-linear-hash.html

Dans l'exemple qui suit, nous allons ajouter plusieurs partitions à une table contenant 10 millions d'enregistrements. Dans un premier temps ce test est effectué avec un partitionnement non LINEAR HASH. Ensuite le test est réitéré mais avec cette fois un partitionnement LINEAR HASH.

Voici la définition et le contenu des deux tables qui nous serviront tout au long du test :

```
mysql> CREATE TABLE t10_hash(
        id int(10) unsigned NOT NULL AUTO_INCREMENT PRIMARY KEY,
        valeur int(11) DEFAULT NULL
)
PARTITION BY HASH (id)
        PARTITIONS 6;

mysql> CREATE TABLE t10_linear_hash(
        id int(10) unsigned NOT NULL AUTO_INCREMENT PRIMARY KEY,
        valeur int(11) DEFAULT NULL
)
PARTITION BY LINEAR HASH (id)
        PARTITIONS 6;
```

...après y avoir inséré environ10 millions d'enregistrements...

```
mysql> SELECT count(*) FROM t10_hash;
+----------+
| count(*) |
+----------+
| 10388608 |
+----------+

mysql> SELECT count(*) FROM t10_linear_hash;
+----------+
| count(*) |
+----------+
| 10388608 |
+----------+
```

Pour l'ajout successif de partitions, les scripts suivants seront suffisants :

```
$ cat /tmp/alter.sh
DEBUT=$(date +%T)
J=0
for i in $(seq 1 20)
do
mysql -u mon_user -p mon_pass test -e "ALTER TABLE t10_hash ADD
PARTITION PARTITIONS 1"
J=`expr $J + 1`
echo "$J partition(s) done"
done
```

```
echo "Debut : " $DEBUT
echo "FIN : " `date +%T`

shell> cat /tmp/alter_linear.sh
DEBUT=$(date +%T)
J=0
for i in $(seq 1 20)
do
mysql -u mon_user -p mon_pass -e "ALTER TABLE t10_linear_hash ADD
PARTITION  PARTITIONS 1"
J=`expr $J + 1`
echo "$J partition(s) done"
done
echo "Debut : " $DEBUT
echo "FIN : " `date +%T`
```

Le test consiste donc à ajouter une partition 20 fois de suite sur la table et à afficher les heures de début et de fin de test. Le résultat est assez impressionnant, puisqu'il a fallu plus de 6h25 pour ajouter les 20 partitions sur la table `t10_hash` et seulement 9 minutes pour la table `t10_linear_hash`, soit une réduction de 97,6 % du temps de traitement !

Reconstruire toutes les partitions à chaque ajout/suppression/fusion de partition devient très coûteux au fur et à mesure que la taille des tables augmente. Il devient donc judicieux d'utiliser le partitionnement `LINEAR` dans ces cas là.

Enfin, il est à noter que si la distribution non équitable permet d'améliorer les opérations de maintenance, c'est aussi un désavantage dans les cas où les enregistrements sont accédés selon une loi uniforme. En effet, dans ce cas les partitions qui contiennent plus d'enregistrements que les autres seront donc plus accédées, ce qui a son importance si l'on considère que le partitionnement a été choisi pour répartir les entrées/sorties sur plusieurs axes (RAID, disques).

4. Choix explicite d'une partition

À partir de MySQL 5.6, il est possible de manipuler les données d'une table partitionnée en choisissant explicitement la ou les partitions (ou sous-partitions) dans la requête. Seules les données stockées dans les partitions sélectionnées sont donc impactées lors de l'exécution de la requête.

Cette fonctionnalité est supportée par les requêtes suivantes :

- SELECT
- INSERT
- UPDATE
- DELETE
- REPLACE
- LOAD DATA
- LOAD XML

```
mysql> CREATE TABLE table_partition_range (
ID INT NOT NULL,
dateNaissance date NOT NULL
)
PARTITION BY RANGE (YEAR(dateNaissance)) (
PARTITION nom_de_partition0 VALUES LESS THAN (1990),
PARTITION nom_de_partition1 VALUES LESS THAN (2000),
PARTITION nom_de_partition2 VALUES LESS THAN (2010),
PARTITION nom_de_partition3 VALUES LESS THAN MAXVALUE
);

mysql> SELECT * FROM table_partition_range;
+----+---------------+
| ID | dateNaissance |
+----+---------------+
| 1  | 0000-00-00    |
| 4  | 2000-10-24    |
| 5  | 2001-10-24    |
| 6  | 2003-10-24    |
| 7  | 2007-10-24    |
| 9  | 2005-10-24    |
| 10 | 2002-10-24    |
| 2  | 2012-10-24    |
| 3  | 2010-10-24    |
| 8  | 2015-10-24    |
+----+---------------+
10 rows in set (0,35 sec)

mysql> SELECT * FROM table_partition_range PARTITION (p2000);
Empty set (0,00 sec)
```

```
mysql> SELECT * FROM table_partition_range PARTITION (pmaxvalue);
+----+---------------+
| ID | dateNaissance |
+----+---------------+
| 2  | 2012-10-24    |
| 3  | 2010-10-24    |
| 8  | 2015-10-24    |
+----+---------------+
3 rows in set (0,00 sec)

mysql> DELETE FROM table_partition_range PARTITION(pmaxvalue)
WHERE ID=8;
Query OK, 1 row affected (0,30 sec)

mysql> SELECT * FROM table_partition_range PARTITION (pmaxvalue)
WHERE ID >= 3;
+----+---------------+
| ID | dateNaissance |
+----+---------------+
| 3  | 2010-10-24    |
+----+---------------+
1 row in set (0,00 sec)
```

5. Le sous-partitionnement

Le sous-partitionnement consiste à partitionner une partition. Cette opération est possible avec MySQL, mais seulement par les partitions de type `RANGE` et `LIST`. De plus, la sous-partition ne peut être que de type `HASH` ou `KEY`.

La syntaxe SQL pour créer une table sous-partitionnée est la suivante :

```
CREATE TABLE nom_de_table (
col type,
...
)
PARTITION BY RANGE | LIST (Expression)
      SUBPARTITION BY HASH | KEY (Expression)
      SUBPARTITIONS N (
            definition_des_partitions
      )
```

La définition des partitions dépend évidemment des types choisis. Voici un exemple de partitionnement RANGE, sous-partitionnée en KEY :

```
mysql> CREATE TABLE customer (
  customer_id smallint(5) unsigned NOT NULL AUTO_INCREMENT,
  store_id tinyint(3) unsigned NOT NULL,
  first_name varchar(45) NOT NULL,
  last_name varchar(45) NOT NULL,
  create_date datetime NOT NULL,
  KEY (customer_id)
)
PARTITION BY RANGE (YEAR(create_date))
        SUBPARTITION BY KEY(customer_id)
        SUBPARTITIONS 10 (
                PARTITION p2008 VALUES LESS THAN (2008),
                PARTITION p2010 VALUES LESS THAN (2010),
                PARTITION p2012 VALUES LESS THAN (2012),
                PARTITION pMaxvalue VALUES LESS THAN MAXVALUE
        );
```

La table customer est composée de quatre partitions de type RANGE (sur la colonne create_date) et chacune de ces partitions est elle-même composée de 10 partitions de type KEY (sur la colonne customer_id).

Cette table est donc composée de 40 partitions. Ces dernières sont visibles sur le disque dur :

```
$ ls -l customer*
-rw-rw---- 1 daz daz 8738 oct. 27 20:45 customer.frm
-rw-rw---- 1 daz daz 856 oct. 27 20:45 customer.par
-rw-rw---- 1 daz daz 114688 oct. 27 20:50
customer#P#p2008#SP#p2008sp0.ibd
-rw-rw---- 1 daz daz 114688 oct. 27 20:50
customer#P#p2008#SP#p2008sp1.ibd
-rw-rw---- 1 daz daz 114688 oct. 27 20:50
customer#P#p2008#SP#p2008sp2.ibd
-rw-rw---- 1 daz daz 114688 oct. 27 20:50
customer#P#p2008#SP#p2008sp3.ibd
-rw-rw---- 1 daz daz 114688 oct. 27 20:50
customer#P#p2008#SP#p2008sp4.ibd
-rw-rw---- 1 daz daz 114688 oct. 27 20:50
customer#P#p2008#SP#p2008sp5.ibd
-rw-rw---- 1 daz daz 114688 oct. 27 20:50
customer#P#p2008#SP#p2008sp6.ibd
```

```
-rw-rw---- 1 daz daz 114688 oct. 27 20:50
customer#P#p2008#SP#p2008sp7.ibd
-rw-rw---- 1 daz daz 114688 oct. 27 20:50
customer#P#p2008#SP#p2008sp8.ibd
-rw-rw---- 1 daz daz 114688 oct. 27 20:50
customer#P#p2008#SP#p2008sp9.ibd
-rw-rw---- 1 daz daz 114688 oct. 27 20:50
customer#P#p2010#SP#p2010sp0.ibd
 ...
customer#P#p2012#SP#p2012sp9.ibd
-rw-rw---- 1 daz daz 114688 oct. 27 20:50
customer#P#pMaxvalue#SP#pMaxvaluesp0.ibd
-rw-rw---- 1 daz daz 114688 oct. 27 20:50
customer#P#pMaxvalue#SP#pMaxvaluesp1.ibd
-rw-rw---- 1 daz daz 114688 oct. 27 20:50
customer#P#pMaxvalue#SP#pMaxvaluesp2.ibd
-rw-rw---- 1 daz daz 114688 oct. 27 20:50
customer#P#pMaxvalue#SP#pMaxvaluesp3.ibd
-rw-rw---- 1 daz daz 114688 oct. 27 20:45
customer#P#pMaxvalue#SP#pMaxvaluesp4.ibd
-rw-rw---- 1 daz daz 114688 oct. 27 20:50
customer#P#pMaxvalue#SP#pMaxvaluesp5.ibd
-rw-rw---- 1 daz daz 114688 oct. 27 20:50
customer#P#pMaxvalue#SP#pMaxvaluesp6.ibd
-rw-rw---- 1 daz daz 114688 oct. 27 20:50
customer#P#pMaxvalue#SP#pMaxvaluesp7.ibd
-rw-rw---- 1 daz daz 114688 oct. 27 20:45
customer#P#pMaxvalue#SP#pMaxvaluesp8.ibd
-rw-rw---- 1 daz daz 114688 oct. 27 20:50
customer#P#pMaxvalue#SP#pMaxvaluesp9.ibd
```

Il est possible de nommer les sous-partitions, à condition de le faire pour toutes et de les nommer de manière unique :

```
mysql> CREATE TABLE tsp_rh (
        id INT,
        heure TIME
)
PARTITION BY RANGE( HOUR(heure) )
        SUBPARTITION BY HASH( MINUTE(heure) ) (
                PARTITION p0 VALUES LESS THAN (8) (
                        SUBPARTITION sp0,
                        SUBPARTITION sp1
                ),
                PARTITION p1 VALUES LESS THAN (16) (
```

```
                        SUBPARTITION sp2,
                        SUBPARTITION sp3
                ),
                PARTITION p2 VALUES LESS THAN MAXVALUE
        )
;
ERROR 1064 (42000): Wrong number of subpartitions defined, mismatch
with previous setting near ')' at line 16
```

La partition p2 doit obligatoirement être définie avec 2 sous-partitions (subpartition) explicitement nommées.

```
mysql> CREATE TABLE t4_with_subpartitions (id INT, d TIME)
   PARTCREATE TABLE tsp_rh (
        id INT,
        heure TIME
)
PARTITION BY RANGE( HOUR(heure) )
        SUBPARTITION BY HASH( MINUTE(heure) ) (
                PARTITION p0 VALUES LESS THAN (8) (
                        SUBPARTITION sp0,
                        SUBPARTITION sp1
                ),
                PARTITION p1 VALUES LESS THAN (16) (
                        SUBPARTITION sp2,
                        SUBPARTITION sp4
                ),
                PARTITION p2 VALUES LESS THAN MAXVALUE (
                        SUBPARTITION sp4
                        SUBPARTITION sp5
                )
        )
;
ERROR 1517 (HY000): Duplicate partition name sp4

mysql> CREATE TABLE tsp_rh (
        id INT,
        heure TIME
)
PARTITION BY RANGE( HOUR(heure) )
        SUBPARTITION BY HASH( MINUTE(heure) ) (
                PARTITION p0 VALUES LESS THAN (8) (
                        SUBPARTITION sp0,
                        SUBPARTITION sp1
```

```
                ),
                PARTITION p1 VALUES LESS THAN (16) (
                        SUBPARTITION sp2,
                        SUBPARTITION sp3
                ),
                PARTITION p2 VALUES LESS THAN MAXVALUE (
                        SUBPARTITION sp4,
                        SUBPARTITION sp5
                )
        )
;
Query OK, 0 rows affected (1,78 sec)
```

6. Les restrictions

Le partitionnement est limité par un certain nombre de restrictions. Ce paragraphe énumère les plus importantes. La liste complète est disponible dans la documentation officielle de MySQL :
http://dev.mysql.com/doc/refman/5.6/en/partitioning-limitations.html

Excepté les modes de partitionnement par `KEY`, `COLUMNS RANGE` et `COLUMS LIST`, la clé ou l'expression de partitionnement doit obligatoirement renvoyer une valeur de type entière ou nulle.

```
CREATE TABLE part1 (
                id int(11) NOT NULL,
                dateCreation date NOT NULL
        )
        PARTITION BY KEY(dateCreation)
                partitions 10
        ;
Query OK, 0 rows affected (3,59 sec)

mysql> CREATE TABLE part2 (
                id int(11) NOT NULL,
                dateCreation date NOT NULL
        )
        PARTITION BY HASH(dateCreation)
                partitions 10
        ;
ERROR 1659 (HY000): Field 'dateCreation' is of a not allowed type
for this type of partitioning
```

Toutes les partitions d'une même table doivent utiliser le même moteur de stockage. Il n'est donc pas possible d'avoir un mélange de moteurs stockage sur une même table. Comme par exemple pas une table en `InnoDB` avec les partitions devenues obsolètes en `ARCHIVE`.

```
CREATE TABLE part1 (
        id int(11) NOT NULL,
        hired date DEFAULT NULL
) ENGINE=InnoDB
PARTITION BY RANGE (YEAR(hired))
(
        PARTITION p0 VALUES LESS THAN (2000) ENGINE = ARCHIVE,
        PARTITION p1 VALUES LESS THAN (2010) ENGINE = InnoDB,
        PARTITION p3 VALUES LESS THAN MAXVALUE ENGINE = InnoDB
)
;
ERROR 1497 (HY000): The mix of handlers in the partitions is not
allowed in this version of MySQL
```

Chaque index unique (y compris la clé primaire) de la table partitionnée doit contenir l'ensemble des colonnes utilisées dans les expressions des clés de partitionnement :

```
mysql> CREATE TABLE part1 (
            id int(11) NOT NULL,
            age tinyint unsigned NOT NULL,
            primary key (id)
    )
    PARTITION BY KEY(id)
            partitions 10
    ;
Query OK, 0 rows affected (3,35 sec)

mysql> CREATE TABLE part2 (
            id int(11) NOT NULL,
            age tinyint unsigned NOT NULL,
            primary key (id, age)
    )
    PARTITION BY KEY(id)
            partitions 10
    ;
Query OK, 0 rows affected (3,40 sec)

mysql> CREATE TABLE part3 (
```

```
            id int(11) NOT NULL,
            age tinyint unsigned NOT NULL,
            unique key (id, age)
    )
    PARTITION BY KEY(id)
            partitions 10
    ;
Query OK, 0 rows affected (3,42 sec)

mysql> CREATE TABLE part4 (
            id int(11) NOT NULL,
            age tinyint unsigned NOT NULL,
            primary key (id, age)
    )
    PARTITION BY KEY(age)
            partitions 10
    ;
Query OK, 0 rows affected (3,53 sec)

mysql> CREATE TABLE part5 (
            id int(11) NOT NULL,
            age tinyint unsigned NOT NULL
    )
    PARTITION BY KEY(age)
            partitions 10
    ;
Query OK, 0 rows affected (3,22 sec)



mysql> CREATE TABLE part6 (
            id int(11) NOT NULL,
            age tinyint unsigned NOT NULL,
            primary key (id)
    )
    PARTITION BY KEY(age)
            partitions 10
    ;
ERROR 1503 (HY000): A PRIMARY KEY must include all columns
in the table's partitioning function


mysql> CREATE TABLE part7 (
            id int(11) NOT NULL,
```

```
            age tinyint unsigned NOT NULL,
            unique key (id)
    )
    PARTITION BY KEY(age)
            partitions 10
    ;
ERROR 1503 (HY000): A PRIMARY KEY must include all columns
in the table's partitioning function
```

Le partitionnement est notamment incompatible avec l'utilisation des clés étrangères, les index FULLTEXT, les insertions retardées (INSERT DELAYED), les colonnes spatiales et les tables temporaires :

```
CREATE TEMPORARY TABLE tmp_part1 (
                id int(11) NOT NULL,
                dateCreation date NOT NULL
        )
        PARTITION BY KEY()
                partitions 10
        ;
ERROR 1562 (HY000): Cannot create temporary table with partitions


CREATE TABLE customer (
  customer_id smallint(5) unsigned NOT NULL AUTO_INCREMENT,
  store_id tinyint(3) unsigned NOT NULL,
  PRIMARY KEY (customer_id),
  CONSTRAINT fk_customer_store FOREIGN KEY (store_id) REFERENCES
sakila.store (store_id) ON UPDATE CASCADE
)
PARTITION BY KEY()
                partitions 10
;
ERROR 1506 (HY000): Foreign key clause is not yet supported
in conjunction with partitioning


CREATE TABLE film_text (
  film_id smallint(6) NOT NULL,
  title varchar(255) NOT NULL,
  description text,
  PRIMARY KEY (film_id),
  FULLTEXT KEY idx_title_description (title,description)
)
```

```
PARTITION BY KEY()
                partitions 10
;
ERROR 1757 (HY000): FULLTEXT index is not supported for
partitioned
tables.
```

Le nombre de partitions (y compris les sous-partitions) est limité à 8192. Pour dépasser cette limite, il est possible d'utiliser des déclencheurs (`triggers`) sur une table utilisant le moteur de stockage `BLACKHOLE` (qui ne stocke aucune donnée) qui redistribuera les données sur différentes tables qui seront elles-mêmes partitionnées. La limite ne sera donc plus de 8192 partitions mais de (8192*nombre de tables) partitions. Il sera cependant nécessaire d'effectuer les `SELECT` directement sur les tables finales et non sur la table de type `BLACKHOLE` pour lire les enregistrements.

7. Les fonctions du partitionnement

Seules les fonctions suivantes sont supportées dans les expressions de partitionnement :

- `abs()`
- `ceiling()`
- `day()`
- `dayofmonth()`
- `dayofweek()`
- `dayofyear()`
- `datediff()`
- `extract()`
- `floor()`
- `hour()`
- `microsecond()`
- `minute()`
- `mod()`

- month()
- quarter()
- second()
- time_to_sec()
- to_days()
- to_seconds()
- unix_timstamp()
- weekday()
- year()
- yearweek()

Cependant, l'optimiseur MySQL ne supporte le "Partition pruning" que lorsque les seules fonctions utilisées dans les expressions de partitionnement sont to_days(), year() et to_seconds (à partir de la version 5.5). Si d'autres fonctions que celles-ci sont utilisées, l'optimiseur ne pourra pas utiliser le "Partition pruning" pour éviter de parcourir certaines partitions.

MySQL réagit différemment, selon les types de partitionnement, lorsqu'un enregistrement inséré génère le renvoi d'une valeur nulle dans l'expression de partitionnement. Ainsi pour le type RANGE, les valeurs nulles sont toujours insérées dans la partition contenant les valeurs les plus faibles. Pour le type LIST, l'enregistrement sera stocké dans la partition associée à la liste contenant la valeur nulle ou renverra une erreur si aucune partition de ce type n'existe. Enfin concernant les types HASH et KEY, la valeur nulle est traitée comme la valeur 0 est sera donc stockée dans la même partition que cette valeur.

8. Importer et exporter une partition dans une table

Une des nouveautés de MySQL 5.6, est la possibilité de transformer une partition en une table. Ce « tour de magie » est rendu possible grâce à l'ordre DDL, `ALTER TABLE ... EXCHANGE PARTITION`, qui va transférer, dans une table créée préalablement par le DBA, le contenu d'une partition ou d'une sous partition dans cette table qui doit avoir la même structure que la table partitionnée (sans les partitions).

Pour que l'opération puisse se dérouler, quelques conditions sont à respecter :

- La table qui reçoit les données doit avoir la même structure que la table partitionnée.
- La table qui reçoit les données ne doit pas être partitionnée.
- Si la table qui reçoit les données contient déjà des données, ces dernières doivent être compatible avec la plage de données de la partition (ou sous-partition) dont les données vont être transférées.
- La table qui reçoit les données ne doit pas avoir de clés étrangères, ni être référencée par la clé étrangère d'une autre table.
- En plus des droits classiques pour exécuter la commande `ALTER TABLE` (`ALTER`, `INSERT`, `CREATE`), le compte utilisateur utilisé doit avoir le droit `DROP`.
- Si la table qui reçoit les données contient un champ `AUTO_INCREMENT`, ce dernier est réinitialisé lors de l'`ALTER TABLE ... EXCHANGE PARTITION`.

Un long exemple valant mieux qu'un long discours, voici la table `ville` qui contient 4079 enregistrements répartis dans quatre partitions :

```
mysql> CREATE TABLE ville (
  ID int(11) NOT NULL,
  Name char(35) NOT NULL DEFAULT '',
  CountryCode char(3) NOT NULL DEFAULT '',
  District char(20) NOT NULL DEFAULT '',
  Population int(11) NOT NULL DEFAULT '0'
)
PARTITION BY RANGE (Population) (
PARTITION p10001 VALUES LESS THAN (10001),
PARTITION p100001 VALUES LESS THAN (100001),
```

```
PARTITION p1000001 VALUES LESS THAN (1000001),
PARTITION pMaxvalue VALUES LESS THAN MAXVALUE
);

mysql> SELECT count(*) FROM ville;
+----------+
| count(*) |
+----------+
|     4079 |
+----------+
```

La répartition des enregistrements est à peu près la suivante (la table étant en InnoDB, TABLE_ROWS renvoie une estimation du nombre d'enregistrements de la partition) :

```
mysql> SELECT PARTITION_NAME, PARTITION_ORDINAL_POSITION,
PARTITION_METHOD, PARTITION_EXPRESSION, PARTITION_DESCRIPTION,
TABLE_ROWS FROM information_schema.partitions WHERE
table_name='ville'\G
*************************** 1. row ***************************
           PARTITION_NAME: p10001
PARTITION_ORDINAL_POSITION: 1
         PARTITION_METHOD: RANGE
     PARTITION_EXPRESSION: Population
    PARTITION_DESCRIPTION: 10001
               TABLE_ROWS: 42
*************************** 2. row ***************************
           PARTITION_NAME: p100001
PARTITION_ORDINAL_POSITION: 2
         PARTITION_METHOD: RANGE
     PARTITION_EXPRESSION: Population
    PARTITION_DESCRIPTION: 100001
               TABLE_ROWS: 437
*************************** 3. row ***************************
           PARTITION_NAME: p1000001
PARTITION_ORDINAL_POSITION: 3
         PARTITION_METHOD: RANGE
     PARTITION_EXPRESSION: Population
    PARTITION_DESCRIPTION: 1000001
               TABLE_ROWS: 3190
*************************** 4. row ***************************
           PARTITION_NAME: pMaxvalue
PARTITION_ORDINAL_POSITION: 4
         PARTITION_METHOD: RANGE
```

```
       PARTITION_EXPRESSION: Population
      PARTITION_DESCRIPTION: MAXVALUE
                 TABLE_ROWS: 313
```

La table `ville_moins_10000h` va récupérer les données de la partition `p10001`. Elle doit avoir la même structure que la table partitionnée, mais sans les partitions.

```
mysql> CREATE TABLE ville_moins_10000h LIKE ville;
Query OK, 0 rows affected (1,08 sec)

mysql> ALTER TABLE ville_moins_10000h REMOVE PARTITIONING;
Query OK, 0 rows affected (0,89 sec)
Records: 0  Duplicates: 0  Warnings: 0

mysql> SHOW CREATE TABLE ville_moins_10000h;
CREATE TABLE `ville_moins_10000h` (
  `ID` int(11) NOT NULL,
  `Name` char(35) NOT NULL DEFAULT '',
  `CountryCode` char(3) NOT NULL DEFAULT '',
  `District` char(20) NOT NULL DEFAULT '',
  `Population` int(11) NOT NULL DEFAULT '0'
)

mysql> SELECT count(*) FROM ville_moins_10000h;
+----------+
| count(*) |
+----------+
|        0 |
+----------+
```

La commande `ALTER TABLE ... EXCHANGE PARTITION`, transfère les données de la partition dans la table :

```
mysql> ALTER TABLE ville EXCHANGE PARTITION p10001 WITH TABLE
ville_moins_10000h;
Query OK, 0 rows affected (0,82 sec)

mysql> SHOW CREATE TABLE ville_moins_10000h;
CREATE TABLE `ville_moins_10000h` (
  `ID` int(11) NOT NULL,
  `Name` char(35) NOT NULL DEFAULT '',
  `CountryCode` char(3) NOT NULL DEFAULT '',
  `District` char(20) NOT NULL DEFAULT '',
```

```
  `Population` int(11) NOT NULL DEFAULT '0'
)

mysql> SELECT count(*) FROM ville_moins_10000h;
+----------+
| count(*) |
+----------+
|       42 |
+----------+
```

La partition n'a pas été modifiée, seul son contenu a changé. Elle est maintenant vide :

```
mysql> SHOW CREATE TABLE ville;
CREATE TABLE `ville` (
  `ID` int(11) NOT NULL,
  `Name` char(35) NOT NULL DEFAULT '',
  `CountryCode` char(3) NOT NULL DEFAULT '',
  `District` char(20) NOT NULL DEFAULT '',
  `Population` int(11) NOT NULL DEFAULT '0'
)
PARTITION BY RANGE (Population) (
 PARTITION p10001 VALUES LESS THAN (10001),
 PARTITION p100001 VALUES LESS THAN (100001),
 PARTITION p1000001 VALUES LESS THAN (1000001),
 PARTITION pMaxvalue VALUES LESS THAN MAXVALUE
)


mysql> SELECT count(*) FROM ville;
+----------+
| count(*) |
+----------+
|     4037 |
+----------+

mysql> SELECT PARTITION_NAME, PARTITION_ORDINAL_POSITION,
PARTITION_METHOD, PARTITION_EXPRESSION, PARTITION_DESCRIPTION,
TABLE_ROWS FROM information_schema.partitions WHERE
table_name='ville'\G
*************************** 1. row ***************************
           PARTITION_NAME: p10001
PARTITION_ORDINAL_POSITION: 1
         PARTITION_METHOD: RANGE
```

```
     PARTITION_EXPRESSION: Population
    PARTITION_DESCRIPTION: 10001
               TABLE_ROWS: 0
*************************** 2. row ***************************
           PARTITION_NAME: p100001
PARTITION_ORDINAL_POSITION: 2
         PARTITION_METHOD: RANGE
     PARTITION_EXPRESSION: Population
    PARTITION_DESCRIPTION: 100001
               TABLE_ROWS: 508
*************************** 3. row ***************************
           PARTITION_NAME: p1000001
PARTITION_ORDINAL_POSITION: 3
         PARTITION_METHOD: RANGE
     PARTITION_EXPRESSION: Population
    PARTITION_DESCRIPTION: 1000001
               TABLE_ROWS: 3190
*************************** 4. row ***************************
           PARTITION_NAME: pMaxvalue
PARTITION_ORDINAL_POSITION: 4
         PARTITION_METHOD: RANGE
     PARTITION_EXPRESSION: Population
    PARTITION_DESCRIPTION: MAXVALUE
               TABLE_ROWS: 313
```

9. Gérer le partitionnement

L'ajout, la suppression, la fusion, l'éclatement ou encore la redéfinition d'une partition s'effectue avec la commande ALTER TABLE.

Avec les partitionnements de type [LINEAR]HASH/KEY, il est possible de supprimer des partitions en fusionnant leur contenu avec celles qui vont survivre. Par exemple, avec une table qui contient 10 partitions, il est possible de n'en avoir plus que six, en migrant le contenu des 10 partitions vers les six restantes :

```
mysql> SHOW CREATE TABLE t10_key\G
*************************** 1. row ***************************
       Table: t10_key
Create Table: CREATE TABLE `t10_key` (
`id` int(10) unsigned NOT NULL AUTO_INCREMENT,
 `valeur` int(11) DEFAULT NULL,
```

```
 PRIMARY KEY (`id`)
)
PARTITION BY KEY (id)
PARTITIONS 10


mysql> ALTER TABLE t10_key  COALESCE PARTITION 4;
Query OK, 10388608 rows affected (7 min 30,14 sec)
Records: 10388608  Duplicates: 0  Warnings: 0

mysql> SHOW CREATE TABLE t10_key\G
*************************** 1. row ***************************
      Table: t10_key
Create Table: CREATE TABLE `t10_key` (
`id` int(10) unsigned NOT NULL AUTO_INCREMENT,
 `valeur` int(11) DEFAULT NULL,
 PRIMARY KEY (`id`)
)
PARTITION BY KEY (id)
PARTITIONS 6
```

Il n'est cependant pas possible de toutes les supprimer avec la commande COALESCE car sinon cela revient à supprimer le partitionnement de la table :

```
mysql> ALTER TABLE t10_key  COALESCE PARTITION 6;
ERROR 1508 (HY000): Cannot remove all partitions, use DROP TABLE
instead
```

Dans ce dernier cas, il existe l'ordre ALTER TABLE REMOVE PARTITIONING qui reconstruit la table en supprimant le partitionnement :

```
mysql> ALTER TABLE t10_key REMOVE PARTITIONING;
Query OK, 10388608 rows affected (2 min 32,60 sec)
Records: 10388608  Duplicates: 0  Warnings: 0
```

Pour ajouter des partitions à une table partitionnée, il faut utiliser la clause ADD PARTITION en spécifiant leur nombre :

```
mysql> ALTER TABLE t10_linear_hash ADD PARTITION PARTITIONS 2;
Query OK, 2597152 rows affected (1 min 10,61 sec)
Records: 2597152  Duplicates: 0  Warnings: 0
```

Avec les partitionnements de type [LINEAR] RANGE:LIST, il est possible d'ajouter, de supprimer, de fusionner et de diviser des partitions.

Nous allons étudier un exemple qui nous permettra de cerner l'ensemble de ces opérations. Supposons que l'on dispose de la table suivante :

```
mysql> SHOW  CREATE TABLE t12_list\G
*************************** 1. row ***************************
      Table: t12_list
Create Table: CREATE TABLE `t12_list` (
`id` int(10) unsigned NOT NULL DEFAULT '0',
 `valeur` tinyint(3) unsigned NOT NULL DEFAULT '0',
 PRIMARY KEY (`id`,`valeur`)
)
PARTITION BY LIST (valeur) (
PARTITION p0 VALUES IN (1,10,27),
PARTITION p1 VALUES IN (13,45,67),
PARTITION p2 VALUES IN (32,76,22),
PARTITION p3 VALUES IN (11,4,7),
PARTITION p4 VALUES IN (16,5,9)
)
```

Les partitions p3 et p4 peuvent être fusionnées en une nouvelle partition p5 en ne conservant pas les données pour lesquelles la valeur vaut 9 :

```
mysql> ALTER TABLE t12_list REORGANIZE PARTITION p3,p4 INTO
(PARTITION p5 VALUES IN(11,4,7,16,5));
Query OK, 7423 rows affected (0,19 sec)
Records: 7423  Duplicates: 1188  Warnings: 0
```

Le champ Records spécifie le nombre d'enregistrements qui sont à réorganiser et le champ Duplicates indique le nombre d'enregistrements qui ne sont pas stockés après la réorganisation. Il y avait donc 1188 enregistrements pour lesquels la valeur valait 9.

La table partitions du schéma information_schema permet d'obtenir le détail du nombre de lignes contenues dans chaque partition et de vérifier que plus aucune valeur 9 n'est stockée :

```
mysql> SELECT PARTITION_NAME,TABLE_ROWS FROM
information_schema.partitions WHERE TABLE_NAME='t12_list';
+----------------+------------+
| PARTITION_NAME | TABLE_ROWS |
+----------------+------------+
| p0             |      41112 |
| p1             |       1212 |
| p2             |          0 |
```

```
| p5              |        6235 |
+-----------------+-------------+

mysql> SELECT count(*) FROM t12_list WHERE valeur=9;
+----------+
| count(*) |
+----------+
|        0 |
+----------+
```

Pour ajouter une nouvelle partition stockant les enregistrements contenant la valeur 17 :

```
mysql> ALTER TABLE t12_list ADD PARTITION (PARTITION p6 VALUES IN(17));
Query OK, 0 rows affected (0,02 sec)
Records: 0  Duplicates: 0  Warnings: 0
```

Pour supprimer la partition `p1` pour ne plus stocker les valeurs 13,45,67 :

```
mysql>ALTER TABLE t12_list DROP PARTITION p1;
Query OK, 0 rows affected (0,01 sec)
Records: 0  Duplicates: 0  Warnings: 0
```

Pour diviser la partition `p2`, qui ne contient ici aucun enregistrement, en deux partitions `p7` et `p8` :

```
mysql> ALTER TABLE t12_list REORGANIZE PARTITION p2 INTO
(PARTITION p7 VALUES IN(32), PARTITION p8 VALUES IN (76,22));
Query OK, 0 rows affected (0.01 sec)
Records: 0  Duplicates: 0  Warnings: 0
```

Chacune de ces opérations effectue une modification de structure et pose des verrous exclusifs sur les tables. Effectuer ces opérations en production demande donc des tests, une préparation et une planification indispensables afin d'impacter le moins possible les applications et les utilisateurs qui accèdent à ces tables.

10. Maintenance

Toutes les opérations de maintenance qui s'appliquent aux tables peuvent s'appliquer aux partitions, et comme pour des tables différentes, les opérations de maintenance sur une partition d'une table n'interfèrent pas (excepté pour ce qui est de la consommation des ressources, mais ceci est propre au serveur) sur les autres partitions de la même table.

Les opérations de maintenance s'effectuent à l'aide de la commande SQL `ALTER TABLE` et peuvent s'appliquer à une, plusieurs ou toutes les partitions d'une même table dans la même commande. Elles permettent de défragmenter la table, de récupérer de l'espace, de recalculer les statistiques, de rechercher des erreurs ou encore de les corriger.

Voici la description de ces différentes commandes :

- `ALTER TABLE t1 REBUILD PARTITION p1, p3` : reconstruit les partitions `p1` et `p3` de la table `t1` en supprimant les enregistrements et en les réinsérant. La partition n'est pas recréée et l'espace inutilisé n'est pas récupéré.
- `ALTER TABLE t1 OPTIMIZE PARTITION p2` : supprime la partition `p2`, la recrée, y insère les anciens enregistrements et recalcule les statistiques.
- `ALTER TABLE t1 CHECK PARTITION ALL` : recherche des corruptions éventuelles dans les données et index de toutes les partitions de la table `t1`.
- `ALTER TABLE t2 REPAIR PARTITION p4` : corrige les corruptions des données et des index qui ont pu être remontées par la commande `CHECK PARTITION`.
- `ALTER TABLE t2 ANALYZE PARTITION p0,p2` : met à jour les statistiques concernant la distribution des valeurs indexées des partitions `p0` et `p2` en vue d'améliorer les plans d'exécution qui seront déterminés par l'optimiseur MySQL.

Chapitre 9
Routine stockée/déclencheur/ événement

1. Routines stockées

Les routines stockées sont des programmes (des procédures ou des fonctions) créés par l'utilisateur, pré-compilés et stockés dans le serveur MySQL. Elles permettent de déplacer une partie de la logique métier d'une application du client vers le serveur. Le client n'a alors plus besoin de soumettre à nouveau toute la commande, mais a juste à faire une simple référence à la routine.

Les routines stockées peuvent avoir plusieurs utilités :

- Améliorer la sécurité : les programmes clients n'accèdent plus directement aux tables. Telle une API, toutes les opérations de gestions des données sont effectuées via des routines stockées, ce qui limite les privilèges à leur exécution, sans pour autant donner accès aux tables qui hébergent l'information.
- Centraliser les requêtes : différentes applications (qui peuvent utiliser des langages de programmation différents) peuvent accéder aux mêmes données et avoir les mêmes fonctionnalités. Ce qui permet de factoriser le code SQL commun et implique une diminution de la redondance et une facilité de maintenance du code.
- Augmenter les performances : les commandes n'ont pas à être analysées plusieurs fois et bien moins d'informations transitent sur le réseau, ce qui permet de limiter le trafic et de ne solliciter que le serveur MySQL pour certains traitements.

Le langage permettant de programmer une routine est assez rudimentaire mais il est possible d'utiliser :

- Des requêtes SQL (INSERT, UPDATE, CREATE...).
- Des variables définies en utilisant les mots clés DECLARE et SET.
- Des opérateurs (=, AND, LIKE...) et des fonctions natives tout comme dans le SQL (CEIL, CONCAT, DAYOFWEEK...).
- Des fonctions de contrôle (IF, CASE, REPEAT, LOOP...).
- Des curseurs qui permettent de parcourir les lignes en sortie d'une requête SQL pour effectuer des boucles de traitement.

Lors de la création d'un programme stocké (procédure, fonction, trigger...), il est impératif de modifier le délimiteur, c'est-à-dire le symbole qui indique à l'interpréteur que la commande est terminée et qu'il peut donc l'interpréter. Par défaut le délimiteur de MySQL est le caractère point-virgule « ; » le même utilisé dans le programme stocké pour signifier la fin de chaque instruction. Au cas où le délimiteur n'est pas changé, la création du programme stocké échouera au premier point-virgule :

```
mysql> CREATE PROCEDURE `PS_verif_login`( IN p_mail varchar(50),
IN p_mot_de_passe varchar (45))
    -> BEGIN
    -> declare nb_user int;
ERROR 1064 (42000): You have an error in your SQL syntax; check the
manual that corresponds to your MySQL server version for the right
syntax to use near '' at line 3
```

Dans le processus de création, il faut donc, avant d'écrire le code du programme, définir le délimiteur en utilisant utilise le mot clé DELIMITER suivant du symbole de votre choix. À la fin du programme, n'oubliez pas de remettre le DELIMITER par défaut « ; » :

```
mysql> DELIMITER //

mysql> CREATE PROCEDURE `PS_verif_login`( IN p_mail varchar(50), IN
p_mot_de_passe varchar (45))
BEGIN
declare nb_user int;
...

END//

mysql> DELIMITER ;
```

1.1 Procédures stockées

Une procédure est une routine qui n'a pas de valeur de retour, elle peut néanmoins afficher des résultats en utilisant des requêtes `SELECT`. Pour la créer, il faut avoir le droit `CREATE ROUTINE`. La syntaxe est la suivante :

```
CREATE
[DEFINER = { user | CURRENT_USER }]
PROCEDURE nom_procedure([liste des paramètres[,...]])
[Caractéristiques]
[BEGIN] corps [END]
```

La clause « `DEFINER` » : `[DEFINER = { user | CURRENT_USER }]` assigne un créateur à la procédure stockée. Elle a été ajoutée en MySQL 5.0.20. La valeur par défaut est `user`, c'est-à-dire l'utilisateur qui crée la procédure.

La `liste des paramètres` doit respecter le format : `[ IN | OUT | INOUT ] nom_paramètre type`...

Chaque paramètre est un paramètre de type `IN` par défaut. Pour spécifier un autre type, utilisez les mots `OUT` ou `INOUT` avant le nom du paramètre.

Le `type` du paramètre correspond à n'importe quel type de données MySQL.

Les `caractéristiques` se définissent de cette manière :

```
    LANGUAGE SQL
  | [NOT] DETERMINISTIC
  | { CONTAINS SQL | NO SQL | READS SQL DATA | MODIFIES SQL DATA }
  | SQL SECURITY { DEFINER | INVOKER }
  | COMMENT 'string'
```

- `LANGUAGE SQL` : ce paramètre est ignoré par le serveur. Dans le futur, un framework pour développer des procédures stockées externes pourrait être disponible.
- `[NOT] DETERMINISTIC` : une procédure est considérée comme « déterministe » si elle retourne toujours le même résultat pour les mêmes paramètres d'entrée. Sinon, elle est considérée comme « non déterministe », la valeur par défaut.

- { CONTAINS SQL | NO SQL | READS SQL DATA | MODIFIES SQL DATA } : fournit des informations sur la nature des données manipulées par la procédure stockée, à titre indicatif :
  - CONTAINS SQL indique que la routine contient des instructions SQL qui ne manipulent pas de données provenant de la base.
  - NO SQL indique que la routine ne contient pas d'instruction SQL.
  - READS SQL DATA indique que la routine contient des instructions SQL qui accèdent en lecture aux données de la base (SELECT).
  - MODIFIES SQL DATA indique que la routine contient des instructions SQL qui modifient les données de la base (INSERT, DELETE, UPDATE).
- SQL SECURITY : ce paramètre peut être utilisé pour spécifier si la routine doit être exécutée avec les droits de l'utilisateur qui l'a créée (DEFINER) ou avec ceux de celui qui appelle la fonction (INVOKER). La valeur par défaut est DEFINER.
- COMMENT : ce paramètre permet d'ajouter un commentaire à la procédure stockée. Ce commentaire peut être affiché avec la commande MySQL SHOW CREATE PROCEDURE.

Le corps correspond aux commande(s) SQL valide(s).

Voici quelques exemples de procédures stockées :

```
mysql> DELIMITER //

mysql> DROP PROCEDURE IF EXISTS test.PS_actor//
Query OK, 0 rows affected (0,00 sec)

mysql> CREATE PROCEDURE test.PS_actor (IN fname char(30),
IN lname char(30))
BEGIN
        SELECT * FROM test.actor WHERE first_name=fname AND
last_name=lname;
END//
Query OK, 0 rows affected (0,05 sec)

mysql> DELIMITER ;
```

La procédure prenant 2 arguments, elle doit être appelée avec paramètres :

```
mysql> CALL test.PS_actor();
ERROR 1318 (42000): Incorrect number of arguments for PROCEDURE
test.PS_actor; expected 2, got 0


mysql>  CALL test.PS_actor('NICK','WAHLBERG')\G
*************************** 1. row ***************************
   actor_id: 2
 first_name: NICK
  last_name: WAHLBERG
last_update: 2006-02-15 04:34:33
1 row in set (0,00 sec)

Query OK, 0 rows affected (0,00 sec)
```

Pour récupérer une information, il faut fournir des paramètres modifiables parce que les procédures ne renvoient pas de valeur de retour :

```
mysql> DELIMITER //

mysql> DROP PROCEDURE IF EXISTS PS_concatId//
Query OK, 0 rows affected, (0,00 sec)

mysql> CREATE PROCEDURE PS_concatId (IN fname char(20),OUT c
char(100))
BEGIN
       SELECT GROUP_CONCAT(actor_id) INTO c FROM sakila.actor WHERE
first_name=fname;
END//
Query OK, 0 rows affected (0,00 sec)

mysql> DELIMITER ;

mysql> CALL PS_concatId('NICK',@c);
Query OK, 1 row affected (0,05 sec)

mysql> SELECT @c;
+----------+
| @c       |
+----------+
| 2,44,166 |
+----------+
1 row in set (0,00 sec)
```

Une variable de type INOUT aurait tout aussi bien pu être utilisée :

```
mysql> DELIMITER //

mysql> DROP PROCEDURE IF EXISTS PS_concatId//
Query OK, 0 rows affected (0,07 sec)

mysql> CREATE PROCEDURE PS_concatId (INOUT c char(20))
BEGIN
        SELECT GROUP_CONCAT(actor_id) INTO c FROM sakila.actor WHERE
first_name=c;
END//
Query OK, 0 rows affected (0,00 sec)

mysql> DELIMITER ;

mysql> SELECT @c:='NICK';
+------------+
| @c:='NICK' |
+------------+
| NICK       |
+------------+
1 row in set (0,00 sec)


mysql> CALL PS_concatId(@c);
Query OK, 0 rows affected (0,00 sec)

mysql> SELECT @c;
+----------+
| @c       |
+----------+
| 2,44,166 |
+----------+
1 row in set (0,00 sec)
```

Les blocs BEGIN ... END ne sont pas obligatoires si la procédure ne possède qu'une instruction. La procédure PS_concatId peut s'écrire selon la syntaxe suivante :

```
mysql> DROP PROCEDURE IF EXISTS PS_concatId;
Query OK, 0 rows affected (0,41 sec)

mysql> DELIMITER //

mysql> CREATE PROCEDURE PS_concatId (INOUT c char(20))
```

```
        SELECT GROUP_CONCAT(actor_id) INTO c FROM sakila.actor WHERE
first_name=c;//
Query OK, 0 rows affected (0,00 sec)

mysql> DELIMITER ;
```

Voici un exemple plus complexe qui permet de supprimer la dernière semaine du fichier de journalisations binaires (binlog) en utilisant un HANDLER de conditions ou d'exceptions. Il sert à modifier la variable done lorsque le curseur atteint la fin des résultats de la requête sur la table information_schema.TABLES).

```
mysql> DELIMITER //

DROP PROCEDURE IF EXISTS test.proc1//

CREATE PROCEDURE proc1()
BEGIN
        DECLARE done INT DEFAULT 0;
        DECLARE e CHAR(25);
        DECLARE c INT DEFAULT 10;
        DECLARE cur CURSOR FOR SELECT engine, count(*) tables FROM
      information_schema.TABLES GROUP BY engine;
        DECLARE CONTINUE HANDLER FOR NOT FOUND SET done = 1;

        OPEN cur;

        REPEAT
                FETCH cur INTO e,c;
                IF NOT done THEN
                        SELECT e,c;
                END IF;
        UNTIL done END REPEAT;

        CLOSE cur;
END
//

DELIMITER ;

mysql> SHOW CREATE PROCEDURE test.proc1\G
*************************** 1. row ***************************
           Procedure: proc1
            sql_mode:
    Create Procedure: CREATE DEFINER=`olivier`@`localhost`
```

```
PROCEDURE `proc1`()
BEGIN
        DECLARE done INT DEFAULT 0;
        DECLARE e CHAR(25);
        DECLARE c INT DEFAULT 10;
        DECLARE cur CURSOR FOR SELECT engine, count(*) tables FROM
information_schema.TABLES GROUP BY engine;
        DECLARE CONTINUE HANDLER FOR NOT FOUND SET done = 1;

        OPEN cur;

        REPEAT
                FETCH cur INTO e,c;
                IF NOT done THEN
                        SELECT e,c;
                END IF;
        UNTIL done END REPEAT;

        CLOSE cur;
END
character_set_client: utf8
collation_connection: utf8_general_ci
  Database Collation: utf8_swedish_ci
```

1.2 Fonctions stockées

Une fonction est une routine stockée qui permet d'obtenir un résultat en retour tout comme les fonctions internes telles que RAND(), UPPER(), NOW(), etc.

Les clauses d'une fonction stockée sont quasiment identiques à celles d'une procédure stockée. Elle accepte aussi des paramètres mais le type ne peut pas être spécifié car ils ne peuvent qu'être de type IN :

```
mysql> DELIMITER //

mysql> DROP FUNCTION IF EXISTS confirmation//
Query OK, 0 rows affected (0,01 sec)

mysql> CREATE FUNCTION confirmation(p_statut CHAR(1))
RETURNS VARCHAR(20)
BEGIN
```

```
        DECLARE action VARCHAR(20);

        IF p_statut = 'O' THEN
                SET action='Continuer';
        ELSEIF p_statut = 'N' THEN
                SET action='Stop';
        END IF;

RETURN(action);
END;
//Query OK, 0 rows affected (0,00 sec)


mysql> DELIMITER ;
```

Une fonction stockée s'utilise de la même façon qu'une fonction classique :

```
mysql> SELECT confirmation('O');
+-------------------+
| confirmation('O') |
+-------------------+
| Continuer         |
+-------------------+
1 row in set (0,00 sec)

mysql> SELECT confirmation('o');
+-------------------+
| confirmation('o') |
+-------------------+
| Continuer         |
+-------------------+
1 row in set (0,00 sec)

mysql> SELECT confirmation('n');
+-------------------+
| confirmation('n') |
+-------------------+
| Stop              |
+-------------------+
1 row in set (0,00 sec)
```

Au cas où la lettre ne correspond pas ou que le type n'est pas le bon, la valeur par défaut de la variable `action` est renvoyée, dans ce cas la valeur `NULL` car elle n'aura pas été définie :

```
mysql> SELECT confirmation('A');
+-------------------+
| confirmation('A') |
+-------------------+
| NULL              |
+-------------------+
1 row in set (0,00 sec)

mysql> SELECT confirmation(42);
+------------------+
| confirmation(42) |
+------------------+
| NULL             |
+------------------+
1 row in set, 1 warning (0,00 sec)

mysql> SHOW WARNINGS\G
*************************** 1. row ***************************
  Level: Warning
   Code: 1265
Message: Data truncated for column 'p_statut' at row 1
```

1.3 Utilisation

Les procédures stockées peuvent servir à sécuriser certains traitements en ne donnant pas, par exemple, accès aux tables utilisées par l'utilisateur qui invoque la routine. Ceci est possible car MySQL permet de spécifier, dans la définition de la routine, sous quel compte elle s'exécutera. Pour cela, vous devez utiliser le mot clé `SQL SECURITY` et indiquer si l'exécution se fera sous le compte de l'utilisateur `DEFINER` (option par défaut et indiquée dans la clause `DEFINER` justement !) ou de l'utilisateur `INVOKER`, c'est-à-dire le compte utilisateur qui fait appel à la routine.

Mais voyons tout de suite quelques exemples qui vous permettront de mieux comprendre le concept.

Vous pouvez dans un premier temps positionner le prompt pour savoir avec quel utilisateur et sur quelle base vous êtes connecté à tout moment :

```
mysql> prompt mysql[\u@\d]>
PROMPT set to 'mysql[\u@\d]>'
mysql[root@test]>
```

Cette modification n'étant valable que durant la session dans laquelle la commande prompt a été exécutée, il est fortement conseillé de positionner cette variable dans votre fichier de configuration `my.cnf` (ou `my.ini` sous MS Windows) dans la section `[client]`.

```
mysql[root@test]> CREATE TABLE ban(id int);
Query OK, 0 rows affected (0,14 sec)

mysql[root@test]> INSERT INTO ban VALUES(1),(10);
Query OK, 2 rows affected (0,19 sec)
Records: 2  Duplicates: 0  Warnings: 0
```

Les deux procédures suivantes ont le même fonctionnement mais des `DEFINER` différents :

```
mysql[root@test]> DROP PROCEDURE IF EXISTS PS_test1;
Query OK, 0 rows affected, 1 warning (0,01 sec)

mysql[root@test]> DROP PROCEDURE IF EXISTS PS_test2;
Query OK, 0 rows affected, 1 warning (0,01 sec)
```

À noter que le `warning` montre que la tentative de suppression de la procédure a échoué tout simplement car elle n'existait pas :

```
mysql> SHOW WARNINGS\G
*************************** 1. row ***************************
  Level: Note
   Code: 1305
Message: PROCEDURE test.PS_test2 does not exist


mysql[root@test]> DELIMITER //

mysql[root@test]> CREATE PROCEDURE PS_test1()
BEGIN
        SELECT * FROM test.ban;
END
```

```
//
Query OK, 0 rows affected (0,00 sec)

mysql[root@test]> CREATE PROCEDURE PS_test2()
SQL SECURITY INVOKER
BEGIN
        SELECT * FROM test.ban;
END
//
Query OK, 0 rows affected (0,00 sec)

mysql[root@test]> DELIMITER ;

mysql[root@test]> SHOW PROCEDURE STATUS LIKE 'PS_test%'\G
*************************** 1. row ***************************
                  Db: test
                Name: PS_test1
                Type: PROCEDURE
             Definer: root@localhost
            Modified: 2012-11-06 20:07:13
             Created: 2012-11-06 20:07:13
       Security_type: DEFINER
             Comment:
character_set_client: utf8
collation_connection: utf8_general_ci
  Database Collation: utf8_general_ci
*************************** 2. row ***************************
                  Db: test
                Name: PS_test2
                Type: PROCEDURE
             Definer: root@localhost
            Modified: 2012-11-06 20:07:13
             Created: 2012-11-06 20:07:13
       Security_type: INVOKER
             Comment:
character_set_client: utf8
collation_connection: utf8_general_ci
  Database Collation: utf8_general_ci
```

Création d'un utilisateur dev@localhost qui n'a pas les droits d'accès sur la table ban mais qui a les droits d'exécution (droit EXECUTE nécessaire depuis la version 5.0.3) sur les procédures PS_test1 et PS_test2 :

```
mysql[root@test]> CREATE USER dev@localhost IDENTIFIED BY 'Myp4s5)(';
Query OK, 0 rows affected (0,21 sec)

mysql[root@test]> GRANT EXECUTE ON PROCEDURE test.PS_test1 TO
dev@localhost;
Query OK, 0 rows affected (0,04 sec)

mysql[root@test]> GRANT EXECUTE ON PROCEDURE test.PS_test2 TO
dev@localhost;
Query OK, 0 rows affected (0,00 sec)

mysql [localhost] {root} (test) > SHOW GRANTS FOR dev@localhost;
+-------------------------------------------------------------------
-----------------------------+
| Grants for dev@localhost
|
+-------------------------------------------------------------------
-----------------------------+
| GRANT USAGE ON *.* TO 'dev'@'localhost' IDENTIFIED BY PASSWORD
'*B6784E76635EA54DBA72FBA49854AD3BE29C370F' |
| GRANT EXECUTE ON PROCEDURE `test`.`ps_test2` TO 'dev'@'localhost'
|
| GRANT EXECUTE ON PROCEDURE `test`.`ps_test1` TO 'dev'@'localhost'
|
+-------------------------------------------------------------------
-----------------------------+
```

En se connectant avec le compte utilisateur dev@localhost, l'exécution des deux procédures montre le rôle de la clause SQL SECURITY INVOKER :

```
mysql[dev@localhost]> CALL test.PS_test1();
+------+
| id   |
+------+
|    1 |
|   10 |
+------+
2 rows in set (0,00 sec)

Query OK, 0 rows affected (0,03 sec)

mysql[dev@localhost]> CALL test.PS_test2();
```

```
ERROR 1142 (42000): SELECT command denied to user 'dev'@'localhost'
for table 'ban'
```

La procédure `PS_test1` a été définie avec la clause `SQL SECURITY` par défaut, le `DEFINER` qui vaut dans cet exemple `root@localhost` car c'est le compte utilisateur utilisé pour la création de la procédure stockée. Ce super utilisateur a le droit d'accéder à toutes les tables du serveur, y compris la table `ban`. Ce qui explique la bonne exécution de la procédure `PS_test1`.

En ce qui concerne la procédure `PS_test2`, c'est le compte de l'utilisateur qui invoque l'appel à la procédure, soit `dev@localhost` ici, qui est utilisé. Or cet utilisateur n'a pas les accès en lecture à la table `ban`, MySQL renvoie donc le message d'erreur adéquate. Pour finir, depuis la version 5.0.3, pour gérer des routines un utilisateur doit avoir les privilèges suivants :

- `CREATE ROUTINE` qui permet de créer des routines stockées.
- `ALTER ROUTINE` qui est nécessaire pour supprimer ou modifier des routines stockées. Ce privilège est ajouté ou retiré automatiquement au compte de l'auteur d'une routine lors de sa création ou suppression.

1.4 Metadonnées

MySQL met à disposition des informations sur les routines stockées comme leur définition, les privilèges, le nom de la base associée, la date de création, etc.

Pour accéder à ces informations, vous pouvez utilisez les commandes `SHOW PROCEDURE STATUS` et `SHOW FUNCTION STATUS` ou alors interroger la table `INFORMATION_SCHEMA.ROUTINES`.

Par exemple, pour obtenir le nombre de procédures créées il y a moins d'une semaine vous utiliserez la requête suivante :

```
mysql> SELECT COUNT(*) FROM information_schema.ROUTINES WHERE
CREATED>=NOW()-INTERVAL 1 WEEK AND ROUTINE_TYPE='PROCEDURE';
+----------+
| COUNT(*) |
+----------+
|        2 |
+----------+
1 row in set (0,02 sec)
```

Pour obtenir les informations concernant la fonction `confirmation()` créée plus haut, les possibilités sont multiples.

À l'aide de la table `ROUTINES` du schéma `information_schema` voici ce que vous obtiendrez :

```
mysql> SELECT * FROM information_schema.routines WHERE
ROUTINE_TYPE='FUNCTION' AND ROUTINE_NAME='confirmation'\G

*************************** 1. row ***************************
           SPECIFIC_NAME: confirmation
         ROUTINE_CATALOG: def
          ROUTINE_SCHEMA: test
            ROUTINE_NAME: confirmation
            ROUTINE_TYPE: FUNCTION
               DATA_TYPE: varchar
CHARACTER_MAXIMUM_LENGTH: 20
  CHARACTER_OCTET_LENGTH: 20
       NUMERIC_PRECISION: NULL
           NUMERIC_SCALE: NULL
      DATETIME_PRECISION: NULL
      CHARACTER_SET_NAME: utf8
          COLLATION_NAME: utf8_general_ci
          DTD_IDENTIFIER: varchar(20)
            ROUTINE_BODY: SQL
      ROUTINE_DEFINITION: BEGIN
        DECLARE action VARCHAR(20);

        IF p_statut = 'O' THEN
                SET action='Continuer';
        ELSEIF p_statut = 'N' THEN
                SET action='Stop';
        END IF;

RETURN(action);
END
           EXTERNAL_NAME: NULL
       EXTERNAL_LANGUAGE: NULL
         PARAMETER_STYLE: SQL
        IS_DETERMINISTIC: NO
         SQL_DATA_ACCESS: CONTAINS SQL
                SQL_PATH: NULL
           SECURITY_TYPE: DEFINER
                 CREATED: 2012-11-06 18:35:00
            LAST_ALTERED: 2012-11-06 18:35:00
                SQL_MODE: NO_ENGINE_SUBSTITUTION
```

```
          ROUTINE_COMMENT:
                  DEFINER: root@localhost
     CHARACTER_SET_CLIENT: utf8
     COLLATION_CONNECTION: utf8_general_ci
       DATABASE_COLLATION: utf8_general_ci
1 row in set (0,00 sec)
```

À l'aide de la commande SHOW FUNCTION, ce sera ces informations :

```
mysql> SHOW FUNCTION STATUS LIKE 'confirmation'\G
*************************** 1. row ***************************
                  Db: test
                Name: confirmation
                Type: FUNCTION
             Definer: root@localhost
            Modified: 2012-11-06 18:35:00
             Created: 2012-11-06 18:35:00
       Security_type: DEFINER
             Comment:
character_set_client: utf8
collation_connection: utf8_general_ci
  Database Collation: utf8_general_ci
```

À l'aide la commande SHOW CREATE FUNCTION vous aurez le code de la fonction :

```
mysql> SHOW CREATE FUNCTION test.confirmation\G
*************************** 1. row ***************************
            Function: confirmation
            sql_mode: NO_ENGINE_SUBSTITUTION
     Create Function: CREATE DEFINER=`root`@`localhost` FUNCTION
`confirmation`(p_statut CHAR(1)) RETURNS varchar(20) CHARSET utf8
BEGIN
        DECLARE action VARCHAR(20);

        IF p_statut = 'O' THEN
                SET action='Continuer';
        ELSEIF p_statut = 'N' THEN
                SET action='Stop';
        END IF;

RETURN(action);
END
character_set_client: utf8
collation_connection: utf8_general_ci
  Database Collation: utf8_general_ci
```

1.5 Sauvegarder les routines stockées

Les routines ne sont pas sauvegardées par défaut lors d'une sauvegarde logique effectuée avec le client `mysqldump`. Il faut donc le spécifier explicitement en utilisant l'option `--routines` (ou `-R`) :

```
$ mysqldump --database test | grep -i procedure   # pas de résultat

$ mysqldump --database --routines test | grep -i procedure
/*!50003 DROP PROCEDURE IF EXISTS `PS_actor` */;
/*!50003 CREATE*/ /*!50020 DEFINER=`root`@`localhost`*/ /*!50003
PROCEDURE `PS_actor`(IN fname char(30), IN lname char(30))
/*!50003 DROP PROCEDURE IF EXISTS `PS_concatId` */;
/*!50003 CREATE*/ /*!50020 DEFINER=`root`@`localhost`*/ /*!50003
PROCEDURE `PS_concatId`(INOUT c char(20))
/*!50003 DROP PROCEDURE IF EXISTS `PS_test1` */;
/*!50003 CREATE*/ /*!50020 DEFINER=`root`@`localhost`*/ /*!50003
PROCEDURE `PS_test1`()
/*!50003 DROP PROCEDURE IF EXISTS `PS_test2` */;
/*!50003 CREATE*/ /*!50020 DEFINER=`root`@`localhost`*/ /*!50003
PROCEDURE `PS_test2`()
```

1.6 Restrictions

Voici quelques-unes des commandes interdites dans les routines stockées :

- Le (dé)verrouillage de tables (`LOCK/UNLOCK TABLES`).
- La modification de vues (`ALTER VIEW`).
- Le chargement de données dans une table avec les commandes `LOAD DATA/TABLE`.
- Les commandes préparées en ce qui concerne les fonctions stockées et les triggers (`PREPARE`, `EXECUTE`, `DEALLOCATE PREPARE`).

La liste complète est disponible dans la documentation officielle de MySQL : http://dev.mysql.com/doc/refman/5.6/en/stored-program-restrictions.html

1.7 UDF

La fonctionnalité UDF (*User Defined Function*) permet d'ajouter dynamiquement des fonctions codées en C ou C++ au serveur MySQL. Ces fonctions peuvent opérer sur un enregistrement ou sur un groupe d'enregistrement, dans ce dernier cas ce sont des fonctions d'agrégat (comme `max()`, `avg()`, `min()`, `sum()`, etc.). Elles peuvent prendre en arguments des paramètres de type `STRING`, `INTEGER`, `REAL` ou `DECIMAL`. Cependant le type `DECIMAL` doit être considéré comme une chaîne (`STRING`) depuis MySQL 5.0.3.

Les fonctions UDF peuvent permettre d'effectuer des opérations beaucoup plus complexes que celles possibles avec le SQL ou les routines stockées, tout en permettant d'améliorer grandement les performances de fonctions existantes. Par exemple, pour le calcul de la médiane sur 4874 valeurs le code suivant prend 18 secondes sur une machine de test (en supposant que vous ayez une table `data` contenant 4874 enregistrements) :

```
mysql> DROP TABLE IF EXISTS d;
Query OK, 0 rows affected, 1 warning (0,00 sec)

mysql> SHOW CREATE TABLE data;
+-------+-------------------------------------------------------------
----------------------------------------------------------------------
--------+
| Table | Create
Table
                                                     |
+-------
+---------------------------------------------------------------------
-------------------------------------------------------+
| data  | CREATE TABLE `data` (
  `semaine` int(11) DEFAULT NULL,
  `duree` double DEFAULT NULL
) ENGINE=MyISAM DEFAULT CHARSET=utf8 |
+-------
+---------------------------------------------------------------------
-------------------------------------------------------+
1 row in set (0,00 sec)

mysql> CREATE TABLE d AS SELECT * FROM data;
Query OK, 4874 rows affected (0,01 sec)
```

```
Records: 4874  Duplicates: 0  Warnings: 0

mysql> ALTER TABLE d ADD COLUMN id INT AUTO_INCREMENT PRIMARY KEY
FIRST, ADD INDEX (semaine,duree) ;
Query OK, 4874 rows affected (0,10 sec)
Records: 4874  Duplicates: 0  Warnings: 0

mysql> SELECT semaine,round(AVG(duree),2) AS MEDIANE
FROM (
   SELECT semaine,MIN(duree) AS duree
   -- valeurs au dessus
   FROM
   (
       SELECT ST1.semaine,ST1.id, ST1.duree
       FROM    d AS ST1
       INNER JOIN d AS ST2
       ON ST1.duree <= ST2.duree AND ST1.semaine=ST2.semaine
       GROUP BY ST1.id, ST1.duree
       HAVING COUNT(*) <= (SELECT CEILING(COUNT(*) / 2.0)
       FROM d d2 where d2.semaine=ST1.semaine)
   ) SUR
   GROUP BY semaine
   UNION
   SELECT semaine,MAX(duree) AS duree
   -- valeurs en dessous
   FROM
   (
       SELECT ST1.semaine, ST1.duree
       FROM    d AS ST1
       INNER JOIN d AS ST2
       ON ST1.duree >= ST2.duree AND ST1.semaine=ST2.semaine
       GROUP BY ST1.id, ST1.duree
       HAVING COUNT(*) <= (SELECT CEILING(COUNT(*) / 2.0)
       FROM d d2 where d2.semaine=ST1.semaine)
   ) SOU
   GROUP BY semaine
   ) T
GROUP BY semaine;
+---------+---------+
| semaine | MEDIANE |
+---------+---------+
|       0 |   52.00 |
|       1 |   56.00 |
|       2 |   47.00 |
```

```
|         3 |   49.00 |
|         4 |   48.50 |
|         5 |   55.00 |
|         6 |   53.00 |
|         7 |   49.50 |
|         8 |   50.00 |
|         9 |   45.50 |
|        10 |   51.00 |
+---------+---------+
11 rows in set (17,45 sec)

mysql> DROP TABLE d;
Query OK, 0 rows affected (0,00 sec)
```

Cependant, sur une table contenant plus de 600 000 enregistrements, le temps de calcul devient très long (le traitement a été interrompu après plus de 15h par manque de patience...). Il devient intéressant dans ce cas là de voir ce qui se passe si on utilise une UDF pour effectuer ce calcul. Pour cela, vous n'avez qu'à télécharger les sources des UDFs mises à disposition sur http://mysql-udf.sourceforge.net/, et le patch `p_udf_median.patch` qui permet d'installer cette UDF avec des versions de MySQL supérieures à la 5.0 :

```
$ wget -q 'http://downloads.sourceforge.net/project/mysql-udf/
mysql-udf/mysql-udf-0.3/mysql-udf-0.3.tar.gz?use_mirror=ovh'
$ wget -qO p_udf_median.patch 'http://sites.google.com/site/
filesrepository01/Home/p_udf_median.patch?attredirects=0&d=1'
```

Il faut ensuite installer les composants nécessaires à la compilation (`gcc` et la bibliothèque `libstdc++` qui peuvent déjà être installées), décompresser l'archive, patcher le fichier source et le compiler :

```
$ apt-get install gcc libstdc++6
```

Lecture des listes de paquets... Fait.

Construction de l'arbre des dépendances... Fait.

`gcc` est déjà la plus récente version disponible.

`libstdc++6` est déjà la plus récente version disponible.

0 mis à jour, 0 nouvellement installés, 0 à enlever et 10 non mis à jour.

```
$ tar xvzf mysql-udf-0.3.tar.gz
mysql-udf/
mysql-udf/udf_longest.cc
mysql-udf/udf_faculty.cc
mysql-udf/udf_stdnorm_dist.cc
mysql-udf/udf_slope.cc
mysql-udf/udf_median.cc
mysql-udf/udf_colwidth.cc
mysql-udf/udf_noverm.cc
mysql-udf/udf_confidence_lower.cc
mysql-udf/udf_geomean.cc
mysql-udf/udf_confidence_higher.cc
mysql-udf/udf_kurtosis.cc
mysql-udf/udf_skewness.cc
mysql-udf/udf_stdnorm_density.cc
mysql-udf/udf_intercept.cc
mysql-udf/udf_correlation.cc
mysql-udf/udf_weightedavg.cc

$ cd mysql-udf/
$ patch -p0 < /var/tmp/p_udf_median.patch
patching file udf_median.cc
$ gcc -fPIC -Wall -I/usr/local/mysql/5.6.7/include/ -shared
-lstdc++ udf_median.cc -o udf_median.so
```

Il ne reste plus qu'à copier la bibliothèque générée dans le répertoire des plug-ins et à créer la fonction dans la base pour pouvoir l'utiliser :

Connectez-vous à votre base de données pour exécuter le script :

```
mysql> SHOW GLOBAL VARIABLES LIKE '%plugin%';
+---------------+------------------------------------+
| Variable_name | Value                              |
+---------------+------------------------------------+
| plugin_dir    | /usr/local/mysql/5.5.1/lib/plugin |
+---------------+------------------------------------+
1 row in set (0,00 sec)

mysql> exit
Bye

$ cp udf_median.o /usr/local/mysql/5.6.7/lib/plugin/
```

Reconnectez-vous à votre base de données pour intégrer la fonction `median` :

```
mysql > DROP FUNCTION IF EXISTS median;
Query OK, 0 rows affected, 1 warning (0,00 sec)

mysql> CREATE AGGREGATE FUNCTION median RETURNS REAL SONAME
'udf_median.so';
Query OK, 0 rows affected (0,00 sec)
```

Voyez maintenant si le calcul de la médiane est plus rapide en utilisant la nouvelle fonction UDF `median` :

```
mysql> SELECT semaine,MEDIAN(duree) FROM data GROUP BY semaine;
+---------+---------------+
| semaine | MEDIAN(duree) |
+---------+---------------+
|       0 |         11.00 |
|       1 |         12.00 |
|       2 |         10.00 |
|       3 |         13.00 |
|       4 |         13.00 |
|       5 |         11.00 |
|       6 |         12.00 |
|       7 |         12.00 |
|       8 |         50.00 |
|       9 |         13.00 |
|      10 |         13.00 |
+---------+---------------+
11 rows in set (1.14 sec)
```

Comme vous pouvez le constater, le temps de calcul est pleinement satisfaisant puisqu'il dure moins de deux secondes contre plus de 15 heures en pur SQL.

2. Les déclencheurs

2.1 Introduction

Les déclencheurs ou triggers sont des objets dont le but est d'exécuter du code en réaction à un événement qui survient sur une table. Les événements peuvent être de trois types : `INSERT`, `UPDATE` ou `DELETE` (ou assimilé, par exemple l'instruction `REPLACE` qui vaut soit `INSERT`, soit `INSERT` et `DELETE`). L'ordre de déclenchement est défini avant (`BEFORE`) ou après (`AFTER`) l'événement. Par exemple le DBA choisira `BEFORE` pour un test de vérification sur des données et `AFTER` pour de la journalisation.

2.2 Syntaxe

La syntaxe à observer lors de la création d'un déclencheur est :

```
CREATE
[DEFINER = { user | CURRENT_USER }]
TRIGGER nom_du_trigger moment_du_déclenchement
action_qui_déclenche
ON nom_de_table FOR EACH ROW corps_du_déclencheur
```

avec `moment_du_déclenchement` qui vaut `BEFORE` ou `AFTER` et `action_qui_déclenche` qui prend les valeurs `INSERT`, `UPDATE` ou `DELETE`.

Dans le corps du déclencheur, les alias `OLD` et `NEW` sont disponibles en fonction du contexte (`INSERT/UPATE/DELETE`). Ils permettent d'accéder respectivement à la valeur d'une colonne de la table qui contient le déclencheur, avant modification et après :

- Lors d'un `UPDATE`, OLD.colonne référence la valeur de la colonne avant la modification alors que `NEW.`*`colonne`*, sa valeur après qu'elle a été modifiée.
- Lors d'un `INSERT`, seule `NEW.`*`colonne`* existe.
- Lors d'un `DELETE`, seule `OLD.`*`colonne`* existe.

2.3 Utilisation

Exemple d'un trigger qui sauvegarde les données effacées de la table `City` :

```
CREATE TABLE City (
  id int(11) NOT NULL DEFAULT '0',
  name char(35) NOT NULL DEFAULT ''
) ENGINE=InnoDB

CREATE TABLE City_del (
  id int(11) NOT NULL DEFAULT '0',
  name char(35)  NOT NULL DEFAULT ''
) ENGINE=InnoDB

mysql> SELECT count(*) FROM City;
+----------+
| count(*) |
+----------+
|     4079 |
+----------+

mysql> SELECT count(*) FROM City_del;
+----------+
| count(*) |
+----------+
|        0 |
+----------+


DELIMITER //

CREATE TRIGGER corbeille BEFORE DELETE ON City FOR EACH ROW
BEGIN
       INSERT INTO City_del (id, name) VALUES (OLD.id, OLD.name);
END //

DELIMITER  ;


mysql> DELETE FROM City WHERE id = 1;
Query OK, 1 row affected (0,15 sec)

mysql> SELECT * FROM City WHERE id=1;
```

```
Empty set (0,00 sec)

mysql> SELECT * FROM City_del;
+----+-------+
| id | name  |
+----+-------+
|  1 | Kabul |
+----+-------+
```

En cas d'échec d'un déclencheur, si les tables impliquées sont transactionnelles (comme avec InnoDB), toutes les modifications sont invalidées. Dans le cas contraire (comme avec MyISAM) les opérations ne se poursuivront pas, mais toutes les modifications faites jusqu'à l'échec du trigger sont conservées.

Exemple d'un trigger qui sauvegarde certains enregistrements, insérés dans la table journal :

```
mysql> CREATE TABLE journal (
        ts timestamp,
        server
enum('host01','host02','host03','host04','host05','host06','host07',
'host08','host09','host10','host11','host12') DEFAULT NULL,
        program
enum('web','bd','appli1','appli2','appli3','appli4','appli5')
DEFAULT NULL,
        msg varchar(500) DEFAULT NULL
) ENGINE=InnoDB;
Query OK, 0 rows affected (0,78 sec)

mysql> CREATE TABLE logs_history (
        ts timestamp,
        server
enum('host01','host02','host03','host04','host05','host06','host07',
'host08','host09','host10','host11','host12') DEFAULT NULL,
        msg varchar(500) DEFAULT NULL
) ENGINE=InnoDB;
Query OK, 0 rows affected (0,68 sec)



mysql> DELIMITER //

mysql> CREATE TRIGGER historise_log BEFORE INSERT ON journal FOR EACH ROW
BEGIN
       IF (SELECT FIELD(NEW.program,'web','bd','appli3')) THEN
              INSERT INTO logs_history(server,msg) VALUES
```

```
(NEW.`server`,NEW.msg);
        END IF;
END //

mysql> DELIMITER ;


mysql> INSERT INTO journal (server,program,msg) VALUES
('host11','appli3','message 4');
Query OK, 1 row affected (0,04 sec)

mysql> SELECT * FROM logs_history;
+---------------------+--------+-----------+
| ts                  | server | msg       |
+---------------------+--------+-----------+
| 2012-11-07 11:56:11 | host11 | message 4 |
+---------------------+--------+-----------+

mysql> INSERT INTO journal (server,program,msg) VALUES
('host11','appli2','message 3');
Query OK, 1 row affected (0,04 sec)

mysql> SELECT * FROM logs_history;
+---------------------+--------+-----------+
| ts                  | server | msg       |
+---------------------+--------+-----------+
| 2012-11-07 11:56:11 | host11 | message 4 |
+---------------------+--------+-----------+
```

Il est possible d'utiliser dans le corps des déclencheurs les mêmes fonctions que dans une routine stockée pour, comme dans l'exemple, filtrer certains éléments lors de l'historisation des modifications. Il n'existe pas d'instruction pour faire échouer un déclencheur. Si vous devez invalider des données, vous pouvez le faire en ajoutant une colonne qui servira à signaler lors du déclenchement du trigger les enregistrements à ne pas prendre en compte. Il faudra ensuite périodiquement penser à purger ces enregistrements ou utiliser une tâche planifiée.

2.4 Restrictions

D'une manière générale, les restrictions qui s'appliquent aux routines stockées s'appliquent également aux déclencheurs.

Par ailleurs, il n'est pas possible de créer plus d'un déclencheur pour une même action et sur la même position (`BEFORE` ou `AFTER`).

Le déclencheur s'exécute pour chaque enregistrement et il n'est pas possible de le déclencher une seule fois quand plusieurs lignes sont modifiées (il n'y a pas de notion de déclencheur global comme sous Oracle).

Il n'est pas possible d'appeler une procédure qui renvoie des enregistrements au déclencheur.

Il n'est pas permis de mettre des déclencheurs sur les tables systèmes du schéma `mysql`.

Les déclencheurs ne sont pas déclenchés par les actions des clés étrangères.

3. Les vues

3.1 Introduction

Les vues sont des tables virtuelles créées à partir d'une requête `SELECT`. Elles ne stockent pas les données qu'elles génèrent mais seulement la requête permettant de les créer. La requête `SELECT` qui génère la vue référence une ou plusieurs tables. La vue peut donc être, par exemple, une jointure entre différentes tables, l'agrégation ou l'extraction de certaines colonnes d'une table. Elle peut également être créée à partir d'une autre vue.

Les vues sont souvent en lecture seule et ne permettent donc que de lire des données. Cependant MySQL permet la création de vues modifiables sous certaines conditions :

- La requête qui génère la vue doit permettre à MySQL de retrouver la trace de l'enregistrement à modifier dans la ou les tables sous-jacentes ainsi que celle de toutes les valeurs de chaque colonne. La requête `SELECT` créant la vue ne doit donc pas contenir de clause `DISTINCT`, `GROUP BY`, `HAVING` et autres fonctions d'agrégation.

- La clause ALGORITHM ne doit pas être de valeur TEMPTABLE. Nous reviendrons sur ce point par la suite.
- La requête ne doit pas accéder à des vues sous-jacentes non modifiables.

Les vues peuvent être utilisées pour différentes raisons, elles permettent de :

- Contrôler l'intégrité en restreignant l'accès aux données pour améliorer la confidentialité avec un partitionnement vertical et/ou horizontal pour cacher des champs aux utilisateurs. Ceci permet de personnaliser l'affichage des informations suivant le type d'utilisateur.
- Masquer la complexité du schéma. L'indépendance logique des données est utile pour donner aux utilisateurs l'accès à un ensemble de relations représentées sous la forme d'une table. Les données de la vue sont alors des champs de différentes tables regroupées, ou des résultats d'opérations sur ces champs.
- Modifier automatiquement des données sélectionnées (sum(), avg(), max()...). Cela permet de manipuler des valeurs calculées à partir d'autres valeurs du schéma.
- Conserver la structure d'une table si elle doit être modifiée. Le schéma peut ainsi être modifié sans qu'il soit nécessaire de changer les requêtes du côté applicatif.

3.2 Droits nécessaires

Pour créer une vue, l'utilisateur doit avoir le droit CREATE VIEW. Il faut en sus qu'il ait la permission de sélectionner toutes les colonnes qui apparaissent dans la commande SELECT qui permet de créer la vue. Notez que si la clause REPLACE est utilisée, le droit DROP est également nécessaire.

Le droit SHOW VIEW donne la possibilité d'exécuter la commande SHOW CREATE VIEW. Cette commande permet d'obtenir les informations de création d'une vue. Une autre façon d'obtenir ces informations est d'interroger la table VIEWS du schéma information_schema. Cette information sera exhaustive seulement pour les vues que vous avez créées.

3.3 Syntaxe

Voici la syntaxe à observer lors de la création d'une vue :

```
CREATE [OR REPLACE]
[ALGORITHM = {UNDEFINED | MERGE | TEMPTABLE}]
[DEFINER = { user | CURRENT_USER }]
[SQL SECURITY { DEFINER | INVOKER }]
VIEW nom_de_la_vue [(col1,col2,..)]
AS requete_SELECT
[WITH [CASCADED | LOCAL] CHECK OPTION]
```

Les clauses `DEFINER` et `SQL SECURITY` sont les mêmes que pour les procédures stockées.

La clause `OR REPLACE` supprime une éventuelle vue préexistante du même nom.

`ALGORITHM` clause non standard, qui prend les valeurs suivantes :

- `UNDEFINED` : c'est la valeur par défaut. MySQL décide lui-même quel algorithme choisir entre `MERGE` et `TEMPTABLE`.
- `MERGE` : utilise la requête SQL ayant servi à la création de la vue comme base d'opérations. En d'autres termes, faire une requête sur la vue revient à faire la même requête sur la ou les tables sous-jacentes (fusion de la vue et de la requête).
- `TEMPTABLE` : utilise une table temporaire créée pour stocker (temporairement) les résultats. Un intérêt de cet algorithme est de libérer plus rapidement les verrous sur les tables sous-jacentes. Les autres requêtes sont alors moins pénalisées.

Il faut noter également qu'une vue avec pour valeur `MERGE` sera modifiable alors qu'avec la valeur `TEMPTABLE` elle ne le sera pas.

3.4 Utilisation

L'algorithme MERGE consiste donc à fusionner l'instruction qui fait appelle à la vue avec le code de la vue :

```
mysql> CREATE TABLE ta1 (id INT, idg INT,ide INT);
Query OK, 0 rows affected (0,00 sec)

mysql> INSERT INTO ta1 VALUES(1,1,4),(10,2,1),(3,4,2),(3,3,9),(3,5,8);
Query OK, 5 rows affected (0,00 sec)
Records: 5  Duplicates: 0  Warnings: 0

mysql> CREATE ALGORITHM=MERGE VIEW v1(id,idg) AS SELECT id,idg FROM
ta1 WHERE id<=idg;
Query OK, 0 rows affected (0,00 sec)

mysql> SELECT * FROM v1 WHERE id=3;
+------+------+
| id   | idg  |
+------+------+
|    3 |    4 |
|    3 |    3 |
|    3 |    5 |
+------+------+
3 rows in set (0,00 sec)
```

La requête `SELECT * FROM v1 WHERE id=3` est en fait modifiée par MySQL et exécutée sous la forme : `SELECT` **`id, idg`** `FROM` **`ta1`** `WHERE id=3` **`AND id<=idg`** :

```
mysql> EXPLAIN EXTENDED SELECT * FROM v1 WHERE id=3\G
*************************** 1. row ***************************
           id: 1
  select_type: SIMPLE
        table: ta1
         type: ALL
possible_keys: NULL
          key: NULL
      key_len: NULL
          ref: NULL
         rows: 5
     filtered: 100.00
        Extra: Using where
1 row in set, 1 warning (0,00 sec)
```

```
mysql> SHOW WARNINGS \G
*************************** 1. row ***************************
  Level: Note
   Code: 1003
Message: /* select#1 */ select `test`.`ta1`.`id` AS
`id`,`test`.`ta1`.`idg` AS `idg` from `test`.`ta1` where
((`test`.`ta1`.`id` = 3) and (3 <= `test`.`ta1`.`idg`))
```

La vue v1 est modifiable :

```
mysql> SELECT TABLE_NAME,VIEW_DEFINITION,IS_UPDATABLE FROM
INFORMATION_SCHEMA.VIEWS WHERE TABLE_NAME LIKE 'v1'\G
*************************** 1. row ***************************
     TABLE_NAME: v1
VIEW_DEFINITION: select `test`.`ta1`.`id` AS `id`,`test`.`ta1`.`idg`
AS `idg` from `test`.`ta1` where (`test`.`ta1`.`id` <= `test`.`ta1`.
`idg`)
   IS_UPDATABLE: YES
```

Le type MERGE ne supporte pas non plus que la vue ne renvoie que des valeurs littérales (qui ne proviennent d'aucune table) :

```
mysql>  CREATE ALGORITHM=MERGE VIEW v3 AS SELECT 'Cette vue ne peut
pas être en MERGE';
Query OK, 0 rows affected, 1 warning (0,09 sec)

mysql> SHOW WARNINGS\G
*************************** 1. row ***************************
  Level: Warning
   Code: 1354
Message: View merge algorithm can't be used here for now (assumed
undefined algorithm)

mysql> SHOW CREATE VIEW v3\G
*************************** 1. row ***************************
                View: v3
         Create View: CREATE ALGORITHM=UNDEFINED DEFINER=
`root`@`localhost` SQL SECURITY DEFINER VIEW `v3` AS select
'Cette vue ne peut pas être en MERGE' AS `Cette vue ne peut pas être
en MERGE`
character_set_client: utf8
collation_connection: utf8_general_ci

mysql> SELECT * FROM v3\G
*************************** 1. row ***************************
```

```
Cette vue ne peut pas être en MERGE: Cette vue ne peut pas être
en MERGE
1 row in set (0,00 sec)
```

Avec l'algorithme `TEMPTABLE`, une table temporaire est créée. La requête `SELECT * FROM v2 WHERE id=3` est en fait modifiée par MySQL et exécutée sous la forme `SELECT` **`id, idg`** `FROM v2 WHERE` **`id=3`** :

```
mysql> CREATE ALGORITHM=TEMPTABLE VIEW v2(id,idg) AS SELECT id,idg FROM ta1
WHERE id<=idg;
Query OK, 0 rows affected (0,06 sec)

mysql> SELECT * FROM v2 WHERE id=3;
+------+------+
| id   | idg  |
+------+------+
|    3 |    4 |
|    3 |    3 |
|    3 |    5 |
+------+------+
3 rows in set (0,00 sec)

mysql> EXPLAIN EXTENDED SELECT * FROM v2 WHERE id=3\G
*************************** 1. row ***************************
           id: 1
  select_type: PRIMARY
        table: <derived2>
         type: ref
possible_keys: <auto_key0>
          key: <auto_key0>
      key_len: 5
          ref: const
         rows: 0
     filtered: 100.00
        Extra: NULL
*************************** 2. row ***************************
           id: 2
  select_type: DERIVED
        table: ta1
         type: ALL
possible_keys: NULL
          key: NULL
      key_len: NULL
          ref: NULL
         rows: 5
     filtered: 100.00
        Extra: Using where
2 rows in set, 1 warning (0,00 sec)
```

```
mysql> SHOW WARNINGS \G
*************************** 1. row ***************************
  Level: Note
   Code: 1003
Message: /* select#1 */ select `v2`.`id` AS `id`,`v2`.`idg` AS `idg` from
`test`.`v2` where (`v2`.`id` = 3)
```

La vue v2 n'est pas modifiable :

```
mysql> SELECT TABLE_NAME,VIEW_DEFINITION,IS_UPDATABLE FROM
INFORMATION_SCHEMA.VIEWS WHERE TABLE_NAME LIKE 'v2'\G
*************************** 1. row ***************************
     TABLE_NAME: v2
VIEW_DEFINITION: select `test`.`ta1`.`id` AS
`id`,`test`.`ta1`.`idg` AS `idg` from `test`.`ta1`
where (`test`.`ta1`.`id` <= `test`.`ta1`.`idg`)
   IS_UPDATABLE: NO
```

Le fait de tenter de mettre à jour une vue non modifiable génère le message d'erreur numéro `1288` :

```
mysql>  UPDATE v2 SET idg=idg+10;
ERROR 1288 (HY000): The target table v2 of the UPDATE is not updatable
```

La clause `WITH [CASCADED|LOCAL] CHECK OPTION` est utile lorsque vous créez des vues modifiables qui dépendent d'autres vues. Elle permet d'indiquer à MySQL si vous désirez, lors d'une modification, qu'il vérifie seulement les contraintes de la vue accédée ou aussi celles des vues sous-jacentes.

Un exemple avec la table `t_check` et les vues `v_check1`, `v_check2` et `v_check3` :

```
mysql> CREATE TABLE t_check(id INT);
Query OK, 0 rows affected (0,01 sec)

mysql> INSERT INTO t_check VALUES (200),(50),(105);
Query OK, 3 rows affected (0,00 sec)
Records: 3  Duplicates: 0  Warnings: 0

mysql> CREATE VIEW v_check1 AS SELECT * FROM t_check WHERE id>105
WITH CHECK OPTION;
Query OK, 0 rows affected (0,00 sec)

mysql> CREATE VIEW v_check2 AS SELECT * FROM v_check1 WHERE id>100
WITH LOCAL CHECK OPTION;
```

```
Query OK, 0 rows affected (0,00 sec)

mysql> CREATE VIEW v_check3 AS SELECT * FROM v_check1 WHERE id>100
WITH CASCADED CHECK OPTION;
Query OK, 0 rows affected (0,00 sec)
```

L'insertion de l'enregistrement `(101)` n'est pas acceptée par la vue `v_check1`, car elle ne satisfait pas la contrainte `id>105` qui est vérifiée grâce à la clause `WITH CHECK OPTION`. Pourtant cette même insertion passe dans la vue `v_check2`, où seule la contrainte locale `id >100` est vérifiée grâce à la clause `WITH LOCAL CHECK OPTION`. Par contre, l'insertion échoue dans la vue `v_check3`. La clause `WITH CASCADED CHECK OPTION` force la vérification des contraintes de toutes les tables sous-jacentes :

```
mysql> INSERT INTO v_check1 VALUES(101);
ERROR 1369 (HY000): CHECK OPTION failed 'test.v_check1'

mysql> INSERT INTO v_check2 VALUES(101);
Query OK, 1 row affected (0,00 sec)

mysql> INSERT INTO v_check3 VALUES(101);
ERROR 1369 (HY000): CHECK OPTION failed 'test.v_check3'
```

Bien évidemment la structure d'une vue peut être modifiée avec la commande `ALTER VIEW` et supprimée avec `DROP VIEW` :

```
DROP VIEW v_check1, v_check2, v_check3;
Query OK, 0 rows affected (0,00 sec)
```

4. Le planificateur d'événements

4.1 Introduction

Le planificateur d'événements ou « event scheduler » offre la possibilité à l'administrateur de base de données de déclencher l'exécution de programmes stockés directement sur le serveur MySQL. Ce planificateur de tâches interne (CRON-like) permet donc d'automatiser très simplement des tâches à des intervalles réguliers, ou à heure fixe, sans avoir besoin de configurer le système d'exploitation qui héberge la base de données.

Pour pouvoir l'utiliser, il faut tout d'abord l'activer car ce n'est pas le cas par défaut :

```
mysql> SHOW VARIABLES LIKE 'event_scheduler';
+-----------------+-------+
| Variable_name   | Value |
+-----------------+-------+
| event_scheduler | OFF   |
+-----------------+-------+
1 row in set (0,00 sec)

mysql> SET GLOBAL event_scheduler = 1;
Query OK, 0 rows affected (0,00 sec)

mysql> SHOW VARIABLES LIKE 'event_scheduler';
+-----------------+-------+
| Variable_name   | Value |
+-----------------+-------+
| event_scheduler | ON    |
+-----------------+-------+
1 row in set (0,00 sec)
```

Une fois activé, MySQL démarre un processus léger (thread) en tâche de fond. Ce processus est chargé d'exécuter les événements lorsque le moment est venu. Vous pouvez le constater en utilisant la commande `SHOW PROCESSLIST`, et pour cela vous aurez besoin du privilège `SUPER`, sinon vous ne verrez que les processus qui vous sont associés :

```
mysql> SHOW PROCESSLIST\G
*************************** 1. row ***************************
     Id: 12
   User: event_scheduler
   Host: localhost
     db: NULL
Command: Daemon
   Time: 58
  State: Waiting on empty queue
   Info: NULL
```

4.2 Syntaxe

La syntaxe pour créer un événement est la suivante :

```
CREATE
[DEFINER = { user | CURRENT_USER }]
EVENT [IF NOT EXISTS] nom_événement
ON SCHEDULE moment
[ON COMPLETION [NOT] PRESERVE]
[ENABLE | DISABLE | DISABLE ON SLAVE]
[COMMENT 'commentaire']
DO
 corps_de_l_evenement;

 moment:
AT timestamp [+ INTERVAL intervalle] ...
| EVERY interval
[STARTS timestamp [+ INTERVAL intervalle] ...]
[ENDS timestamp [+ INTERVAL intervalle] ...]
```

Le nom de l'événement est sensible à la casse. Les paramètres disponibles sont :

- `DEFINER` : le créateur de l'événement.
- `IF NOT EXISTS` : supprime l'événement s'il existe avant de créer le nouveau.
- `ON COMPLETION [NOT] PRESERVE` : inhibe la suppression de l'événement quand il arrive à expiration.
- `ENABLE | DISABLE | DISABLE ON SLAVE` : active/désactive un événement. Attention un événement désactivé est effacé au redémarrage du serveur MySQL !
- `COMMENT` : ajouter un commentaire, ce qui est du reste une excellente idée.
- `AT` : indique l'heure à laquelle un événement de type unique doit être exécuté (le type unique est déduit de cette clause).
- `EVERY` : indique la fréquence d'exécution de l'événement (dans ce cas il est de type récurrent).
- `STARTS` : indique la date de démarrage de l'événement.

- ENDS : indique la date d'arrêt de l'événement (dans ce cas, arrivé à expiration il sera supprimé de la base si l'option ON COMPLETION PRESERVE n'est pas utilisée).

Les événements ont les mêmes limitations que les routines stockées concernant les instructions que vous pouvez utiliser dans le corps de la définition.

4.3 Utilisation

L'archivage des données est une tâche assez fréquente dans la vie d'un DBA. Cela évite d'encombrer une table avec des données obsolètes et donc de scanner des enregistrements qui ne sont plus nécessaires. C'est une méthode efficace pour éviter de consommer des ressources supplémentaires inutiles.

L'exemple suivant traite du cas d'une table de facturation qui contient 300 000 factures. Le planificateur d'événements permettra de ne conserver qu'un mois de facturation (les factures étant faites tout au long des mois et non en fin de mois) et de reverser les donnés purgées dans table d'archivage :

```
mysql> CREATE TABLE bills (
        id INT UNSIGNED AUTO_INCREMENT PRIMARY KEY,
        d DATETIME NOT NULL,
        price SMALLINT UNSIGNED NOT NULL
) ENGINE=INNODB;
Query OK, 0 rows affected (0,00 sec)


mysql> DELIMITER //

mysql> CREATE PROCEDURE create_bills(nombre int)
BEGIN
        SET @X=0;
        REPEAT
                SET @X=@X+1;
                INSERT INTO bills(d,price) SELECT NOW()-INTERVAL
FLOOR(RAND()*10-RAND()*10)MONTH,FLOOR(RAND()*1000+240);
        UNTIL @X>nombre
        END REPEAT;
END
//
Query OK, 0 rows affected (0,00 sec)
```

```
mysql> DELIMITER ;

mysql> CALL create_bills(300000);
Query OK, 1 row affected (20,02 sec)


mysql> CREATE TABLE bills_archive LIKE bills;
Query OK, 0 rows affected (0,00 sec)

mysql> ALTER TABLE bills_archive ENGINE=ARCHIVE;
Query OK, 0 rows affected (0,00 sec)
Records: 0  Duplicates: 0  Warnings: 0

mysql> ALTER TABLE bills ADD INDEX(d);
Query OK, 0 rows affected (0,67 sec)
Records: 0  Duplicates: 0  Warnings: 0



mysql> DELIMITER //

mysql> CREATE EVENT archive_bills
ON SCHEDULE EVERY 1 MONTH STARTS '2012-11-01 03:00:00'
DO
BEGIN
       /* Copie des factures datant de plus d'un mois dans la table
bills_archive */
       INSERT INTO bills_archive(d,price) SELECT d,price FROM bills
WHERE d<NOW()-INTERVAL 1 MONTH;
       /* Suppression de ces factures dans la table bills */
       DELETE FROM bills WHERE d<NOW()-INTERVAL 1 MONTH;
END
//
Query OK, 0 rows affected (0,00 sec)

mysql> DELIMITER ;
```

La procédure `create_bills` permet de créer 300 000 factures rapidement de manière automatisée. L'événement `archive_bills` sera lancé chaque premier jour du mois à 3h du matin et s'occupera d'archiver les factures datant de plus d'un mois en les copiant de la table `bills` vers la table `bills_archive` et en les supprimant ensuite de la table `bills`.

Avant le passage de l'événement :

```
mysql> SELECT count(*) FROM bills;
+----------+
| count(*) |
+----------+
|   300001 |
+----------+

mysql> SELECT count(*) FROM bills_archive;
+----------+
| count(*) |
+----------+
|        0 |
+----------+
```

Après le premier passage de la tâche planifiée :

```
mysql> SELECT count(*) FROM bills;
+----------+
| count(*) |
+----------+
|   178513 |
+----------+

mysql> SELECT count(*) FROM bills_archive;
+----------+
| count(*) |
+----------+
|   121488 |
+----------+
```

De manière classique, pour modifier un événement il faut utiliser la commande ALTER EVENT. Pour le supprimer, c'est la commande DROP EVENT [IF EXISTS] :

```
mysql> DELIMITER //

mysql> DROP EVENT IF EXISTS purge_bills_with_low_price //
Query OK, 0 rows affected, 1 warning (0,00 sec)

mysql> CREATE EVENT purge_bills_with_low_price
ON SCHEDULE EVERY 1 WEEK STARTS '2012-11-01 01:30:00'
DO
        /* Suppression des factures de la table bills dont le prix est
```

```
inférieur à 100 EUR */
        DELETE FROM bills WHERE d<NOW()-INTERVAL 1 MONTH AND
price<100;
//
Query OK, 0 rows affected (0,00 sec)



mysql> ALTER EVENT archive_bills
ON SCHEDULE EVERY 3 WEEK STARTS CURRENT_TIMESTAMP - INTERVAL
TIME_TO_SEC(TIME(CURRENT_TIMESTAMP())) SECOND + INTERVAL 4 HOUR ENDS
CURRENT_TIMESTAMP + INTERVAL 6 MONTH
DO
BEGIN
        /* Copie des factures datant de plus de 3 semaines dans
la table bills_archive */
        INSERT INTO bills_archive(d,price) SELECT d,price FROM bills
WHERE d<NOW()-INTERVAL 3 WEEK;
        /* Suppression de ces factures dans la table bills */
        DELETE FROM bills WHERE d<NOW()-INTERVAL 3 WEEK;
END
//
Query OK, 0 rows affected (0,00 sec)
```

4.4 Metadonnées

La visualisation des informations des événements se fait de plusieurs manières.

La première manière est d'interroger la table `mysql.event` :

```
mysql> SELECT * FROM mysql.event WHERE name='archive_bills'\G
*************************** 1. row ***************************
                 db: test
               name: archive_bills
               body: BEGIN

        INSERT INTO bills_archive(d,price) SELECT d,price FROM bills
WHERE d<NOW()-INTERVAL 3 WEEK;

        DELETE FROM bills WHERE d<NOW()-INTERVAL 3 WEEK;
END
            definer: olivier@localhost
         execute_at: NULL
```

```
      interval_value: 21
      interval_field: WEEK
             created: 2012-11-07 22:27:16
            modified: 2012-11-07 22:46:39
       last_executed: 2012-11-07 21:28:00
              starts: 2012-11-07 03:00:00
                ends: 2013-05-07 20:46:39
              status: ENABLED
       on_completion: DROP
            sql_mode: NO_ENGINE_SUBSTITUTION
             comment:
          originator: 0
           time_zone: SYSTEM
character_set_client: utf8
collation_connection: utf8_general_ci
        db_collation: utf8_swedish_ci
           body_utf8: BEGIN

        INSERT INTO bills_archive(d,price) SELECT d,price FROM bills
WHERE d<NOW()-INTERVAL 3 WEEK;

        DELETE FROM bills WHERE d<NOW()-INTERVAL 3 WEEK;
END
Interroger la table information_schema.EVENTS :
mysql> SELECT * FROM information_schema.EVENTS WHERE
EVENT_NAME='archive_bills'\G
*************************** 1. row ***************************
       EVENT_CATALOG: def
        EVENT_SCHEMA: test
          EVENT_NAME: archive_bills
             DEFINER: olivier@localhost
           TIME_ZONE: SYSTEM
          EVENT_BODY: SQL
    EVENT_DEFINITION: BEGIN

        INSERT INTO bills_archive(d,price) SELECT d,price FROM bills
WHERE d<NOW()-INTERVAL 3 WEEK;

        DELETE FROM bills WHERE d<NOW()-INTERVAL 3 WEEK;
END
          EVENT_TYPE: RECURRING
          EXECUTE_AT: NULL
      INTERVAL_VALUE: 3
      INTERVAL_FIELD: WEEK
            SQL_MODE: NO_ENGINE_SUBSTITUTION
              STARTS: 2012-11-07 04:00:00
```

```
               ENDS: 2013-05-07 22:46:39
             STATUS: ENABLED
      ON_COMPLETION: NOT PRESERVE
            CREATED: 2012-11-07 22:27:16
       LAST_ALTERED: 2012-11-07 22:46:39
      LAST_EXECUTED: 2012-11-07 22:28:00
      EVENT_COMMENT:
         ORIGINATOR: 0
CHARACTER_SET_CLIENT: utf8
COLLATION_CONNECTION: utf8_general_ci
  DATABASE_COLLATION: utf8_swedish_ci


mysql> SELECT CONCAT_WS('.',EVENT_SCHEMA,EVENT_NAME)
EVT,INTERVAL_VALUE,INTERVAL_FIELD FROM information_schema.EVENTS
WHERE EVENT_TYPE='RECURRING'\G
*************************** 1. row ***************************
           EVT: test.archive_bills
INTERVAL_VALUE: 3
INTERVAL_FIELD: WEEK
*************************** 2. row ***************************
           EVT: test.purge_bills_with_low_price
INTERVAL_VALUE: 1
INTERVAL_FIELD: WEEK
```

La seconde manière est d'utiliser les commandes SHOW CREATE EVENT et SHOW EVENTS :

```
mysql> SHOW CREATE EVENT archive_bills\G
*************************** 1. row ***************************
               Event: archive_bills
            sql_mode: NO_ENGINE_SUBSTITUTION
           time_zone: SYSTEM
        Create Event: CREATE DEFINER=`olivier`@`localhost` EVENT
`archive_bills` ON SCHEDULE EVERY 3 WEEK STARTS '2012-11-07 04:00:00'
ENDS '2013-05-07 22:46:39' ON COMPLETION NOT PRESERVE ENABLE DO BEGIN

        INSERT INTO bills_archive(d,price) SELECT d,price FROM bills
WHERE d<NOW()-INTERVAL 3 WEEK;

        DELETE FROM bills WHERE d<NOW()-INTERVAL 3 WEEK;
END
character_set_client: utf8
collation_connection: utf8_general_ci
  Database Collation: utf8_swedish_ci
```

```
mysql> SHOW EVENTS LIKE 'archive_bills'\G
*************************** 1. row ***************************
                  Db: test
                Name: archive_bills
             Definer: olivier@localhost
           Time zone: SYSTEM
                Type: RECURRING
          Execute at: NULL
      Interval value: 3
      Interval field: WEEK
              Starts: 2012-11-07 04:00:00
                Ends: 2013-05-07 22:46:39
              Status: ENABLED
          Originator: 0
character_set_client: utf8
collation_connection: utf8_general_ci
  Database Collation: utf8_swedish_ci
```

4.5 Restrictions

D'une manière générale, les restrictions qui s'appliquent aux déclencheurs s'appliquent également aux événements.

Par ailleurs, le nom des événements est sensible à la casse.

Les commandes DDL sont interdites si l'instruction `LOCK TABLE` est active.

Il n'est pas possible de s'assurer que deux événements se lancent à la même heure.

La précision du lancement d'un événement est de l'ordre de une à deux secondes.

Chapitre 10
Réplication

1. Généralités sur la réplication

MySQL dispose d'un système natif de réplication, simple à mettre en place et pouvant être utile dans de nombreuses situations. Quand un serveur (l'esclave) réplique les données d'un autre serveur (le maître), l'esclave est automatiquement synchronisé par rapport à son maître. La plupart des applications ayant MySQL pour SGBD utilisent la réplication pour aider à tenir la charge, pour augmenter la disponibilité de la base de données, pour simplifier la mise en place de sauvegardes, pour décharger le maître de grosses requêtes consommatrices de ressources et pour bien d'autres raisons encore.

Ce chapitre va, entre autres, vous expliquer quels sont les problèmes que peut résoudre la réplication, comment configurer un maître et un esclave et ce qu'il convient de faire si la réplication ne fonctionne plus.

1.1 Utilité de la réplication

Comme nous l'avons évoqué précédemment, la réplication est susceptible de vous aider pour un grand nombre de problèmes courants avec les bases de données :

- La tenue à la montée en charge des lectures : bien souvent, une application ne fonctionne au départ qu'avec un seul serveur de bases de données. Mais si le trafic augmente, on arrive très vite à un point où le serveur n'a plus les capacités de faire face à toutes les lectures et toutes les écritures. Dans les applications Web, les lectures sont généralement majoritaires par rapport aux écritures. Dans ce cas, en mettant en place des serveurs esclaves, il devient possible de transmettre les écritures sur le maître et de lire sur l'un des esclaves. Attention pour les applications où les écritures sont majoritaires, ce modèle ne fonctionne pas (nous y reviendrons).
- Une aide aux sauvegardes : sauvegarder ses données est bien sûr indispensable mais l'impact sur le serveur est souvent loin d'être négligeable. En effectuant la sauvegarde sur un esclave, qui contient une copie des données du maître, il est beaucoup plus simple de diminuer l'impact des sauvegardes sur l'application. Attention, faire une sauvegarde sur un esclave signifie qu'il faut être certain que les données sont les mêmes que sur le maître. Rappelez-vous bien également que la réplication ne constitue pas en elle-même une sauvegarde (de la même manière que configurer vos disques en RAID ne procure absolument aucune sauvegarde) !
- Une amélioration de la disponibilité : que se passe-t-il pour une application mono-serveur lorsque celui-ci tombe en panne ? L'application ne fonctionne plus ! Quand on dispose d'un esclave ayant les données du maître, il est possible de faire en sorte que cet esclave devienne le nouveau maître, le temps de remettre en route l'ancien maître (c'est ce qu'on appelle la promotion d'un esclave).
- Une redondance géographique : il peut être utile d'avoir une copie de vos données dans un centre d'hébergement éloigné. D'une part, en cas de problème sur votre centre d'hébergement habituel, vous disposerez d'une solution de secours, et d'autre part, pour les applications ayant des utilisateurs dans le monde entier, il est plus performant de répondre à une requête avec un serveur géographiquement proche.

– Une aide pour les traitements lourds : il est difficile d'optimiser un serveur à la fois pour des traitements transactionnels (beaucoup de requêtes simples) et pour des traitements statistiques (peu de requêtes mais extrêmement coûteuses). La réplication permet de dédier un ou plusieurs esclaves à l'exécution de ces traitements lourds.

1.2 Fonctionnement de la réplication

Tout commence sur le serveur maître par l'enregistrement des modifications dans les journaux binaires (binlogs). Ces modifications vont ensuite être récupérées par les esclaves puis exécutées. Plus précisément, quand la réplication est mise en place, deux threads sont démarrés sur l'esclave : le premier (IO_THREAD) copie les informations des journaux binaires du maître dans un journal spécial de l'esclave (relay log), et le second (SQL_THREAD) exécute les modifications inscrites dans les relay logs. Un troisième thread est ouvert sur le maître par le IO_THREAD pour le transfert du contenu des journaux binaires. Cette opération se fait par un processus particulier appelé binlog dump, pour lequel il n'existe pas d'équivalent en SQL.

Ce fonctionnement a une conséquence très importante : même si sur le maître, des modifications peuvent avoir lieu en parallèle lorsque plusieurs connexions simultanées modifient des données, les mêmes modifications sont appliquées séquentiellement sur les esclaves, puisque seul le SQL_THREAD est en charge de l'exécution des changements transmis par la réplication. Il est donc assez facile d'engorger la réplication : si les écritures sont nombreuses et avec un parallélisme élevé sur le maître, les esclaves risquent d'avoir beaucoup de difficultés à suivre le rythme. Pour cette raison, la réplication n'est pas une bonne solution lorsqu'il s'agit de tenir une montée en charge liée à des écritures.

Remarque

Depuis MySQL 5.6, il est possible de configurer les esclaves pour exécuter en parallèle des transactions sur des bases différentes. Le gain peut être intéressant si votre instance contient plusieurs bases pour lesquelles les écritures sont bien réparties.

Il est également utile de savoir qu'un esclave ne peut avoir qu'un seul maître mais qu'un maître peut avoir plusieurs esclaves. Nous verrons plus loin dans ce chapitre quelles sont les configurations courantes quand on dispose de plusieurs serveurs.

2. Mise en place de la réplication

2.1 Cas simple

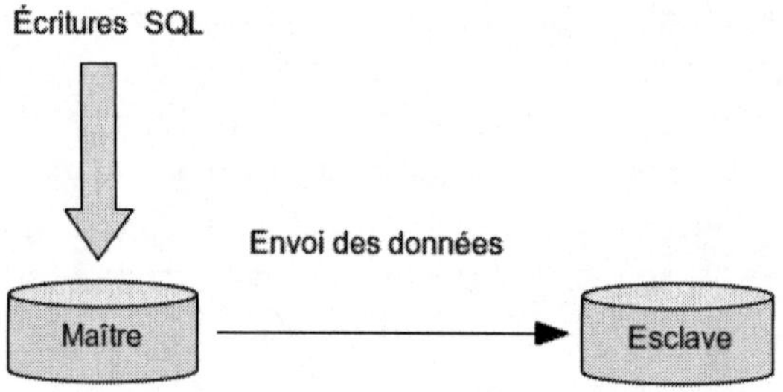

Commençons par le cas le plus simple : celui où le maître et l'esclave sont fraîchement installés, c'est-à-dire sans aucune donnée. Il vous faudra accomplir les étapes suivantes :

– Créer un utilisateur pour la réplication sur le maître :

  L'esclave doit pouvoir se connecter sur le maître (IO_THREAD). Il faut donc créer un compte dédié sur le maître avec le droit `REPLICATION SLAVE`. En réalité, bien souvent, il est pratique de créer aussi un compte symétrique sur l'esclave (utile si l'esclave peut être promu en maître, dans ce cas la réplication devra s'exécuter dans le sens opposé) et d'ajouter le droit `REPLICATION CLIENT` qui permet des commandes importantes pour le monitoring de la réplication :

```
mysql> GRANT REPLICATION SLAVE, REPLICATION CLIENT on *.* to
'repli_user'@'IP_esclave' IDENTIFIED BY 'mon_mdp';
```

– Configurer le maître :

Il faut activer les journaux binaires sur le maître et déclarer un identifiant appelé `server_id`, qui devra être unique parmi tous les serveurs associés par la réplication. Ces modifications se font dans le fichier `my.cnf/my.ini` et nécessitent un redémarrage du serveur :

```
[mysqld]
log_bin = /var/lib/mysql/mysql-bin
server_id = 100
```

– Configurer l'esclave :

Chaque esclave doit lui aussi avoir un `server_id` unique. Il est inutile d'activer les journaux binaires sauf si l'esclave est lui-même maître d'autres esclaves :

```
[mysqld]
server_id = 100
```

– Saisir les coordonnées de réplication :

Vous obtenez les coordonnées de réplication sur le maître avec l'instruction suivante :

```
mysql> SHOW MASTER STATUS;
+---------------+----------+--------------+------------------+
| File          | Position | Binlog_Do_DB | Binlog_Ignore_DB |
+---------------+----------+--------------+------------------+
| mysql-bin.004 | 106      |              |                  |
+---------------+----------+--------------+------------------+
```

Il faut ensuite utiliser ces coordonnées sur l'esclave :

```
mysql> CHANGE MASTER TO MASTER_HOST = 'IP_maitre', MASTER_USER =
'repli_user', MASTER_PASSWORD = 'mon_mdp', MASTER_LOG_FILE =
'mysql-bin.004', MASTER_LOG_POS = 106;
```

– Démarrer la réplication sur l'esclave :

Il suffit d'exécuter la commande `START SLAVE` puis `SHOW SLAVE STATUS` pour vérifier que tout est correct :

```
mysql> START SLAVE;
mysql> SHOW SLAVE STATUS\G
[...]
            Slave_IO_Running: Yes
```

```
               Slave_SQL_Running: Yes
[...]
```

2.2 Cas plus complexe

Dans la réalité, vous aurez le plus souvent besoin de mettre en place une réplication avec un serveur maître contenant déjà des données. Dans ce cas, vous aurez besoin d'une sauvegarde contenant la position dans les journaux binaires au moment de la sauvegarde (option `--master-data` si vous utilisez `mysqldump` par exemple).

Vous suivrez donc la procédure indiquée dans la section précédente, en commençant par restaurer sur l'esclave la sauvegarde du maître et en utilisant les coordonnées de réplication indiquées dans la sauvegarde au lieu d'exécuter la commande `SHOW MASTER STATUS`.

2.3 Configuration maître-maître

La configuration d'une réplication bidirectionnelle se fait simplement en configurant chaque serveur à la fois comme un maître et un comme un esclave.

Quand la réplication est déjà établie dans un sens, il est simple de trouver les coordonnées de réplication pour configurer la réplication dans l'autre sens. Il suffit de couper les écritures sur le serveur maître (par exemple avec la commande `FLUSH TABLES WITH READ LOCK`), puis d'exécuter la commande `SHOW MASTER STATUS` sur l'esclave, puis d'utiliser ces informations pour saisir la commande `CHANGE MASTER` correspondante sur le maître.

3. Forces et faiblesses des principales topologies

3.1 Maître/Esclave(s)

Cette configuration permet d'être évolutif (scalable) en lecture, c'est-à-dire de pouvoir augmenter le nombre de lectures pouvant être supportées, en ajoutant des esclaves. Cette configuration est simple à mettre en place mais il est nécessaire de rediriger les écritures vers le maître et les lectures vers les esclaves. Par défaut MySQL n'empêche pas les écritures sur les esclaves, mais il est possible et conseillé de positionner la variable `read-only` pour empêcher les modifications excepté celles envoyées par les utilisateurs ayant le privilège `SUPER` ou celles issues de la réplication.

La réplication asynchrone ou semi-synchrone (apparue en version 5.5) ne certifiant pas que les données des esclaves sont synchrones avec les données du maître, la lecture doit aussi être faite sur le maître lorsqu'il est nécessaire de lire une donnée qui vient d'être modifiée. Ceci augmente la complexité mais une solution est d'utiliser un système de cache pour marquer la donnée comme ayant été modifiée récemment, et de vérifier le cache lors de la lecture pour savoir où aller lire la donnée.

Une autre problématique peut se poser lors de la perte du maître. Les esclaves peuvent par exemple avoir atteint des positions différentes dans les journaux binaires du maître. Il faut alors :

- Trouver l'esclave le plus à jour.
- Promouvoir cet esclave en maître.
- Synchroniser les esclaves en retard avec ce nouveau maître et parfois reconstruire certains esclaves pour lesquels l'opération de synchronisation ne peut pas être faite.
- Mettre en place les nouvelles lignes de réplication (avec pour source le nouveau maître) avec la commande `CHANGE MASTER TO` sur les esclaves.

3.2 Maître/Maître (Actif-Actif et Actif-Passif)

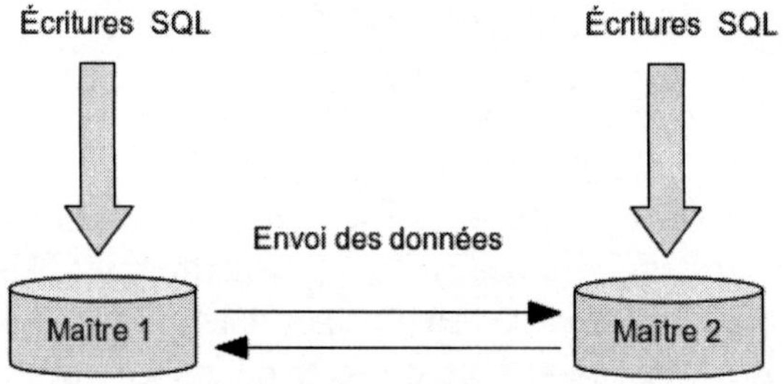

MySQL ne supportant nativement pas qu'un esclave ait plusieurs maîtres, il est possible d'avoir une configuration maître/maître en faisant une réplication maître/esclave bidirectionnelle. Le premier maître est donc l'esclave du second et le second est celui du premier. Le cas le plus simple est le mode actif-passif, dans lequel un maître est utilisé pour les lectures/écritures, tandis que le second maître est utilisé en tant que maître de secours (mais peut aussi être utilisé en lecture seule). Cette configuration permet d'éviter tout conflit au niveau de la réplication puisque les modifications ne sont faites que sur un serveur. Elle permet aussi de faciliter les opérations de maintenance (mise à jour matérielle, défragmentation des tables avec les commandes `ALTER TABLE`, mise à jour des statistiques avec la commande `ANALYZE TABLE`, etc.) qui peuvent être faites tour à tour sur chacun des maîtres en échangeant leur rôle. Il devient aussi simple d'effectuer des opérations de *failover* (changement de maître actif) ou de *fallback* (changement de maître actif pour revenir dans la configuration d'origine) simplement en redirigeant les lectures/écritures sans intervenir sur les serveurs MySQL.

Il est aussi possible d'utiliser une configuration multi-maîtres (à deux maîtres) en mode actif-actif, en permettant aux lectures/écritures d'être faites sur chacun des maîtres. Cependant dans cette configuration il est nécessaire de gérer les conflits. Avant la version 5.0 les champs auto-incrémentés posaient des problèmes car deux ordres d'insertion sur la même table exécutés en parallèle sur les deux serveurs généraient la même valeur :

```
mysql> INSERT INTO
table_repliquee(col1_non_autoincrement,col2_non_autoincrement)
VALUES(ROUND(RAND()*10),ROUND(RAND()*10));
```

```
Query OK, 1 rows affected (0.05 sec)
```

– Sur le premier maître :

```
mysql> select * from table_repliquee;
+----------------------+----------------------+------+
| col1_non_autoincrement | col2_non_autoincrement | col3 |
+----------------------+----------------------+------+
|                    1 |                    8 |    1 |
+----------------------+----------------------+------+
1 row in set (0.01 sec)
```

– Sur le second maître :

```
mysql> select * from table_repliquee;
+----------------------+----------------------+------+
| col1_non_autoincrement | col2_non_autoincrement | col3 |
+----------------------+----------------------+------+
|                    4 |                    6 |    1 |
+----------------------+----------------------+------+
1 row in set (0.01 sec)
```

Or lors de la réplication de l'ordre d'insertion entre les maîtres cela engendrait une erreur car un champ `autoincrement` est par définition unique. Pour résoudre ce genre de problème la version 5.0 a intégré de nouvelles variables :

- `auto_increment_increment` qui indique le pas à utiliser pour générer les valeurs des champs auto-incrementés.
- `auto_increment_offset` qui définit la valeur initiale des champs auto-incrémentés.

Grâce à ces nouvelles variables, il est à présent possible de ne plus rencontrer l'erreur décrite en utilisant des configurations différentes pour chaque maître :

- `auto_increment_offset=1` et `auto_increment_increment=2` sur le premier maître.
- `auto_increment_offset=2` et `auto_increment_increment=2` sur le second maître.

Avec cette configuration les champs auto-incrémentés prendront les valeurs impaires sur le premier maître et paires sur le second ce qui résout le problème.

Malheureusement d'autres erreurs peuvent toujours survenir, c'est le cas des champs uniques. Si deux transactions exécutées en parallèle se basent sur la dernière valeur d'un champ unique pour générer la valeur suivante et que l'algorithme est déterministe, alors la même valeur unique sera générée sur les deux serveurs et bloquera à nouveau la réplication. C'est aussi le cas si deux opérations non commutatives (multiplication et soustraction par exemple) sont effectuées sur un même champ en parallèle sur les deux maîtres :

– Sur le premier maître :

```
mysql> UPDATE table_repliquee SET a=a*2;
Query OK, 1 rows affected (0.05 sec)
```

– Sur le second maître :

```
mysql> UPDATE table_repliquee SET a=a-10;
Query OK, 1 rows affected (0.05 sec)
```

Une fois la réplication de cet ordre effectuée, nous aurons deux valeurs distinctes sur les deux maîtres :

– `a=a*2-10=2a-10` sur le premier maître.

– `a=(a-10)*2=2a-20` sur le second maître.

Il faut donc connaître l'ensemble des requêtes qui seront exécutées et déterminer toutes les situations possibles pour être sûr de faire le bon choix en mettant en place une configuration maître/maître en mode actif-actif.

Certains lecteurs peuvent imaginer que la configuration actif-actif peut améliorer les performances en écriture puisqu'il est possible d'écrire sur les deux serveurs en même temps. Malheureusement cette solution n'est pas bonne : si le premier serveur peut bien paralléliser l'exécution des requêtes qu'il reçoit directement, l'exécution des requêtes du second serveur reçues à travers la réplication sera sérialisée. Les performances sont moins bonnes que dans le cas où 100 % des écritures peuvent être parallélisées.

En résumé, la configuration actif-passif est intéressante pour faciliter les opérations de maintenance et le basculement d'un serveur à l'autre. Par contre, hormis quelques cas exceptionnels, la configuration actif-actif est à éviter car il n'est pas possible d'assurer qu'aucun conflit n'existera entre les transactions exécutées par les deux serveurs.

4. Les différents modes de réplication

4.1 SBR et RBR

Dans les versions MySQL antérieures à la 5.1 seul le format SBR (*Statement Based Replication*) était disponible pour les journaux binaires. Lorsque ce format est utilisé, toutes les instructions de modifications effectuées sur le maître sont journalisées telles qu'elles ont été exécutées. Ainsi, si on exécute la commande `UPDATE table1 SET col1='valeur'` qui met à jour 12 000 enregistrements, celle-ci sera récupérée dans le relay log de l'esclave et réexécutée telle quelle. Cela pouvait poser des problèmes d'incohérences lors de la réplication, par exemple lors de l'utilisation de procédures stockées non déterministes, c'est-à-dire lorsque le résultat peut être différent pour deux appels d'une procédure avec les mêmes arguments. Ainsi, dans ce cas, si elle est réexécutée sur un esclave en ne renvoyant pas le même résultat que sur le maître, les enregistrements de la base de données peuvent être différents.

Pour faire face à ce genre de problèmes, le format RBR (*Row Based Replication*) a été ajouté à partir de MySQL 5.1. À la différence du format SBR, ce ne sont plus les requêtes qui sont journalisées, mais les enregistrements eux-mêmes, avec le type de modification. L'utilisation de fonctions non supportées par le format SBR (`MASTER_POS_WAIT()`, `RELEASE_LOCK()`, etc.) ne pose plus de problèmes avec l'utilisation du format RBR. Un autre aspect important est le fait que notre requête qui mettait à jour 12000 enregistrements et qui était journalisée telle quelle avec le format SBR, nécessitera d'enregistrer 12000 évènements de modification avec le format RBR, et aura un impact sur le retard de réplication. Cette information est donc à prendre en compte lors du choix du format à utiliser.

MySQL offre une nouvelle variable de configuration, `binlog_row_image`, qui permet de mieux contrôler les informations inscrites dans les journaux binaires quand la réplication RBR est activée :

- avec `binlog_row_image = full` (valeur par défaut), toutes les colonnes des lignes modifiées sont inscrites dans les journaux binaires. Il s'agit du seul comportement possible jusqu'à MySQL 5.5.

– avec binlog_row_image = minimal, seules les colonnes modifiées sont inscrites.

– avec binlog_row_image = noblob, toutes les colonnes sauf les champs BLOB et TEXT sont inscrites. Les champs BLOB et TEXT ne sont inscrits dans les journaux binaires que s'ils sont modifiés.

MySQL permet aussi de choisir le format MIXED qui automatise le choix du format (RBR ou SBR) en fonction de certains critères comme le moteur de stockage, l'appel à certaines fonctions, l'utilisation de variables systèmes (@@hostname par exemple), etc. Dans ce mode, le format est par défaut SBR, mais si une requête est non-déterministe, elle est automatiquement écrite dans les journaux binaires au format RBR.

Pour connaître le format courant, il suffit de vérifier la valeur de la variable binlog_format :

```
mysql> SHOW GLOBAL VARIABLES LIKE 'binlog_format'\G
*************************** 1. row ***************************
Variable_name: binlog_format
        Value: STATEMENT
1 row in set (0.01 sec)
```

Le format des journaux binaires a aussi un impact sur les règles de réplication qui sont dictées par les variables suivantes :

– binlog-do-db, binlog-ignore-db qui indiquent le nom de la base à tracer ou à ne pas tracer dans les logs binaires du maître.

– replicate-do-db, replicate-ignore-db qui spécifient le nom d'une base à répliquer ou à ignorer sur l'esclave.

Gardez à l'esprit qu'utiliser les variables binlog-do-db et binlog-ignore-db nécessitera en cas d'ajout d'une base dans la ligne de réplication de modifier ces paramètres et de redémarrer le serveur ! Il est donc conseillé de filtrer le moins possible sur le maître et plutôt de le faire sur les esclaves. Vous pourrez par exemple avoir des esclaves qui répliquent différentes bases à partir d'un même maître en utilisant les règles replicate-do-db et replicate-ignore-db.

Avec le format SBR seule la base courante est vérifiée ce qui ne peut donc pas empêcher des ordres multi-bases de fonctionner alors que nous ne voulons pas répliquer d'autres bases. Par exemple, si nous utilisons `binlog-do-db=db1`, l'ordre `INSERT` suivant sera tout de même répliqué :

```
mysql> USE db1;
Database changed
mysql > INSERT INTO db2.t1 values(10);
Query OK, 0 rows affected (0.01 sec)
```

Inversement, la requête suivante ne sera pas répliquée bien que la table `t2` appartienne à la base `db1` que nous répliquons :

```
mysql> USE db2;
Database changed
mysql > INSERT INTO db1.t2 values(10);
Query OK, 0 rows affected (0.01 sec)
```

Avec le format RBR les ordres de modifications sont répliqués si les objets auxquels ils s'appliquent sont concernés par les règles. Si la table modifiée n'appartient pas à la base `db1` alors elle ne sera pas répliquée, même dans le cas d'`UPDATE` multiples :

```
mysql> USE db2;
Database changed
mysql> UPDATE db1.t1,db2.t2 SET i=1232,j=4310;
Query OK, 0 rows affected (0.01 sec)
Rows matched: 2  Changed: 0  Warnings: 0
```

Ainsi, lors de la réplication de l'`UPDATE` précédent, seules les modifications de la table `t1` seront répliquées avec le mode RBR.

4.2 La réplication semi-synchrone

Jusqu'à MySQL 5.1, seule la réplication asynchrone était supportée. Avec ce type de réplication, la validation (`COMMIT`) des ordres SQL sur le maître est indépendante de celle des ordres répliqués. Cela a l'avantage d'avoir peu d'influence sur les requêtes utilisateurs, mais en contrepartie il n'y a aucune assurance sur le retard de réplication.

La version 5.5 signe l'arrivée de la réplication semi-synchrone. Cette fonctionnalité fournie au départ en tant que correctif par Google pour les versions 5.0 et 5.1 a été réécrite pour être intégrée à la version 5.5. Dans ce mode le maître valide les ordres seulement lorsqu'au moins un des esclaves à écrit les évènements dans son relay log et que le fichier a été synchronisé sur disque. L'utilisation de ce mode nécessite son activation sur le maître et l'un des esclaves, et est remplacée par le mode asynchrone dans le cas d'erreur de timeout dans la confirmation des évènements sur cet esclave. La réplication semi-synchrone ralentit la validation des ordres sur le maître puisqu'il est nécessaire d'attendre la confirmation d'un des esclaves mais limite à une transaction la quantité d'informations pouvant être perdue en cas de crash du serveur. Dans le cas de traitements non transactionnels, lors de l'utilisation de tables `MyISAM` par exemple, chaque ordre est considéré comme une transaction.

Pour mettre en place une réplication semi-synchrone, il n'est pas besoin de recompiler du code. Le code nécessaire est livré sous forme de bibliothèques que l'on doit instancier à l'aide de la commande `INSTALL PLUGIN`. Ainsi sur le maître on ajoute le plug-in `rpl_semi_sync_master` :

```
mysql>INSTALL PLUGIN rpl_semi_sync_master SONAME
'semisync_master.so';
Query OK, 0 rows affected (0.00 sec)
```

Et sur un ou plusieurs esclaves, on ajoute le plug-in `rpl_semi_sync_slave` :

```
mysql>INSTALL PLUGIN rpl_semi_sync_slave SONAME
'semisync_slave.so';
Query OK, 0 rows affected (0.00 sec)
```

Ensuite on vérifie que le plug-in est correctement installé et activé :

```
mysql> SHOW PLUGINS\G
[...]

*************************** 17. row ***************************
   Name: MyISAM
 Status: ACTIVE
   Type: STORAGE ENGINE
Library: NULL
License: GPL
*************************** 18. row ***************************
   Name: rpl_semi_sync_master
```

```
 Status: ACTIVE
   Type: REPLICATION
Library: semisync_master.so
License: GPL
18 rows in set (0.00 sec)
```

Bien sûr, le nom du plug-in et de la bibliothèque diffèrent sur l'esclave.

Il faut ensuite activer le mode semi-synchrone. Il est possible de le faire en ligne, sans interrompre le service MySQL sur les serveurs mais cela nécessite d'interrompre ponctuellement la réplication si celle-ci est active. Pour l'activer en ligne on modifie la configuration du maître :

```
mysql> SET GLOBAL rpl_semi_sync_master_enabled=1;
Query OK, 0 rows affected (0.00 sec)
```

Et on modifie la configuration sur le ou les esclaves choisis pour le mode semi-synchrone :

```
mysql> STOP SLAVE IO_THREAD;
Query OK, 0 rows affected (0.00 sec)

mysql> SET GLOBAL rpl_semi_sync_slave_enabled=1;
Query OK, 0 rows affected (0.00 sec)

mysql> START SLAVE IO_THREAD;
Query OK, 0 rows affected (0.00 sec)
```

Il ne faut par contre pas oublier de répercuter ces modifications dans les fichiers de configuration pour éviter de perdre ce paramétrage au prochain redémarrage.

Lorsque l'on exécute un ordre sur le maître, la requête suivante :

```
mysql> INSERT INTO t1 values(1231);
Query OK, 1 row affected (0.01 sec)
```

peut vérifier que la réplication s'est correctement déroulée en surveillant les compteurs MySQL suivants sur le maître :

- `Rpl_semi_sync_master_no_tx` qui indique le nombre de transactions qui ont échoué en mode semi-synchrone.
- `Rpl_semi_sync_master_yes_tx` qui indique le nombre de transactions qui ont réussi en mode semi-synchrone.

Ainsi dans notre cas, aucune erreur n'est survenue :

```
mysql> SHOW GLOBAL STATUS LIKE 'rpl%tx';
+-----------------------------+-------+
| Variable_name               | Value |
+-----------------------------+-------+
| Rpl_semi_sync_master_no_tx  | 0     |
| Rpl_semi_sync_master_yes_tx | 5     |
+-----------------------------+-------+
2 rows in set (0.00 sec)
```

On peut aussi tester le cas où une erreur survient en arrêtant l'IO_THREAD sur l'esclave et en réitérant un ordre d'insertion. Dans ce cas, l'ordre passe mais n'est validé qu'au bout de 10 secondes. L'erreur est visible dans le compteur `Rpl_semi_sync_master_no_tx` et la réplication repasse en mode asynchrone :

```
mysql> INSERT INTO t1 values(1232);
Query OK, 1 row affected (10.03 sec)

mysql> SHOW GLOBAL STATUS LIKE 'rpl%tx';
+-----------------------------+-------+
| Variable_name               | Value |
+-----------------------------+-------+
| Rpl_semi_sync_master_no_tx  | 1     |
| Rpl_semi_sync_master_yes_tx | 5     |
+-----------------------------+-------+

mysql> SHOW GLOBAL STATUS LIKE 'Rpl_semi_sync_master_status';
+-----------------------------+-------+
| Variable_name               | Value |
+-----------------------------+-------+
| Rpl_semi_sync_master_status | OFF   |
+-----------------------------+-------+
1 row in set (0.00 sec)
```

Étant donné que l'esclave indique le mode qu'il souhaite utiliser lorsqu'il se connecte à son maître, il est nécessaire de redémarrer la réplication lorsqu'une erreur survient et que la réplication est passée en mode asynchrone pour réactiver le mode semi-synchrone.

Enfin concernant la surveillance de la réplication semi-synchrone plusieurs variables de statuts sont disponibles sur le maître :

- `Rpl_semi_sync_master_clients` : nombre d'esclaves connectés en mode semi-synchrone.
- `Rpl_semi_sync_master_no_times` : nombre de fois où le maître a désactivé le mode semi-synchrone.
- `Rpl_semi_sync_master_tx_wait_time` : temps total en microsecondes que le maître a attendu pour qu'une transaction soit validée.
- `Rpl_semi_sync_master_tx_waits` : nombre total de fois où le maître a attendu qu'une transaction soit validée.
- `Rpl_semi_sync_master_wait_sessions` : nombre de sessions courantes en attente des réponses de l'esclave.
- `Rpl_semi_sync_master_net_wait_time` : temps total en microsecondes durant lequel le maître a attendu la réponse des esclaves.

5. Variables, commandes et outils disponibles

5.1 Les principales variables

La configuration de la réplication MySQL est basée sur le paramétrage de variables sur le maître et sur l'esclave. Il est important de connaître leur utilité et à quel type de rôle elles sont associées :

Variable	Description	Rôle	Indispensable
`server-id`	Identifiant du serveur.	Maître/esclave	Oui

Variable	Description	Rôle	Indispensable
`log-bin`	Force l'écriture dans les journaux binaires des ordres exécutés sur le serveur MySQL (pas ceux qui sont répliqués à partir d'un maître).	Maître (possible sur un esclave)	Oui
`log-slave-updates`	Force l'écriture dans les journaux binaires des ordres reçus d'un maître et appliqués.	Esclave	Non, excepté dans une réplication circulaire à partir de trois nœuds ou lorsqu'un serveur esclave doit propager les modifications qu'il reçoit à ses propres esclaves.
`expire_log_days`	Spécifie la rétention en nombre de jours des journaux binaires. Si cette variable est à `0` la rétention est infinie et il faut donc manuellement purger les journaux (`PURGE BINARY LOG`).	Maître (possible sur un esclave s'il génère des journaux binaires)	Recommandé
`binlog-do-db`, `binlog-do-table`, `binlog-ignore-db`, `binlog-ignore-table`	Spécifie le nom d'une base/table à suivre ou ignorer dans les journaux binaires. Attention ! Les règles binlog-*-db testent la base courante et non la base qui héberge la table modifiée.	Maître (possible sur un esclave)	Non

Variable	Description	Rôle	Indispensable
`replicate-do-db`, `replicate-ignore-db`, `replicate-do-table`, `replicate-ignore-table`, `replicate-wild-do-table`, `replicate-wild-ignore-table`	Spécifie le nom d'une base/table ou le modèle de nom de table (en utilisant les mêmes méta-caractères que l'instruction `LIKE` comme `'%'` et `'_'`) à répliquer ou ignorer sur l'esclave. Attention! Les règles replicate-*-db testent la base courante et non la base qui héberge la table modifiée.	Esclave	Non
`innodb_support_xa`	Outre le fait qu'elle active le support des transactions distribuées, cette option force le flush des logs binaires à chaque commit.	Maître	Fortement recommandé
`sync_binlog=1`	Force l'écriture dans les journaux binaires à chaque instruction autocommitée ou à chaque transaction validée.	Maître	Fortement recommandé
`sync_master_info` `sync_relay_log` `sync_relay_log_info`	Force la synchronisation sur disque des différents fichiers liés à la réplication sur l'esclave.	Esclave	Fortement recommandé

Variable	Description	Rôle	Indispensable
`Slave-parallel-workers`	Indique le nombre de threads exécutant en parallèle des transactions sur des bases différentes.	Esclave	Non MySQL 5.6 seulement

La variable `log-bin` peut être activée sur un esclave dans plusieurs buts :

– faire une restauration complète (PITR - *Point-In-Time Recovery*, se référer au chapitre Sauvegarde et restauration).
– pour promouvoir l'esclave en maître sans avoir à le redémarrer (pour rappel, l'activation des journaux binaires nécessite un redémarrage).
– si l'esclave sert lui-même de maître pour d'autres serveurs (réplication en cascade).

La variable `log-slave-updates` est utilisée lors d'une configuration multi-maîtres dont l'architecture en boucle nécessite que les modifications faites sur un nœud de la chaîne soient transférées à l'ensemble des nœuds. Lorsque le nœud d'origine réplique ses propres ordres SQL (il ne faut pas oublier que c'est une architecture en boucle), les ordres sont ignorés car le `server_id` dans le flux de réplication correspond au `server_id` local.

Remarque

Il faut aussi noter que les variables `innodb_support_xa` et `sync_binlog`, qui sont fortement recommandées lorsque la réplication assure la disponibilité des données, peuvent avoir un gros impact négatif sur les performances du serveur. Il est possible sur certaines cartes RAID de rajouter un système de cache avec batterie permettant d'utiliser un cache en écriture réduisant considérablement l'impact de ces variables.

5.2 Commandes SQL

5.2.1 SHOW MASTER STATUS

Cette commande effectuée sur le maître permet d'obtenir le nom du journal binaire en cours et la position actuelle dans ce fichier :

```
mysql> SHOW MASTER STATUS\G
*************************** 1. row ***************************
            File: mysql-bin.000011
        Position: 2478
    Binlog_Do_DB:
Binlog_Ignore_DB:
1 row in set (0.00 sec)
```

5.2.2 SHOW SLAVE STATUS

Cette commande effectuée sur un esclave affiche plusieurs informations intéressantes comme :

- La position actuelle du maître dans son journal binaire (`Master_Log_file` et `Read_Master_Log_Pos`).
- La position actuelle de l'esclave dans les journaux binaires de son maître (`Relay_Master_Log_File` et `Exec_Master_Log_Pos`).
- La dernière erreur rencontrée (`Last_Error`).
- Le statut des processus légers `SQL_THREAD` et `IO_THREAD` (`Slave_IO_Running` et `Slave_SQL_Running - YES` pour démarré et `NO` pour arrêté).
- Le retard de réplication estimé en secondes, qui se base sur le différentiel entre le timestamp (`date`) du dernier évènement écrit dans le relay log et le timestamp de la requête en cours d'exécution (`Seconds_Behind_Master`).

Il est fortement conseillé de suffixer cette commande par `\G` pour obtenir un affichage en mode colonne, comme dans l'exemple suivant :

```
mysql> SHOW SLAVE STATUS\G
*************************** 1. row ***************************
               Slave_IO_State: Waiting for master to send event
                  Master_Host: 127.0.0.1
                  Master_User: msandbox
```

```
                  Master_Port: 11605
                Connect_Retry: 60
              Master_Log_File: mysql-bin.000001
          Read_Master_Log_Pos: 2728
               Relay_Log_File: mysql_sandbox11606-relay-
bin.000002
                Relay_Log_Pos: 2624
        Relay_Master_Log_File: mysql-bin.000001
             Slave_IO_Running: Yes
            Slave_SQL_Running: No
              Replicate_Do_DB:
          Replicate_Ignore_DB:
           Replicate_Do_Table:
       Replicate_Ignore_Table:
      Replicate_Wild_Do_Table:
  Replicate_Wild_Ignore_Table:
                   Last_Errno: 0
                   Last_Error:
                 Skip_Counter: 0
          Exec_Master_Log_Pos: 2478
              Relay_Log_Space: 3043
              Until_Condition: None
               Until_Log_File:
                Until_Log_Pos: 0
           Master_SSL_Allowed: No
           Master_SSL_CA_File:
           Master_SSL_CA_Path:
              Master_SSL_Cert:
            Master_SSL_Cipher:
               Master_SSL_Key:
        Seconds_Behind_Master: NULL
Master_SSL_Verify_Server_Cert: No
                Last_IO_Errno: 0
                Last_IO_Error:
               Last_SQL_Errno: 0
               Last_SQL_Error:
  Replicate_Ignore_Server_Ids:
             Master_Server_Id: 1
1 row in set (0.00 sec)
```

Dans l'exemple précédent, le thread SQL a été intentionnellement arrêté pour observer le décalage au niveau des différentes variables de position. Le champ `Seconds_Behind_Master` est à `NULL` car le thread SQL étant arrêté il n'y a aucune requête en cours d'exécution, ce qui ne permet pas d'effectuer le calcul cité plus haut. Cette variable est utile pour savoir si un esclave est en retard par rapport à son maître. Sachez cependant qu'il existe des situations où cette variable n'est pas très fiable. C'est le cas par exemple si vous avez plusieurs niveaux de réplications : si C est esclave de B qui est lui-même esclave de A, `SHOW SLAVE STATUS` sur C fera apparaître le retard de réplication de C par rapport à B et non par rapport à A. Si vous cherchez une méthode fiable, utilisez `pt-heartbeat` de Percona Toolkit dont nous parlons plus loin dans ce chapitre.

5.2.3 START/STOP SLAVE {IO_THREAD | SQL_THREAD}

Cette commande comme son nom l'indique est utilisée pour démarrer ou arrêter la réplication. Elle contrôle le statut des processus `SQL_THREAD` et `IO_THREAD`, et il est possible de les démarrer ou de les arrêter indépendamment l'un de l'autre :

```
mysql> START SLAVE;
Query OK, 0 rows affected (0.00 sec)

mysql>  SHOW SLAVE STATUS\G
*************************** 1. row ***************************
....
             Slave_IO_Running: Yes
            Slave_SQL_Running: Yes
....

mysql> STOP SLAVE SQL_THREAD;
Query OK, 0 rows affected (0.00 sec)

mysql> SHOW SLAVE STATUS\G
*************************** 1. row ***************************
....
             Slave_IO_Running: Yes
            Slave_SQL_Running: No
....

mysql> STOP SLAVE IO_THREAD;
Query OK, 0 rows affected (0.00 sec)
```

```
mysql> SHOW SLAVE STATUS\G
*************************** 1. row ***************************
....
             Slave_IO_Running: No
            Slave_SQL_Running: No
....

mysql> START SLAVE IO_THREAD;
Query OK, 0 rows affected (0.00 sec)

mysql> SHOW SLAVE STATUS\G
*************************** 1. row ***************************
....
             Slave_IO_Running: Yes
            Slave_SQL_Running: No
....

mysql> START SLAVE SQL_THREAD;
Query OK, 0 rows affected (0.00 sec)

mysql> SHOW SLAVE STATUS\G
*************************** 1. row ***************************
....
             Slave_IO_Running: Yes
            Slave_SQL_Running: Yes
....
```

5.2.4 PURGE BINARY LOG

Cette commande permet de supprimer tous les journaux binaires précédant le fichier ou la date fournie en paramètre.

Par exemple, si le serveur dispose des fichiers suivants dans son index :

```
mysql> SHOW BINARY LOGS;
+-----------------------+-----------+
| Log_name              | File_size |
+-----------------------+-----------+
| bonbon_cyn-bin.000001 |       155 |
| bonbon_cyn-bin.000002 |       155 |
| bonbon_cyn-bin.000003 |       155 |
| bonbon_cyn-bin.000004 |       155 |
| bonbon_cyn-bin.000005 |       107 |
+-----------------------+-----------+
5 rows in set (0.01 sec)
```

et que l'on veut garder seulement le fichier bonbon_cyn-bin.000005 on utilisera la commande :

```
mysql> PURGE BINARY LOGS TO 'bonbon_cyn-bin.000005';
Query OK, 0 rows affected (0.02 sec)

mysql> SHOW BINARY LOGS;
+-----------------------+-----------+
| Log_name              | File_size |
+-----------------------+-----------+
| bonbon_cyn-bin.000005 |       107 |
+-----------------------+-----------+
1 row in set (0.00 sec)
```

Un deuxième exemple peut être la suppression de la dernière semaine de fichiers de logs binaires en utilisant la commande suivante :

```
mysql> PURGE BINARY LOGS BEFORE NOW()-INTERVAL 7 DAY;
Query OK, 0 rows affected (0.03 sec)
```

5.2.5 SET GLOBAL SQL_SLAVE_SKIP_COUNTER=N

Il peut arriver que des erreurs bloquent la réplication. C'est le cas par exemple lorsque des tables ne sont pas correctement synchronisées et que des valeurs sont entrées dans une colonne de type unique alors que les valeurs existent déjà sur l'esclave. Dans ce cas l'erreur 1062 sera renvoyée sur la sortie de la commande SHOW SLAVE STATUS exécutée sur l'esclave :

```
              Slave_IO_State: Waiting for master to send
event
                 Master_Host: 127.0.0.1
                 Master_User: msandbox
                 Master_Port: 11605
               Connect_Retry: 60
             Master_Log_File: mysql-bin.000001
         Read_Master_Log_Pos: 2995
              Relay_Log_File: mysql_sandbox11606-relay-
bin.000002
               Relay_Log_Pos: 3046
       Relay_Master_Log_File: mysql-bin.000001
            Slave_IO_Running: Yes
           Slave_SQL_Running: No
             Replicate_Do_DB:
         Replicate_Ignore_DB:
```

```
            Replicate_Do_Table:
        Replicate_Ignore_Table:
       Replicate_Wild_Do_Table:
   Replicate_Wild_Ignore_Table:
                    Last_Errno: 1062
                    Last_Error: Error 'Duplicate entry '1'
for key 'PRIMARY'' on query. Default database: 'test'.
Query: 'insert into t1 values(1),(2),(3)'
                  Skip_Counter: 1
           Exec_Master_Log_Pos: 2900
               Relay_Log_Space: 3310
               Until_Condition: None
                Until_Log_File:
                 Until_Log_Pos: 0
            Master_SSL_Allowed: No
            Master_SSL_CA_File:
            Master_SSL_CA_Path:
               Master_SSL_Cert:
             Master_SSL_Cipher:
                Master_SSL_Key:
         Seconds_Behind_Master: NULL
Master_SSL_Verify_Server_Cert: No
                 Last_IO_Errno: 0
                 Last_IO_Error:
                Last_SQL_Errno: 1062
                Last_SQL_Error: Error 'Duplicate entry '1'
for key 'PRIMARY'' on query. Default database: 'test'.
Query: 'insert into t1 values(1),(2),(3)'
   Replicate_Ignore_Server_Ids:
              Master_Server_Id: 1
```

Il est possible que l'erreur puisse être corrigée en modifiant les données directement sur le maître et/ou sur l'esclave sans avoir besoin de recréer totalement les bases de l'esclave. Une fois corrigée, pour pouvoir rendre opérationnelle la réplication, il est nécessaire de passer des évènements contenus dans le relay log et de redémarrer la réplication. Pour cela on utilise la commande SET GLOBAL SQL_SLAVE_SKIP_COUNTER afin de spécifier le nombre d'évènements à passer :

```
mysql > SET GLOBAL SQL_SLAVE_SKIP_COUNTER=1;
Query OK, 0 rows affected (0.00 sec)

mysql > START SLAVE;
```

```
Query OK, 0 rows affected (0.00 sec)

mysql > SHOW SLAVE STATUS\G
*************************** 1. row ***************************
               Slave_IO_State: Waiting for master to send event
                  Master_Host: 127.0.0.1
                  Master_User: msandbox
                  Master_Port: 11605
                Connect_Retry: 60
              Master_Log_File: mysql-bin.000001
          Read_Master_Log_Pos: 2995
               Relay_Log_File: mysql_sandbox11606-relay-
bin.000002
                Relay_Log_Pos: 3141
        Relay_Master_Log_File: mysql-bin.000001
             Slave_IO_Running: Yes
            Slave_SQL_Running: Yes
              Replicate_Do_DB:
          Replicate_Ignore_DB:
           Replicate_Do_Table:
       Replicate_Ignore_Table:
      Replicate_Wild_Do_Table:
  Replicate_Wild_Ignore_Table:
                   Last_Errno: 0
                   Last_Error:
                 Skip_Counter: 0
          Exec_Master_Log_Pos: 2995
              Relay_Log_Space: 3310
              Until_Condition: None
               Until_Log_File:
                Until_Log_Pos: 0
           Master_SSL_Allowed: No
           Master_SSL_CA_File:
           Master_SSL_CA_Path:
              Master_SSL_Cert:
            Master_SSL_Cipher:
               Master_SSL_Key:
        Seconds_Behind_Master: 0
Master_SSL_Verify_Server_Cert: No
                Last_IO_Errno: 0
                Last_IO_Error:
               Last_SQL_Errno: 0
               Last_SQL_Error:
  Replicate_Ignore_Server_Ids:
             Master_Server_Id: 1
```

Il faut savoir que le nombre d'évènements à passer est de 1 pour tous les ordres SQL excepté ceux qui utilisent un auto_increment ou la fonction LAST_INSERT_ID() pour lesquels la valeur doit valoir 2, quel que soit le mode de réplication choisi (ROW, STATEMENT ou MIXED). On peut le voir dans le fichier de journaux binaires avec la commande mysqlbinlog :

```
Extrait de la commande mysqlbinlog mysql-bin.000005 :

# at 135
#100112 18:30:18 server id 1  end_log_pos 221   Query
thread_id=7     exec_time=0     error_code=0
SET TIMESTAMP=1263317418/*!*/;
INSERT INTO t1 VALUES()
/*!*/;
# at 221
#100112 18:30:53 server id 1  end_log_pos 249   Intvar
SET INSERT_ID=11/*!*/;
# at 249
#100112 18:30:53 server id 1  end_log_pos 335   Query
thread_id=7     exec_time=0     error_code=0
SET TIMESTAMP=1263317453/*!*/;
INSERT INTO t1 VALUES()
/*!*/;
# at 335
#100112 18:30:53 server id 1  end_log_pos 363   Intvar
SET INSERT_ID=12/*!*/;
```

On voit bien que dans le journal binaire le premier ordre d'insertion correspond à deux évènements :

- end_log_pos=221
- end_log_pos=249

Ces deux évènements correspondent à l'insertion de la valeur 11.

5.2.6 RESET MASTER

Exécutée sur le maître, cette commande supprime tous les journaux binaires qui se trouvent dans le fichier `master.index`. On peut les lister avec la commande `SHOW BINARY LOGS`. La commande finit par repositionner le maître à la position 0 dans le premier journal binaire :

```
mysql> SHOW MASTER STATUS;
+-----------------------+----------+-------------
+------------------+
| File                  | Position | Binlog_Do_DB |
Binlog_Ignore_DB |
+-----------------------+----------+-------------+
------------------+
| bonbon_cyn-bin.000005 |      107 |             |
     |
+-----------------------+----------+-------------+
------------------+
1 row in set (0.00 sec)

mysql> SHOW BINARY LOGS;
+-----------------------+-----------+
| Log_name              | File_size |
+-----------------------+-----------+
| bonbon_cyn-bin.000001 |       155 |
| bonbon_cyn-bin.000002 |       155 |
| bonbon_cyn-bin.000003 |       155 |
| bonbon_cyn-bin.000004 |       155 |
| bonbon_cyn-bin.000005 |       107 |
+-----------------------+-----------+
5 rows in set (0.01 sec)

mysql > RESET MASTER;
Query OK, 0 rows affected (0.52 sec)

mysql> SHOW MASTER STATUS;
+-----------------------+----------+-------------
+------------------+
| File                  | Position | Binlog_Do_DB |
Binlog_Ignore_DB |
+-----------------------+----------+-------------
+------------------+
| bonbon_cyn-bin.000001 |      107 |             |
     |
+-----------------------+----------+-------------+
------------------+
1 row in set (0.00 sec)
```

```
mysql> SHOW BINARY LOGS;
+------------------+-----------+
| Log_name         | File_size |
+------------------+-----------+
| mysql-bin.000001 |       107 |
+------------------+-----------+
1 row in set (0.00 sec)
```

5.2.7 RESET SLAVE

Exécutée sur un esclave, cette commande réinitialise le fichier `relay log` utilisé et repositionne les variables `MASTER_*` à des valeurs par défaut :

- `Master_Host = 127.0.0.1`
- `Master_User = test`
- `Master_Port = 3306`
- `Master_Log_File =`
- `Master_Log_Pos = 4`

Cette commande est généralement précédée de la commande `STOP SLAVE` pour stopper la réplication et suivie de la commande `CHANGE MASTER TO` pour reconfigurer tous ces paramètres. Il faudra bien sûr terminer la procédure par la commande `START SLAVE` pour redémarrer la réplication.

5.2.8 CHANGE MASTER TO

On utilise cette commande pour configurer la réplication MySQL sans avoir à modifier les variables `master-xxx` et à redémarrer le serveur. Il est cependant indispensable d'arrêter la réplication avec la commande `STOP SLAVE`. Voici un exemple de configuration :

```
mysql> CHANGE MASTER TO
MASTER_HOST='hote_maître',
MASTER_USER='utilisateur_de_replication',
MASTER_PASSWORD='mot_de_passe',
MASTER_PORT=3306,
MASTER_LOG_FILE='master2-bin.001',
MASTER_LOG_POS=4;
```

L'exécution de cette requête crée ou met à jour le fichier `master.info` avec les informations fournies.

Lors de tests de réplication, ou lorsque la réplication a été rompue, il est possible de réinitialiser les journaux binaires côté maître, et les relay log côté esclave en exécutant sur l'un et l'autre les commandes `RESET MASTER` et `RESET SLAVE`, puis des commandes `CHANGE MASTER TO` et `START SLAVE` pour redémarrer la réplication.

5.2.9 SET SQL_LOG_BIN={0 | 1}

Il est parfois important d'effectuer certaines requêtes sur un maître sans que celles-ci soient répliquées. Pour cela il suffit de désactiver leur écriture dans les logs binaires en utilisant l'ordre suivant dans la session qui effectue les requêtes à ne pas répliquer :

```
mysql> SET SQL_LOG_BIN=0;
```

C'est le cas, par exemple, lorsque l'on veut reconstruire une table avec la commande `ALTER TABLE`. Sachant que cette commande verrouille totalement la table, on peut ainsi choisir de l'effectuer sur le maître et ses esclaves à des dates différentes. On peut aussi vouloir mettre à jour les statistiques sur des tables ayant été fortement modifiées, ou créer des rapports et les stocker dans des tables temporaires. Si par la suite des ordres à répliquer doivent être exécutés dans la même session, il suffit de repositionner la variable à `1`.

5.3 Percona Toolkit

Percona Toolkit dispose de plusieurs outils pouvant apporter de l'aide lors de l'administration quotidienne de la réplication :

- `pt-slave-restart` :

  Il est parfois utile lors de tests, ou même en production, de relancer automatiquement le serveur MySQL en cas d'interruption des processus de réplication (SQL_THREAD et IO_THREAD), et de passer outre certaines erreurs. À noter qu'il est aussi possible de fournir l'adresse d'un maître et le script testera tous ses esclaves.

– `pt-slave-delay` :

Ce script permet de forcer un esclave à répliquer les données d'un maître avec un retard minimum. Le fonctionnement est simple. Le script arrête et relance régulièrement les threads de réplication sur l'esclave pour que le retard désiré soit atteint et reste constant.

Par exemple pour retarder un esclave de 12 heures, vous utiliserez la commande suivante :

```
shell> pt-slave-delay --delay=12h u=mon_user,p=mon_mdp,h=ip_esclave
```

Quels sont les intérêts de retarder un esclave intentionnellement ? Le plus évident est que si vous exécutez accidentellement sur le maître une commande telle que `DROP TABLE`, la seule manière de récupérer vos données est de restaurer une sauvegarde. Mais si vous avez un esclave qui a une heure de retard, vous avez une heure pour vous rendre compte de l'erreur et arrêter la réplication sur l'esclave pour éviter de propager la requête malencontreuse. Il vous suffit alors de sauvegarder les données de la table effacée et de les restaurer sur le maître : il est évidemment bien plus rapide de restaurer une seule table que toutes les données.

Une autre utilisation courante est le test d'applications qui essaient de décharger un maximum de lectures sur les esclaves. Retarder les esclaves permet d'observer le comportement de l'application dans ce cas, ce qui évite d'avoir à attendre un incident pour réaliser que l'application a été codée en supposant que les esclaves sont toujours synchrones avec leur maître (ce qu'il ne faudrait jamais faire car il existe toujours des situations où les esclaves prennent temporairement du retard).

À partir de MySQL 5.6, cet outil n'est plus utile car il est possible de préciser un retard directement dans la commande `CHANGE MASTER TO` :

```
mysql> CHANGE MASTER TO MASTER_DELAY = 12*3600;
```

Vous noterez que le retard est précisé en secondes.

- `pt-table-checksum` :

  Lorsque vous voulez comparer les tables de plusieurs serveurs pour vérifier si leur contenu est identique vous utiliserez cet outil. Il est aussi possible de comparer un maître et des esclaves soit en demandant à `pt-table-checksum` de verrouiller les tables testées pour qu'elles ne soient pas modifiées tout au long du traitement, soit en lui signalant qu'il peut utiliser le flux de réplication, ce qui évite de poser des verrous et donc de pénaliser les utilisateurs.

- `pt-table-sync` :

  Cet outil permet de synchroniser le contenu de tables entre des serveurs pour lesquels `pt-table-checksum` a trouvé des différences. `pt-table-sync` supporte la synchronisation au travers de la réplication en effectuant les modifications sur le maître afin que celles-ci soient répercutées sur l'ensemble des esclaves. L'outil choisit parmi plusieurs algorithmes (chunk, nibble, etc.) celui qui permettra d'effectuer la synchronisation la plus rapide.

  Il est possible par exemple de récupérer les ordres SQL permettant rapidement de synchroniser une table de 20 000 enregistrements ayant six lignes différentes entre le maître et l'esclave avec la commande suivante :

```
shell > pt-table-sync --defaults-file=node1/my.sandbox.cnf
--print -d test --sync-to-master localhost
REPLACE INTO `test`.`t1`(`id`, `c`, `pkid`) VALUES (1,
'cyril1', 1);
REPLACE INTO `test`.`t1`(`id`, `c`, `pkid`) VALUES (10,
'cyril10', 10);
REPLACE INTO `test`.`t1`(`id`, `c`, `pkid`) VALUES (43,
'cyril43', 43);
REPLACE INTO `test`.`t1`(`id`, `c`, `pkid`) VALUES (55,
'cyril55', 55);
REPLACE INTO `test`.`t1`(`id`, `c`, `pkid`) VALUES (76,
'cyril76', 76);
REPLACE INTO `test`.`t1`(`id`, `c`, `pkid`) VALUES (123,
'cyril123', 123);
```

Il suffit ensuite de jouer ces ordres sur le maître pour rétablir la synchronisation entre le maître et son esclave. Il faut savoir que cela fonctionne car la table `t1` dispose d'une clé primaire (une clé unique aurait fait l'affaire). Dans le cas contraire, il sera nécessaire d'effectuer les modifications sur l'esclave en utilisant l'argument `--execute` (ce qui évite de rejouer les ordres SQL manuellement dans une console `mysql`) et avec l'option `--no-check-slave` car autrement `pt-table-sync` refusera de modifier les données de l'esclave (notez tout de même l'utilisation de l'option `--print` pour connaître les ordres qui sont exécutés) :

```
shell > pt-table-sync --print --execute -d test --no-check-
slave h=127.0.0.1,P=11806,u=msandbox,p=msandbox
h=127.0.0.1,P=11807,u=msandbox,p=msandbox
DELETE FROM `test`.`t1` WHERE `id`=1 AND `c`='cyril23' LIMIT 1;
DELETE FROM `test`.`t1` WHERE `id`=10 AND `c`='cyril23' LIMIT1;
DELETE FROM `test`.`t1` WHERE `id`=43 AND `c`='cyril23' LIMIT 1;
DELETE FROM `test`.`t1` WHERE `id`=55 AND `c`='cyril23' LIMIT 1;
DELETE FROM `test`.`t1` WHERE `id`=76 AND `c`='cyril23' LIMIT 1;
DELETE FROM `test`.`t1` WHERE `id`=123 AND `c`='cyril23' LIMIT 1;
INSERT INTO `test`.`t1`(`id`, `c`) VALUES (1, 'cyril1');
INSERT INTO `test`.`t1`(`id`, `c`) VALUES (10, 'cyril10');
INSERT INTO `test`.`t1`(`id`, `c`) VALUES (43, 'cyril43');
INSERT INTO `test`.`t1`(`id`, `c`) VALUES (55, 'cyril55');
INSERT INTO `test`.`t1`(`id`, `c`) VALUES (76, 'cyril76');
INSERT INTO `test`.`t1`(`id`, `c`) VALUES (123, 'cyril123');
```

Remarque

Ces outils sont constamment améliorés, certains sont même réécrits pour être plus simples d'utilisation (ce fut le cas de `pt-table-checksum`), aussi mieux vaut-il consulter la documentation en ligne du projet pour la syntaxe exacte des commandes.

Pour tous les outils décrits il est possible de positionner la variable `PTDEBUG` à `1` pour passer en mode debug et observer le comportement de l'outil, notamment pour détecter une source de dysfonctionnement.

6. Résolution des problèmes de réplication

6.1 Ma requête ne se réplique pas

Ce problème peut provenir des règles de réplication appliquées sur le maître (avec les variables `binlog-do-db` et `binlog-ignore-db`) et sur les esclaves (avec les variables `replicate-do-db`, `replicate-ignore-db`, `replicate-do-table` et `replicate-ignore-table`). Il est important de savoir que toutes ces options ne prennent qu'une valeur en argument et qu'il est nécessaire de réitérer l'option si plusieurs valeurs doivent être utilisées. Si seuls les ordres concernant les bases `db1` et `db2` doivent être écrits dans les log binaires du maître, on utilisera les options suivantes dans le fichier de configuration :

```
binlog-do-db = db1
binlog-do-db = db2
```

Si nous avions utilisé l'option `binlog-do-db=db1,db2` cela n'aurait pas fonctionné comme on l'aurait voulu et MySQL n'aurait renvoyé aucune erreur ! En fait, MySQL autorise les virgules dans les noms de base, et donc MySQL chercherait à tracer les ordres concernant la base `db1,db2` qui n'existe pas.

Une autre cause d'erreur est le fait que MySQL ne réplique en mode SBR (*Statement Based Replication*) que les ordres SQL qui concernent la base courante, soit la base sur laquelle la session est connectée. Par exemple, l'ordre suivant ne serait pas répliqué :

```
mysql > USE db1;
mysql > UPDATE db2.t1 SET i=10;
```

L'ordre `UPDATE` modifiant la table `t1` de la base `db2` n'est pas répliqué car la base courante est la base `db1`.

6.2 Éviter le retard de réplication

Remarque

Ce qu'il est important de savoir c'est que la réplication est mono-threadée. En effet, comme nous l'avons vu dans la description, le processus `SQL_THREAD` est seul à appliquer l'ensemble du contenu des relay logs. Ceci peut causer un retard au niveau de la réplication quand il y a un grand nombre de requêtes exécutées sur le maître.

Pour tenter de réduire ce retard, il existe plusieurs solutions envisageables :

– Changer de matériel sur l'esclave :

On peut choisir d'utiliser un serveur avec moins de processeurs mais dont la fréquence est plus élevée, avec des disques plus rapides ou avec des SSD au lieu de disques durs traditionnels. Le choix est à faire en fonction des statistiques système relevées.

– Mettre en place plusieurs lignes de réplications :

On peut démultiplier la ligne de réplication en répliquant différentes tables vers différents esclaves. Il est aussi possible de créer ces esclaves sur le même hôte (les serveurs MySQL écoutant sur des ports différents), mais l'administration en devient plus complexe (lors de la mise à jour des binaires il peut devenir nécessaire de gérer plusieurs versions).

– Optimiser les requêtes pour qu'elles s'exécutent plus rapidement.

6.3 Corriger une erreur de réplication

Pour vérifier si un esclave réplique toujours les données de son maître on utilise la commande `SHOW SLAVE STATUS`. Si l'un des processus légers `IO_THREAD` et `SQL_THREAD` ne fonctionne pas, il faut vérifier le contenu des colonnes `Last_Error`, `Last_IO_Error` et `Last_SQL_Error` :

```
mysql> SHOW SLAVE STATUS\G
*************************** 1. row ***************************
               Slave_IO_State: Waiting for master to send event
                  Master_Host: 127.0.0.1
                  Master_User: msandbox
                  Master_Port: 11806
                Connect_Retry: 60
```

```
                Master_Log_File: mysql-bin.000001
            Read_Master_Log_Pos: 1128
                 Relay_Log_File: mysql_sandbox11807-relay-
bin.000002
                  Relay_Log_Pos: 1091
          Relay_Master_Log_File: mysql-bin.000001
               Slave_IO_Running: Yes
              Slave_SQL_Running: No
                Replicate_Do_DB:
            Replicate_Ignore_DB:
             Replicate_Do_Table:
         Replicate_Ignore_Table:
        Replicate_Wild_Do_Table:
    Replicate_Wild_Ignore_Table:
                     Last_Errno: 1062
                     Last_Error: Error 'Duplicate entry '23' for
key 'id'' on query. Default database: 'test'. Query: 'insert
into t3 values(23)'

[...]
```

Dans cet exemple, une requête SQL n'a pas pu être répliquée à cause d'une erreur d'unicité, c'est pourquoi le `SQL_THREAD` est arrêté. Il faut ensuite rechercher la cause de cette erreur, la corriger et redémarrer la réplication avec la commande `START SLAVE SQL_THREAD`.

S'il n'est pas possible de corriger les erreurs, il faudra resynchroniser l'esclave avec un autre esclave disponible, ou son maître le cas échéant, puis remettre la réplication en place (voir plus bas les sections Remonter un esclave à partir d'un maître/d'un esclave).

Si l'erreur est redondante et qu'il n'y a pas d'autre moyen que de la passer avec la commande `SET GLOBAL SQL_SLAVE_SKIP_COUNTER`, il est possible d'utiliser la variable `slave-skip-errors` (qui nécessite un redémarrage du serveur) pour forcer le serveur à la passer automatiquement :

```
mysql [esclave] > show global variables like
'slave_skip_errors';
+-------------------+-------+
| Variable_name     | Value |
+-------------------+-------+
| slave_skip_errors | 1062  |
+-------------------+-------+
1 row in set (0.00 sec)
```

Remarque

Cette méthode n'est pas du tout recommandée dans les cas où l'erreur n'est pas maîtrisée.

Par contre cela peut être intéressant dans certains cas, comme par exemple lorsque l'on a besoin de rejouer des journaux binaires qui ne contiennent que des ordres d'insertions dans des tables ayant des contraintes d'unicité et pour lesquelles on ne sait plus à partir de quelle position les journaux doivent être rejoués. Ainsi les ordres en erreur seront passés et dès que les nouvelles insertions seront atteintes plus aucune erreur ne sera remontée. On prendra soin dans ce cas de désactiver cette variable une fois le jeu complet des journaux effectué. Il est aussi possible d'utiliser `pt-slave-restart` dont nous avons parlé précédemment.

7. Promotion d'un esclave

Savoir échanger les rôles d'un maître et d'un esclave en cas de maintenance ou de crash du maître, savoir reconstruire un esclave à partir d'une sauvegarde d'un autre esclave sont des exemples typiques d'opérations qu'un DBA doit être capable de réaliser. Bien que théoriquement peu complexes, ces opérations doivent être effectuées minutieusement, en particulier pour ne pas faire d'erreur dans les coordonnées de réplication. De plus, ces opérations sont souvent seulement nécessaires en cas de crise, et il est bien connu que sous la pression, il est bien plus facile de commettre des erreurs. C'est pourquoi nous vous recommandons de bien maîtriser les techniques expliquées dans cette section et d'essayer de vous entraîner afin de vous sentir à l'aise pour le jour où vous en aurez besoin.

7.1 Échanger un maître et un esclave

Dans le cas de la maintenance d'un maître, d'une mise à jour matérielle (mémoire, processeur, disques, etc.), d'un déplacement géographique, etc., il peut être nécessaire d'échanger les rôles entre un maître et son esclave. Pour cela, il faut inverser le sens de la réplication et rediriger les écritures vers le nouveau maître (ancien esclave), et les lectures sur le nouvel esclave (ancien maître) et/ou le nouveau maître (selon l'opération à effectuer). Il faut cependant :

- Interrompre temporairement les écritures et activer les journaux binaires sur le futur maître, si ce n'est pas déjà le cas.
- Relever la position des journaux binaires avec la commande `SHOW MASTER STATUS` sure futur maître (on peut utiliser cette commande sur un esclave dès que les journaux binaires sont activés !).
- Configurer la réplication sur l'ancien maître avec la commande `CHANGE MASTER TO`.
- Démarrer la réplication sur l'ancien maître (`START SLAVE`).
- Arrêter la réplication sur le nouveau maître (`STOP SLAVE`).

Il faudra bien sûr, au préalable, désactiver l'option `read-only` si elle était activée sur l'ancien esclave.

Si le maître est tout simplement perdu, il va falloir promouvoir l'esclave en maître, c'est-à-dire simplement rediriger les lectures/écritures vers l'esclave après avoir activé les écritures, en désactivant l'option `read-only`, et arrêté la réplication (`STOP SLAVE`). Cela devient un peu plus difficile lorsqu'il y a plusieurs esclaves car il faut identifier celui qui est le plus à jour en utilisant la commande `SHOW SLAVE STATUS` et en vérifiant les valeurs des compteurs `Master_Log_File` et `Exec_Master_Log_Pos`. Ensuite il faut synchroniser tous les esclaves avec ce nouveau maître par reconstruction ou en utilisant des outils comme `pt-table-checksum` et `pt-table-sync`.

MHA (http://www.code.google.com/p/mysql-master-ha/) est un outil librement disponible permettant d'automatiser l'ensemble de ces opérations.

7.2 Remonter un esclave à partir d'un maître

Pour reconstruire un esclave, il faut restaurer une sauvegarde et démarrer la réplication à la dernière position qui correspond à cette sauvegarde. Il est aussi possible d'effectuer une sauvegarde logique avec l'utilitaire `mysqldump` et l'option `--master-data` pour que la commande `CHANGE MASTER TO` soit directement intégrée au backup afin de ne pas avoir à noter la position manuellement :

```
shell> mysqldump -u mon_super_utilisateur -h ip_du_maitre -p -R
--master-data
--single-transaction -B db1 db2 | gzip > mon_dump.sql.gz
Enter password:
shell> zcat mon_dump.sql.gz | mysql -u mon_super_utilisateur -h
ip_de_l_esclave -p
Enter password:
```

Ensuite on finalise la configuration comme cela a été expliqué dans l'exemple de configuration maître/esclave.

7.3 Remonter un esclave à partir d'un esclave

Pour éviter de surcharger le maître, on peut utiliser un autre esclave comme source pour effectuer une restauration. Dans ce cas, il faut se méfier de l'option `--master-data`. En effet, celle-ci relève la position des journaux binaires sur le serveur où est effectuée la sauvegarde. Comme on effectue la sauvegarde sur un esclave on aura soit aucune valeur si la variable `log-bin` n'est pas activée, soit la position actuelle dans les journaux binaires de cet esclave :

- S'il est possible d'effectuer une sauvegarde à froid (serveur arrêté), on sauvegardera toute l'arborescence et on la dupliquera sur le nouvel esclave, puis on démarrera MySQL sur les deux esclaves.
- Si on ne peut pas arrêter le serveur mais que l'on peut arrêter temporairement la réplication (`STOP SLAVE`) on effectuera une sauvegarde classique et on utilisera la commande `CHANGE MASTER TO` sur l'esclave restauré en utilisant les valeurs relevées sur le premier esclave (`SHOW SLAVE STATUS`). Puis on redémarre la réplication sur les deux esclaves (`START SLAVE`).

– Si on ne peut pas arrêter la réplication durant toute la sauvegarde, par exemple dans le cas où la sauvegarde dure plus de 10 minutes et que nous n'avons pas d'autre esclave pouvant servir les lectures, on peut faire le choix d'activer les journaux binaires sur l'esclave (si ce n'est pas déjà le cas), ce qui nécessite d'ajouter les variables `log-bin` et `log-slave-updates` dans le fichier de configuration, et de redémarrer l'instance. On effectue ensuite une sauvegarde avec l'option `--master-data` sur l'esclave comme on l'aurait fait sur le maître et on se sert de cette sauvegarde pour configurer le nouvel esclave en tant qu'esclave du premier. Le premier esclave relaie donc les modifications au second esclave.

```
mysql [esclave1]>
Query OK, 0 rows affected (0.00 sec)

shell esclave1> mysqldump -u mon_super_utilisateur -p -R -A
--single-transaction --master-data | gzip > mon_dump.sql.gz
Enter password:

shell esclave2> zcat mon_dump.sql.gz | mysql -u
mon_super_utilisateur -p
Enter password:

mysql [esclave2]> CHANGE MASTER TO MASTER_HOST='ip-esclave1',
MASTER_USER='replicateur', MASTER_PASSWORD='mdpreplicateur';
Query OK, 0 rows affected (0.00 sec)

mysql [esclave2]>
mysql [esclave2]>
Query OK, 0 rows affected (0.00 sec)
```

Une fois que les deux esclaves sont synchrones et que l'on peut interrompre ponctuellement le premier esclave, on relève sa position dans les journaux binaires du maître et on effectue le changement sur le second esclave pour qu'il pointe vers le maître :

```
mysql [maitre]> GRANT REPLICATION SLAVE on *.* to
'replicateur'@'ip-slave2' identified by 'mdpreplicateur';
Query OK, 0 rows affected (0.00 sec)

mysql [esclave1]> STOP SLAVE;
Query OK, 0 rows affected (0.00 sec)
```

```
mysql [esclave1]> SHOW SLAVE STATUS\G
               Slave_IO_State: Waiting for master to send event
                  Master_Host: 192.168.1.15
                  Master_User: replicateur
                  Master_Port: 3306
                Connect_Retry: 60
              Master_Log_File: mysql-bin.000002
          Read_Master_Log_Pos: 1384
               Relay_Log_File: sally-relay-bin.000004
                Relay_Log_Pos: 1530
        Relay_Master_Log_File: mysql-bin.000002
             Slave_IO_Running: Yes
            Slave_SQL_Running: Yes
              Replicate_Do_DB:
          Replicate_Ignore_DB:
           Replicate_Do_Table:
       Replicate_Ignore_Table:
      Replicate_Wild_Do_Table:
  Replicate_Wild_Ignore_Table:
                   Last_Errno: 0
                   Last_Error:
                 Skip_Counter: 0
          Exec_Master_Log_Pos: 1384


[...]
```

On attend que le deuxième esclave soit synchrone avec le premier, c'est-à-dire quand sa position dans les logs binaires de son maître, soit l'esclave 1, n'évolue plus (lorsque les compteurs `Read_Master_Log_Pos` et `Exec_Master_Log_Pos` dans la sortie de la commande `SHOW SLAVE STATUS\G` ne varient plus et sont égaux).

```
mysql [esclave2]> STOP SLAVE;
Query OK, 0 rows affected (0.00 sec)
mysql [esclave1]> START SLAVE;
Query OK, 0 rows affected (0.00 sec)
```

On utilise les valeurs relevées sur le premier esclave pour se brancher sur le maître.

```
mysql [esclave2]> CHANGE MASTER TO MASTER_HOST='ip-maitre',
MASTER_LOG_FILE='mysql-bin.000002', MASTER_LOG_POS='1384';
Query OK, 0 rows affected (0.00 sec)
mysql [esclave2]> START SLAVE;
Query OK, 0 rows affected (0.00 sec)
```

Remarque

Bien sûr tous les esclaves doivent être configurés avec un `server_id` *différent comme dans les exemples de configuration détaillés précédemment.*

Cependant, cette solution est intéressante dans le cas de tables `InnoDB` car avec l'option `--single-transaction`, qu'il faut utiliser, un verrou global en lecture sera posé au début de la sauvegarde pour relever la position dans les journaux binaires puis ensuite le verrou sera libéré. Dans le cas de tables `MyISAM` toutes les tables seront verrouillées durant la sauvegarde et on reviendra dans le cas précédent où l'on rencontrait des problèmes de désynchronisation.

7.4 Identifiants de transaction

Depuis la version 5.6, on peut configurer MySQL pour que chaque transaction ait un identifiant unique (GTID - *Global Transaction IDentifier*). Cet identifiant est beaucoup plus intéressant que les classiques coordonnées de réplication car il est le même sur tous les serveurs impliqués dans un système de réplication. Nous avons vu que la reconstruction d'un esclave à partir d'un autre esclave pouvait être rendue difficile par le fait qu'une même transaction n'a pas les mêmes coordonnées de réplication sur le maître et sur les esclaves (deux esclaves ont d'ailleurs eux-mêmes des positions différentes pour une même transaction). Les GTID résolvent ce problème.

Pour pouvoir utiliser les GTID, il faut d'abord activer quelques options sur chacun des serveurs :

```
[mysqld]
log-bin
log_slave_updates
gtid_mode = ON
```

Il faut ensuite redémarrer chacun des serveurs. La réplication se configure maintenant légèrement différemment :

```
mysql> CHANGE MASTER TO MASTER_HOST = 'ip_master', MASTER_USER = 'mon_user',
MASTER_PASSWORD = 'mon_mdp', MASTER_AUTO_POSITION = 1;
```

La configuration nécessaire à l'utilisation des GTID montre cependant leurs gros inconvénients : les journaux binaires doivent être activés sur tous les serveurs, même les esclaves. Or les journaux binaires ont un impact sur les performances qui est loin d'être négligeable. Espérons que ce défaut sera corrigé dans les prochaines versions.

Il est important de bien comprendre que les GTID sont juste un moyen d'identifier des transactions mais pas de vérifier qu'un serveur fonctionne bien. Cette vérification doit être faite par des outils externes, mais ceux-ci peuvent assez facilement simplifier les opérations de failover. Un exemple d'outil est `mysqlfailover` qui fait partie d'un ensemble de scripts développés par Oracle sous le nom de MySQL Utilities (voir http://dev.mysql.com/doc/workbench/en/mysql-utilities.html).

Chapitre 11
Outils de surveillance

1. Introduction

Lorsqu'une application passe en production, une nouvelle tâche incombe à l'administrateur : celle de surveiller que la base de données fonctionne correctement. Cette responsabilité implique d'être capable de détecter au plus vite qu'une erreur survient, de manière à s'assurer que le système est toujours disponible, mais aussi de vérifier que la montée en charge de l'application est bien tolérée par la base de données. Idéalement, pour le cas où l'application a du succès et augmente progressivement en taille, l'administrateur doit être capable de savoir si la base de données peut tenir la charge et combien de temps la configuration en cours peut répondre aux demandes de l'application.

La surveillance de la base de données s'articule donc autour de deux domaines : un système d'alerte qui se déclenche dès que la base ne fonctionne pas comme prévu ou ne fonctionne plus du tout et un système de graphe qui permet de voir l'évolution au cours du temps d'indicateurs liés à la bonne santé de la base.

Nous verrons dans ce chapitre les données que MySQL met à notre disposition pour effectuer ces tâches, ainsi que quelques outils existants qui vous feront gagner du temps.

2. Accès aux métadonnées

2.1 Commandes spécifiques MySQL

2.1.1 Commandes SHOW

Vous pouvez avoir accès aux métadonnées, c'est-à-dire aux informations sur la manière dont sont structurées en particulier les bases, les tables ou les colonnes, avec un certain nombre de commandes spécifiques utilisant le mot-clé SHOW. Parmi les commandes SHOW les plus utiles, vous trouverez :

- SHOW SCHEMAS/SHOW DATABASES : liste les bases de données de l'instance.
- SHOW TABLES : liste les tables d'une base de données.
- SHOW COLUMNS : donne les informations sur la structure d'une table.
- SHOW KEYS (ou SHOW INDEX) : donne les index d'une table.

Pour SHOW COLUMNS et SHOW KEYS, vous devez préciser la table sur laquelle vous souhaitez obtenir des informations en précisant une clause FROM :

```
mysql> USE sakila
Database changed

mysql> SHOW COLUMNS FROM film_text;
+-------------+--------------+------+-----+---------+-------+
| Field       | Type         | Null | Key | Default | Extra |
+-------------+--------------+------+-----+---------+-------+
| film_id     | smallint(6)  | NO   | PRI | NULL    |       |
| title       | varchar(255) | NO   | MUL | NULL    |       |
| description | text         | YES  | MUL | NULL    |       |
+-------------+--------------+------+-----+---------+-------+
```

SHOW FULL COLUMNS est une variante de SHOW COLUMNS indiquant en plus le jeu de caractères, l'interclassement (voir le chapitre Optimisation pour une explication de ces notions) et les privilèges possibles de chaque colonne :

```
mysql> SHOW COLUMNS FROM City LIKE 'C%'\G
*************************** 1. row ***************************
  Field: CountryCode
   Type: char(3)
   Null: NO
```

```
    Key:
Default:
  Extra:

mysql> SHOW FULL COLUMNS FROM City LIKE 'C%'\G
*************************** 1. row ***************************
     Field: CountryCode
      Type: char(3)
 Collation: latin1_swedish_ci
      Null: NO
       Key:
   Default:
     Extra:
Privileges: select,insert,update,references
   Comment:
```

Pour SHOW TABLES, la clause FROM est optionnelle ; si vous ne la précisez pas, vous obtiendrez la liste des tables de la base de données sélectionnée.

Exemple d'utilisation de SHOW TABLES :

```
mysql> USE world
Database changed

mysql> SHOW TABLES;
+-----------------+
| Tables_in_world |
+-----------------+
| City            |
| Country         |
| CountryLanguage |
+-----------------+
3 rows in set (0,00 sec)

mysql> SHOW TABLES FROM sakila;
+----------------------------+
| Tables_in_sakila           |
+----------------------------+
| actor                      |
| actor_info                 |
| address                    |
| category                   |
| city                       |
| country                    |
...
+----------------------------+
```

Vous pouvez également utiliser avec ces commandes une clause `LIKE` pour restreindre le nombre de lignes de résultats.

Exemple avec SHOW TABLES :

```
mysql> SHOW TABLES LIKE 'film%';
+-------------------------+
| Tables_in_sakila (film%) |
+-------------------------+
| film                    |
| film_actor              |
| film_category           |
| film_list               |
| film_text               |
+-------------------------+
```

Remarque

Le client `mysqlshow` reprend les fonctionnalités des commandes `SHOW`. Vous trouverez la description de son utilisation dans la documentation en ligne.

D'autres commandes très utiles sont disponibles avec `SHOW` : il s'agit de `SHOW STATUS`, `SHOW VARIABLES` et `SHOW PROCESSLIST`. Ces commandes seront détaillées dans la suite de ce chapitre.

2.1.2 Commande DESCRIBE

Cette commande est l'équivalent de la commande `SHOW COLUMNS`. Elle est souvent plus utilisée que `SHOW COLUMNS` simplement car elle est plus connue. Il existe un équivalent encore plus court : `DESC`. Toutes ces variantes peuvent être utilisées indifféremment.

Exemple :

```
mysql> DESCRIBE City;
+-------------+----------+------+-----+---------+----------------+
| Field       | Type     | Null | Key | Default | Extra          |
+-------------+----------+------+-----+---------+----------------+
| ID          | int(11)  | NO   | PRI | NULL    | auto_increment |
| Name        | char(35) | NO   | MUL |         |                |
| CountryCode | char(3)  | NO   |     |         |                |
| District    | char(20) | NO   |     |         |                |
| Population  | int(11)  | NO   |     | 0       |                |
+-------------+----------+------+-----+---------+----------------+
```

2.2 Base information_schema

Depuis la version 5.0, MySQL essaie de se conformer au standard SQL en proposant la base de données `information_schema`. Il s'agit d'une base virtuelle, dans le sens où les tables et les données d'`information_schema` ne sont pas stockées sur le disque mais en mémoire. Vous ne trouverez d'ailleurs pas de répertoire `information_schema/` dans votre répertoire de données, ni de fichiers `.frm` pour les tables.

Parmi les tables souvent utilisées, vous trouverez `SCHEMATA` (informations sur les bases de données de l'instance), `TABLES`, `COLUMNS` ou encore `VIEWS`. À chaque nouvelle version, de nouvelles tables deviennent disponibles : il est donc important que vous connaissiez la version de votre serveur pour savoir à quelles informations vous avez accès.

La base `information_schema` reprend le même type d'informations que les commandes `SHOW`, mais propose plus de détails et présente surtout l'avantage de pouvoir être interrogée par des requêtes `SELECT` habituelles.

Par exemple, pour connaître la liste des tables dans la base `world`, vous pouvez écrire la requête suivante :

```
mysql> SELECT TABLE_NAME FROM information_schema.TABLES WHERE
TABLE_SCHEMA = 'world';
+-----------------+
| TABLE_NAME      |
+-----------------+
| City            |
| Country         |
| CountryLanguage |
+-----------------+
```

Comme vous pouvez le constater, les requêtes sur la base `information_schema` sont généralement beaucoup plus longues à écrire que leur équivalent avec `SHOW`. C'est pourquoi les commandes `SHOW` restent très utilisées, en particulier lorsque vous êtes connecté sur la console d'un serveur.

Cependant, le fait de pouvoir tirer parti de toutes les possibilités des `SELECT` constitue un avantage indéniable par rapport aux commandes `SHOW` lorsque vous souhaitez faire des traitements complexes sur les métadonnées.

Par exemple, si vous souhaitez connaître le nombre de tables de vos bases, vous ne pourrez pas avoir le résultat directement avec les commandes SHOW. Par contre, avec la base information_schema, la requête est très simple à écrire :

```
mysql> SELECT COUNT(*) AS Total, TABLE_SCHEMA FROM
information_schema.tables GROUP BY TABLE_SCHEMA;
+-------+--------------------+
| Total | TABLE_SCHEMA       |
+-------+--------------------+
|    28 | information_schema |
|    23 | mysql              |
|    23 | sakila             |
|     5 | world              |
+-------+--------------------+
```

La base information_schema est visible par tous les utilisateurs, mais les droits d'accès aux tables de la base sont gérés automatiquement par le serveur en fonction des droits de l'utilisateur. Cela signifie par exemple qu'un utilisateur qui n'a pas le droit d'accéder à une base de données ne pourra pas passer par information_schema pour déterminer quelles sont les tables de cette base.

Remarque

La base information_schema *n'est accessible qu'en lecture. Toute tentative d'écriture sera refusée.*

Certaines requêtes sur la base information_schema *peuvent être extrêmement longues. Cela ne pose en général pas de problème lorsque ces requêtes sont destinées à un administrateur de la base. Par contre, il est déconseillé de se servir d'*information_schema *dans une application transactionnelle où des temps de réponse courts sont exigés.*

3. Outils de base pour la surveillance

3.1 SHOW PROCESSLIST

`SHOW PROCESSLIST` permet à tout utilisateur ayant le droit `SUPER` de voir l'activité de l'ensemble des clients connectés au serveur. Cette commande vous donne beaucoup d'informations sur le trafic que reçoit votre serveur. Vous verrez quels sont les clients connectés au moment de l'exécution de `SHOW PROCESSLIST`, les requêtes en cours d'exécution et les requêtes verrouillées. Vous trouverez aussi l'identifiant de chaque connexion (colonne `ID`), ce qui vous permettra d'utiliser la commande `KILL` si vous avez besoin d'arrêter en urgence l'exécution d'une requête.

L'affichage se fait en colonnes, comme le montre l'exemple suivant :

```
mysql> SHOW PROCESSLIST;
+----+------+-----------+------+--------+-----+--------
+-------------------------+
| Id | User | Host      | db    | Command | Time | State  | Info
|
+----+------+-----------+------+--------+-----+--------
+-------------------------+
| 56 | root | localhost | world | Sleep   |   19 |        | NULL
|
| 57 | root | localhost | world | Query   |   12 | Locked | select
count(*) from City |
| 58 | root | localhost | NULL  | Query   |    0 | NULL   | SHOW
PROCESSLIST           |
+----+------+-----------+------+--------+-----+--------
+-------------------------+
```

Remarque

Si vous n'avez pas le droit `SUPER`, `SHOW PROCESSLIST` ne vous montrera pas l'activité des autres clients.

Vous pouvez employer la variante `SHOW FULL PROCESSLIST`, dont la seule différence est de ne pas tronquer l'affichage si les lignes sont trop longues.

Depuis la version 5.1, vous pouvez utiliser la table `PROCESSLIST` de la base `information_schema` à la place de `SHOW PROCESSLIST` :

```
mysql> SELECT * FROM information_schema.PROCESSLIST;
+----+------+-----------+-------+---------+------+-----------
+-----------------------------------------+
| ID | USER | HOST      | DB    | COMMAND | TIME | STATE     |
INFO                                      |
+----+------+-----------+-------+---------+------+-----------
+-----------------------------------------+
| 58 | root | localhost | NULL  | Query   |    0 | executing |
SELECT * FROM information_schema.PROCESSLIST |
| 57 | root | localhost | world | Query   |   50 | Locked    |
select count(*) from City                 |
| 56 | root | localhost | world | Sleep   |   57 |           |
NULL                                      |
+----+------+-----------+-------+---------+------+-----------
+-----------------------------------------+
```

3.2 Variables serveur

3.2.1 Comment examiner les variables

Pour déterminer si votre serveur est bien configuré, vous aurez besoin d'une part de connaître les ressources allouées au serveur et d'autre part de savoir quelle part de ces ressources le serveur utilise. Cet examen repose sur les deux commandes `SHOW GLOBAL VARIABLES` (décrite dans le chapitre Configuration du serveur) et `SHOW GLOBAL STATUS`, dont nous allons parler dans la section suivante.

Vous examinerez souvent l'affichage de ces deux commandes pour une ressource particulière (par exemple le cache de requêtes) ; `SHOW GLOBAL STATUS` vous donnera des indications sur la manière dont le serveur se comporte et `SHOW GLOBAL VARIABLES` vous permettra de déterminer sur quel facteur influer si le serveur ne se comporte pas comme vous l'espérez.

3.2.2 SHOW GLOBAL STATUS

Cette commande donne des informations sur les variables de statut du serveur. Le fonctionnement est identique à celui de SHOW GLOBAL VARIABLES (cf. chapitre Configuration du serveur).

Sachez que les tables correspondantes dans information_schema se nomment GLOBAL_STATUS pour les variables de statut globales et SESSION_STATUS pour les variables de statut de session et que les mêmes informations sont disponibles avec mysqladmin en utilisant mysqladmin extended-status.

Les variables de statut sont souvent regroupées autour de quelques grands thèmes. Parmi les thèmes les plus fréquemment consultés, vous trouverez :

- Com_xxx : ces variables indiquent le nombre d'appels à une commande. Ainsi Com_select représente le nombre de SELECT exécutés par le serveur, Com_commit le nombre de COMMIT, etc.
- Handler_xxx : ces variables indiquent les opérations demandées par le serveur aux moteurs de stockage et peuvent être utilisées en complément de la commande EXPLAIN pour avoir une idée du nombre d'opérations nécessaires pour exécuter une requête. Par exemple, la valeur de la variable Handler_read_rnd_next est élevée si vos requêtes font beaucoup de parcours complets de tables.
- Innodb_xxx : ces variables donnent les informations concernant InnoDB et rejoignent celles données par la commande SHOW ENGINE INNODB STATUS, décrite dans la section suivante.
- Key_xxx : ces variables concernent le cache d'index MyISAM. Pour plus d'informations à ce sujet, reportez-vous au chapitre Optimisation.
- Open_xxx : ces variables indiquent les opérations sur les descripteurs de fichiers. Elles sont surtout intéressantes si vous utilisez MyISAM et elles peuvent vous aider à dimensionner correctement le cache de tables (voir le chapitre Optimisation).
- Qcache_xxx : ces variables vous renseignent sur l'état d'utilisation du cache de requêtes et peuvent vous aider à déterminer si le cache est utile pour votre application, et si oui comment le paramétrer (voir le chapitre Optimisation pour plus d'informations).

- Select_xxx : vous avez vu dans le chapitre Optimisation qu'une requête SELECT pouvait être exécutée de différentes manières (parcours complet de la table, parcours d'une partie d'un index...). Ces variables vous donnent le nombre de SELECT de chaque type. Une variable intéressante à vérifier périodiquement est Select_full_join. Elle donne le nombre de produits croisés, c'est-à-dire le nombre de jointures sans condition de jointure. Les produits croisés sont très lents à exécuter, cette variable devrait donc rester toujours proche de 0.
- Sort_xxx : quand MySQL ne peut pas trier en utilisant un index, les lignes sont renvoyées non triées par le moteur de stockage et le serveur se charge du tri. La valeur dans l'une des variables Sort_xxx sera incrémentée en fonction du type de tri choisi.
- Threads_xxx : ces variables donnent des informations sur l'activité des threads connectés au serveur, ainsi que sur le nombre de threads créés ou en cache.

Pour toutes ces variables ainsi que celles qui ne sont pas couvertes ici, la documentation officielle en ligne sera votre source d'informations la plus précise.

Bien souvent, il est plus intéressant de voir la variation d'une variable sur un intervalle de temps (par exemple 10 secondes) plutôt que de connaître simplement la valeur depuis le démarrage du serveur. Par exemple, si vous vous intéressez aux tables temporaires créées sur disque, qui provoquent régulièrement des problèmes de performance, vous allez examiner la variable Created_tmp_disk_tables. Mais que déduisez-vous de la valeur suivante, sachant que le serveur tourne depuis neuf jours ?

```
mysql> SHOW GLOBAL STATUS LIKE 'Created_tmp_disk_tables';
+-------------------------+------------+
| Variable_name           | Value      |
+-------------------------+------------+
| Created_tmp_disk_tables | 1105626    |
+-------------------------+------------+
```

Malheureusement, pas grand-chose... Le serveur a créé de nombreuses tables sur disque, mais il se peut que des modifications aient eu lieu dans les dernières 24 heures pour corriger le problème.

Pour connaître la variation de cette variable, vous pouvez utiliser l'option -r de mysqladmin qui donne la différence entre la valeur actuelle d'une variable et sa valeur précédente :

```
shell> mysqladmin extended-status -i10 -r -c3 | grep
'Created_tmp_disk_tables'
| Created_tmp_disk_tables                  | 1105626      |
| Created_tmp_disk_tables                  | 4            |
| Created_tmp_disk_tables                  | 21           |
```

Ici vous pouvez en déduire que des requêtes ont toujours besoin de tables temporaires sur disque pour leur exécution. Si vous souhaitez avoir une meilleure idée du nombre de ces requêtes, il faudrait examiner plus d'intervalles de 10 secondes en augmentant la valeur de l'option -c qui indique le nombre de fois que mysqladmin doit être exécuté (et il faudrait faire cet examen à l'heure de pointe de l'application pour être certain d'obtenir des données significatives).

Signalons enfin que mysqladmin -r est très pratique pour examiner la variation d'une variable, mais qu'il devient très vite difficile de lire l'affichage quand on s'intéresse à 10, 30 ou 50 variables simultanément. Dans ce cas, nous vous conseillons d'utiliser pt-mext de Percona Toolkit. Cet outil est très simple à utiliser : il suffit de passer en argument la commande mysqladmin que vous souhaitez. Si vous désirez voir les variations d'une ou plusieurs variables, passez l'option -r à pt-mext plutôt qu'à mysqladmin (l'option -r pour pt-mext a la même signification que pour mysqladmin) :

```
shell> pt-mext -r -- mysqladmin extended-status -i10 -c3
Handler_prepare         329090816        3932          2416
Handler_read_first         732488           3             4
Handler_read_key       2147483647     1365688        768783
Handler_read_next      2147483647     2207017       1086766
Handler_read_prev      2147483647       26266             0
Handler_read_rnd        310851564        2489          4734
Handler_read_rnd_next  2147483647         772          2979
```

Remarque

Attention, `pt-mext` ne fonctionne pas sous Windows. Mais il est possible d'enregistrer le résultat de la commande `mysqladmin` dans un fichier puis d'exécuter `pt-mext` sur ce fichier :

```
shell Windows> mysqladmin extended-status -i10 -c3 > status.out
(Déplacer le fichier status.out vers /tmp/status/out sur un serveur Linux)
shell Linux> pt-mext -r -- cat /tmp/status.out | grep Handler
Handler_prepare              329090816          3932          2416
Handler_read_first              732488             3             4
Handler_read_key            2147483647       1365688        768783
Handler_read_next           2147483647       2207017       1086766
Handler_read_prev           2147483647         26266             0
Handler_read_rnd             310851564          2489          4734
Handler_read_rnd_next       2147483647           772          2979
```

3.3 SHOW ENGINE INNODB STATUS

Cette commande est la source principale d'information sur le fonctionnement interne d'`InnoDB` pour votre instance. Son affichage est difficile à lire car au lieu de présenter ses résultats en colonnes comme c'est le cas habituellement, la sortie se résume à une très longue chaîne de caractères.

Voici un exemple du début de l'affichage de la commande (notez ici l'importance du \G pour obtenir un affichage lisible) :

```
mysql> SHOW ENGINE INNODB STATUS\G
*************************** 1. row ***************************
Status:
=====================================
100317 10:41:23 INNODB MONITOR OUTPUT
=====================================
Per second averages calculated from the last 9 seconds
----------
SEMAPHORES
----------
OS WAIT ARRAY INFO: reservation count 6, signal count 6
Mutex spin waits 4, rounds 40, OS waits 2
RW-shared spins 6, OS waits 3; RW-excl spins 1, OS waits 1
------------
TRANSACTIONS
------------
```

```
Trx id counter 0 1792
Purge done for trx's n:o < 0 0 undo n:o < 0 0
...
```

Le résultat de la commande est divisé en sections (`SEMAPHORES` et `TRANSACTIONS` dans l'exemple précédent), qui se focalisent chacune sur une partie du fonctionnement du moteur.

3.3.1 SEMAPHORES

Certaines parties du code d'`InnoDB` fonctionnent avec des sémaphores, qui sont des structures de données dont le but est de contrôler l'accès à des ressources partagées. Dans le cas où vous avez beaucoup de clients exécutant des requêtes simultanément, il se peut que les sémaphores deviennent des points de contention et posent des problèmes de performance. Vous trouverez alors des informations dans cette section vous permettant de mieux comprendre ce qu'il se passe. Dans les autres cas, cette section ne vous intéressera probablement pas.

3.3.2 LAST FOREIGN KEY ERROR

Cette section n'apparaît que si le serveur a rencontré des erreurs sur les clés étrangères. Lorsque des requêtes échouent à cause de problèmes sur les clés étrangères, les messages d'erreur remontés par le serveur sont généralement peu explicites et ne vous aideront pas à déterminer la source du problème. Au contraire, en regardant dans cette section, vous trouverez très certainement l'origine précise de l'erreur, ce qui facilitera la correction.

3.3.3 LAST DETECTED DEADLOCK

Comme la précédente, cette section n'apparaît que si des interblocages sont apparus. Les informations affichées ici vous permettent de connaître la cause exacte de l'interblocage. Notez qu'il est parfois difficile de bien lire toutes les informations car l'affichage est pollué par des renseignements qui ne sont réellement utiles qu'aux développeurs `InnoDB`.

3.3.4 TRANSACTIONS

Vous aurez dans cette section un résumé sur l'état du moteur vis-à-vis des transactions, ainsi que la liste des transactions en cours au moment où la commande `SHOW ENGINE INNODB STATUS` a été exécutée.

3.3.5 FILE I/O

Cette section montre l'activité des threads internes d'`InnoDB` pour tout ce qui concerne les accès disque. Vous y verrez toujours au moins quatre threads : `insert buffer thread`, `log thread`, `read thread` et `write thread`. Ce nombre peut être ajusté par la variable `innodb_file_io_threads`, de manière à obtenir plus de threads de lectures et d'écritures.

Vous pourrez également observer ici le nombre d'opérations de synchronisation des disques réalisées sur les journaux. Si ce nombre est très élevé, vous pourrez décider s'il est nécessaire d'augmenter la taille des journaux `InnoDB` avec la variable `innodb_log_file_size` ou, le cas échéant, s'il est préférable de ne pas utiliser le mode `AUTOCOMMIT`.

3.3.6 INSERT BUFFER AND ADAPTATIVE HASH INDEX

Cette section donne des statistiques pour le cache d'insertion (insert buffer), comme la taille ou l'espace disponible, et pour l'index adaptatif. Il s'agit de deux aspects avancés du fonctionnement d'`InnoDB`.

3.3.7 LOG

Vous trouverez dans cette section des statistiques sur les fichiers journaux d'`InnoDB`.

3.3.8 BUFFER POOL AND MEMORY

Cette section fournit des indicateurs sur l'activité du buffer pool (pour rappel, il s'agit d'une zone mémoire où `InnoDB` stocke des données et des index pour soulager le disque). Vous trouverez en particulier sa taille, l'espace libre et le taux de hits. Ces informations peuvent vous aider à dimensionner correctement le buffer pool : par exemple si l'espace libre est faible tout comme le taux de hits, l'espace alloué est probablement trop juste.

3.3.9 ROW OPERATIONS

Cette section vous indique d'une manière globale le nombre d'opérations de lecture et d'écriture qui ont été réalisées par le moteur depuis son démarrage.

3.4 Performance Schema

Performance Schema est un mécanisme d'instrumentation proposé depuis MySQL 5.5, qui permet de collecter de nombreuses informations sur le comportement du serveur pendant son fonctionnement. Les données sont stockées dans une base dédiée appelée `performance_schema` et sont interrogeables par des requêtes SQL classiques.

Cette fonctionnalité reste encore peu utilisée en production, en particulier car son implémentation avec MySQL 5.5 est limitée et a un impact non négligeable en termes de performances. Notons également que l'accès aux données n'est pas si simple qu'il paraît, car même s'il suffit d'écrire des requêtes SQL pour obtenir des résultats, celles-ci sont particulièrement compliquées à écrire.

Performance Schema a été beaucoup amélioré avec MySQL 5.6 et il ne fait aucun doute que son utilisation va devenir de plus en plus courante dans les années à venir avec l'adoption progressive de MySQL 5.6.

Pour pouvoir utiliser Performance Schema, il faut commencer par activer la fonctionnalité en ajoutant une variable dans le fichier de configuration du serveur :

```
[mysqld]
performance_schema
```

Au redémarrage du serveur, vous pouvez vérifier que la fonctionnalité est bien activée :

```
mysql> SHOW GLOBAL VARIABLES LIKE 'performance_schema';
+--------------------+-------+
| Variable_name      | Value |
+--------------------+-------+
| performance_schema | ON    |
+--------------------+-------+
```

Ensuite, toute la configuration des données collectées par Performance Schema est écrite dans des tables dont le nom est préfixé par `setup` :

```
mysql> SHOW TABLES FROM performance_schema LIKE 'setup%';
+----------------------------------------+
| Tables_in_performance_schema (setup%) |
+----------------------------------------+
| setup_actors                           |
| setup_consumers                        |
| setup_instruments                      |
| setup_objects                          |
| setup_timers                           |
+----------------------------------------+
```

Les tables `setup_actors` et `setup_objects` existent seulement avec MySQL 5.6.

Il existe de plus un certain nombre de variables dont le nom commence par `performance` (de nombreuses variables ont été ajoutées avec MySQL 5.6) :

```
mysql> SHOW GLOBAL VARIABLES LIKE 'performance%';
+---------------------------------------------------+---------+
| Variable_name                                     | Value   |
+---------------------------------------------------+---------+
| performance_schema                                | ON      |
| performance_schema_events_waits_history_long_size | 10000   |
| performance_schema_events_waits_history_size      | 10      |
| performance_schema_max_cond_classes               | 80      |
| performance_schema_max_cond_instances             | 1000    |
| performance_schema_max_file_classes               | 50      |
...
+---------------------------------------------------+---------+
```

Pour obtenir des informations spécifiques à votre version de MySQL, consultez l'aide en ligne.

4. Outils communautaires

4.1 mysqlreport

Le tri et le recoupement manuel des 300 variables de statut existantes sont particulièrement fastidieux pour un administrateur de base de données. `mysqlreport` est un script Perl qui vous facilite cette tâche en agrégeant les variables de manière à fournir un rapport court et exploitable.

Pour installer `mysqlreport`, il vous suffit de vous rendre sur le site du projet http://hackmysql.com/mysqlreport et de télécharger le script.

Une fois le script récupéré, vous pouvez le lancer avec la commande suivante :

```
shell> mysqlreport --user=root --password --all
```

Remarque

Des options supplémentaires existent, consultez la documentation sur le site http://hackmysql.com pour en avoir la liste.

Un exemple va vous montrer quel type d'analyse est possible avec `mysqlreport`. Pour plus de lisibilité, le rapport est divisé en plusieurs parties et les commentaires suivent chacune des parties :

```
MySQL 5.0.32-Debian_7et  uptime 43 3:40:57      Fri Mar 19
12:14:42 2010
```

Cette ligne d'en-tête vous indique la version du serveur mais surtout le temps depuis lequel le serveur est démarré (`uptime`). Cette donnée est importante car les informations en provenance d'un serveur démarré depuis peu de temps seront peu fiables. Ici, le serveur est démarré depuis plus de 43 jours, ce qui est largement suffisant pour avoir des statistiques exploitables.

```
__ Key ____________________________________________________
Buffer used    975.41M of    4.00G  %Used:   23.81
  Current        1.25G              %Usage:  31.37
Write ratio     99.39
Read ratio      98.61
```

La première section du rapport concerne le cache d'index `MyISAM`. Les premières informations données sont en rapport avec le taux d'utilisation du cache : taux maximal sur la première ligne (`Buffer used`) et taux au moment de la génération du rapport pour la seconde (`Current`). Le cache est ici largement dimensionné, mais ce n'est pas gênant puisque la mémoire non utilisée n'est pas allouée.

La ligne suivante (`Write ratio`) n'est pas toujours significative car sa valeur dépend fortement du type de trafic : elle sera souvent supérieure à 90 % pour un serveur occupé à exécuter des requêtes de lecture, mais peut tomber autour de 0 % sans que cela indique un problème si le serveur exécute beaucoup d'écritures.

Il est plus intéressant de regarder la dernière ligne (`Read ratio`) : ce taux mesure l'efficacité du cache pour les lectures d'index. Il est très courant de voir un taux supérieur à 99 % si le serveur est en fonctionnement depuis suffisamment longtemps. Si ce n'est pas le cas, le cache est certainement sous-dimensionné, ce que vous pouvez confirmer avec l'information sur le taux d'utilisation du cache. Pour le serveur examiné ici, tout est en ordre.

```
__ Questions
___________________________________________________________
Total         408.08M  109.45/s
  Com_        198.76M   53.31/s  %Total:  48.71
  DMS         155.46M   41.69/s           38.09
  COM_QUIT     41.70M   11.18/s           10.22
  QC Hits      12.18M    3.27/s            2.98
  -Unknown     11.68k    0.00/s            0.00
Slow              919    0.00/s            0.00  %DMS:    0.00
DMS           155.46M   41.69/s           38.09
  SELECT       65.50M   17.57/s           16.05          42.13
  UPDATE       56.50M   15.15/s           13.85          36.34
  INSERT       19.48M    5.22/s            4.77          12.53
  DELETE       10.80M    2.90/s            2.65           6.95
  REPLACE       3.18M    0.85/s            0.78           2.05
Com_          198.76M   53.31/s           48.71
  change_db   198.28M   53.18/s           48.59
  show_status 142.91k    0.04/s            0.04
  set_option  124.35k    0.03/s            0.03
```

Cette section vous donne des détails sur le type de requêtes que traite votre serveur. Elle est composée de plusieurs sous-rapports pour lesquels vous verrez des chiffres en valeur absolue, en valeur par seconde et en valeur relative (pourcentages).

Un premier sous-rapport (`Total`) vous donne le nombre et la proportion de chaque catégorie :

- `Com_` : toutes les commandes à but administratif, telles que `SHOW SLAVE STATUS`, mais aussi les commandes `USE`.
- `DMS` : requêtes de manipulation de données, à savoir `SELECT`, `INSERT`, `UPDATE`, `DELETE` et `REPLACE`.
- `COM_QUIT` : catégorie spéciale n'ayant pas d'importance pour les analyses.
- `QC Hits` : hits dans le cache de requêtes.
- `-Unknown` : est indiqué lorsque le total des autres catégories n'est pas égal au nombre total de requêtes jouées par le serveur.

En principe, le serveur doit passer la majorité de son temps à exécuter des requêtes utiles. Les deux catégories dominantes doivent donc être `DMS` et `QC Hits`. Ici vous pouvez voir que quelque chose pose problème car c'est la catégorie `Com_` qui est la plus représentée. Vous voyez également que la valeur de `QC Hits` est faible, ce qui laisse supposer que le cache de requêtes est mal configuré ou inutile.

Le second sous-rapport (`Slow`) concerne les requêtes lentes : ici aucun problème apparent puisqu'elles sont quasiment inexistantes. Il faudrait cependant vérifier que le temps à partir duquel une requête est lente est bien adapté aux exigences de l'application.

Le troisième sous-rapport (`DMS`) vous indique la proportion de chaque type de requêtes. Ici vous voyez que les lectures sont minoritaires par rapport aux écritures, ce qui peut expliquer pourquoi peu de lectures sont faites dans le cache de requêtes : les entrées du cache sont invalidées avant de pouvoir être utilisées.

Le dernier sous-rapport (Com_) vous explique quel est le problème autour des variables Com_ : la variable Com_change_db a une valeur extrêmement élevée, ce qui signifie que des commandes USE sont très fréquemment utilisées. Ce point est à remonter à l'équipe de développement car les performances du serveur sont très certainement dégradées à cause de ces requêtes à la fois coûteuses et inutiles.

```
__ SELECT and Sort ________________________________________________
Scan             168.65k     0.05/s %SELECT:     0.26
Range            159.32k     0.04/s              0.24
Full join              0     0.00/s              0.00
Range check            0     0.00/s              0.00
Full rng join          0     0.00/s              0.00
Sort scan          8.26M     2.22/s
Sort range        20.02M     5.37/s
Sort mrg pass         32     0.00/s
```

Cette section vous permet de savoir si les requêtes SELECT sont réalisées par parcours complet des tables (lignes Scan et Full join). Idéalement les proportions de ces deux types de plan d'exécution devraient être aussi faibles que possible. C'est le cas ici, ce qui est le signe que l'indexation des tables a été réalisée correctement.

Dans une seconde partie, vous pouvez voir les opérations de tri n'ayant pas pu être traitées par un index.

```
__ Query Cache ______________________________________________________
Memory usage      3.77M of 256.00M  %Used:     1.47
Block Fragmnt    30.92%
Hits             12.18M     3.27/s
Inserts          57.42M    15.40/s
Prunes                1     0.00/s
Insrt:Prune    57.42M:1    15.40/s
Hit:Insert       0.21:1
```

Cette section est très intéressante pour vous aider à paramétrer votre cache de requêtes.

La première ligne vous donne l'utilisation de la mémoire du cache. La mémoire du cache de requêtes étant intégralement consommée même si aucun élément n'est présent dans le cache, le taux d'utilisation devrait être élevé (environ 75 - 90 %) sans être à 100 % car alors des invalidations vont avoir lieu fréquemment, empêchant le bon fonctionnement du cache. Ici, le taux d'utilisation est extrêmement faible, ce qui montre que le cache est nettement surdimensionné.

La ligne suivante concerne la fragmentation du cache, comme il en a été question au chapitre Optimisation. Plus cette valeur se rapproche de 50 %, plus le cache est fragmenté et en général, ce taux devrait au maximum être compris entre 10 et 20 %. Ici, le cache est fragmenté, ce qui n'est pas bon, mais vu le taux d'utilisation, cette fragmentation n'est pas gênante.

Le reste du rapport vous donne des informations sur les hits, les insertions et les effacements (`Prunes`) à cause d'une mémoire disponible trop faible.

Le nombre d'insertions comparé au nombre d'effacements (`Insrt:Prune`) vous indique la stabilité du cache. Si ce taux est en faveur des effacements (par exemple 1:20), votre cache est certainement trop petit, provoquant de nombreuses suppressions par manque d'espace mémoire. Dans l'exemple, aucun problème n'est à signaler ici.

Le nombre de hits est intéressant en valeur absolue, mais plus encore comparé au nombre d'insertions : c'est ce que vous pourrez examiner à la dernière ligne. Le cache est efficace si le serveur lit beaucoup plus d'entrées qu'il n'en insère : un bon taux `Hit:Insert` devrait donc être nettement en faveur des hits (par exemple 10:1). Ici, le taux est nettement en faveur des insertions. En croisant cette information avec le très faible taux d'occupation de la mémoire, vous pouvez en déduire que le cache n'est pas utile à votre serveur : il est préférable de le désactiver.

```
__ Table Locks ____________________________________________
Waited          333.38k     0.09/s  %Total:    0.22
Immediate       151.55M    40.65/s
```

Cette section vous indique si les demandes de verrouillage ont été accordées immédiatement ou si le serveur a mis la requête en attente avant de pouvoir accorder le verrou. Par conséquent, la première ligne doit avoir la valeur la plus faible possible. Dans cet exemple, la valeur obtenue est bonne, ce qui signifie qu'on n'observe pas de contention due au trafic.

```
__ Tables
_______________________________________________________________
Open              1.29k of 4096     %Cache:  31.47
Opened           68.03k     0.02/s
```

Cette section vous renseigne sur les opérations sur les descripteurs de fichier et est principalement utile si vos tables ont été créées avec le moteur `MyISAM`.

```
__ Connections
_______________________________________________________________
Max used            599 of 2000      %Max:  29.95
Total            41.70M   11.18/s
```

Cette section est utile pour connaître le nombre de connexions ouvertes au moment de l'exécution du script. Si le nombre de connexions ouvertes se rapproche du maximum autorisé, il peut être nécessaire d'augmenter la valeur de la variable `max_connections`.

```
__ Created Temp
_______________________________________________________________
Disk table       2.24M     0.60/s
Table            8.43M     2.26/s
File                96     0.00/s
```

Cette section vous donne des indications sur la manière dont sont créées les tables temporaires : l'idéal est que la première ligne, qui indique le nombre de tables créées sur disque, soit la plus faible possible. Il n'existe pas de guide absolu pour savoir à quel moment les chiffres révèlent un problème, mais il est toujours bon d'examiner les requêtes exécutées pour voir s'il est possible d'optimiser les requêtes créant des tables sur disque.

Remarque

Si le serveur utilisait également `InnoDB`, une section consacrée à ce moteur de stockage serait présente dans le rapport.

Remarque

`mysqlreport` n'est actuellement plus maintenu, les variables de statut ajoutées avec MySQL 5.5 et MySQL 5.6 ne sont donc pas prises en compte. Il vaut mieux utiliser `pt-mext` que nous avons présenté précédemment et qui est beaucoup plus flexible.

4.2 Percona Toolkit

Maatkit dispose de plusieurs outils pour vous aider à obtenir des informations sur l'état de votre serveur. Les outils disposent le plus souvent de multiples options. Il est donc recommandé de lire la documentation, en général complète et à jour.

4.2.1 pt-query-digest

Cet outil vous permet d'analyser le contenu d'un fichier journal. Cette analyse consiste à regrouper les requêtes similaires pour agréger des informations, filtrer les requêtes non désirées de manière à obtenir les informations les plus précises possible sur les requêtes qui vous intéressent.

`pt-query-digest` est particulièrement intéressant pour analyser le journal des requêtes lentes.

Voici des extraits d'un rapport obtenu pour une requête avec `pt-query-digest` :

```
# Query 1: 0.00 QPS, 0.00x concurrency, ID 0x67A347A2812914DF at
byte 429889
# This item is included in the report because it matches --limit.
#              pct   total     min     max     avg     95%  stddev
median
# Count         17     339
# Exec time     23   4082s      3s    136s     12s     25s     13s
9s
# Lock time      0       0       0       0       0       0       0
0
# Rows sent     84 556.94M 428.09k  19.43M   1.64M   2.88M   1.79M
1.53M
# Rows exam     32 556.94M 428.09k  19.43M   1.64M   2.88M   1.79M
1.53M
# Users                  1    root
```

```
# Hosts                   1 localhost
# Databases               4 ms (266), ms_histo... (67), ms_c (3)...
1 more
# Time range 2009-07-20 11:09:26 to 2009-10-13 16:21:25
# bytes           5  17.40k      51      59   52.56   51.63    1.14
51.63
# Query_time distribution
#   1us
#  10us
# 100us
#   1ms
#  10ms
# 100ms
#    1s  #########################################################
#  10s+  ###########################################
# Tables
#    SHOW TABLE STATUS FROM `ms_historique` LIKE 'SYNC_HISTO'\G
#    SHOW CREATE TABLE `ms_historique`.`SYNC_HISTO`\G
SELECT /*!40001 SQL_NO_CACHE */ * FROM `SYNC_HISTO`\G
# Converted for EXPLAIN
# EXPLAIN
SELECT /*!40001 SQL_NO_CACHE */ * FROM `SYNC_HISTO`\G
```

Vous voyez qu'à la fin du rapport d'une requête, l'outil vous suggère un certain nombre de requêtes à jouer qui vont vous permettre d'avoir sous la main les informations sur la ou les tables en jeu et sur le plan d'exécution.

```
# Profile
# Rank Query ID           Response time    Calls R/Call   Item
# ==== ================== ================ ===== ========
================
#    1 0x67A347A2812914DF  4082.0000 23.8%   339  12.0413 SELECT
SYNC_HISTO
#    2 0x488E7BAC017768E8  2801.0000 16.4%    80  35.0125 SELECT
SLIDE_? PRODUIT_?
#    3 0x5ECCFCA304C3072E  2236.0000 13.1%   347   6.4438 SELECT
SLIDE_?
#    4 0xFCBC9AC2F4997DCC  1945.0000 11.4%    80  24.3125 SELECT
CONTENU_? PRODUIT_?
#    5 0x5F139E3C468E7A22  1522.0000  8.9%   200   7.6100 SELECT
information_schema.tables
```

À la fin du rapport produit par l'outil, un récapitulatif des requêtes les plus coûteuses vous est présenté.

Remarque

L'outil peut également effectuer la même analyse en regardant le résultat de la commande `SHOW FULL PROCESSLIST` sur un serveur en activité.

`pt-query-digest` est aussi capable d'analyser directement une sortie `tcpdump` en utilisant l'option `--type tcpdump`. Consultez la page de `man` de l'outil pour avoir tous les détails.

5. Outils de surveillance du système

5.1 Cacti

Cacti est un outil de surveillance disponible pour UNIX/Linux et Windows, qui vous permet d'obtenir des graphes sur divers paramètres de votre serveur MySQL via une interface Web. Cacti est très simple à installer et à configurer, ce qui est très appréciable si vous avez besoin de construire rapidement une solution graphique montrant l'évolution au cours du temps de la performance de votre serveur.

Cacti fonctionne avec un système de modèles (*templates*) et vous pourrez utiliser un jeu de modèles bien adapté à MySQL avec le projet `better-cacti-templates`, initié par le fondateur de Maatkit. Pour plus d'informations, vous pouvez consulter le site du projet :
http://code.google.com/p/mysql-cacti-templates

5.2 Nagios

Nagios est un système de supervision très complet et fréquemment utilisé. Il permet de surveiller de multiples paramètres sur vos serveurs et peut déclencher des alertes sur l'interface, par SMS ou par courriel si un paramètre sort d'une gamme de valeurs prédéfinies. Une interface Web permet de consulter les écrans de surveillance.

Le principal écueil de l'utilisation de Nagios est sa configuration, qui a rebuté plus d'un administrateur système. Des communautés existent cependant autour de ce logiciel, ce qui pourra vous être utile si vous éprouvez des difficultés à mettre en place cet outil.

Notez que Nagios est modulaire et accepte l'utilisation de plug-ins pour enrichir ses fonctionnalités. Nagios Exchange est le site centralisant tous ces plugins (http://exchange.nagios.org).

5.3 Outils système sous Linux

5.3.1 vmstat

La commande `vmstat`, installée par défaut sur la plupart des systèmes UNIX/Linux, vous donne des informations sur l'activité des processeurs, de la mémoire vive, des disques et des processus qui s'exécutent.

En exécutant périodiquement cette commande ou en précisant directement un intervalle (par exemple `vmstat 10` pour exécuter la commande automatiquement toutes les 10 secondes), vous pouvez voir l'évolution des différents sous-systèmes de votre serveur.

Le rapport présenté `vmstat` est divisé en groupes de colonnes :

- `procs` représente les informations sur les processus.
- `memory` donne des indications sur la mémoire.
- `swap` vous informe sur l'activité de swap.
- `io` vous permet de connaître l'activité disque.
- `system` vous fait savoir comment le système gère les processus concurrents.
- `cpu` vous informe sur l'activité des processeurs.

Consultez la page de man de `vmstat` pour obtenir les informations précises sur chacune des colonnes et connaître les options vous permettant de filtrer l'affichage sur ce qui vous intéresse.

Le rapport suivant donne un exemple du résultat de la commande `vmstat` pour un serveur MySQL qui subit une pointe d'activité CPU :

```
shell> vmstat 5
procs -----------memory---------- ---swap-- -----io---- -system--
----cpu----
 r  b   swpd   free   buff  cache   si   so    bi    bo   in   cs
us sy id wa
 0  0      0 2761508  56828 394688    0    0     0    15  438  438
28  1 70  0
 1  0      0 2761516  56828 394696    0    0     0     0  566  387
61  1 38  0
 2  0      0 2758416  56836 394696    0    0     0     4  702  371
98  2  0  0
 1  0      0 2761268  56844 394696    0    0     0     9  707  352
100  0  0  0
 1  0      0 2761128  56872 394744    0    0    14     5  697  372
99  1  0  0
 2  0      0 2761004  56880 394744    0    0     0    30  713  361
100  0  0  0
 2  0      0 2761004  56880 394744    0    0     0     0  703  346
99  1  0  0
 0  0      0 2761004  56888 394744    0    0     0     6  362  379
17  1 82  0
```

Notez que dans la première ligne, la colonne `us` (temps utilisateur) n'est pas très élevée, puis elle grimpe à 100 %, montrant une période de saturation, et finalement redescend. La colonne `id` (temps passé à ne rien faire) suit l'évolution inverse.

5.3.2 iostat

`iostat` est une autre commande système vous donnant le même type de renseignements que `vmstat`, mais limités aux processeurs et aux disques. L'avantage de cette commande est de vous montrer plus de détail que `vmstat`, en particulier pour ce qui concerne l'activité disque. Comme pour `vmstat`, vous pouvez préciser un intervalle pour exécuter la commande de manière périodique.

`iostat` n'est pas toujours installée par défaut sur les machines, il peut être nécessaire d'installer le paquet `sysstat`.

La page man de la commande vous donnera toutes les informations nécessaires pour une bonne utilisation.

Exemple de rapport généré avec cette commande :

```
shell> iostat -x 5
avg-cpu:  %user   %nice %system %iowait  %steal   %idle
          50,00    0,00    3,20    0,40    0,00   46,40

Device:         rrqm/s   wrqm/s     r/s     w/s   rsec/s   wsec/s
avgrq-sz avgqu-sz   await  svctm  %util
sda               0,00     1,80    0,40    1,60   128,00    27,20
77,60     0,02    8,00   8,00   1,60

avg-cpu:  %user   %nice %system %iowait  %steal   %idle
          94,40    0,00    5,60    0,00    0,00    0,00

Device:         rrqm/s   wrqm/s     r/s     w/s   rsec/s   wsec/s
avgrq-sz avgqu-sz   await  svctm  %util
sda               0,00     2,20    0,20    5,80     4,80    64,00
11,47     0,01    1,87   1,33   0,80

avg-cpu:  %user   %nice %system %iowait  %steal   %idle
          83,17    0,00    8,22    0,00    0,00    8,62

Device:         rrqm/s   wrqm/s     r/s     w/s   rsec/s   wsec/s
avgrq-sz avgqu-sz   await  svctm  %util
sda               0,00     0,00    0,20    0,20     6,41     1,60
20,00     0,00    8,00   8,00   0,32
```

!

A

B

C

D

E

F

G

H

I

M

N

O

P

R

S

T